PUBLIÉ SOUS LA DIRECTION DE LA SECTION HISTORIQUE
DE L'ÉTAT-MAJOR DE L'ARMÉE

La Manœuvre de Denain

1902

LILLE — LEFEBVRE-DUCROCQ

LA MANŒUVRE DE DENAIN

PUBLIÉ SOUS LA DIRECTION DE LA SECTION HISTORIQUE
DE L'ÉTAT-MAJOR DE L'ARMÉE

La Manœuvre de Denain

PAR

M^{ce} SAUTAI

LIEUTENANT AU 24e RÉGIMENT D'INFANTERIE

1902

LILLE — LEFEBVRE-DUCROCQ

LE VAINQUEUR DE DENAIN

le maal de montesquiou

d'après le portrait de Largillière au Musée d'Arras.

Négatif de M. Quentin (Sainte-Catherine-lez-Arras).

INTRODUCTION

Coup d'œil sur la campagne de 1712. — Importance des documents inédits qui ont donné lieu à cette publication. — Son but : définir les rôles du conseiller au Parlement de Flandre, Lefebvre d'Orval, des maréchaux de Villars et de Montesquiou dans le projet, la manœuvre et le combat de Denain. — **Principaux écrivains qui se sont déjà préoccupés des mêmes questions.**

Au début de l'année 1712, après avoir successivement perdu les meilleures places de sa frontière du Nord, Lille, Tournai, Douai, Béthune, Saint-Venant, Aire et Bouchain, la France n'avait plus à opposer comme barrière aux Alliés qu'une ligne toute artificielle, jalonnée par les places d'Arras, de Cambrai, du Quesnoy et de Maubeuge, en avant desquelles elle comptait encore, isolées au milieu des conquêtes de l'ennemi, Condé et Valenciennes. Et si, sur le terrain diplomatique, elle gardait l'espérance de voir l'Angleterre se séparer à bref délai de la coalition, sur le terrain militaire au contraire elle ne pouvait envisager sans appréhension la perte d'une bataille ou la prise d'une des places de sa dernière ligne de défense, qui aurait livré aux ennemis l'entrée du royaume. Cette ligne pénétrée, les Alliés ne rencontraient plus qu'une forteresse de peu d'importance, Landrecies, avant d'atteindre la vallée de l'Oise entièrement ouverte. La guerre dont la Flandre était le théâtre entrait donc, au printemps de 1712, dans une phase décisive.

A la tête de la puissante armée de la coalition reparaissait, seul cette fois, un adversaire résolu de la France, le prince de Savoie. Aussi profond politique que grand capitaine, Eugène saisissait toute l'importance d'arrêter par une victoire le courant de paix qui menaçait d'enlever l'Angleterre à ses anciens alliés et d'entraîner la Hollande même, épuisée par les lourds sacrifices de cette longue guerre. Déjà il n'avait pas hésité à se rendre de sa personne à Londres, en janvier 1712, mais ni ses démarches, ni son crédit, n'avaient réussi à relever de sa disgrâce le parti des whigs et de Marlborough. Le revirement de la politique anglaise avertissait le prince que le gain seul d'une bataille empêcherait un rapprochement de la France et de la Grande-Bretagne. Se porter au débouché des bois de Bohain, tourner l'Escaut par sa source, s'élever sur le flanc droit de Villars campé le long de la rive gauche de ce fleuve entre Cambrai et le Câtelet, l'obliger à abandonner sa position et à accepter le combat, en un mot brusquer les événements, telle fut la pensée du prince Eugène en passant sur la rive droite de l'Escaut près de Bouchain, le 26 mai 1712 [1]. Mais, lorsque le prince s'ouvrit au duc d'Ormond, son collègue, de son dessein de marcher au devant des Français pour les combattre, le duc laissa entendre que les instructions de son gouvernement lui interdisaient d'engager dans une bataille offensive les troupes à la solde de l'Angleterre, qui formaient près de la moitié des forces de la coalition. Le prince Eugène se vit ainsi dans l'obligation de renoncer à l'idée d'une rencontre entre les deux armées, et de se rejeter sur le siège du Quesnoy.

Tandis que Villars, tenu au courant de la marche des

---

1. Voir la carte du théâtre de la guerre en Flandre (1708-1712). Planche I.

négociations engagées avec l'Angleterre, demeurait immobile dans son camp de Noyelles-sur-l'Escaut et attendait, pour agir, une rupture complète entre la reine Anne et ses alliés, le prince Eugène employait le mois de juin à presser l'attaque du Quesnoy. Il avait déjà en vue le siège de Landrecies, « la France, après la conquête de ces deux places, n'ayant plus rien pour l'empêcher de pénétrer au cœur du royaume, ce qui lui faisait tenir la conquête du Quesnoy et de Landrecies aussi importante que celle de Cambrai et d'Arras [1]. » Le prince prévoyait l'heure prochaine où l'Angleterre se retirerait de la lutte. Il n'épargnait rien pour détacher du duc d'Ormond les chefs des nombreuses troupes auxiliaires à la solde de la Grande-Bretagne, Danois, Saxons, Prussiens et Hanovriens. Il sut flatter leurs passions et leur amour-propre, faire appel à leur honneur militaire, se servir de l'ascendant de ses succès et des souvenirs d'une longue confraternité d'armes, pour obtenir bientôt la promesse qu'ils resteraient fidèles à sa fortune. Enfin, après la prise du Quesnoy, quand l'arrivée de lord Strafford au camp du duc d'Ormond, le 12 juillet 1712, n'eut plus permis au prince de Savoie de mettre en doute l'existence d'une suspension d'armes entre la France et l'Angleterre, sûr de n'être abandonné que par les seules troupes de nationalité britannique, soit 20 bataillons et 20 escadrons, Eugène quitta son camp d'Haspres sur la Selle et passa sans retard aux préparatifs du siège de Landrecies.

Son armée compte alors 122 bataillons et 273 escadrons. Elle reste à peu près égale à celle de son adversaire. Aussi, malgré la nécessité de laisser un corps considérable à Denain, sur la rive gauche de l'Escaut, pour veiller à la protection de Marchiennes, entrepôt de tous ses approvisionnements en vivres et en munitions, et pour assurer

---

[1]. Lettre du prince Eugène au comte de Sinzendorff, du camp d'Haspres, le 2 juillet 1712. *Die Feldzüge des Prinzen Eugen*, XIV. Supplém. n° 113.

le passage de ses convois contre une entreprise possible des garnisons de Valenciennes et de Condé, le prince n'hésite pas à commencer le siège de Landrecies qui, dans sa pensée, ne doit pas retenir son armée au delà de quinze jours. Le 17 juillet, tandis que le prince d'Anhalt-Dessau investit cette place à la tête de 34 bataillons et de 30 escadrons, Eugène établit le gros de son armée, 67 bataillons et 220 escadrons, le long de la rivière de l'Ecaillon, entre Fontaine-au-Bois et Thiant. 7 bataillons, placés dans une nouvelle ligne de communication, de Thiant à l'Escaut, assurent la liaison avec le camp retranché de Denain qu'occupe un de ses lieutenants, le comte d'Albemarle, à la tête de 10 bataillons et de 23 escadrons. Enfin, de Denain à Marchiennes, court une double ligne de retranchements et de redoutes que, dans leur présomption, les Alliés nomment déjà les grands chemins de Paris. Marchiennes même est occupée par 6 bataillons et 3 escadrons. Si les Français lui laissent le temps d'accommoder son poste et de retrancher le corps chargé du siège de Landrecies, le prince Eugène ne désespère pas de compenser la dispersion de son armée par la force de sa position.

Un instant il peut espérer que Villars ne s'opposera point à ses projets. Au lieu de s'ébranler sur les pas de l'armée alliée et de la prévenir sous les murs de Landrecies, le maréchal a perdu un temps précieux. Il n'a passé l'Escaut que le 19 juillet, après avoir, la veille, dans un conseil de guerre, décidé de marcher aux ennemis par la haute Selle et la Sambre. Eugène achève rapidement ses dispositions défensives : le prince d'Anhalt-Dessau s'entoure de lignes de circonvallation; un retranchement, garni d'artillerie, ferme la seule trouée qui s'étend entre la gauche de l'armée alliée et le corps d'investissement devant Landrecies. Toutes les mesures sont prises pour renforcer le prince d'Anhalt-Dessau si Villars se décide à passer sur la rive droite de la Sambre et à prononcer une attaque contre les troupes du siège, comme semble l'indiquer la direction de sa marche. Le 22 juillet, le prince de Savoie apprend que son adversaire est arrivé sur la Sambre et que l'armée française campe sur plusieurs lignes, la gauche au Cateau, la droite au village de Mazinghien. Le 23, on lui rapporte que Villars fait jeter des ponts sur la rivière aux abords de Catillon. Tout confirme le prince dans la pensée que sa gauche seule est menacée. Aucune nouvelle ne lui parvient, dans la nuit du 23 au 24 juillet, qui annonce un mouvement des Français. Il les croit encore sur la Sambre, quand, vers neuf heures du matin, un courrier accourt de Denain avec la nouvelle que toute l'armée française a atteint l'Escaut au village de Neuville, qu'elle commence à passer ce fleuve, et que Milord Albemarle s'attend à une attaque prochaine. Eugène quitte en hâte son camp de Bermerain. Il franchit les trois lieues qui le séparent de son lieutenant et, à dix heures, il entre au camp retranché. Le doute n'est plus possible : c'est bien l'armée française qu'il aperçoit massée dans le coude entre la Selle et l'Escaut, dont les têtes de colonne ont pris pied sur la rive gauche du fleuve et convergent déjà vers les lignes de Denain. Cette armée s'est ébranlée à l'entrée de la nuit du 23 juillet. Elle a marché par sa gauche sur cinq colonnes parallèlement à la Selle, et Villars a si bien pris ses mesures pour dérober sa marche qu'il vient de franchir huit grandes lieues sans donner le moindre éveil à son adversaire. En vain le prince Eugène enjoint à Albemarle de tenir ferme dans ses retranchements. En vain il le fait renforcer par les 7 bataillons qui sont entre Thiant et Denain, en vain il envoie l'ordre à son armée de prendre les armes et aux bataillons de sa droite de presser leur marche. Il est trop tard. Sans attendre que toutes nos forces soient en mesure de prendre part à l'action, le maréchal de Montesquiou, qui a décidé Villars à attaquer sur le champ, forme en colonne les 40 bataillons dont il dispose et les lance à l'assaut des lignes ennemies. Sans répondre au feu de l'adversaire, l'infanterie française, l'arme au bras, s'avance en bon ordre, descend dans le fossé, bondit sur le parapet, se précipite dans les retranchements et poursuit vers l'Escaut les Hollandais qui fuient en déroute. Le seul pont qui leur sert de ligne de retraite est bientôt rompu, et en un instant les 17 bataillons d'Albemarle sont tués, noyés ou faits prisonniers.

Jamais peut-être simple combat ne fut suivi de résultats aussi glorieux et aussi inespérés. Sans rien hasarder et par le simple choix du point d'attaque, Villars privait du même coup les Alliés de leurs communications et rendait imminente la chute de Marchiennes, dépôt des approvisionnements et du matériel sans lesquels le prince Eugène ne pouvait ni subsister devant Landrecies ni poursuivre le siège de cette place. Prompt à saisir ce retour de la fortune, Villars ne tarde pas à sortir d'une longue défensive de près de quatre ans, à reprendre sur l'ennemi cet ascendant moral qui est à la guerre l'un des principaux facteurs du succès, et à lui imposer désormais et partout sa volonté. Dans les deux camps, l'équilibre des forces matérielles est aussi renversé. Suivant les règles de l'art militaire au XVIIe siècle, c'est au vaincu, au prince Eugène, de s'affaiblir par les garnisons qu'il doit jeter dans toutes les places à portée du vainqueur, tandis que Villars, attirant à lui les nombreuses garnisons de Condé, de Valenciennes et des villes frontières, manœuvrera durant toute la campagne avec la masse entière de son armée. En quelques mois, Douai, le Quesnoy, Bouchain, conquêtes qui avaient demandé à Eugène et à Marlborough plusieurs années, tombent aux mains de Villars, et le prince de Savoie se voit contraint d'assister impuissant, avec une armée démoralisée et notablement réduite, à la prise de toutes ces places. Enfin cette victoire féconde permet à nos plénipotentiaires d'oublier les humiliations de Gertruydenberg, de traiter le front haut, et d'obtenir à Utrecht des conditions de paix compatibles avec l'honneur et les intérêts de la France.

*
* *

Si l'on ajoute à ces considérations qu'au point de vue stratégique comme au point de vue tactique, la manœuvre et le combat de Denain constituent l'une des plus belles pages de nos annales militaires, on ne sera point surpris que les historiens lui aient consacré de nombreux travaux. Après le grand ouvrage du lieutenant-général de Vault, les *Mémoires militaires relatifs à la Succession d'Espagne*, et la belle publication de M. le marquis de Vogüé, *Villars d'après sa correspondance et des documents inédits*, il serait peut-être téméraire d'entreprendre une étude avec Denain pour objet, si les Archives de la Guerre ne nous avaient mis en présence de documents encore inutilisés ou inexplorés : la correspondance du conseiller au Parlement de Flandre Lefebvre d'Orval avec Voysin, et les lettres adressées de l'armée de Flandre au duc du Maine pendant la campagne de 1712, documents qui jettent une lumière nouvelle sur les événements militaires de cette même année.

La correspondance de Lefebvre d'Orval est contenue dans les nombreux volumes des Archives de la Guerre, de 1706 à 1713. Le lecteur en trouvera plus loin un aperçu et de nombreux extraits. Quant aux lettres adressées au duc du Maine, elles méritent une mention spéciale. Entrées sans doute au Dépôt de la Guerre après que la correspondance relative à la guerre de la Succession d'Espagne eut été réunie en volumes, elles ont pris place dans des cartons supplémentaires, dont les historiens n'ont pas encore tiré parti, malgré l'importance des documents ainsi rassemblés.

Ces cartons sont au nombre de neuf pour le règne de Louis XIV. Les cartons n° VII (1706 à 1709) et n° VIII (1710 à 1712) renferment, entre autres pièces, la précieuse correspondance adressée au duc du Maine, de l'armée de Flandre, de 1709 jusqu'en 1712. Ces lettres sont ou des originaux ou des copies d'une authenticité certaine. Sur plusieurs d'entre elles se lit en minute la réponse ou l'ébauche de la réponse que le duc du Maine se proposait d'adresser à leur auteur.

Une feuille sert de chemise à la correspondance de chaque année. Elle donne le classement sommaire des lettres par ordre de date. Voici le relevé numérique de la correspondance des années 1709 et 1712 :

	Avril	Mai	Juin	Juillet	Août	Septembre	Octobre
1709	1	1	1	21	22	36	
1712	1	13	26	41	38	21	6

Comme l'indique ce tableau, les lettres [1] sont surtout nombreuses pendant la période la plus intéressante de chaque campagne.

On peut citer parmi les principaux correspondants du duc du Maine :

Pour l'année 1709, le maréchal de Villars, le duc de Guiche, le marquis de Goësbriand, le chevalier

---

1. Il y a lieu d'ajouter aux lettres de l'année 1709 :

1° *Avis touchant l'ouverture de la campagne en Flandre, en mars, pour l'année 1709.* Cet avis est l'œuvre du marquis de la Frézelière. Il contient en substance la campagne de 1709, et Villars s'en est inspiré pour arrêter la position défensive dont il fit choix au début des opérations ;

2° *Relation de la bataille de Taynières et des événements qui l'ont précédée, donnée le 11 septembre 1709.* Écrite par le marquis de la Frézelière, cette relation est sans contredit la plus complète qui ait été donnée de la bataille de Malplaquet. Je l'ai publiée, ainsi que la pièce précédente, dans *les Frézeau de la Frézelière*, Lille, Lefebvre-Ducrocq, 1901 ;

3° *Relation de la bataille de Malplaquet, donnée le 11 septembre 1709, par un officier particulier qui était à la gauche.* L'auteur est particulièrement sévère pour la conduite de notre armée, et considère comme une faute impardonnable l'abandon du champ de bataille que rien ne justifiait d'après lui.

du Rozel [1], le marquis de la Frézelière [2], le comte Dauger, M. du Buisson [3].

Pour l'année 1712, les maréchaux de Villars et de Montesquiou, le duc de Guiche [4], le marquis de Goësbriand [5], les comtes Dauger [6] et de Bruzac d'Hautefort [7].

1. « Son adresse à surprendre les partis et les convois, son audace à les attaquer, sa bravoure à les battre et à les enlever, inspirèrent tant de terreur aux Alliés, ennemis de la France, qu'ils étaient à demi-vaincus quand ils savaient qu'ils allaient combattre contre cet homme étonnant », écrit l'historien de l'ordre royal et militaire de Saint-Louis, M. d'Aspect. C'est sous sa direction pleine d'entrain que les carabiniers, réunis en 1693 en un seul corps, le régiment royal des Carabiniers, devinrent bientôt le modèle dont tous les régiments de cavalerie s'efforcèrent d'approcher. Le chevalier du Rozel prit part à toutes les campagnes du règne de Louis XIV, de 1667 à 1713. Lieutenant général en 1704, il mourut en 1716. Saint-Simon, qui l'avait connu à l'armée de Flandre, sous le maréchal de Luxembourg, l'a dépeint « grand partisan et très bon officier et très estimé. C'était, d'ailleurs, un gentilhomme fort homme d'honneur. »

2. Jean-François-Angélique Frézeau de la Frézelière fut formé dès son enfance à la pratique de toutes les vertus militaires par son père, le marquis François de la Frézelière, le plus grand des artilleurs du XVIIe siècle, dont la vie fut un modèle d'honneur et de dévouement. A trente ans, il lui succéda en 1702 dans la charge de lieutenant général de l'artillerie. Les sièges de Brisach et de Landau en 1703, la bataille d'Hochstett en 1704, la prise de l'île du Marquisat en 1706, et surtout le siège de Lille en 1708, valurent au jeune officier d'artillerie d'être fait lieutenant général au mois de novembre 1708. Comme lieutenant général, le marquis de la Frézelière rendit les plus grands services aux maréchaux de Boufflers et de Villars pendant la campagne de 1709. La carrière de ce brillant officier fut brisée par la mort en 1711.

On doit au marquis de la Frézelière un *Journal du siège de la ville de Lille en 1708*, l'une des œuvres militaires les plus remarquables de cette époque, une *Relation de la bataille de Malplaquet* et un *Projet de descente en Écosse*, rédigé en 1710, du plus haut intérêt. — Voir *les Frézeau de la Frézelière*.

3. Lieutenant aux Gardes suisses en 1673, M. du Buisson avait obtenu, le 2 janvier 1702, une commission pour tenir rang de colonel d'infanterie. Brigadier du 6 mars 1706, il contribua, avec un détachement de la garnison d'Ypres, à l'enlèvement d'un poste ennemi de 1200 hommes à Warneton, le 4 juillet 1709. Dangereusement blessé à cette attaque, transporté à Ypres, M. du Buisson adressa de cette ville au duc du Maine un assez grand nombre de lettres où il a consigné les nouvelles de son ressort et celles qui lui parvenaient de l'armée. M. du Buisson mourut à Avesnes, le 1er janvier 1721.

4. Voir la notice qui lui est consacrée en fin de cette publication.
5. Idem.
6. Idem.
7. Idem.

Si l'on veut se rappeler l'affection toute particulière du Roi pour ses enfants nés de Madame de Montespan et notamment pour le duc du Maine, l'éclat des charges militaires dont le jeune prince se vit bientôt revêtu, le rôle politique que le duc, poussé par une femme ambitieuse, aspirait à jouer, l'importance croissante de ce rôle durant les dernières années de Louis XIV, le puissant intérêt que le prince attachait aux événements dont l'armée était le théâtre, on ne sera pas étonné de retrouver dans les signataires de ces lettres les principaux officiers de l'armée de Flandre.

D'ailleurs presque tous se rattachaient au duc par des liens étroits. La charge de premier lieutenant général de l'artillerie de France appartenait au marquis de la Frézelière. M. du Buisson, d'origine suisse, avait parcouru toute sa carrière dans les régiments de sa nation. Le duc de Guiche était colonel des gardes françaises qui faisaient brigade avec les gardes suisses. Le chevalier du Rozel commandait les gardes du duc du Maine et une brigade de carabiniers. M. Dauger avait eu, pendant quelque temps, le commandement d'une compagnie du régiment du Maine. Bruzac d'Hautefort avait servi plusieurs années dans les carabiniers. Or le duc du Maine possédait le régiment de son nom [1], était grand maître de l'artillerie [2], colonel général des Suisses et des Grisons [3], enfin colonel du régiment royal des Carabiniers [4].

L'importance de ces lettres n'échappera à personne, tant par le nom et l'autorité des correspondants du duc que par le rôle actif qu'ils ont joué pendant la campagne

---

1. C'était l'ancien régiment d'infanterie de Turenne, que le Roi lui avait donné le 13 août 1675.

2. Depuis la mort du maréchal d'Humières, en 1694.

3. Le duc du Maine n'avait pas encore accompli sa quatrième année que le Roi reportait sur lui, le 1er février 1674, la charge de colonel général des Suisses et des Grisons, vacante par la mort du comte de Soissons.

4. Dès la création de ce corps d'élite, le 1er novembre 1693.

et le fait qu'ils ont rédigé leurs impressions au lendemain même des événements dont ils étaient les acteurs ou les témoins. Et en se rappelant combien sont rares les récits des contemporains qui prirent part aux événements et au combat de Denain, on saisira mieux tout le prix des témoignages nouveaux apportés par les correspondants du duc du Maine. Nous ne croyons point nous tromper en disant que la relation de ce beau combat de Denain, donnée par le marquis de Goësbriand dans sa lettre du 28 juillet 1712, restera comme l'une des meilleures sinon comme la meilleure de toutes celles qui ont été publiées jusqu'ici.

Grâce à ces documents inédits, correspondance de Lefebvre d'Orval et lettres au duc du Maine, il sera possible de préciser trois faits d'une importance capitale pour l'histoire : 1° le conseiller au Parlement de Flandre Lefebvre d'Orval a été le véritable auteur du projet de Denain ; 2° l'habile manœuvre du 23 juillet 1712 apparaît surtout comme l'œuvre du maréchal de Villars ; 3° l'éclatant succès du combat du 24 juillet revient sans conteste au maréchal de Montesquiou.

Ces trois questions ont déjà donné lieu à bien des controverses, et, avant de les reprendre, il convient d'exposer succinctement le point où l'historique de chacune d'elles est aujourd'hui parvenu.

« Plusieurs historiens, dit le lieutenant général de Vault[1], ont prétendu que le projet de Denain avait été

---

1. *Mémoires militaires relatifs à la Guerre de la Succession d'Espagne*, t. XI, p. 82.
Dans son ouvrage, *Les Archives de la Guerre*, M. Laurenceau-Chapelle a consacré les lignes suivantes à l'auteur de ces mémoires : « Le général Eugène-François de Vault, le plus remarquable des hommes qui ont dirigé les archives historiques, était né le 6 février 1717 à Lure, en Franche-Comté.....
» Dès son entrée aux mousquetaires de la garde du Roi en 1733, M. de Vault n'avait cessé de se distinguer aux armées. En Allemagne, en Bohême, notamment lors de l'escalade de Prague, pendant la défense de

donné par M. Le Fèvre, conseiller au parlement de Douai, qui se trouvait alors à Cambrai. Il paraît même que, par la succession des temps, cette idée s'est accréditée de manière que c'est à lui qu'en est resté le mérite. M. Le Fèvre entretenait effectivement une correspondance avec le ministre de la guerre pour lui donner des nouvelles des ennemis. Il paraît même qu'il osait quelquefois ouvrir son avis sur les opérations des armées, mais on ne trouve dans ses lettres aucune trace du projet sur Denain, tel que M. le maréchal de Villars l'exécuta. On voit seulement dans ses lettres, fort antérieures, qu'il donna avis des dépôts immenses que les ennemis faisaient à Marchiennes et des avantages qu'on retirerait si on s'emparait de ce poste. On voit de même que, jugeant par la position que les ennemis avaient prise derrière l'Ecaillon, que leur projet était de faire le siège de Valenciennes et non pas celui de Landrecies, il manda, le 17, à M. Voysin, que le moyen de secourir cette place serait de ramener toute l'armée sur l'Escaut, de lui faire passer cette rivière à Neuville et à Lourches pour aller ensuite attaquer le retranchement que les ennemis avaient entre Denain et Marchiennes, et porter l'armée sur la Cense d'Urtebise. Cette idée seule peut faire connaître que les vues de M. Le Fèvre étaient fort différentes de celles de MM. les maréchaux. D'ailleurs il est constaté, par une

---

cette place et la retraite célèbre qui suivit, il avait attiré et retenu sur lui l'attention de ses chefs. Maréchal de camp en 1749, directeur du Dépôt de la Guerre en 1761, M. de Vault, tout en conservant ces fonctions, fut chargé par le roi Louis XV de l'éducation militaire de Monsieur, comte de Provence, depuis Louis XVIII, et de celle du comte d'Artois, devenu le roi Charles X. Nommé lieutenant général le 1er mars 1780, M. de Vault mourut à Versailles, toujours directeur du Dépôt de la Guerre, le 20 octobre 1790.

» M. de Vault rédigea une importante suite de mémoires concernant les guerres de Louis XIV et de Louis XV... Cette collection ne contient pas moins de 140 volumes de texte et 5 de tables... De 1835 à 1862, quelques-uns, notamment ceux qui se rapportent à la guerre de la Succession d'Espagne, ont été publiés dans la collection des *Documents inédits sur l'Histoire de France*. C'est M. Guizot qui eut l'initiative de cette publication. »

lettre qu'il écrivit le 31 janvier[1] à Voysin, que non seulement il n'avait aucune correspondance avec ces deux généraux[2], mais même qu'il suppliait le ministre de leur laisser ignorer celle qu'il avait avec lui. »

Les historiens, auxquels cette note des *Mémoires militaires relatifs à la Guerre de la Succession d'Espagne* fait allusion, sont au nombre de deux : Voltaire et le chevalier de Folard. Avant de citer leur témoignage, il n'est pas inutile de remarquer que le premier écrivait son *Siècle de Louis XIV* en 1740, faisant appel aux souvenirs de la plupart des acteurs de Denain, de Villars en particulier ; que le second, capitaine au régiment de Quercy en 1712, servait alors en Flandre et connaissait Lefebvre d'Orval, à l'exemple des principaux officiers de notre armée. « Ceux qui savent, dit Voltaire, qu'un curé et un conseiller de Douai, nommé le Fèvre d'Orval, se promenant ensemble vers ces quartiers, imaginèrent les premiers qu'on pouvait aisément attaquer Denain et Marchiennes, serviront mieux à prouver par quels secrets et faibles ressorts les grandes affaires de ce monde sont souvent dirigées. Le Fèvre donna son avis à l'intendant de la province ; celui-ci au maréchal de Montesquiou qui commandait sous le maréchal de Villars ; le général l'approuva et l'exécuta. Cette action fut en effet le salut de la France, plus encore que la paix avec l'Angleterre[3]. »

Dans la préface du second volume de l'*Histoire de Polybe*, le chevalier de Folard écrivait en 1727 : « Tout le reproche que j'ai à me faire, dans cette affaire de Denain[4],

---

1. J'ai vainement cherché cette lettre au Dépôt de la Guerre à la date indiquée, 31 janvier. On se trouve probablement en présence d'une erreur d'impression, et de Vault a sans doute en vue la lettre de Lefebvre d'Orval à Voysin, du 31 juillet 1712, qui est reproduite au cours de cette publication.

2. Nombre de lettres de Lefebvre d'Orval feront au contraire justice de cette assertion erronée.

3. *Le Siècle de Louis XIV*, p. 269. — Édition Garnier.

4. Dont il avait donné le récit dans son premier volume.

c'est d'avoir négligé d'apprendre à mes lecteurs le nom de celui qui fut l'auteur de cette entreprise célèbre. Son nom ne m'était pas inconnu, non plus que son mérite. Plusieurs avaient pensé comme lui, cela n'est pas impossible. D'autres se sont attribué cette action, ce qui n'est pas un miracle. Si elle eût échoué, pas un seul ne se fût présenté pour être inséré dans cette préface; je dis cette préface, car aucun de ceux qui ont écrit de cet évènement n'a su le nom de celui qui se mit dans l'esprit un dessein d'un si grand éclat. Je l'appris de M. Voisin, ministre et secrétaire d'État pour la guerre, dont je fus fort étonné puisque l'auteur de cette entreprise n'est pas du métier. C'est le président Le Fèvre d'Orval, alors conseiller au Parlement de Cambrai. Il envoya son plan à la cour, où il fut goûté. Qui que ce soit ne l'ignore, hors nos écrivains qui n'en ont eu aucune nouvelle. Le maréchal de Villars, habile et éclairé comme il est, en sentit toute l'importance. Semblable à ce fameux Romain qui vainquit Persée, il sut profiter d'un projet fondé uniquement sur la situation du pays....

» On élève des autels, on érige des fêtes au général qui a mis fin à l'aventure. Qui pourrait le désapprouver sans injustice? Mais que le nom de celui qui est seul cause de l'événement demeure enseveli dans les ténèbres les plus épaisses et dans un silence éternel, c'est ce que je ne puis souffrir. Il est donc juste que celui de ce Magistrat passe à la postérité et qu'il devienne illustre dans l'histoire [1]... »

A une époque plus rapprochée, quelques écrivains se sont préoccupés des assertions de Voltaire et du chevalier de Folard. Dans son *Histoire du Parlement de Flandres*, publiée en 1849, M. Pillot, conseiller à la cour d'appel de Douai, a fait ressortir les faveurs exceptionnelles accordées par Louis XIV, durant les dernières années de son règne, au conseiller au Parlement de Flandre, Jean Robert

---

1. *Histoire de Polybe*, t. II, p. XXXVII et suiv.

Lefebvre d'Orval, faveurs qui ne s'expliquent que par l'importance des services rendus. De simple conseiller au Parlement, Lefebvre d'Orval est investi de la charge de premier président du Conseil provincial du Hainaut, et cette charge est créée pour lui-même. Comme le dit M. Pillot, « Louis XIV, tout en colorant de quelques motifs de convenance et d'utilité publiques l'érection d'une première présidence au Conseil provincial, ne dissimula pas, dans le préambule de l'édit du mois de mars 1714, qu'il voulait gratifier de cette place une personne qui lui fût agréable. Pour imprimer à son présent un caractère de grandeur et de munificence, il assura au nouveau dignitaire 3000 livres de gages et de logement, le droit d'assister à la demande de l'aide de la ville de Valenciennes avec un traitement particulier de 1000 livres et les mêmes honneurs, rangs, fonctions, prérogatives, privilèges et exemptions dont jouissait le chef permanent du Conseil d'Artois.... Les lettres d'envoi en possession définitive, expédiées le 7 avril 1714, sont plus explicites encore : « Louis.... croyant ne pouvoir faire un meilleur choix que de notre amé et féal le sieur Jean-Robert Lefebvre d'Orval, notre conseiller au Parlement de Flandres, qui nous a rendu des services avec toute l'affection et la fidélité que nous pouvions en attendre aussi bien que le public, espérant qu'il les continuera avec le même zèle, voulant lui en marquer notre satisfaction, nous estimons ne pouvoir le faire mieux paraître qu'en lui accordant le dit office de premier président, étant d'ailleurs bien informé de sa bonne conduite, suffisance, capacité et expérience au fait de judicature [1]. »

Là ne s'arrêtèrent pas les bienfaits du Roi. Non seulement Lefebvre d'Orval, qui ne comptait pas dix années d'exercice de sa charge de conseiller, et dont un frère, Pierre-Jean-Joseph, était déjà conseiller au siège

---

1. *Histoire du Parlement de Flandres*, t. I, p. 145.

provincial, obtint des lettres de dispense de service et de parenté, mais Louis XIV lui permit encore de garder pendant deux ans son office au Parlement.

« La compagnie se récria contre cette violation de l'édit de décembre 1713 qui avait fixé irrévocablement le nombre de ses membres et exprima la crainte qu'une semblable grâce n'établît un fâcheux précédent. M. de Pontchartrain, dans sa réponse, déclara qu'il s'opposerait à l'avenir dans le conseil à toute concession du même genre, qui n'était qu'une affaire de finance, mais qu'au surplus on n'avait point à redouter qu'il fût de nouveau porté atteinte à l'édit, « parce que, si le Roi l'avait fait en faveur de M. Lefebvre, ça avait été par des considérations particulières qui ne pouvaient être tirées à conséquence [1]. »

Les faveurs de la royauté s'étendirent à la famille du premier président du Conseil du Hainaut, mort sans postérité. Au mois de décembre 1771, Louis XV anoblissait un neveu de Lefebvre d'Orval, Robert-Thomas Lefebvre de la Mairie, alors conseiller au Conseil supérieur d'Arras et député des Etats de la province d'Artois pour l'ordre du Tiers-Etat. Il est, disent ses lettres de noblesse [2], « issu d'une famille dans laquelle sont héréditaires les sentiments qui le caractérisent. Il a toujours fait gloire de marcher sur les traces du sieur Lefebvre d'Orval, son oncle paternel, mort président honoraire en notre cour du Parlement de Flandre après avoir été successivement revêtu des charges de conseiller au Conseil de Tournai et de premier président au Conseil provincial de Valenciennes; et les services que ce dernier rendit à l'Etat, soit en contribuant à la défense de Tournai, soit en donnant l'idée de

---

1. *Histoire du Parlement de Flandres*, t. I, p. 147.
2. BIBLIOTHÈQUE NATIONALE, Cabinet des Titres, Nouveau d'Hozier, 31.356 et ARCHIVES DÉPARTEMENTALES D'ARRAS, 1ᵉʳ Registre aux commissions du Conseil supérieur d'Arras, folio 491 v° et suiv. — Je dois à la grande obligeance de M. Chavanon, archiviste du département du Pas-de-Calais, plus d'un détail intéressant sur la famille de Lefebvre d'Orval.

l'importante affaire de Denain, soit en suggérant les réserves qui se remarquent dans le traité d'Utrecht, ne sont pas pour le sieur Lefebvre de la Mairie un motif moins capable de l'exciter à signaler son zèle que le désir de justifier et le choix de ses concitoyens et l'estime du tribunal dont il est membre, et la grâce dont nous l'honorons. »

Un autre magistrat de Douai, M. Preux, a publié en 1875, dans les *Souvenirs de la Flandre wallonne* [1], un manuscrit de la Bibliothèque publique de Boulogne qui porte ce titre : *Correspondance de M. Le Febvre d'Orval, conseiller au Parlement de Flandre, avec MM. de Chamillart et Voisin, ministres de la guerre, depuis l'année 1706 jusqu'en 1712 inclusivement*. « Quelques-unes de ses mentions, dit M. Preux dans son intéressante introduction, démontrent qu'il fut écrit vers 1780, en tout cas après 1775. Nous n'avons point découvert quel en est l'auteur, et quoique, comme nous l'avons dit en commençant, nous supposions qu'il émane de quelque membre de l'ancienne Académie d'Arras, nous n'en avons pas trouvé trace dans la liste des mémoires lus devant ce cercle littéraire, qu'a dressée M. l'abbé Van Drival...

» Le mot correspondance est peut-être pris ici dans le sens de rapports ou relations [2]. Mais il n'apparaît pas moins en maint endroit que l'auteur a eu à sa disposition les lettres, mémoires particuliers et pièces officielles restés en la possession de la famille Le Febvre. » L'étude de la correspondance du conseiller au Parlement nous amènera à ratifier de tout point l'hypothèse émise par M. Preux. Bien qu'indiquant Lefebvre d'Orval comme l'inventeur du projet de Denain, « dont il avait fait parvenir le plan au

---

1. Tome xv. — Il a été fait un tirage à part de cette correspondance, limité à quelques exemplaires. In-8° de 61 pages. Douai, librairie Crépin, 1875.

2. Le manuscrit ne comporte qu'un simple récit, une analyse de la correspondance, sans extraits d'aucune lettre.

ministre, après l'avoir communiqué à M. de Villars, »
l'auteur du manuscrit ne nous semble pas avoir tiré tout
le parti possible des lettres si intéressantes de Lefebvre
d'Orval à Voysin pendant la campagne de 1712.

Si plusieurs écrivains du XVIIIe siècle s'étaient déjà
préoccupés de la participation de Lefebvre d'Orval au
projet de Denain, un historien de la même époque, dont
l'œuvre de génie ne devait voir le jour qu'après sa mort,
s'était, lui aussi, donné à tâche de retracer et de définir le
rôle des maréchaux de Villars et de Montesquiou dans les
événements des 23 et 24 juillet 1712. Parvenu au récit de
cette campagne, Saint-Simon proclame hautement que
Montesquiou est le véritable vainqueur de Denain, mais
la postérité, connaissant l'animosité avec laquelle le duc
s'est attaqué en toute circonstance à Villars, s'est mise en
garde contre le témoignage du grand écrivain. Ce dernier
ne se contente pas de reporter sur le maréchal de Montesquiou toute la gloire de cette journée : il se plaît à
défigurer le rôle de Villars à Denain jusqu'à le rendre
ridicule. Il le montre étranger au projet, étranger à l'action, traîné en quelque sorte de force au combat, suivant
à l'arrière-garde la marche de son armée et n'arrivant aux
retranchements ennemis que lorsque l'action était depuis
longtemps terminée.

Ce récit outré de Saint-Simon n'avait pas été sans
frapper, dès le XVIIIe siècle, un écrivain assez heureux
pour avoir connaissance des *Mémoires* à une époque où
cette faveur demeurait le privilège d'un petit nombre
d'élus. Marmontel, nommé historiographe de France à
la mort de Duclos, en 1771, avait obtenu de son protecteur, le duc d'Aiguillon, non seulement l'autorisation de
consulter sur place les précieux Mémoires conservés aux
Affaires étrangères, mais encore le pouvoir de faire sortir
à son gré du ministère le manuscrit lui-même, s'il le
jugeait utile pour ses travaux. « Dans ce temps-là, dit

une page des *Mémoires de Marmontel* [1], mes occupations se partageaient entre l'Histoire et l'Encyclopédie. Je m'étais fait un point d'honneur et de délicatesse de remplir dignement mes fonctions d'historiographe, en rédigeant avec soin des Mémoires pour les historiens à venir. Je m'adressai aux personnages les plus considérables de ce temps-là pour tirer de leurs cabinets des instructions relatives au règne de Louis XV, par où je voulais commencer ; et je fus moi-même étonné de la confiance qu'ils me marquèrent. Le comte de Maillebois me livra tous les papiers de son père et les siens. Le marquis de Castries m'ouvrit son cabinet, où étaient les Mémoires du maréchal de Belle-Isle.... J'avais en même temps, pour les affaires de la Régence, le manuscrit original des *Mémoires de Saint-Simon* que l'on m'avait permis de tirer du Dépôt des Affaires étrangères, et dont je fis d'amples extraits [2]. »

La lettre suivante, extraite du volume 2.407 du Dépôt de la Guerre, montrera Marmontel animé d'un souci sincère de la vérité historique, en garde contre « M. de Saint-Simon, homme d'honneur mais très souvent passionné », enfin s'adressant, pour obtenir la lumière sur les événements de Denain, au juge le plus éclairé de son temps, au modeste et savant directeur du Dépôt de la Guerre à cette époque, au maréchal de camp de Vault.

Je suis impatient, Monsieur, d'aller m'instruire à votre école, mais j'ai voulu me mettre en état de profiter de vos leçons. Vous êtes de ces maîtres qu'on ne doit prendre que lorsqu'on

---

1. *Mémoires de Marmontel*, t. II, p. 88 (Paris 1819).

2. Dans son bel ouvrage *Le Duc de Saint-Simon, son Cabinet et l'Historique de ses Manuscrits*, M. Armand Baschet, qui a cité ce passage de Marmontel, le fait suivre des lignes suivantes : « Ce fut donc Marmontel qui, le premier de tous les écrivains français, comprit la valeur réelle des *Mémoires du duc de Saint-Simon*, et le premier aussi qui rendit honneur au nom, à la personne et aux talents de l'auteur par un jugement approfondi. » Le portrait de Saint-Simon, tracé par Marmontel dans son *Histoire de la Régence*, est en effet l'un des meilleurs et des mieux écrits que l'on puisse rencontrer.

est plus qu'à demi-formé. En attendant que je sois assez avancé dans mes études pour aller me perfectionner auprès de vous, permettez-moi de vous proposer quelques doutes qui me fatiguent sur les objets que je parcours et dont j'ai besoin d'être éclairci pour me décider dans mes notes. En voici un exemple, sur lequel je vous demande vos lumières.

Le maréchal de Villars a figuré dans la Régence. Je veux asseoir mes idées sur son caractère et sur son mérite [1], et, au sujet de la plus importante de ses actions, voici ce que je trouve dans les *Mémoires de Saint-Simon*.

Villars cherchait, dit-il, les moyens de faire lever le siège de Landrecies. Il tâtonnait et reculait toujours. Le Roi attendait tous les jours des courriers de Flandre avec impatience. Montesquiou vit jour à donner un combat avec avantage. Il dépêcha secrètement un courrier au Roi avec le plan de son dessein, en lui représentant la nécessité de profiter des conjonctures. La réponse fut prompte. Il eut ordre de suivre et d'exécuter son projet, *même malgré Villars*, mais de le faire avec adresse. Le prince Eugène, par mépris pour Villars, s'étant éloigné de Marchiennes et de Denain où il avait laissé 18 bataillons et quelque cavalerie, Montesquiou pressa Villars d'y marcher et s'avança lui-même avec une tête, 4 lieutenants généraux et 4 maréchaux de camp. Avec cette tête de l'armée, il arriva devant Denain à tire-d'aile, fit promptement sa disposition et attaqua tout de suite les retranchements, entra dans Denain, s'y rendit le maître de toute l'artillerie et des magasins, tua beaucoup de monde, en fit noyer quantité, etc... Villars marchait avec le gros de l'armée, déjà fâché d'en voir une partie en avant avec Montesquiou, *sans son ordre*, et qui le fut bien davantage quand il entendit le bruit du feu qui commençait. Il lui dépêcha ordre sur ordre d'arrêter, de ne point attaquer, de l'attendre, le tout sans se hâter le moins du monde, parce qu'il ne voulait point de combat. Son confrère lui renvoya ses aides de camp et lui manda que le vin était tiré et qu'il fallait le boire. Villars, arrivant avec la tête de l'armée comme tout était fait, enfonça son chapeau et dit merveille aux tués et aux ennemis qui avaient passé la rivière [2].

---

1. Dans son *Histoire de la Régence*, Marmontel n'a consacré à Villars que quelques lignes sans importance.

2. Marmontel a suivi de très près le texte des *Mémoires*. — Voir le tome VI, *Saint-Simon*, édition Cheruel, p. 310 et 311. — Le duc reproduit la même version dans ses annotations au *Journal de Dangeau*. En regard du passage où Dangeau disait à la date du 27 juillet 1712 : « Montesquiou s'est fort distingué à l'affaire de Denain ; ils y ont toujours été le maréchal

— 21 —

Je vous supplie, Monsieur, de me dire si ce récit a quelque vérité. Il contredit formellement l'opinion reçue, et je me défie un peu de M. de Saint-Simon, homme d'honneur mais très souvent passionné. Si M. de Montesquiou a proposé ce projet et s'il a reçu l'ordre de l'exécuter, si même la chose s'est passée ainsi, il y en aura des vestiges dans le Dépôt de la Guerre, et, lorsqu'il s'agit d'enlever à un homme la gloire d'avoir sauvé la France, il faut y regarder de près.

J'ai l'honneur d'être, avec la considération la plus respectueuse, Monsieur, votre très humble et très obéissant serviteur [1].

MARMONTEL,
Historiog. de Fr.

A Paris, rue de l'Oratoire, le 30 septembre 1775.

On lira avec intérêt la réponse de de Vault à Marmontel, car le caractère consciencieux de l'écrivain donne une haute valeur à son jugement. Il n'est pas inutile de rappeler ici que l'auteur des *Mémoires militaires* a servi, pendant les guerres de la Succession de Pologne et de la Succession d'Autriche, aux côtés et sous les ordres des officiers qui avaient combattu à Denain, et que les lettres

---

de Villars et lui ; le Roi est fort content de l'un et de l'autre », Saint-Simon s'est empressé d'écrire : « La fadeur et l'esprit courtisan de l'auteur parait bien en cette page. Le maréchal de Villars ne voulait rien hasarder et avait déjà manqué des occasions ; celle-ci il ne voulait rien faire, et Montesquiou avait dépêché au Roi, dont il était fort connu pour avoir été longtemps inspecteur et directeur d'infanterie, et beaucoup plus par ses relations intimes avec la Vienne et d'autres principaux valets. Il avait ordre de combattre dès qu'il le pourrait, parce que les affaires étaient à leur dernière période ; cela le rendit plus hardi à entraîner Villars malgré lui dans cette marche, lequel allongeait et retardait toujours. Montesquiou, voyant sa belle, le lui manda, et Villars, au lieu d'accourir, défendit à Montesquiou d'attaquer et de rien faire. Sur quoi Montesquiou, qui avait son ordre particulier du Roi, se hâta d'engager l'affaire pour que Villars ne s'en pût dédire. En effet, Villars, qui d'un quart de lieue entendit le feu, envoya ordres sur ordres ; mais Montesquiou répondit sans s'émouvoir que le vin était tiré et qu'il le fallait boire. Il en eut ainsi tout l'honneur dans l'armée et à la cour, mais il eut l'esprit d'être sage et modeste et de respecter la protection de Madame de Maintenon. Il laissa donc Villars faire le matamore et se contenta de la gloire où personne ne se méprit. » *Journal de Dangeau*, t. XIV, p. 192-193.

1. Dépôt de la Guerre, 2.407.

au duc du Maine n'étaient pas encore entrées au Dépôt de la Guerre à l'époque où de Vault en était le directeur.

A Versailles, le 4 octobre 1775.

Je voudrais, Monsieur, pouvoir répondre à votre satisfaction à ce que vous désirez de moi. Les Mémoires, que vous citez dans la lettre que vous m'avez fait l'honneur de m'écrire, contiennent des faits représentant des circonstances qui, suivant ce que dit l'auteur même, ont été ensevelies dans le plus profond secret, et je peux vous assurer que les pièces justificatives de ce secret ne sont point parvenues au Dépôt de la Guerre. Les révoquer en doute serait une imprudence, les affirmer serait une indiscrétion. Cependant, Monsieur, j'ai des motifs de croire qu'avant le combat de Denain, M. le maréchal de Montesquiou n'a eu, avec la cour, aucune correspondance à l'insu de M. le maréchal de Villars sur le plan des opérations.

Quant à la marche sur Denain, elle ne fut résolue qu'après l'impossibilité d'attaquer l'investissement de Landrecies, et, du moment de la résolution à celui de l'exécution, à peine y eut-il une demi-journée. Le matin, M. le maréchal de Villars voulait marcher à Landrecies. A midi, il se décida à tourner le soir vers Denain. Ce fut M. le maréchal de Montesquiou qui le détermina, mais ce dernier général n'en a rien mandé à la cour ni avant ni après le combat. Il avait, avant le combat, une occupation trop sérieuse, étant chargé de mener, pendant la nuit, l'armée à l'Escaut dont elle était éloignée de quatre lieues, et répondant pour ainsi dire de l'évènement. Il n'est point vrai qu'il ait marché sans ordre, ainsi que le prétend l'auteur des *Mémoires*.

Ce ne fut pas par mépris pour M. le maréchal de Villars que M. le prince Eugène s'éloigna de Marchiennes et de Denain, mais pour se mettre à portée de soutenir l'investissement de Landrecies. Cet objet fixait tellement ses vues qu'il prit le change sur les mouvements de l'armée du Roi. Il ignora sa marche sur Denain ou n'y fit pas assez d'attention, et arriva trop tard pour soutenir ce poste.

Quelques militaires, qui ont été témoins du combat, ont assuré que M. le maréchal de Villars avait voulu arrêter les troupes au bord de l'Escaut afin de ne point engager une affaire [1], mais on ne trouve, dans la correspondance, rien qui autorise ce fait [2]. Il est certain

---

1. Ces lignes ont leur importance, car de Vault a connu nombre des acteurs de Denain.

2. Cette assertion était vraie à l'époque où de Vault écrivait ces lignes, si l'on veut se rappeler qu'il n'a pas eu connaissance des lettres au duc du Maine et que lui-même n'a pas cru devoir attacher la moindre importance aux lettres de Lefebvre d'Orval, comme on l'a vu plus haut.

seulement que toute l'armée n'a point eu part au combat, une partie étant arrivée trop tard et se trouvant encore à la rive droite de l'Escaut, pendant qu'on emportait les retranchements de Denain.

Les expressions de l'auteur des *Mémoires*, lorsqu'il dit, en parlant de M. le maréchal de Villars, qu'il *tâtonnait et reculait toujours*, passent le but. Il serait plus vrai de dire qu'il balança entre Denain et Landrecies, et que ce fut M. de Montesquiou qui l'entraîna à Denain.

Voilà en général, Monsieur, ce qui résulte de la correspondance renfermée au Dépôt de la Guerre, relativement aux objets sur lesquels vous demandez des éclaircissements. Je désire que ces observations puissent contribuer à détromper sur des faits avancés trop légèrement.

J'ai l'honneur d'être, avec un très parfait attachement, etc... [1].

Dans le magnifique ouvrage qu'il a consacré à la guerre de la Succession d'Espagne, comme dans sa lettre à Marmontel, de Vault croit devoir attribuer l'initiative de la manœuvre du 23 juillet au maréchal de Montesquiou. « Cependant, avant de se livrer à une entreprise de cette importance et peut-être hardie (le secours de Landrecies par la rive droite de la Sambre), M. le Maréchal, pressé par M. de Montesquiou, revint à l'idée d'attaquer le camp de Denain [2]. » Plus loin il ajoute : « Tout à coup, les affaires changèrent de face ; le projet de la Sambre fut abandonné. On reprit celui de Denain.... Il ne se trouve rien dans les papiers de la Guerre qui fasse connaître positivement quel fut le motif d'un changement aussi subit. On a seulement lieu de croire, par ce qui est répandu dans les lettres du Roi et de MM. les Maréchaux, que ce fut M. le maréchal de Montesquiou qui détermina M. le maréchal de Villars [3]. » Par contre, de Vault, tout en se montrant plus affirmatif qu'il ne l'avait été avec Marmontel, ne se prononce qu'avec circonspection sur le rôle du maréchal de Montesquiou dans les événements du 24

---

1. D. G. 2.407.
2. *Mémoires militaires*, t. XI, p. 72.
3. Idem, t. XI, p. 75.

juillet. « On a lieu de croire que ce fut M. le maréchal de Montesquiou, qui non seulement le détermina (Villars) à abandonner l'attaque de la Sambre pour aller à Denain, mais aussi que M. le maréchal de Villars et plusieurs officiers généraux, ayant marqué de l'incertitude lorsqu'il fut question de passer l'Escaut, ce fut M. de Montesquiou qui, par sa fermeté, fit cesser ces irrésolutions [1]. »

Récemment, M. Dussieux a publié, en appendice du tome XIV du *Journal de Dangeau*, une partie des lettres du Dépôt de la Guerre, relatives aux événements de juillet 1712. De l'étude de ces lettres, il arrive à la conclusion opposée à celle de de Vault, rendant la première place au maréchal de Villars dans le projet et l'exécution de la manœuvre de Denain, comme l'a fait également, à une époque plus rapprochée, M. le marquis de Vogüé, en qui Villars a trouvé le meilleur et le plus éloquent de ses défenseurs.

. . . .

Venant à retracer à notre tour les mêmes évènements, nous ferons appel aux nombreux documents encore inédits que renfermaient les Archives historiques du Ministère de la Guerre, à de nouveaux témoignages des contemporains, et pour mieux faire ressortir la valeur et l'autorité de ces témoins, pour donner au débat son entier développement, nous n'hésiterons pas à mettre sous les yeux du lecteur la totalité des lettres du Dépôt de la Guerre, encore inédites ou déjà publiées, qui ont trait à Denain.

La belle figure de Lefebvre d'Orval, si peu connue, nous a paru mériter une étude spéciale qui, placée en tête de cet ouvrage, expliquera l'importance de son intervention dans les événements de la campagne de 1712.

Pour cette publication, nous avons fait surtout appel aux Archives historiques du Ministère de la Guerre, aux

---

1. *Mémoires militaires*, t. XI, p. 81.

récits des contemporains eux-mêmes, Dangeau, Saint-Simon, le marquis de Sourches, aux *Mémoires militaires relatifs à la Guerre de la Succession d'Espagne*, du lieutenant général de Vault, à la *Chronologie historique militaire* de Pinard, etc. Parmi les publications étrangères, il y a lieu de mettre hors de pair le grand ouvrage de l'État-major autrichien, les *Campagnes du prince Eugène*, qui renferme la précieuse correspondance du prince de Savoie, et les deux ouvrages parus à la Haye, en 1712 et en 1713, ayant pour titre, le premier : « Recueil van de Brieven.... aen haer Hoog Mog. geschreven, rakende het gepasseerde in en omtrent de Actie, tot Denain voorgevallen den 24 juli 1712.. », et le second : « Recueil de Lettres et Mémoires contenant une Relation exacte et circonstanciée de l'action passée à Denain le 24 juillet 1712. » Comme il nous a été permis de le constater, ces deux ouvrages renferment nombre de pièces originales, dont le gouvernement des Provinces-Unies a permis la publication, au lendemain même des événements. Une visite aux Archives de La Haye, le dépouillement des nombreux portefeuilles venant du grand-pensionnaire Heinsius, nous ont fourni plus d'un document précieux, dont nous nous servirons pour le commentaire des lettres qui vont suivre. Notre tâche d'ailleurs a été grandement facilitée par le bienveillant accueil que nous ont témoigné M. Van Riemsdyk, le savant archiviste du royaume des Pays-Bas, et M. Bijvanck, l'éminent directeur de la Bibliothèque de La Haye. De même, nous devons un large tribut de reconnaissance aux officiers de la Section historique de notre État-major, toujours prêts, au milieu de leurs nombreux travaux, à encourager et à guider ceux qui, à leur exemple, essaient de mettre en œuvre les riches matériaux des Archives de la Guerre.

M^{ce} SAUTAI
Lieutenant au 43e régiment d'infanterie.

ABRÉVIATIONS

D. G. Dépôt de la Guerre, aujourd'hui Archives historiques.
A. H. Archives d'Heinsius, à La Haye.

BIOGRAPHIE

DE

LEFEBVRE D'ORVAL

CHAPITRE I.

Lefebvre d'Orval et Chamillart (1706-1709).

Naissance de Jean-Robert Lefebvre à la Bassée. — Sa famille. — Ses débuts comme avocat au Parlement de Flandre le 15 mars 1697. — Il fait l'acquisition d'une charge de conseiller et est reçu en cette qualité au même Parlement, le 19 mars 1705. — Ses premiers rapports avec Chamillart au lendemain de Ramillies, dans les premiers jours de juin 1706. — Caractère de sa correspondance avec le ministre. — Grandes qualités qu'elle révèle chez Lefebvre d'Orval. — Esprit d'offensive qui anime tous ses projets. — Son courage à dénoncer et à combattre les abus dont souffrent le service du Roi et notre armée. — Ses idées pour le secours de Lille en 1708. — Pillage et mauvais traitements que les Alliés infligent à son frère Thomas, chef du Magistrat de la Bassée. — En décembre 1708, le conseiller au Parlement, recherché par eux, manque de tomber entre leurs mains. — Bel éloge que lui adresse Chamillart à ce sujet. — Au moment de prendre sa retraite, le ministre enjoint à Lefebvre d'Orval de communiquer ses nouvelles au général de notre armée de Flandre, au maréchal de Villars.

Jean-Robert Lefebvre est né à la Bassée, où il fut baptisé en l'église de Saint-Waast le 13 juillet 1671 [1].

---

1. Registre aux naissances (1643-1673), Archives de la Bassée, GG. 3. — Voici l'acte de baptême : « Decimâ tertiâ Juli baptizatus est Jo^{es} Robertus Le Febvre, filius Roberti et Mariæ Magdalenæ Willemez conjugum, susceptoribus Joanne Lherbier et Mariâ Joannâ de Camp. »

Son père, Robert Lefebvre, brasseur en cette ville, venait d'épouser [1] l'année précédente Marie-Magdeleine Willemez, veuve d'un des principaux échevins, Charles Deleruelle, investi à sa mort de la charge d'argentier de la Bassée.

Deux autres fils naquirent de cette union, Thomas en 1673, et Pierre-Jean-Joseph en 1681 [2]. A tous trois devait échoir ce singulier honneur de parcourir une vie utile à leur cité et à la France.

Les Archives de la Bassée montrent que Robert Lefebvre fut l'un des bourgeois les plus considérés de sa petite ville. Dès 1678, on le rencontre au nombre des échevins, investi, lui aussi, pendant plusieurs années de la charge d'argentier, appelé ensuite à occuper « à son tour » les fonctions de rewart ou de chef du Magistrat de la Bassée.

A sa mort, survenue le 5 juillet 1703 [3], il eut pour successeur, dans sa profession comme dans ses charges, son fils Thomas, que son acte de mariage [4] du 6 juillet 1706 qualifie « d'échevin et brasseur en chef de son stil [5]. » Quant à l'aîné et au cadet, ils avaient quitté depuis plusieurs années leur ville natale pour acquérir le titre d'avocat au Parlement de Flandre à Tournai. Jean-Robert, licencié en droit de l'Université de Douai, dès 1696, était reçu avocat au Parlement le 15 mars de l'année suivante [6]. Pierre-Jean-Joseph, présenté par son frère, prêtait serment au Parlement en la même qualité, le 31 octobre 1704 [7].

Sur le grand armorial de d'Hozier [8] de 1696, Jean-Robert, ou simplement Robert Lefebvre, figure avec le

---

1. Le mariage date du 8 septembre 1670. — Registre aux mariages (1656-1698), ARCHIVES DE LA BASSÉE, GG. 12.

2. Registre aux naissances (1673-1690), ARCHIVES DE LA BASSÉE, GG. 4.

3. Registre aux décès (1691-1712), ARCHIVES DE LA BASSÉE, GG. 20.

4. Registre aux mariages (1699-1736), GG. 13.

5. Stil ou corporation.

6. Registre aux réceptions des avocats du Parlement (1668 à 1707). — Greffe de la Cour d'appel de Douai.

7. Même registre.

8. BIBLIOTHÈQUE NATIONALE. Département des manuscrits.

titre de licencié en droit et de bailli de la Bassée, aux armoiries suivantes : d'or, à une bande d'azur chargée d'une main d'argent empoignant un marteau d'or [1].

Sans pouvoir préciser la date de sa nomination à la dignité de grand bailli de la Bassée, il paraît vraisemblable qu'il faut la reporter à l'année 1695. En cette année, en effet, sa signature figure pour la première fois sur les comptes de la ville que rendait l'argentier aux bailli, rewart et échevins, le bailli étant auprès du Magistrat le représentant du seigneur de la Bassée [2], le délégué de son autorité. Lors de la création d'une quatrième chambre au Parlement de Flandre en 1704, Robert Lefebvre fit l'acquisition d'une charge de conseiller au prix de 30.000 livres, et fut reçu en cette qualité au Parlement le 19 mars 1705 [3]. Il se démit alors de ses fonctions de bailli de la Bassée en faveur de son frère, Pierre-Jean-Joseph, qui devait les garder jusqu'à sa mort et se pourvoir lui-même, en mai 1707, d'une charge de conseiller au présidial du Hainaut, à Valenciennes [4].

C'est au lendemain de Ramillies qu'il faut reporter l'origine des rapports du conseiller au Parlement de

---

1. Plus tard, Lefebvre d'Orval adopta comme armes : « d'or, à une épée de sable posée en bande la pointe en bas, accostée de 2 aigles de même, aussi posés en bande. — (ARCHIVES DÉPARTEMENTALES, c. 73, Flandre wallonne). En 1771, son neveu, Robert-Thomas Lefebvre de la Mairie, anobli par Louis XV, obtint du juge d'armes de la noblesse, d'Hozier de Sérigny, les armes suivantes, qu'il avait réclamées comme ayant toujours été portées par son oncle : « Un écu d'or à une épée de sable posée en bande, la pointe en bas, et accostée de 2 aigles de gueules béqués et membrés de sable, les ailes étendues, et posés un en chef et l'autre en pointe, le dit écu timbré d'un casque de profil orné de ses lambrequins de gueules, d'or et de sable. » BIBLIOTHÈQUE NATIONALE, Cabinet des Titres, Nouveau d'Hozier, n° 31.356.

2. La Bassée avait pour seigneur, à la fin du XVIIe siècle, Denis-François-Joseph de Wignacourt, comte de Flêtre.

3. ARCHIVES DÉPARTEMENTALES. Flandre wallonne, c. 73. Parlement (Historique et Personnel).

4. Ses lettres de provision datent du 22 mai 1707. Registre aux provisions étrangères du Parlement de Flandre (1705-1718), greffe de la Cour d'appel de Douai. — Au mois d'avril 1706, le Roi avait érigé ce présidial en Conseil provincial, avec des attributions plus étendues.

Flandre avec le ministre de la guerre. Nos troupes, à la suite de leur défaite, avaient reculé en désarroi sous le canon de Lille et Chamillart était aussitôt accouru dans cette ville pour prendre les premières mesures de mise en état de défense de notre frontière. Il y séjourna quelques jours au début de juin 1706, pendant lesquels Lefebvre d'Orval « lui fut offrir ses services.... Le ministre, après avoir conféré avec M. d'Orval, accepta volontiers sa correspondance, et dès ce moment M. d'Orval se crut engagé à faire tout ce qui dépendait de lui pour nuire aux ennemis [1]. »

Les archives du Ministère de la Guerre n'offrent qu'une lettre de Lefebvre d'Orval à Chamillart, de l'année 1706, deux lettres de l'année 1707. A partir de 1708, la guerre redoublant d'activité et ayant pour théâtre les environs immédiats de Tournai, les lettres du conseiller au Parlement se succèdent sans interruption et se retrouvent en grand nombre, dans les archives du Dépôt de la Guerre, jusqu'à la fin des hostilités.

Cette correspondance formerait plusieurs volumes si elle était publiée intégralement. Le cadre de cette biographie en réunira les principaux extraits, propres à mettre en relief la nature de ses rapports, d'une part avec les ministres de la guerre, Chamillart et Voysin, d'autre part avec le général et l'intendant de notre armée de Flandre, le maréchal de Villars et M. de Bernières [2].

---

1. *Correspondance de M. Lefebvre d'Orval, conseiller au Parlement de Flandre, avec MM. de Chamillart et Voisin*, manuscrit de la Bibliothèque publique de Boulogne, publié par M. Preux, dans les *Souvenirs de la Flandre wallonne*, t. xv.

2. C'est une des plus belles figures de cette époque. Il avait quitté l'intendance du Hainaut, en 1708, pour occuper celle de Flandre. Homme de cœur, ardent patriote, sage administrateur, M. de Bernières sut faire face aux difficultés d'une situation que d'autres eussent considérée comme désespérée. Il réalisa cette tâche presque surhumaine de faire vivre notre armée de Flandre pendant ces terribles années de 1709, 1710 et 1711. Les lettres de Villars et de Boufflers sont remplies d'éloges à son adresse. Après Malplaquet, le maréchal de Boufflers écrivait au Roi en parlant

Les lettres du conseiller au Parlement sont généralement accompagnées de mémoires où il a rassemblé les nouvelles qu'il avait pu recueillir soit par lui-même, soit par ses correspondants et ses agents. Avec ses seules ressources, il sut bientôt organiser un service de renseignements et d'espionnage supérieur à celui-là même que possédaient nos généraux ou nos intendants sur la frontière. Connaissant à merveille la contrée, possédant de nombreuses relations dans les Pays-Bas et à l'étranger [1], il était en mesure d'être sûrement et rapidement renseigné. Enfin, comme le prouvera cet aperçu de sa correspondance, de réelles qualités d'observation, une grande intelligence des choses militaires, un caractère ferme et entreprenant, un esprit original et fertile en ressources, des vues étendues sur toutes les questions, administration, finances, guerre, fortification, la connaissance approfondie des hommes jointe à un ardent amour de la patrie, devaient permettre à Lefebvre d'Orval de rendre au Roi et à l'Etat les services les plus signalés.

A l'encontre de la campagne de 1707 qui n'avait donné lieu à aucune opération importante, celle de 1708 fut marquée par de grands événements. La défaite de l'armée française en vue d'Audenarde [2] permit au prince Eugène d'entreprendre le siège de Lille, de la première de nos places aux Pays-Bas, de celle que Vauban avait fortifiée entre toutes avec un soin de prédilection.

Durant ce siège mémorable, Lefebvre d'Orval fit parvenir au ministre les renseignements les plus précieux

---

de M. de Bernières : « C'est un des plus dignes et des meilleurs sujets que Votre Majesté ait parmi les intendants des frontières de guerre. » « Il se tue et se ruine à remplir ses devoirs, disait de lui Fénelon. Il a de la facilité d'esprit, des vues, de l'action, de l'expérience, du zèle, et il fait certainement plus que nul autre ne ferait en sa place. »

1. La Rhingrave, comtesse de Mansfeld, avait choisi Lefebvre d'Orval pour administrer les biens qu'elle possédait aux environs de Tournai.

2. 11 juillet 1708.

sur l'état matériel et moral de notre armée en regard de celui des assiégeants. Frappé des abus dont souffre le service du Roi, abus qui ont survécu à Louvois et se sont développés sous ses successeurs, il entreprend de les signaler au ministre. Il s'en fait courageusement le dénonciateur et, après avoir mis à nu les causes surtout morales de notre infériorité sur les ennemis, la dépression des caractères, le mauvais esprit, le manque d'énergie et d'offensive qui règnent dans une partie de notre armée, il cherche et rencontre souvent le vrai remède aux maux qu'il combat sans relâche. Le 20 août 1708, il expose ainsi ses vues pour secourir Lille, que le prince Eugène avait investie huit jours auparavant [1].

Monseigneur,

L'entreprise de Gand [2] par M. de la Faille, dont j'ai eu l'honneur de vous écrire au commencement de la campagne de 1707, a été exécutée celle-ci. Si l'on m'avait cru ici, Audenarde aurait aussi été emportée, parce que je savais que la bourgeoisie n'attendait que d'être sommée pour saisir le commandant et sa garnison, mais on n'a pu se persuader cela, et on voulait y aller dans les formes, ce qui a infiniment affligé cette bourgeoisie et les peuples d'alentour qui aspirent après les Français d'une manière étonnante.

Je prends la liberté de vous écrire à présent pour vous envoyer un projet de secours que l'on peut donner à Lille. Il me paraît si facile que je croirais manquer au devoir d'un bon sujet si je ne vous en donnais part. Je suis de ce pays-là, je le connais et j'y ai mes parents. J'espère que vous ne le trouverez pas mauvais puisque vous avez bien voulu ci-devant que je vous envoyasse certain mémoire dont j'avais

---

1. Investie le 12 août 1708, Lille n'ouvrit ses portes à l'ennemi que le 22 octobre. Son héroïque défenseur, le maréchal de Boufflers, soutint ensuite un nouveau siège dans sa citadelle et ne capitula que le 8 décembre.

2. M. de Bergheick, l'habile ministre de Philippe V aux Pays-Bas, et M. de la Faille, colonel espagnol et grand bailli de Gand, avaient conservé de nombreuses intelligences dans cette place. Il suffit de l'apparition d'un corps français sous les murs de Gand, le 5 juillet 1708, pour en assurer le retour au roi d'Espagne. Dans un mémoire du 11 janvier 1708, adressé à Voysin, Lefebvre d'Orval disait déjà : « M. de la Faille, colonel au service d'Espagne et grand bailli de Gand, où il est fort aimé, assure de s'en rendre maître par l'intelligence des bourgeois et de fomenter dans les autres villes de ce pays-là de quoi alarmer les ennemis. » D. G. 2.080.

eu l'honneur de vous écrire. La rivière de la Marque, par où ce secours doit passer, est fameuse et favorable pour les Français puisqu'ils y ont remporté deux fameuses batailles, sous Philippe-Auguste et Philippe-le-Bel, en 1214 et en 1302, l'une à Bouvines et l'autre à Mons-en-Pevèle.

Si vous voulez encore, Monseigneur, que je vous informe de tout ce que les principaux officiers français et espagnols disent des troupes et pourquoi elles ne sont pas comme ci-devant, vous n'avez qu'à commander. J'en ai un mémoire qui n'est pas mauvais. Ces messieurs, par leurs discours abattus, déconcertent les officiers et le peuple. Ils méprisent tout, et ces discours se répandent jusque chez les ennemis, qui s'en servent pour animer leurs troupes. Je ne mettrai rien dans ce mémoire que d'utile. Sans parler de personne, je dirai tout. Ce sera à vous, Monseigneur, de voir ce qu'il y aura à faire à cela. Sans avoir fait la guerre, j'en ai une teinture parce que j'y ai été élevé [1], et je suis persuadé qu'en trois semaines on peut faire taire ces officiers et empêcher que cette gangrène ne se communique aux soldats.

MÉMOIRE

Le siège de Lille, de la manière qu'il se fait, ne me paraît pas trop sérieux. Les ennemis y sont sans confiance. M. le prince Eugène y badine. Cependant il peut y être battu fort facilement et sans rien risquer de considérable. Pour cela, il faudrait que M. le Maréchal de Berwick [2] vînt camper près de Tournai, depuis Vaux jusqu'à Constantin. Il serait sous le canon de cette ville, du côté du Hainaut. Pendant qu'il serait en ce camp, Monseigneur le duc de Bourgogne pourrait aller s'emparer de Bruxelles, de Louvain et de Malines où il serait reçu à bras ouverts, et après y avoir détruit ce que les ennemis y peuvent avoir, il laisserait ces villes à la garde des

---

1. La Bassée, ville frontière jusqu'au traité de Nimègue, était un lieu de passage fréquent pour les troupes qui allaient combattre aux Pays-Bas.
2. A la fin de juin 1708, le prince Eugène était accouru des bords de la Moselle en Flandre pour se joindre au duc de Marlborough. De son côté, le maréchal de Berwick avait rapidement amené sur la Sambre 35 bataillons et 65 escadrons, détachés de l'armée du Rhin. Mais avant que le prince Eugène et Berwick fussent en mesure d'intervenir sur le théâtre des opérations, Marlborough avait remporté un brillant avantage à Audenarde. A la suite de leur défaite, Vendôme et le duc de Bourgogne, qui commandaient notre armée, s'étaient retirés derrière le canal de Gand à Bruges. Berwick, hâtant sa marche, arrivait à Douai le 16 juillet. Il s'établissait sur la Scarpe et s'occupait aussitôt de mettre en état de défense les places dégarnies de notre frontière du nord.

bourgeois. Tout cela est très faisable, et puis il marcherait vers Ath, et d'Ath il pourrait aller camper près d'Audenarde, sa droite tirant vers Gavre où il jetterait ses ponts; et, en même temps, M. de Berwick en jetterait à Constantin, ce qui ferait juger aux ennemis qu'on en voudrait à l'armée de M. de Marlborough [1] de deux côtés.

La nuit qui suivrait cette manœuvre, M. de Berwick passerait par Tournai, laissant toutes ses tentes tendues. Il marcherait avec 25.000 hommes, moitié infanterie et moitié cavalerie qui prendrait l'infanterie en croupe, et irait droit à Cysoing, faisant entendre aux troupes qu'il marche à M. de Marlborough. Cela se peut parce que le chemin est assez équivoque, principalement la nuit. Ainsi les déserteurs ne pourraient rien découvrir. Il faut arriver sur la plaine de Cysoing avant le jour et se mettre en bataille, et laissant le Pont-à-Bouvines sur la droite et le Mons-en-Pévèle sur la gauche (qui sont deux villages où les Français ont remporté deux grandes victoires) [2], il faut passer la rivière par Marque-en-Pévèle, Ennevelin, Fretin et Péronne, et marcher droit à la plaine de Templemars. Alors l'armée serait dans le camp et marcherait par la droite pour battre tous les quartiers de Faches, Ronchin, Hellemmes et ainsi jusqu'à la Basse-Deûle. M. le maréchal de Boufflers pourrait seconder cette affaire par une vigoureuse sortie par la porte de Fives pendant qu'il en aurait ordonné deux autres par la porte Saint-André et par la porte de Notre-Dame. Si on faisait avancer un petit corps d'Ypres pour s'opposer au Pont-Rouge [3], on prendrait prisonniers les quartiers qui seraient entre Templemars, Loos et Marquette, en prenant par la gauche.

Les ennemis n'ont point plus de 30.000 hommes à ce siège. Ils n'ont point encore de circonvallation par l'endroit où je voudrais entrer, et il n'y a pas un demi-pied d'eau dans la rivière de la Marque.

Par le manège qu'aurait fait M. de Berwick à Constantin et celui

---

1. Le 12 août, Marlborough s'était porté à Helchin, sur la rive gauche de l'Escaut, pour couvrir avec son armée le siège de Lille.

2. Par un curieux rapprochement, le maréchal de Boufflers, qui avait aussi indiqué les plaines au sud de Lille comme favorables au déploiement de notre armée, écrivait au maréchal de Berwick, presque le même jour : « Philippe-Auguste et Philippe-le-Bel ont gagné chacun une fameuse bataille, le premier, à Pont-à-Bouvines, et le second, à Mons-en-Pévèle. J'espère que Monseigneur le duc de Bourgogne y en gagnera une troisième, non moins grande et non moins mémorable. » Lettre du 22 août 1708. D. G. 2.082.

3. Pont sur la Lys, près de Deûlémont, où passait la route de Lille à Ypres.

de Monseigneur le duc de Bourgogne à Gavre, M. le prince Eugène ne manquerait pas d'envoyer du secours à M. de Marlborough et de s'y rendre lui-même, mais on lui donnerait le torquet [1] en attaquant son camp de Lille à la petite pointe du jour [2]. La chose réussissant ainsi, M. de Marlborough serait bien embarrassé de sa personne, puisque les fuyards auraient mis l'épouvante dans son armée et qu'il serait entre l'armée de Monseigneur le duc de Bourgogne, le petit camp qui serait resté à Constantin près de Tournai et l'armée de M. de Berwick qui pourrait l'écraser si, par des signaux, il marchait à lui pendant que Monseigneur le duc de Bourgogne marcherait pour l'attaquer de l'autre côté; ou bien on peut le laisser là se morfondre et lui couper toutes retraites. Si cela s'exécutait ainsi, les seuls paysans de Flandre, de Hainaut et du Brabant, en déferaient plus que les troupes, tant ils haïssent les ennemis. Si on ne réussit pas, on ne gâte rien. Autrement ce sera une terrible affaire.

Tout le monde se réjouit ici de ce que l'on dit que Sa Majesté vient à Cambrai avec la noblesse, le reste de sa maison et les meilleurs généraux qui restent à la Cour. Cela serait, dit-on, d'un terrible poids [3].

Chamillart faisait bon accueil à ce mémoire de Lefebvre d'Orval. Il lui répondait, le 26 août, en ces termes : « Monsieur, j'ai reçu, avec la lettre que vous m'avez écrite le 20 de ce mois, le mémoire que vous avez dressé qui donne une idée des différents endroits par lesquels on pourrait secourir Lille. Quoique MM. les généraux, qui sont sur les lieux, aient fait sur cela leurs observations, je vous remercie cependant de votre attention à ce que vous croyez qui pourrait contribuer au service du Roi, à qui je rendrai compte de votre zèle dans les occasions [4]. »

---

1. De *torquere*, au sens figuré : mettre à l'épreuve, tourmenter.

2. M. de Lee, l'un des lieutenants généraux enfermés dans Lille avec Boufflers, écrivait à Chamillart, le 18 août, que le prince Eugène n'avait pas au siège plus de 40 à 45.000 hommes. Si le maréchal de Berwick réunissait 35 bataillons et entreprenait de secourir Lille, « rien, disait M. de Lee, ne lui serait plus aisé que de défaire l'armée du prince de Savoie. » D. G. 2.082.

3. D. G. 2.082.

4. D. G. 2.068.

Les lettres et mémoires de Lefebvre d'Orval sont particulièrement nombreux en octobre 1708. Il s'attend à ce que l'ennemi, après la prise de Lille, essaie de rétablir ses communications avec le Brabant. A diverses reprises, il insiste auprès du ministre pour que l'armée française, campée sur la rive droite de l'Escaut, de Tournai à Gand, et sur le canal de Gand à Bruges, redouble de vigilance en face d'Audenarde où il prévoit que les ennemis chercheront à forcer le passage du fleuve. Le 12 octobre 1708, il écrit à Chamillart : « On ne saurait avoir trop d'attention à veiller sur leurs démarches et à garder les postes principalement de l'Escaut, car le chemin le plus commode et le plus apparent pour eux, c'est celui de passer la rivière à Audenarde et au dessous [1], car le dessus de Tournai jusques à Douai et Mons peut être inondé, comme on croit qu'il l'est.

» Le mal, c'est que le Français, pour le peu qu'il se croie supérieur en nombre, soit à cause de quelque retranchement ou de quelques rivières, il néglige tout et se laisse surprendre, et alors il perd tête et courage. Il serait bon de lui apprendre à ne mépriser jamais ses ennemis quoique inférieurs, parce que cela fait que l'on ne néglige rien et que l'on se sert de tout ce que l'on a de meilleur.

» Tant que les Romains [2] ont craint leurs ennemis, ils les ont toujours vaincus parce qu'ils mettaient tout en usage et se servaient de tout ce qu'ils avaient de plus de mérite. Leur fortune a changé quand leur trop grande puissance leur a fait mépriser leurs ennemis, parce qu'ils ne se servaient plus de tout ce qui pouvait leur faire de l'avantage. On leur avait appris à ne point s'abattre dans

---

1. C'est en effet par le village de Kerkhove, voisin d'Audenarde, et celui de Gavre, situé au-dessous de cette ville, que Marlborough devait forcer le passage de l'Escaut, dans la nuit du 26 au 27 novembre 1708.

2. Lefebvre d'Orval se reporte souvent dans ses mémoires aux souvenirs de l'histoire du peuple romain, histoire qu'il a méditée et dont il sait tirer, à l'exemple de Montesquieu, d'utiles leçons.

— 37 —

l'adversité et à ne point être impérieux ni insolents dans la prospérité. On pourrait aisément apprendre tout cela aux hommes, car ils font tout ce que l'on veut.

» On a perdu bien des chevaux dans le dernier fourrage parce que les fourrageurs se sont débandés à l'ordinaire et ont passé les gardes de deux lieues. Tant que l'on ne fera pas ce que j'ai marqué dans un de mes mémoires à cet égard, on n'y mettra pas remède. Il faut certainement des officiers de chaque corps de fourrageurs, outre les gardes, pour les contenir.

» Rien ne fait plus de peine que d'entendre dire à des Français de distinction qu'ils laisseraient aller les ennemis s'ils voulaient abandonner Lille. Il y a bien de la poltronnerie dans ce discours. Si l'on faisait cela, à quoi en serait-on l'année qui vient, car les ennemis en auraient un terrible mépris pour les troupes du Roi [1]. ».

La mésintelligence profonde de Vendôme et du duc de Bourgogne, source principale de nos revers depuis l'ouverture de la campagne, avait eu sa répercussion sur l'esprit de l'armée où Lefebvre d'Orval relevait bien des symptômes de faiblesse : « Les petits maîtres et les freluquets de l'armée de sa Majesté qui avaient donné des rendez-vous à Paris pour le 20 de ce mois, écrivait-il à Chamillart le 19 octobre, sont d'avis de faire un pont d'or aux ennemis. Si les princes [2] les en croyaient, cela serait bientôt fait. La campagne leur paraît longue. Ils pestent contre la belle défense de M. le maréchal de Bouflers. L'intérêt ni la gloire du Roi n'est pas ce qui les anime. S'il est question d'attaquer, ils emploient leur éloquence pour en détourner le coup. S'il faut tenir la campagne plus que de raison pour abîmer les ennemis, ils disent qu'il ne faut pas s'opiniâtrer et qu'il vaut mieux faire un pont d'or à l'ennemi que de le contraindre à prendre Lille. Si on les en

---

1. D. G. 2.083.
2. Le duc de Bourgogne et son frère, le duc de Berry, qui l'avait accompagné à l'armée de Flandre.

croit, on fuira toujours l'action. Il ne serait pas mauvais de permettre à ceux qui sont fatigués par la longueur de la campagne de s'en retourner chez eux. L'armée en deviendrait meilleure.

» Enfin, si l'on fait ce que l'on peut, les ennemis sont dans les Fourches Caudines [1]. Nous tremblons ici de crainte qu'on les manque. Cependant nos intérêts sont que la campagne finisse, puisque après avoir perdu les revenus de nos biens, on tire à présent nos maisons en bas et on coupe nos arbres, mais l'intérêt public doit être préféré à tout.

» Les Romains ne mettaient qu'un général [2] dans une armée avec plein pouvoir, et ils lui laissaient choisir les généraux qu'il voulait avoir sous lui. C'était le moyen de ne point avoir de contradiction dans l'armée. Si la même chose se pratiquait dans les armées de Sa Majesté, on verrait merveille. Les Romains, après avoir choisi un général de confiance, se reposaient entièrement sur lui.

» Si l'on veut avoir de bonne cavalerie l'année prochaine, il est temps de prendre garde aux fourrages et de mettre un certain nombre de bons chevaux dans les compagnies.

» De mieux vêtir le soldat. La masse est assez forte pour cela. Le soldat en paraît mieux et il en est plus résolu. Il faudrait un soin particulier pour faire qu'on lui livre ce que le Roi lui donne, car le pauvre soldat est volé de tous côtés, sur la viande principalement. Il serait bon qu'on eût une grande exactitude dans les revues, car on compte au commencement d'une campagne sur bien du monde qu'on n'a point et que le Roi a payé tout l'hiver.

---

1. L'armée française décrivait autour des Alliés un demi-cercle, de Bruges à Tournai. Elle les coupait de leurs communications avec le Brabant. Aussi, dans la France entière, les croyait-on déjà emprisonnés dans les mailles d'un filet d'où ils ne devaient point parvenir à s'échapper.

2. C'est une allusion transparente à la dualité du commandement mal défini entre Vendôme et le duc de Bourgogne, au défaut d'entente entre nos généraux et à la faute du cabinet de Versailles d'avoir placé à la tête de notre armée deux natures aussi différentes et aussi antipathiques, « l'eau et le feu », a dit Saint-Simon.

» Être exact à faire faire l'exercice à la cavalerie et à l'infanterie. Les officiers et les soldats ne sont pas honteux de dire qu'ils ne le savent pas. 200.000 livres de poudre par an suffiraient pour les faire tirer et y faire les hommes et les chevaux. Enfin personne ne s'applique. Les officiers font profession de tout ignorer. Les ingénieurs prient des avocats de leur faire des plans, qu'ils ont présentés à celui qui dessine pour les princes, comme s'ils les avaient faits. Ils croient qu'ils en savent assez quand ils savent bien manger ce que le Roi leur donne.

» Tout languit. C'est à vous, Monseigneur, qu'il est réservé de faire renaître l'ardeur martiale que l'on voyait ci-devant dans les troupes... [1] »

Dans ce mémoire, le conseiller au Parlement s'est contenté de faire une allusion rapide à la perte de ses revenus et à la destruction de ses biens, malheurs qui auraient inspiré à d'autres, animés d'un courage moins ferme, un ardent désir de la paix. Sa ville natale venait en effet de connaître toutes les horreurs du pillage. Après Audenarde, les troupes du comte de Tilly et de milord Orkney, détachées de l'armée de Marlborough pour faire une incursion dans l'Artois, étaient entrées à la Bassée le 26 juillet et s'y étaient livrées à des désordres sans nom. La mère du conseiller et surtout son frère, Thomas, furent cruellement éprouvés. Les Archives de la Bassée conservent un curieux document [2], qui est la déclaration des habitants, devant les rewart et échevins de cette ville, pour les dommages subis par eux lors du passage des Alliés. La déposition de Thomas Lefebvre est l'une des plus longues et des plus importantes. En voici le début :

« Thomas Lefebvre, échevin, après pareil serment par lui fait, a dit que les dites troupes lui ont pris et enlevé, après avoir enfoncé sa garde-robe et en lui demandant la

---

1. D. G. 2083.
2. Archives de la Bassée, EE. 5.

vie ou la bourse, 3 louis d'or en espèce, valable 31 florins 10 patards [1].

» Si lui ont encore pris, dans les layes de la dite garde-robe, d'argent monnayé en plusieurs espèces 52 écus et demi d'argent, faisant 121 florins.

» Ils ont encore ôté du doigt de sa femme leur bague d'or de mariage, valable 9 florins.

» Item un fer d'argent sur la tête de sa femme, valable 4 florins 10 patards.

» Item une paire de boucles d'argent à ses souliers et ses souliers, pour 4 florins 12 patards.

» Item, une boucle d'argent avec la ceinture d'argent, valable 4 florins 10 patards.

» Item, ils prirent au dit Lefebvre son habit de drap café neuf, avec la chemisette, culotte, le tout garni de gros et petits boutons d'argent et le galon d'argent sur la culotte avec une paire de bas uniforme, le tout valable septante-cinq florins, etc... [2] »

Aussi l'on comprend la haine des habitants des campagnes à l'égard de ces déprédateurs sans pitié, et les facilités qu'aurait rencontrées Lefebvre d'Orval pour lever, dans cette région, un corps franc de paysans, comme il en faisait la proposition au ministre, le 19 novembre 1708 : « Je suis de La Bassée et connu par les paysans du pays de Lalleu, d'Artois et de la châtellenie de Lille. Je me flatte que, si j'avais commission et

---

1. Le florin valait une livre cinq sols; il se divisait en vingt patards.

2. Cette déclaration est du 5 février 1709. Relevons encore parmi les objets dérobés : 3 chapeaux dauphin, une garniture de boutons d'argent à la mode, 2 jupes dont l'une de brocard bleu et l'autre d'étamine d'Amiens doublée d'indienne neuve, 13 cravates de Cambrai, 33 chemises de femme, 3 steinkerques à mettre sur le col, 6 grands plats d'étain pesant ensemble 32 livres, le tout au marteau, 7 jambons, 22 pièces de lard, etc. — De plus le sieur Lefebvre, par le même serment, a dit que les dites troupes des hauts alliés, qui étaient employées au siège de Lille, tant pendant le séjour qu'ils firent au Bassée que pendant leur passage des 16, 20 et 24 septembre de la dite année 1708, lui ont encore pris et enlevé 14 rondelles de forte bière, 900 fagots, 3.200 perches, 8 ruches, etc... »

60.000 florins, d'en attrouper 7 à 8.000 en peu de jours, et de les payer pendant plus d'un mois, et de faire plus de mal aux ennemis que ne feraient 20.000 hommes de troupes réglées, et de les empêcher de pénétrer dans le pays. Il faut être du pays pour cela, et avoir la confiance du paysan [1]. »

Ne pouvant atteindre le conseiller au Parlement de Flandre, dont ils n'ignoraient pas les fréquents rapports avec le ministre, les Alliés entreprirent d'user de représailles envers sa famille. Au milieu de novembre 1708, pendant qu'ils occupaient encore la Bassée, ils se saisissaient de la personne de son frère Thomas et, sous le prétexte, inventé par eux, qu'il avait aidé de ses avis le conseiller au Parlement de Flandre, ils lui faisaient subir, pendant deux jours entiers, un rigoureux emprisonnement. « Le bonheur que j'ai eu de vous parler ici [2], Monseigneur, écrivait Lefebvre d'Orval à Chamillart, le 21 novembre, a manqué de coûter la vie à mon frère, qui est chef du Magistrat de La Bassée. Des jaloux ont répandu le bruit que je savais, par ce frère, tout ce qui se passait dans cette petite ville, et que je vous en faisais rapport. M. le président Bruneau [3] m'a donné avis de ce bruit. J'en ai ri, et je lui ai dit qu'il n'était point question de cela en ce que j'avais l'honneur de vous dire. Depuis lors, les ennemis ont jeté ce frère dans un cul de basse

---

1. D. G. 2.084.

2. A Tournai. Le 1er novembre 1708, Chamillart était arrivé dans cette ville, et il se tint le 3 novembre, à l'abbaye du Saulsoy, près Tournai, au quartier général du duc de Bourgogne, un conseil de guerre qui détermina le plan de campagne à suivre après la chute de Lille. Les mesures arrêtées apportèrent peu de changements à la situation de l'armée, qui fut maintenue dans sa position sur l'Escaut, pour couper toute communication aux ennemis avec le Brabant. C'est évidemment à ce séjour de Chamillart à Tournai que Lefebvre d'Orval fait allusion dans cette lettre. Voir le *Siège de la ville et de la citadelle de Lille*, p. 307 et suiv.

3. Antoine Bruneau, seigneur d'Houplines, originaire de Lille, conseiller au Parlement de Flandre, le 1er novembre 1679, et reçu président à mortier, le 24 décembre 1693. ARCHIVES DÉPARTEMENTALES, carton 73, Flandre wallonne, Parlement de Flandre.

fosse où il a été deux fois 24 heures sans boire et sans manger, pendant lesquels on s'est informé de sa conduite, et, n'ayant rien trouvé à sa charge, il a été relâché dans un état fort triste.

» Depuis, ces malintentionnés disent que je brigue la première présidence. Vous savez pourtant, Monseigneur, que je ne vous en ai jamais parlé, tout mon but étant de contribuer, si je puis, au bien du service. Ils répandent ce bruit pour me rendre odieux à la compagnie [1]. »

Le mauvais traitement infligé à son frère par les ennemis n'était point fait pour intimider Lefebvre d'Orval. Quelques jours plus tard, il pénétrait lui-même dans Lille, dont la citadelle s'était rendue, le 8 décembre, aux Alliés déjà maîtres de la ville. Il est vrai que la galanterie n'était pas étrangère à ce voyage, comme on le verra plus loin, mais elle ne l'empêchait pas de recueillir, pour le ministre, les renseignements les plus précieux. « J'étais à Lille hier, écrivait-il le 22 décembre 1708. Il y a environ 7.000 hommes de garnison, compris celle de la citadelle de Lille. Tout le monde y convient qu'il n'y a point de poudre pour défendre la place, que toutes choses nécessaires à la vie y manqueraient si on n'y en menait des villes et pays de l'obéissance de sa Majesté. En effet, le chemin de Tournai à Lille ressemblait à un convoi de fourrages et de grains, et comme il est défendu à Lille d'en laisser sortir un grain pour qui que ce soit et pour quelque raison que ce puisse, ce qui est observé exactement, cela fait qu'il n'y est pas beaucoup plus cher qu'ici. Ils ont doublé les droits sur les marchandises, et ils ont mis un impôt de 50 sols à la petite razière de blé.

» J'ai vu toutes les brèches. On les raccommode avec des fascines et quelque morceau de maçonnerie. La grande brèche, à gauche du tenaillon, et celle de la face du bastion qui la défendait sont toutes ouvertes. On a ôté les

---

1. D. G. 2.084.

arbres qui bouchaient cette grande brèche [1], et on en a remonté toutes les terres sur le rempart, tout le long des brèches, de sorte qu'il est à dos d'âne de manière qu'un homme a peine à y passer. Y étant, j'avais peur de tomber dans la ville ou dans les fossés. On ne saurait y poser de canon ni y mettre des hommes pour la défendre, parce qu'il n'y a que ce petit sentier au sommet du dos d'âne où on puisse se tenir.

» Les tenaillons et la demi-lune [2] ne sont pas raccommodés encore.

» Les lignes de circonvallation sont encore tout entières. On pourrait y avoir des vivres par la Lys et par le pavé de Tournai. Les ennemis manqueraient de tout s'ils voulaient y venir au secours, et ils seraient obligés de quitter l'entreprise de Gand [3] parce que, dans l'état où sont ces brèches, Lille ne durerait pas trois jours parce qu'elle ne saurait se défendre, outre qu'il y manque des poudres.

» Les peuples y sont si inclinés pour le Roi qu'on ne peut rien de plus. Ils disent que le dernier Français de leur garnison valait un César...

---

1. Voici les curieux moyens employés par le maréchal de Boufflers, pour remédier aux brèches des deux bastions situés sur le front d'attaque : « le premier qu'on mit en usage servit à précautionner la brèche du bastion de la gauche, et fut proposé par M. Daigouin, colonel réformé de dragons... C'étaient des arbres entiers, dont on avait seulement coupé les branches, qu'il faisait couler par le haut de la brèche et descendre jusqu'au pied, où l'on planta une espèce de grille de fer pour soutenir ces bois, et qui faisait en même temps l'effet d'un rang de palissades. Ainsi, il n'aurait pas été facile d'y monter à l'assaut.

» Le second moyen dont on se servit fut employé à la brèche du bastion de la droite... C'est un bûcher que l'on dressa sur la brèche, auquel on mit le feu quand on craignit l'assaut et qui aurait été aisé à entretenir, le bois ne manquant point dans Lille si, après s'être embrasé, il ne s'était point éteint lui-même. » Journal du siège de la ville de Lille. *Les Frézeau de la Frézelière*, p. 74.

2. Ces ouvrages, auxquels l'assiégeant avait pratiqué de larges brèches, étaient situés en avant des bastions du front d'attaque.

3. Afin de rendre libre la navigation de la Lys et de ravitailler Lille en vivres et en munitions, Eugène et Marlborough n'avaient pas hésité à entreprendre le siège de Gand à l'entrée de l'hiver. A peine maîtres de la citadelle de Lille, ils s'étaient approchés de Gand et y avaient ouvert la tranchée dans la nuit du 23 au 24 décembre 1708.

» Les officiers ennemis, même le député de l'État, disent que Gand sera bientôt à eux, que l'on s'y défendra comme au passage de l'Escaut [1]..., qu'ils feront de gros magasins à Lille, après la prise de cette ville, pour faire le siège d'Aire au printemps et pénétrer en France, sans s'arrêter aux autres places; que le prince Eugène les a assurés de tout cela à son départ. Il a dit aussi qu'Alexandre le Grand n'aurait pas conquis le monde s'il avait eu des États Généraux à manier [2]. »

Avertis de la présence de Lefebvre d'Orval à Lille, les ennemis faillirent le capturer, comme le prouve le curieux fragment de la *Gazette de Leyde* que le conseiller au Parlement joignait à cette lettre [3] du 23 janvier 1709, adressée à Chamillart.

Monseigneur,

L'on m'avait fait remarquer que l'honneur que vous avez eu la bonté de me faire, étant ici, m'avait fait des jaloux, mais je n'avais pas cru que cette jalousie allait jusqu'à en vouloir à ma vie. Le tour que les ennemis ont fait à mon frère en le jetant dans un cul de basse fosse, apparemment parce qu'il était affectionné au Roi, ainsi qu'il l'a témoigné par les bons services qu'il a rendus à M. de Sézanne [4] et à M. de Steckenberg [5], tant pour les fortifica-

---

1. Prédiction malheureusement confirmée par les faits : « Le 30 décembre, dans la crainte de voir sa nombreuse garnison faite prisonnière s'il s'opiniâtrait à soutenir un siège, M. de la Mothe (le gouverneur de Gand) s'arrêtait au triste parti de rendre la place. » *Le siège de la Ville et de la Citadelle de Lille*, p. 360.

2. D. G. 2.084.

3. D. G. 2.149.

4. De Sézanne (Louis-François de Harcourt, comte). Mousquetaire en 1692, colonel du régiment d'infanterie de Bretagne en 1699, brigadier en 1702, maréchal de camp en 1704.

5. Brigadier depuis l'année 1706, M. de Steckenberg commandait le beau régiment d'Alsace où il avait parcouru toute sa carrière depuis le siège de Lille en 1667. Il fut tué à Malplaquet.

M. de Sézanne et M. de Steckenberg étaient entrés à la Bassée quand les ennemis avaient abandonné ce poste, le 22 novembre 1708, pour rassembler leurs forces et s'ouvrir le passage de l'Escaut.

tions de la Bassée que pour la sûreté de la place et autres expéditions qu'il a suggérées, les biens, les maisons et le grand nombre d'arbres qu'ils m'ont ruinés qui me réduisent à vivre de ma charge qui me produit peu de chose à présent, ce que l'on fit en dernier lieu pour me rendre odieux aux gens de la campagne en leur disant que j'avais empêché de leur laisser de quoi subsister eux et leurs bestiaux, tout cela ramassé ensemble me fit faire des réflexions ; mais ce que la *Gazette de Leyde* que je joins ici dit de moi, *article de Lille*, m'ouvre les yeux. Vous verrez, Monseigneur, qu'on m'y donne la qualité de votre fameux espion et qu'on m'y accuse d'avoir rôdé pendant toute la campagne à la Bassée, à Lille, à Audenarde, à Gand, à Bruxelles et à Anvers, pour vous informer exactement de tout ce qui s'y passait, quoique, depuis deux ans, je n'aie pas été dans aucune de ces places, si ce n'est à Lille, où j'ai été un jour [1] depuis le siège pour y voir une maîtresse, et cinq jours à Bruxelles pour y entendre des comptes qu'on rendait à Madame la Rhingrave.

Ceux qui aspirent à la charge de premier président, qui vaquera bientôt par la caducité de celui qui la remplit [2], me regardent avec jalousie comme si vous m'aviez destiné à la remplir pour avoir un homme de votre main. Je ne sais si cela a contribué aux tours que l'on me joue, mais c'est avec raison, puisque vous savez, Monseigneur, que je n'ai point eu d'autre but, dans ce que j'ai fait, que le bien de l'Etat sans songer à mes intérêts. Cependant me voilà cloué à Tournay sans pouvoir travailler à mes affaires. Mes amis me conseillent de demander justice de ce gazetier aux États Généraux J'ai cru n'en devoir rien faire sans savoir auparavant votre volonté à cet égard.

J'espère, Monseigneur, que vous voudrez bien me la marquer et que vous n'abandonnerez point un bon sujet du Roi et un homme qui vous est entièrement acquis à la malignité des malintentionnés, qu'il serait bon d'observer de près, d'autant plus qu'ils sont violemment suspects d'avoir relation avec les ennemis et de les instruire de tout ce qui se passe.

Je suis avec un très profond respect, etc.

Tournai, le 23 janvier 1709.   LEFEBVRE.

---

1. Le 21 décembre 1708. Voir plus haut sa lettre du 22 décembre 1708.

2. Jacques-Martin de Pollinchove, reçu en qualité de premier président au Parlement de Flandre le 23 juin 1691. Il comptait, en 1709, 82 ans.

— 46 —

Les *Nouvelles extraordinaires* de la *Gazette de Leyde*, du mardi 15 janvier 1709, disent en effet :

De Lille, le 9 janvier.

Il y a un fameux espion du comte de Chamillart, nommé le Fèvre et se disant conseiller au Parlement de Tournai, lequel rôde depuis quelque temps dans cette ville de Lille, à Bruxelles, Gand et Anvers. On le croit à présent caché dans cette dernière place. Il a pris pour prétexte de son voyage, aussi bien que d'un compagnon qu'il mène avec lui, de travailler aux affaires de Madame la Rhingrave. Cet homme est né à la Bassée, et, pendant la plus grande partie de l'été dernier, il n'a été occupé qu'à y faire des voyages continuels, aussi bien qu'à Audenarde, pour rendre un compte exact à M. de Chamillart de tout ce qui s'y passait. Il s'en est peu fallu qu'il n'eût été pris à Lille en dernier lieu, mais le cabaret où il était logé ayant une porte de derrière, il prit le parti de se sauver par là, voyant entrer dans ce cabaret des mousquetaires de mauvais augure pour lui.

Chamillart ne tardait pas à répondre à Lefebvre d'Orval dans les termes les plus flatteurs :

Monsieur,

J'ai reçu votre lettre du 23 de ce mois. Quoiqu'il n'y ait aucune vérité ni vraisemblance dans tout ce que vos ennemis ont fait insérer malicieusement contre vous dans la *Gazette de Leyde* du 15, il est toujours bien glorieux à un sujet de s'attirer des reproches pour s'être abandonné avec zèle par une grande fidélité pour l'intérêt et le service de son Roi. Si vous avez eu occasion de me donner des nouvelles utiles pour l'Etat, vous devriez vous en savoir gré. Je suis persuadé qu'il n'a pas tenu à vous, et c'est ce qui m'engage, après avoir fait voir votre lettre à Sa Majesté et l'article de la *Gazette* dans lequel vous êtes nommé, de vous dire de sa part qu'Elle vous sait gré de votre bonne volonté. Ma lettre vous servira pour triompher de vos ennemis. Ils seraient bien heureux s'ils avaient donné autant de marques de leur bonne volonté que vous avez fait [1]

Sensible à ce témoignage d'estime du ministre, le conseiller au Parlement lui écrivait le 14 février 1709 : « ... J'ai reçu, avec toute la reconnaissance et toute la joie

---

1. D. G. 2.149.

possibles, ce que vous avez bien voulu m'y témoigner de la part du Roi et de la vôtre. Quand on a le bonheur d'être approuvé de son prince et de son maître, rien ne saurait nous toucher. Je me sens même si élevé par vos faveurs, que je ne trouve rien de trop haut ni de trop bas quand il s'agit du service de sa Majesté [1]... »

Le 18 mars 1709, Villars arrivait à Cambrai. La présence de l'heureux général sur cette frontière où il paraissait pour la première fois fut accueillie avec joie, comme nous l'apprend une lettre de Lefebvre d'Orval à Chamillart du 26 avril 1709 [2] : « ... On a une confiance extrême en M. le maréchal de Villars. » Le nouveau général de notre armée de Flandre venait à peine d'inaugurer son commandement que déjà les envieux s'efforçaient de discréditer auprès de lui le conseiller au Parlement de Flandre : « On a voulu me rendre odieux à M. le maréchal de Villars, mais on dit qu'on n'a pas réussi [3]. » Au sein même du Parlement il trouvait des ennemis, jaloux de ses glorieux services : « M. de Bernières m'a dit que des Messieurs de notre compagnie m'avaient imposé des discours pour me brouiller avec lui, mais qu'il ne tiendrait qu'à moi d'être de ses amis. Je tâcherai de m'en rendre digne aussi bien que de l'estime de M. le maréchal de Villars. Il me sera facile d'y réussir, pourvu que je sois appuyé de l'honneur de votre protection [4]. »

Les conditions humiliantes, auxquelles les Alliés voulaient contraindre Louis XIV à demander la paix, excitèrent dans tous les cœurs vraiment français une indignation dont on aime à retrouver la trace dans la correspondance de Lefebvre d'Orval : « Je prends la liberté de vous informer, par ce mémoire, de ce qui se passe chez les ennemis et de

---

1. D. G. 2.149.
2. D. G. 2.150.
3. D. G. 2.150. Même lettre du 26 avril 1709.
4. D. G. 2.150. Lettre du 11 mai 1709.

l'état des esprits au sujet de la paix dont on publie ici les conditions qui animent tout le monde contre les ennemis, et on a paru moins mécontent d'apprendre aujourd'hui que le Roi avait rejeté ces conditions que l'on était d'une paix à ce prix [1]... »

Le 9 juin 1709, Chamillart, écrasé par le fardeau de la guerre, prévoyant une disgrâce prochaine, demandait à se retirer et était remplacé par Voysin. Un de ses derniers actes, comme nous l'apprendra une lettre de Lefebvre d'Orval du 20 juin 1709, avait été d'enjoindre à son infatigable correspondant « de faire part de ses nouvelles à M. le maréchal de Villars ».

Nous verrons dans le chapitre suivant le nouveau secrétaire d'Etat ne point tarder à reconnaître le mérite du conseiller au Parlement de Flandre et lui continuer l'entière confiance que n'avait cessé de lui témoigner son prédécesseur.

---

1. D. G. 2.151. Lettre du 6 juin 1709. — Le même jour, Villars écrivait au Roi : « J'étais à la tête de votre infanterie lorsque le courrier me rendit la dépêche de V. M. (annonçant le refus des propositions de paix), et, sur les premières lignes qui faisaient connaître sa résolution, j'en marquai ma satisfaction à vos troupes qui toutes répondirent par un cri de joie et d'ardeur d'en venir aux mains avec les ennemis. »

CHAPITRE II.

Lefebvre d'Orval, Voysin, Villars et Montesquiou (1709-1712).

Voysin garde au conseiller au Parlement la confiance que lui a témoignée Chamillart. — Lefebvre d'Orval seconde puissamment le marquis de Surville dans la défense de Tournai (juin-juillet 1709). Il pourvoit lui-même aux besoins de la garnison et crée mille ressources là où tout faisait défaut. — M. de Surville le charge de rendre compte au Roi de la défense de la ville, et loue en termes magnifiques le dévouement du conseiller au Parlement pendant le siège. — Ce dernier reçoit un accueil flatteur à Marly. — Le Roi lui accorde 20.000 livres de gratification et une pension sur l'hôtel de ville de Paris. — Curieux mémoires adressés par Lefebvre d'Orval à Voysin pendant son séjour à Versailles, en août 1709. — Les Alliés lui interdisent l'accès de Tournai. — Il prend hautement la défense du malheureux gouverneur de cette ville, le marquis de Surville, et dénonce ouvertement les malversations dont il a été et demeure tous les jours le témoin. — Triste situation du Parlement et du conseiller au début de l'année 1710. — Goût de Lefebvre d'Orval pour la fortification; ses idées nouvelles dans cet art. — Son projet pour secourir Douai pendant la campagne de 1710. — Voysin l'engage à faire parvenir directement toutes ses nouvelles au maréchal de Villars. — Rapports de Villars et du conseiller pendant le siège de Bouchain en 1711. — Importance des services que rend Lefebvre d'Orval au maréchal de Montesquiou, chargé du commandement de notre frontière de Flandre, au début de l'année 1712.

Dès son entrée en fonctions, Voysin écrivait à Lefebvre d'Orval :

                                             Versailles, ce 12 juin 1709.

      Monsieur,

Le Roi m'ayant fait l'honneur de me nommer pour remplir la charge de Secrétaire d'Etat de la guerre, vacante par la retraite de

— 50 —

M. de Chamillart, j'ai reçu la lettre que vous lui avez écrite le 8° de ce mois et le mémoire qui y était joint. Je ferai le meilleur usage qu'il me sera possible des avis qui y sont contenus, et je serai bien aise que vous m'en envoyiez dans la suite de pareils sur tout ce que vous croirez qu'il y aura de mieux à faire pour le bien du service [1].

Désireux de conformer ses vues à celles du nouveau ministre et de connaître la ligne de conduite qu'il devait adopter auprès de Villars, Lefebvre d'Orval mandait à Voysin, de Tournai, le 20 juin 1709 : « M. de Chamillart m'avait écrit de faire part de mes nouvelles à M. le maréchal de Villars. Si vous le trouvez bon, ayez la bonté, Monseigneur, de me faire connaître votre volonté [2]. »

La réponse suivante ne tardait pas à lui parvenir : « J'ai reçu la lettre que vous m'avez écrite le 20 de ce mois et le mémoire de nouvelles qui y était joint. Vous ne devez pas manquer d'en envoyer de pareils à M. le maréchal de Villars, puisqu'il est chargé de la défense de votre frontière et en état de savoir si les avis que vous lui donnerez des mouvements des ennemis seront conformes à ce qu'il aura appris d'ailleurs [3]. »

Par l'heureux choix de sa position défensive entre Béthune et Douai, Villars n'avait laissé aux ennemis d'autre ressource que les sièges d'Ypres ou de Tournai (têtes trop exposées que le maréchal avait découvertes à dessein) ou une attaque des lignes que notre armée avait élevées au sud de la Bassée. Dans cette dernière éventualité, Lefebvre d'Orval ne manquait pas d'envoyer à Versailles un mémoire détaillé des environs de cette ville, « la description du pays et la manière d'attaquer les ennemis, lorsqu'ils faisaient le siège de Lille, ayant été si bien reçue de M. de Chamillart qu'il a eu la bonté de me marquer que sa Majesté m'en savait gré [4]. »

---

1. D. G. 2.116.
2. D. G. 2.151.
3. D. G. 2.117.
4. D. G. 2.151. — Lettre du 22 juin 1708.

Usant de l'autorisation que le ministre lui avait accordée, Lefebvre d'Orval ne tardait pas à entrer en rapports avec le général de l'armée de Flandre : « Je viens d'envoyer à M. de Villars les avis que j'ai, qui le regardent, » écrivait-il à Voysin le 27 juin 1709, et, dans le mémoire qui suit cette lettre, il dit encore : « J'ajoute que les ennemis ne trouvent pas moyen de forcer M. de Villars par où ils sont... Je viens d'en écrire à M. de Villars [1]... »

Lefebvre d'Orval ne s'était pas trompé. Les ennemis, après avoir paru en vue de nos lignes le 24 juin, les jugèrent inattaquables et se déterminèrent au siège de Tournai. Cette entreprise devait permettre au conseiller au Parlement de déployer toutes les ressources de son dévouement et de donner un magnifique exemple de cette fermeté qu'il s'efforçait de répandre autour de lui : « Il serait bon, disait-il à Voysin quelques jours avant ce siège [2], d'inspirer aux officiers un esprit de patience et de fermeté. Je me tue de leur dire qu'il ne manquera rien, et quand ils disent que rien ne tiendra devant les ennemis, je leur réponds que je ferais mettre au piquet tous ceux qui parleraient ainsi à l'avenir. »

Tournai fut investie le 28 juin. Lefebvre d'Orval, demeuré dans la place, dut interrompre sa correspondance avec le ministre. Nous aurons recours, pour y suppléer, au manuscrit de la bibliothèque de Boulogne, dont l'auteur a retracé fidèlement cette belle page de la vie du conseiller.

M. de Surville [3], qui s'était distingué au siège de Lille

---

1. D. G. 2.151.

2 Lettre du 13 juin 1709. D. G. 2.151.

3 Avant de se jeter dans Lille menacée d'un siège, le maréchal de Boufflers s'était généreusement souvenu du lieutenant général marquis de Surville-Hautefort, retiré dans ses terres de Picardie à la suite d'un différend avec la Barre, capitaine aux gardes, différend résolu par le Roi en faveur de ce dernier. Le maréchal avait appelé M. de Surville à servir à ses côtés. Au lendemain de la capitulation de Lille, il disait de son lieutenant : « Il mérite que le Roi ait la bonté de lui accorder présentement le cordon bleu, ainsi qu'il a eu la bonté de l'accorder à M. le comte de Guiscard après le siège de Namur. M. de Surville ne l'a pas moins bien mérité

en 1708, avait été chargé de la défense de Tournai. Il entrait dans une ville épuisée par l'horrible hiver de 1709. Le gouverneur de Tournai dépeignait sous les couleurs les plus vraies sa triste situation, dans cette lettre à Voysin du 1er juillet : « Je ne vous dis rien de l'état fâcheux où je me trouve, n'ayant pas un sol, point de crédit, une ville épuisée absolument, point de magasins de blés ni farines, aucunes viandes sèches ni salées ; en un mot, la plupart de ce qui est nécessaire à la vie manque... MM. du Parlement et du Magistrat nous aident autant qu'ils peuvent, mais on les a si fort épuisés qu'on n'en peut pas tirer grand secours [1]. »

Dès que le gouverneur voulut se procurer des blés parmi les habitants pour parer au manque de vivres de la garnison, l'émeute éclata. C'est alors que Lefebvre d'Orval proposa à M. de Surville de recourir au Parlement qui viendrait en aide aux magistrats et les soutiendrait de son autorité. Sa proposition agréée, il fit « assembler sa compagnie et lui représenta fortement que M. le marquis de Surville se trouvait dans une conjoncture fort délicate et sans aucune provision ; que rien n'était plus important pour le service du Roi que de le mettre en état de soutenir un long siège ; que le Parlement, par son autorité, son

---

par les services importants qu'il a rendus à la défense de la ville de Lille, y ayant donné toutes sortes de marques de courage, de capacité, de zèle et de fermeté. La défense de la seule ville de Lille a duré autant que celle de la ville et du château de Namur ensemble ; et comme M. de Surville est sans biens et dans un besoin pressant, il serait de la bonté du Roi de lui accorder, outre le cordon bleu, une pension de 2.000 écus ou le premier gouvernement qui vaquera.

» Il avait avant sa disgrâce une pension de 2.000 écus, dans laquelle le Roi pourrait avoir la bonté de le rétablir dès à présent. » — Louis XIV lui accorda 10.000 livres de pension. *Siège de la ville et de la citadelle de Lille en 1708.*

1. D. G. 2.151. — Au début de juin 1709, M. de Surville avait instamment prié Voysin de lui adresser quelque argent. Le ministre lui avait fait aussitôt un envoi de 100.000 francs, mais Villars ne laissa passer à M. de Surville que 30.000 francs, croyant pouvoir retenir le reste de cette somme pour les besoins de son armée en proie également à la plus grande détresse. — Lettre de M. de Surville à Voysin, du 8 juin 1709. D. G. 2151.

crédit et les mesures qu'il prendrait, pouvait remédier à tout ; que l'occasion qui se présentait de mériter les grâces du Roi était une de celles qui laissent à un corps le mérite de s'être prêté une fois et qui lui donnent l'honneur de s'y être prêté pour toujours.

» Ces représentations et l'amour de la patrie dont sont toujours animés ceux qui la servent, entraînèrent les voix et déterminèrent le Parlement à composer une chambre pour fournir aux besoins du siège... M. d'Orval s'offrit d'aller tous les jours prendre les ordres de M. le marquis de Surville qui logeait dans un endroit où l'on ne pouvait aller sans s'exposer. Il se présenta pour être à la tête de ceux qui feraient les levées de grains et se chargea aussi de faire distribuer les viandes aux troupes. Ces viandes n'étaient que celles des chevaux qu'on tuait pour la nourriture de la garnison, et M. d'Orval, qui ne trouvait rien au dessous de lui quand il s'agissait du service du Roi, ne laissait entrer aucun cheval à la boucherie sans s'assurer par lui-même si la bête qu'on y présentait pour tuer était saine, pour ne point incommoder les soldats...

» Enfin la ville se trouvant ouverte par trois brèches considérables, M. de Surville envoya à quatre heures, le matin, par un commissaire, une lettre et un mémoire à M. d'Orval pour faire porter à la citadelle les munitions nécessaires pour en soutenir le siège. Après la lecture de ce mémoire, M. d'Orval se rendit chez M. de Surville pour lui représenter que son mémoire demandait trop peu pour munir la citadelle, ce qui fit d'autant plus de plaisir à ce gouverneur que les commis des vivres l'avaient assuré qu'il serait impossible de lui fournir ce qu'il demandait. Mais, sur les assurances de M. d'Orval, il écrivit par apostille qu'il demandait le tiers en sus de tout ce que contenait le mémoire.

» M. d'Orval, muni de ce mémoire, fut donner les ordres pour satisfaire à sa promesse : et, au lieu de 868 sacs de farine exigés par M. de Surville, il en amassa

1100... Avant de se retirer dans la citadelle, M. de Surville chargea M. d'Orval d'aller rendre compte du siège à la Cour : il lui remit en même temps deux lettres, dont l'une était adressée à M. de Villars et l'autre au ministre.

» M. d'Orval était plus en état que tout autre de s'acquitter exactement de cette commission : il s'était trouvé partout pendant le siège, à la brèche, aux conseils de guerre : à peine avait-il quitté M. de Surville. C'était lui qui déchiffrait les billets de M. de Villars. Ce fut lui qui présida à la monnaie [1] du siège et qui en tint un compte exact. »

Ces importants services du conseiller au Parlement sont attestés par le précieux témoignage de M. de Surville lui-même, qui écrivait à Voysin le 31 juillet 1709 : « Je ne saurais trop, Monseigneur, me louer de M. le premier président du Parlement de Tournai [2], de M. le Procureur général [3], de M. le président des Jaunaux [4], et, entre autres, de M. Lefebvre conseiller, qui a rendu au Roi et à la garnison pendant le siège tous les services que l'on en pouvait attendre. Les soins qu'il s'est donnés et se donne encore m'ont paru si essentiels dans une place dénuée de toutes choses que je ne saurais me dispenser de vous en informer, pour vous supplier très humblement de lui accorder l'honneur de votre protection. La prise de Lille a mis ses biens en friche et ruiné ses maisons. Les troupes

---

1. Il fut frappé pendant le siège trois sortes de monnaies : la première d'argent, valant 20 sols, reproduisant le nom et l'effigie du gouverneur.

La seconde de cuivre, valant 8 sols, aux armes de M. de Surville. On lit au revers cette inscription « Moneta in obsidione Tornacensi cusa. »

La troisième de cuivre, valant 5 sols, représentant une tour avec ces mots « Tornaco obsesso. »

2. Jacques Martin de Pollinchove, déjà cité plus haut.

3. Ladislas de Baralle, conseiller au Parlement de Flandre le 7 décembre 1688 et procureur général du roi depuis 1691.

4. Mathieu Pinault des Jaunaux, angevin, originaire de Château-Gontier, avait été reçu comme président à mortier au Parlement de Flandre le 3 décembre 1695. Il mourut le 11 mars 1734.

du Roi se sont servies de ses bois pour palissader la Bassée, et ces palissades sont à Béthune [1]. La prise de Tournai lui ôte encore une charge qui était sa seule ressource. Il n'y a qu'une rente sur l'hôtel de ville de Paris qui puisse le tirer d'affaire, récompenser son zèle et faire voir aux gens du pays qu'on sait faire cas des bons sujets [2].... »

M. de Surville, avant d'entrer dans la citadelle de Tournai, avait chargé le conseiller au Parlement de rendre compte au maréchal de Villars des événements du siège de la ville. Sans prendre le temps de mettre ordre à ses affaires, Lefebvre d'Orval se rendit au camp de Denain où se trouvaient le maréchal et l'intendant de Flandre, M. de Bernières. Il leur exposa fidèlement les faits qui s'étaient accomplis sous ses yeux, et, Villars, rendant justice à sa belle conduite, écrivait à Voysin, le 6 août : « Le sieur Lefebvre, conseiller au Parlement de Tournai, va, Monsieur, pour vous rendre compte de plusieurs choses sur les intérêts du Parlement, lequel mérite les bontés du

---

1. Le 12 mai 1709, Robert Lefebvre et sa mère, qui demeurait toujours à la Bassée, adressaient cette requête au ministre de la guerre :

        A Monseigneur de Chamillart

 Monseigneur,

 Robert Lefebvre, conseiller au Parlement de Tournai, et la dame sa mère, vous représentent très humblement que les troupes du Roi, à la fin du siège de Lille, sont entrées dans la ville de La Bassée, l'ont fortifiée et employé dans les dites fortifications 4 bonniers de terre, la plupart à usage de blanchisserie et de jardins, sur lesquels il y avait une grande maison, grange et écuries, servant aux blanchisseurs, qui a été abattue aussi bien que 1200 arbres, de 25 ans chacun, et quantité de plus petits et d'arbres à fruits qui ont servi à palissader la dite ville et aux troupes de sa Majesté, outre plus de 622 arbres, de 20 ans chacun, que les Alliés avaient déjà employés en palissades à la dite ville, de tout quoi le Roi et ses troupes ont profité et conduit à Béthune pour le service de sa Majesté, ce qui met les suppliants dans de gros intérêts, sans parler des fourrages qu'ils ont perdus par le dit campement ainsi qu'il se voit par l'extrait authentique des procès-verbaux qui en ont été tenus juridiquement, dont copie est ci-jointe, en quoi ne sont pas compris les grains, fourrages, ni maisons ruinées, non plus que les meubles et effets que les Alliés leur ont pillés, ni l'emprisonnement qu'ils ont fait du frère du suppliant pour causes connues à Votre Grandeur.

 Ce considéré, Monseigneur, il vous plaise leur faire accorder par Sa Majesté des dédommagements proportionnés à leurs pertes qui vont, pour les fortifications du Roi seulement, à des sommes considérables, lesquelles fortifications ont été faites pour couvrir la province d'Artois où les biens perdus étaient situés. Ils feront des vœux pour la conservation de votre Grandeur. LEFEBVRE. (D. G. 2.159).

2. D. G. 2.151.

Roi pour le zèle et la fidélité qu'il a montrés. Il doit vous parler aussi de la part de M. de Surville, lequel est certainement un très brave homme, et l'on ne peut trop le louer sur son courage personnel. Une sorte de dureté et de fermeté, nécessaires dans des occasions, peut n'être pas entièrement en lui [1]..... »

De son côté, M. de Bernières chargeait le conseiller au Parlement d'annoncer au ministre cette nouvelle, consolante entre toutes, qu'il était enfin parvenu à assurer la distribution du pain à l'armée. « Je me sers de l'occasion de M. Lefebvre, conseiller au Parlement de Tournai, pour avoir l'honneur de vous dire qu'après des difficultés presque insurmontables je suis venu à bout de faire donner le pain à l'armée pour trois jours, ce qui commencera aujourd'hui. Il n'y a qu'à souhaiter que cela continue. Je dois m'aboucher ce soir à Valenciennes avec le sieur Fargès [2], qui est le véritable restaurateur de nos affaires... [3] »

Lefebvre d'Orval fut bien reçu à Marly. Louis XIV, non content de lui accorder une rente de 1.000 livres sur l'Hôtel de ville de Paris, « ordonna au garde de son trésor royal, M. Claude le Bas de Montargis, de payer comptant au sieur Lefebvre, conseiller au Parlement de Tournai, la somme de 20.000 livres, que je lui ai accordée par gratification extraordinaire en considération de ses

---

1. C'est le seul blâme que l'on puisse adresser au défenseur de Tournai. L'appréciation élogieuse de Villars ne devait point tarder à faire place aux reproches les plus amers. Le maréchal, qui avait espéré une défense de plus de deux mois, ne pardonna pas à M. de Surville d'avoir rendu la citadelle de Tournai le 31 août 1709. Indignement trompé par les commissaires des guerres qui avaient la charge des vivres, privé du précieux secours de Lefebvre d'Orval, M de Surville, malgré toute sa bravoure, se vit réduit à capituler après une défense d'un mois.

2. Entrepreneur des vivres à l'armée de Flandre qui, par son activité, son crédit, ses nombreuses relations à l'étranger, a puissamment secondé M. de Bernières pendant les dernières années de la guerre de la Succession d'Espagne.

3. D. G. 2.154.

services et pour le dédommager des pertes qu'il a faites [1]. »

Lefebvre d'Orval fit à Versailles un séjour de plus d'un mois. Le Parlement de Flandre l'avait chargé, entre autres missions, de représenter au grand chancelier [2] les difficultés de son installation à Cambrai (ville qui lui avait été assignée comme résidence après la prise de Tournai) et son désir d'être transféré à Douai [3]. « Je reçois en même temps des lettres de nos Messieurs du Parlement de Tournai qui paraissent très affligés de ce qu'on leur a assigné Cambrai. Le mauvais air qu'il y fait, l'impossibilité de s'y loger et l'éloignement de leurs biens et de leurs affaires les désolent. Ils me prient, Monseigneur, de vous en faire leurs très humbles représentations, aussi bien qu'à Monseigneur le chancelier, et de vous demander Douai au lieu de Cambrai. Ce qui paraissait indifférent devient une grâce si vous voulez bien la leur accorder. Il n'y a que trois ou quatre personnes de Cambrai qui souhaitent d'y aller, et pour que vous ayez la bonté de me pardonner la liberté que je prends de vous parler de cette affaire, je prendrai celle de vous dire que Madame la Rhingrave, comtesse de Mansfeld, est maîtresse du prince Eugène; que c'est par elle que j'ai su, à la fin du siège de Lille, la résolution de faire le siège de Gand, dont j'ai eu l'honneur d'informer M. Chamillart, dans le moment de la séparation de notre armée. J'ai toujours dirigé ses affaires et elle est dans le besoin, de manière que l'on pourrait négocier de bonnes affaires par cet endroit [4]. »

Lefebvre d'Orval souffrait avec impatience son éloignement du théâtre de la guerre. Consumé du désir de

---

1. ARCHIVES DU MINISTÈRE DES AFFAIRES ÉTRANGÈRES, vol. Flandre, 1709.
2. M. de Pontchartrain.
3. L'édit qui donnait satisfaction au Parlement et lui assignait Douai pour résidence ne fut rendu qu'au mois de décembre 1713.
4. D. G. 2.160. Lefebvre d'Orval à Voysin. Versailles, le 30 août 1709.

se rendre utile à l'Etat, il se faisait renseigner à Versailles sur les agissements des ennemis et continuait à faire parvenir au ministre des nouvelles de la frontière. Enfin, le 23 août 1709, il adressait à Voysin un long et curieux mémoire, fruit de ses réflexions sur les sujets les plus variés. L'activité de son esprit, l'originalité, la justesse et l'étendue de ses vues, ressortiront amplement des extraits qui suivent de ce mémoire [1]. Ses idées sur les choses militaires offriront plus d'un rapprochement avec celles des meilleurs écrivains des XVIIe et XVIIIe siècles, Feuquières, Puységur, le maréchal de Saxe, Guibert.

Monseigneur,

Je prends la liberté de joindre ici le mémoire dont j'ai eu l'honneur de vous parler. Vous y trouverez pourquoi les blés d'un prix fort bas passent à un prix excessif, avec les moyens de les avoir à juste prix en tout temps ; les raisons qui empêchent la circulation des espèces et ce que les monnaies apportent de profit aux Hollandais sans toucher ni au titre ni à la valeur extrinsèque ; les abus introduits parmi les troupes, le moyen de les avoir toujours complètes, disciplinées et plus nombreuses à moins de frais ; les désordres que commettent les partisans et les moyens d'y remédier ; la méthode d'avoir des magasins et de bons fourrages sans que le Roi y soit volé ; les moyens de mettre les places frontières en état de soutenir de longs sièges sans qu'il en coûte rien pour les travaux ; les postes qu'il faudrait fortifier ; l'état des arsenaux, des moulins à poudre et des lieux où on faisait le salpêtre ; la façon de disposer les peuples à supporter la misère présente ; un projet pour surprendre Saint-Amand ; les raisons de ne pas faire la paix et celles qu'il y a d'observer et de ne pas souffrir les malintentionnés.

J'ai donné ci-devant plusieurs mémoires, et, entre autres, la manière de secourir Lille (ou d'y abîmer les ennemis) aussi bien que Gand. Depuis, j'ai donné un projet pour reprendre Lille et Menin sans tirer un coup. La lettre que M. de Chamillart m'a écrite depuis sa retraite, vous donnera, Monseigneur, une idée de ce que j'ai fait. Je devais toucher 10.000 écus pour les bois que les troupes du Roi m'avaient pris et conduits à Béthune, sans compter mes maisons et terres. Ce que j'ai fait depuis me fait espérer que du moins vous ne

---

1. D. G. 2.160.

me laisserez point périr et que vous me mettrez en état de continuer mes services. Je serais bien heureux si je pouvais faire comme ci-devant sans rien demander, mais je suis au point de ne pouvoir avoir un laquais avec moi. Tout mon pays a cru que je tirais de grosses pensions pour faire tout ce que j'ai fait, et jamais je n'ai touché un sol. Le bien que vous me ferez, vous le ferez au service, car je l'y emploierai.

J'ai des nouvelles de Tournai [1] qui marquent que l'on voit des clochers de la ville les officiers se promener et se divertir dans la citadelle et qu'ils se portent bien ; que les ennemis perdent bien du monde, tirent jour et nuit et n'avancent guère ; que tous leurs mineurs désertent et que l'on a défendu dans la ville de les cacher sous peines corporelles et que ce siège passera le 11e de septembre. Cependant j'ai vu le moment où l'on disait de capituler pour la citadelle et pour la ville en même temps, faute de provisions.

Je représentai l'importance qu'il était à l'État de défendre la citadelle, et je m'engageai de la fournir. On m'en blâma dans l'assemblée des députés, mais j'ai exécuté ma promesse en deux fois 24 heures. M. le marquis de Surville en portera témoignage.

Je suis, etc...

Versailles, le 23 août 1709.

MÉMOIRE

.... Au mois de septembre 1708, j'ai envoyé un mémoire à M. de Chamillart de ces abus avec les moyens d'y remédier, lequel a été trouvé bon par Sa Majesté, ainsi que porte sa lettre du 18e du même mois.

Il commençait par faire voir que les ustensiles, les recrues, les gratifications, les routes, la paie du capitaine outre les gratifications des commissaires, portaient par an, peu s'en faut, 3.600 livres pour un capitaine d'infanterie.

Cette somme, partagée en 12, faisait 300 livres par mois au capitaine, à qui on les paierait régulièrement pourvu que sa compagnie fût complète à 50 hommes, outre 4 valets passés pour les officiers de la compagnie ; qu'à 45 hommes, on diminuait au capitaine 50 livres tous les mois ; à 40, 100 livres, et ainsi du reste. Ce serait un aiguillon pour les avoir toujours complètes en tous temps.

Les bataillons ne seraient composés que de 12 compagnies au lieu de 13, lesquelles feraient 600 hommes de service. Ce moyen épar-

---

1. Les Alliés faisaient alors le siège de la citadelle de Tournai.

gnerait déjà 4 officiers par bataillon. Je réformais encore toutes les compagnies franches et celles des forts et des châteaux. Des premières aussi bien que des autres, j'en faisais des bataillons comme ceux ci-dessus que je mettais pour 3e ou 4e bataillons des corps de campagne, desquels il y avait des compagnies de 100 hommes par bataillon qui restaient dans les garnisons et qui servaient de recrues aux bataillons. C'était le moyen d'avoir toujours des soldats faits aux armes [1]...

Je mettais dans les forts et dans les châteaux de vieux officiers et de vieux soldats au lieu de les mettre aux Invalides. C'étaient des lieux de récompense.

Par ce moyen on réformait une infinité de compagnies et de bataillons inutiles. On diminuait la dépense de plusieurs officiers et de plusieurs états-majors, et les troupes de campagne se trouvaient augmentées de beaucoup.

Pour savoir le mérite des officiers et comment ils étaient faits, et les noms des soldats, les commissaires auraient été obligés d'en tenir registre et de les marquer par leurs bons et mauvais endroits, ce que le colonel, le lieutenant-colonel et le major auraient contrôlé et souscrit, et à la revue le commissaire aurait appelé les officiers et les soldats par leurs noms; et, d'abord, les absents et les déserteurs auraient été connus et poursuivis rigoureusement et sans rémission.

Comme par ce registre [2] le mérite des officiers aurait été connu aussi bien que leurs actions, on aurait pu leur donner des récompenses sans qu'ils les briguassent et sans se tromper...

Je réglais les exercices à 2 fois par semaine et j'obligeais tous les officiers de s'y trouver s'ils n'étaient point empêchés légitimement. L'une des fois l'on tirait parce que les soldats ont grand besoin de s'accommoder au feu et d'être disciplinés, même les officiers qui ne sont pas honteux d'avouer qu'ils ne savent pas leurs exercices.

La masse pour les habillements s'employait de la participation du commissaire, afin qu'elle fût employée tout entière, et le soldat bien vêtu, au lieu que les états-majors rapinent dessus et donnent des habits que l'on dirait des vestes, ce qui fait que les troupes paraissent mal.

Comme les hallebardes des sergents ne servent qu'à marquer les distances, je leur donnais des fusils avec une baïonnette au bout, qui fait la même longueur que la hallebarde dont je ne laissais

---

1. Cette organisation des dépôts pour les régiments d'infanterie fait le plus grand honneur à Lefebvre d'Orval.

2. Nouvelle création non moins heureuse du conseiller.

qu'une par compagnie. Je donnais aussi des fusils et des baïonnettes aux officiers [1], sauf à ceux qui sont pour le commandement. Ce sont les coups les mieux ajustés, et un officier aime mieux de se battre que de voir faire, appuyé sur son esponton.

J'empêchais la course des petits partis qui sont toujours battus, et dont les partisans ne songent qu'à voler quelques chevaux aux environs et à rançonner les villages, amis et ennemis, ce qui leur coûte plus que les subsides et les contributions. Les soldats s'y amollissent et s'y débauchent par les fréquents rafraîchissements qu'ils prennent de village en village, ne songeant qu'à faire quelque butin à la dérobée sans presque jamais voir les ennemis, au lieu qu'une bonne troupe, conduite par de bons officiers, fait la guerre de bonne grâce, aguerrit le soldat et rapporte des nouvelles assurées.

Je remédiais aussi aux abus qui se commettent dans la cavalerie et principalement dans les fourrages qui sont toujours fort mauvais, fort chers, et où le Roi est beaucoup volé, et j'en commettais le soin aux magistrats des villes et aux États du pays, qui feraient eux-mêmes des magasins de bonne marchandise et à meilleur marché que les entrepreneurs qui s'enrichissent aux dépens de ces corps et empoisonnent la cavalerie. Je ne souffrais aucun rachat.

De la manière qu'on attaque aujourd'hui, une place ne saurait se défendre longtemps si elle n'est pas bien enterrée, et, comme la plus longue défense doit se faire au chemin couvert, on ne saurait guère la faire sans de petites redoutes dans les places d'armes où l'on met 2 petites pièces de canon qui tirent à fleur de terre, et, au lieu de traverses, il faudrait des caponnières qui seraient presque imprenables et empêcheraient le logement du chemin couvert et la prise de la redoute, et, comme ces caponnières qui seraient faites en forme de traverses seraient enterrées, on ne saurait les prendre qu'à la sape [2].

Après cela, on ferait un grand coup de politique si on animait l'esprit des peuples à la guerre. On le peut en leur faisant connaître au juste combien ce que les ennemis tirent de leurs peuples surpasse

---

1. Lefebvre d'Orval est ici d'accord avec Puységur : « Au reste, le fusil étant en même temps arme à feu et hallebarde, pourquoi les sergents n'en portent-ils pas? Pourquoi n'en pas armer les officiers? Vous privez par là chaque compagnie de 5 armes à feu, qui seraient portées par ce qu'il y a de meilleur et qui ne leur serviraient pas moins d'espontons. » *Art de la guerre par principes et par règles*, de Puységur.

2. Ce mode de flanquement du chemin couvert est une idée neuve, qu'il n'est pas étonnant de rencontrer chez Lefebvre d'Orval, créateur, comme on le verra plus loin, de tout un système de fortification.

ce que le Roi tire des siens. On croit à Paris et dans le royaume qu'il n'y a qu'en France que l'on paie et où il y a de la misère. Ils croient tout en abondance chez les ennemis, où cependant tout est plus cher que dans le royaume...

Après cela, et donnant des espérances au peuple, on est persuadé qu'il supportera ses maux avec plus de patience et qu'il s'animera contre les ennemis. Il faudrait un gazetier dans le pays conquis. On le croirait plutôt que celui de Paris.

A son retour de Versailles, Lefebvre d'Orval se rendit à Valenciennes où, grâce à l'intendant M. de Bernières, il obtint un passeport pour venir à Tournai. Les vainqueurs, qui se souvenaient de sa conduite toute dévouée au Roi de France pendant le siège, lui réservèrent cet étrange accueil dont lui-même nous a laissé le récit dans une lettre à Voysin, du 12 octobre 1709 :

Monseigneur,

J'espère que vous voudrez bien aussi me permettre de vous informer que les ennemis, après m'avoir reçu à Tournai en vertu du passeport que M. de Bernières m'avait dit de prendre, m'ont envoyé ordre d'en sortir incessamment sans me donner le temps de disposer de mes effets ni de dire adieu à mes amis. Je leur ai demandé raison de ce procédé contraire à la capitulation et au passeport que j'avais des États Généraux. Ils m'ont répondu que ce que j'avais fait au siège et le voyage que j'avais fait à la cour me rendaient suspect, que d'ailleurs j'avais trop d'amis qui me faisaient la cour, qu'en un mot il fallait partir incessamment. J'ai répondu que je n'avais rien fait pour mon Roi que mon devoir, mais qu'étant chez eux sous la foi des traités et d'un passeport, je m'y conduirais comme je le devais. On ne m'a point écouté, et, comme j'étais sur le point de partir, le secrétaire de Milord Albemarle [1] m'a dit qu'on

---

1. C'était un Hollandais, Arnold-Juste van Keppel. Guillaume d'Orange, dont il avait été page, l'avait fait comte d'Albemarle, commandant de la première compagnie de ses gardes du corps et chevalier de l'Ordre de la Jarretière. Après la mort de Guillaume III, Albemarle trouva dans Heinsius un protecteur généreux. Il dut à ses services et à l'appui du grand pensionnaire d'être nommé général de la cavalerie et des Suisses à la solde de la Hollande. Gouverneur de Tournai en 1709, Albemarle prit une part active aux dernières campagnes de la guerre de la Succession d'Espagne. Sa précieuse correspondance avec le grand pensionnaire Heinsius est aux Archives de la Haye. J'y aurai plus d'une fois recours pour les événements de l'année 1712.

m'arrêtait pour des chevaux que j'avais tués à coups de canon pendant le siège. Je réponds qu'ils étaient les maîtres, mais que cela était une chicane contre la capitulation où tout était aboli en termes exprès, et qu'il n'était point honnête de me traiter de cette façon. Enfin, après deux heures de mauvais discours, ils me laissèrent partir, plus animé que jamais à leur faire tout le mal permis que je pourrais.

J'espère, Monseigneur, que vous voudrez bien me pardonner ce récit puisque je suis avec plus de zèle, d'attachement et de respect que personne, etc... [1]

La gestion peu scrupuleuse du commissaire des guerres Briais, chargé du service des vivres pendant le siège de la citadelle de Tournai, avait hâté la chute de cette place. Démasqué au grand jour par le conseiller au Parlement, Briais tenta vainement d'égarer l'opinion publique en accusant lui même, à son tour, Lefebvre d'Orval. Fort de la justice de sa cause, ce dernier écrivait à Voysin, le 20 décembre 1709: « Je me suis plaint à vous, Monseigneur, de ce que ce commissaire me menaçait de coups de bâton quand j'étais assez éloigné de lui. Aujourd'hui, il y ajoute mille sottises qui ne laissent point de faire impression sur bien des gens. Il a publié, il y a peu de jours, aussi bien que le sieur Lefranc, son compagnon, que M. de Bernières avait reconnu que tout ce que je lui avais dit d'eux n'était que des sottises. Comme il ne m'est point venu de parler à M. de Bernières de ces Messieurs, je lui ai envoyé l'extrait de ma lettre aussi bien qu'à vous, Monseigneur, et il m'a fait la grâce de me répondre d'une manière qui ne fait point honneur à ces Messieurs, et qui me justifie pleinement. J'espère que vous le ferez aussi, puisque je n'ai rien fait au siège de Tournai que d'avantageux au service, et j'ai pièces en main pour justifier que, pendant le siège de la ville, on a donné de si bons ordres que, loin de manquer de quelque chose, tout a été en abondance, et le pain au double largement de ce qu'il en fallait. Je

---

1. D. G. 2.153.

justifierai qu'il est entré dans la citadelle de farines au double de ce que les sieurs Briais et Lefranc ont demandé pour se défendre un mois avec 4.000 soldats et 600 officiers, à qui on donnait du pain blanc. Notre compagnie [1], sans les ordres de qui je n'ai rien fait, m'a ordonné de dresser un mémoire [2] de tout ce qui s'est passé au siège, parce que tout a passé par mes mains. Je l'ai fait. Notre procureur général [3] l'a trouvé bon, sauf que, pour conserver notre caractère de juge, il croit qu'il n'y faut point nommer ceux de qui on a sujet de se plaindre, mais de détailler seulement les faits. M. de Flines [4], un de nos conseillers, le trouvait bon comme je l'avais formé, mais j'en vais ôter les noms. Si l'on n'approfondit pas cette affaire, Briais, qui est un grand parleur, clabaudera, de sorte que le bon sera confondu avec le mauvais [5]. »

Tandis que Villars se montrait trop sévère envers le vaillant et malheureux défenseur de Tournai, qui désormais ne reçut plus de commandement, Lefebvre d'Orval s'honorait en élevant courageusement la voix en faveur de M. de Surville. Il écrivait à Voysin, le 1er février 1710 : « Je prendrai la liberté, Monseigneur, de dire ici que tous ceux qui savent ce que M. le marquis de Surville a fait pour la défense de Tournai, le plaignent de ce que, pour avoir été trompé par des gens qui devaient l'aider, il se trouve embarrassé et sans récompense. J'espère que vous ne trouverez pas mauvais que je parle en faveur de justice [6] », et le 28 février : « Les lettres que j'ai reçues

---

1. Le Parlement de Flandre.
2. Ce mémoire n'est pas au Dépôt de la Guerre.
3. Ladislas de Baralle.
4. Jean-François de Flines, reçu conseiller au Parlement le même jour que Lefebvre d'Orval, avait aussi rendu d'importants services au siège de la ville de Tournai en se chargeant de fournir la bière aux troupes de la garnison. *Correspondance de M. Lefebvre d'Orval avec MM. de Chamillart et Voysin*, manuscrit publié par M. Preux.
5. D. G. 2.160.
6. D. G. 2.213.

de M. de Bernières, qui m'a demandé le mémoire que j'ai fait par ordre de notre compagnie sur ce qui s'est passé au siège de Tournai, celle qu'il m'a fait l'honneur de m'écrire sur la satisfaction qu'il a eue de ce mémoire, par laquelle il me marque de plus l'envie qu'il a de m'entretenir sur certains faits, et les lettres que j'ai reçues de M. le marquis de Surville me font bien voir que l'on cherche la vérité de tout ce qui est arrivé pendant ce siège : et comme, outre le mémoire ci-dessus qui développe assez bien toutes choses et fait connaître ce qu'on doit à M. le marquis de Surville, le sieur Le Vasseur, qui aura l'honneur de vous remettre cette lettre, sait la plupart des choses qui se sont passées pendant ce siège, j'ai cru devoir vous l'adresser, Monseigneur, afin qu'en le questionnant vous jugiez par vous-même de la valeur et de la conduite de M. de Surville, en même temps du peu d'attention et de ce qui s'est passé contre le service [1] par ceux qui ont trompé ce marquis et par conséquent l'État... [2] »

La détresse était aussi profonde au début de 1710 qu'aux jours les plus sombres de 1709, et Lefebvre d'Orval pouvait écrire le 26 mars 1710 : « ... Les rues sont pleines de soldats qui demandent l'aumône et qui font pitié tant ils sont exténués. S'ils tombent à l'hôpital, comme ils y sont fort malproprement, faute de linge et

---

1. Un mémoire de Lefebvre d'Orval, du 7 novembre 1709, nous renseigne sur les abus en vigueur à cette époque, dont il eut lui-même le triste spectacle au siège de Tournai : « Rarement le soldat connait ce qui lui est ordonné. Il en passe par ce que veulent ceux qui font fonctions de majors. Pour un bataillon on fait livrer 13 pesées de viande. C'est une pesée par compagnie, sur lesquelles, la distribution faite au bataillon, il reste toujours 50, 60, 80 ou 100 livres de viande au profit de ceux qui font fonctions de majors, dont on prend un billet du munitionnaire avec qui on s'accommode. Cet abus s'est pratiqué au siège de Tournai, quoique le soldat n'avait qu'un quart de livre de viande par jour. Je l'ai fait réformer par l'autorité de M. le marquis de Surville. Au lieu de distribuer l'eau-de-vie aux soldats, les officiers qui font fonctions de majors la vendent. On en racheta dans une maison publique à Tournai pour 1.200 florins tout d'un coup. » D. G. 2.160.

2. D. G. 2.219

de soins, et que les aliments n'y sont pas bons, on a beau leur donner des remèdes. Je mets en fait que de bons aliments et beaucoup de propreté en sauveront plus que les remèdes d'Helvétius...

» Un bon mois de paye, de bons fourrages et de bon pain, accompagnés d'un exercice continuel, nous donneront une armée des plus belles, car les recrues sont bonnes.

»... Les munitionnaires jouent leur rôle à leur tour. Ils ne cuisent pas le pain, il en pèse plus et il en coûte moins de feu, outre qu'ils en cuisent plus à la fois parce qu'ils les font gros et ramassés. Enfin notre évêque de Tournai [1] a remarqué qu'il y avait 18 manières de frauder le Roi et les troupes sur le pain. Outre toutes ces mauvaises choses, souvent le pain ne pèse pas. A moins qu'on n'en pende bon nombre, on n'en viendra point à bout. La plupart des hommes ne font leur devoir que par la crainte du châtiment [2]. Quand ils ne craignent plus, rien n'est capable de les retenir, et, pour trop de clémence pour ces fripons, il périt une infinité de bons soldats qui se seraient volontiers sacrifiés pour l'État. J'en parlais dernièrement à M. l'Archevêque [3], qui en levait les épaules et ne disait rien de plus.

» Comme vous ne sauriez, Monseigneur, remédier à ces maux sans les savoir, je prends la liberté de vous en

---

1. Monseigneur de Beauvau, évêque de Tournai, conseiller d'honneur au Parlement de Flandre, avait, lui aussi, secondé de tout son pouvoir M. de Surville pendant le siège de Tournai. Ce prélat, si français de cœur, s'était déjà offert l'année précédente au maréchal de Boufflers pour s'enfermer dans Lille, menacée de siège, « priant le maréchal de le regarder comme un homme qui a envie de faire son devoir et plein de toute la bonne volonté. » Pendant le siège de Tournai, il se chargea lui-même du soin des hôpitaux et de la distribution du pain aux troupes. A l'entrée des Alliés dans cette ville, il leur refusa de chanter le *Te Deum* et préféra le chemin de l'exil. Louis XIV le récompensa de sa noble conduite en l'appelant à occuper les sièges de Toulouse et de Narbonne.

2. « Ubi rigor, ibi vigor » est une des maximes favorites de Lefebvre d'Orval.

3. Fénelon.

informer avec une pleine confiance et sans rien déguiser, afin que vous y apportiez le remède convenable. On ne songe plus à servir le Roi : on ne pense qu'à s'enrichir [1]... »

La guerre causait un tel désarroi, une telle stagnation dans les affaires, que le Parlement de Flandre réfugié à Cambrai ne trouvait plus matière à ses occupations [2]. La triste situation de ses membres nous est dépinte par cette lettre de Lefebvre d'Orval, lui-même à bout de ressources : « Pardonnez-moi, Monseigneur, si j'ose prendre la liberté de vous prier très humblement de me faire payer de la somme de 1279 florins 12 patards, que l'on m'a donnée en paiement sur Mr Fargès qui me mande que le service présent ne ui permet pas de me payer, mais comme la somme est modique et qu'il m'est défendu d'aller chez moi, je ne sais où prendre de quoi subsister, car nos charges ne nous valent pas 50 francs par mois, tant nous avons peu de chose à faire. Si vous aviez, outre la somme ci-dessus, la bonté de me faire payer une année de ma rente sur l'hôtel de ville de Paris, quoique non échue, Votre Grandeur me mettrait en état de continuer mes services et de subsister encore pendant un certain temps. Tous nos Messieurs ont l'agrément de rester à Tournai et d'y passer la plupart du temps. Je suis le seul qu'on n'y peut souffrir, parce qu'on dit que je suis trop zélé pour le service du Roi. J'avoue que cela me fait honneur, mais toutes mes affaires périssent et je ne sais où donner de la tête. Cependant je suis avec toute l'inclination et le zèle possibles, etc.

A Cambrai ce 9 mars 1710 [3]. »

---

1. D. G. 2.213.
2. « Nous sommes sans travail. Depuis près de quatre semaines que nous avons fait l'ouverture du Parlement nous n'avons pas travaillé quatre heures ensemble. » Lettre de Lefebvre d'Orval à Voysin, du 7 novembre 1709. D. G. 2.160.
3. D. G. 2.213.

Les extraits qui précèdent de la correspondance de Lefebvre d'Orval n'ont pas encore relaté son goût pour la fortification, les recherches auxquelles il s'était livré dans cet art et qui avaient abouti à la création d'un système d'attaque et de défense des places dont sa lettre à Voysin, du 22 mars 1710, nous donnera un curieux aperçu :

... M. de Bernières m'a parlé du dessein que l'on a de faire passer des lignes à la Bassée et il m'a prié de lui donner un mémoire de ce qu'on y peut faire, et j'y travaille pour faire connaître la facilité qu'il y a de fortifier ce poste d'où on traversera tous les desseins que les ennemis pourraient avoir sur Béthune et sur Douai [1] : sur Béthune, parce qu'on peut, par un pays très couvert et très coupé, inquiéter tous les convois que les alliés pourraient faire remonter par la Lys, et, sur Douai, parce qu'ils ne sauraient y aller que par la Bassée, tout le reste étant des marais et des rivières qui couvrent les lignes au long desquelles on peut inonder par le moyen du dit la Bassée et de Berclau, de manière qu'entre ces deux petits postes on peut achever d'inonder le long des dites lignes, depuis Douai jusqu'à Béthune, et empêcher les ennemis de pénétrer, ce qui romprait tous leurs projets, au lieu qu'avec la Bassée ils s'ouvrent le chemin jusqu'à Péronne sans obstacles.

Je ne dis rien du commerce de la Bassée, mais on peut y attirer tout celui de Lille et y faire tout ce qu'on y faisait. M. de Bernières m'a dit qu'on ne l'a pas fortifié l'année passée, faute de temps. Hé bien, je prétends, en huit jours de temps, de le rendre dix fois plus fort que la ligne d'à présent. Si Votre Grandeur voulait, nous y essaierions une nouvelle manière de fortifier, par rapport à la façon d'attaquer d'aujourd'hui, qui est merveilleuse, parce que toutes les

---

1. Les Alliés avaient occupé la Bassée pendant le siège de Lille et « y avaient beaucoup travaillé » au dire de M. de Sézanne, qui garda un moment ce poste, à la fin de la campagne de 1708. La fortification de la Bassée consistait en un octogone presque régulier, avec demi-lunes, un bon fossé plein d'eau et un chemin couvert. M. de Sézanne reçut bientôt l'ordre de détruire les travaux des Alliés et d'abandonner ce poste. L'un des meilleurs lieutenants généraux de notre armée de Flandre, le marquis de Goësbriand, écrivait à ce sujet à M. de Saint-Fremond qui commandait l'hiver en Artois : « J'ai un vrai chagrin de la démolition de la Bassée qui était presque hors d'insulte ». De son côté, au cours de sa visite des places de la frontière de Flandre, le maréchal de Boufflers marquait d'un mot l'importance du poste de la Bassée : « C'est la clef et la porte du pays, » écrivait-il à Voysin, de Béthune, le 24 janvier 1709.

parties se couvrent et se défendent tellement l'une l'autre qu'il faut un temps infini pour les prendre, et quand on les a (avec un peu de maçonnerie si on avait le temps d'en faire), on empêche les ennemis de s'y loger et d'y poster leur canon pour battre le reste. Les bastions y sont faits de manière que, quand ils sont pris, il faut recommencer un nouveau siège. Le sieur Hermand, qui a fait tant de si belles choses pour la défense de Lille [1], fait en bois un modèle de cette fortification pour l'exposer à la critique de tout le monde. Cet homme mérite une distinction toute particulière. Cependant il n'a reçu aucune récompense du siège de Lille parce qu'il n'est pas sur le rôle des ingénieurs de M. Le Peletier [2], où il ne veut pas se mettre comme un nouveau venu, lui qui a commandé à plusieurs sièges en chef.

J'ai trouvé un moyen de tirer trois à quatre millions des villes du pays conquis en leur faisant du bien. J'en ferai un mémoire si Votre Grandeur le juge à propos.

Je suis avec un très profond respect, etc. [3]

A Cambrai ce 22 mars 1710,

---

1. Cet ingénieur, à l'esprit inventif, avait donné, au siège de Lille, le dessin de nombreux engins destinés à défendre aux ennemis l'accès des brèches, « chevalets de frise armés de pointes de fer; demi-piques, faux emmanchées à rebours; chariots tout remplis de pointes de fer avec des faux à toutes les roues, des machines à jeter grenades, d'autres à prendre les fascines des ennemis ». Pendant la campagne de 1712, il présenta un modèle de pont de radeaux pour franchir les fossés des places, qui mérita l'approbation de Vallière. Lui-même écrivait à Voysin, du camp du siège du Quesnoy, ce 4 octobre 1712 : « M. le maréchal de Villars m'a dit, Monseigneur, que vous avez eu la bonté de lui mander que vous étiez content des petits soins que je me suis donnés. Il ne faut pas être surpris si je suis un peu au fait des sièges. Celui-ci est le dix-huitième où je me suis trouvé, mais M. de Vallière, qui est de mes amis, m'en a encore bien appris en voyant les bons ordres qu'il a donnés et avec quelle sage prévoyance il a placé les batteries qui ont d'abord imposé à une artillerie formidable avec un nombre de canons inférieur ». D. G. 2.385.

2. M. Le Peletier de Souzy avait occupé l'intendance de Flandre de juin 1668 à décembre 1683. C'était un habile administrateur, doublé d'un latiniste élégant. A la mort de Louvois, en 1691, il reçut le titre de directeur général des fortifications de terre et de mer, qu'il garda jusqu'en 1715 : « A des qualités éminentes, M. Le Peletier joignait l'avantage, pour remplir avec honneur son emploi, d'avoir été pendant seize ans intendant dans une grande place frontière et d'avoir en quittant, en 1683, l'intendance de Flandre, siégé sept ans au Conseil d'État ». Note du colonel Augoyat dans son Aperçu historique sur les fortifications, les ingénieurs et le corps du génie en France.

3. D. G. 2.213.

Un instant, Lefebvre d'Orval eut l'espoir de voir ses services récompensés par la charge de premier président au Parlement de Flandre, vacante par la démission de son titulaire, M. de Pollinchove. Parvenu à une extrême vieillesse, ce dernier eut la sagesse de se démettre de ses fonctions après avoir recommandé aux bontés du Roi son fils, Charles-Joseph [1], alors président à mortier au même Parlement. Dans cette brigue d'une des charges les plus enviées, Lefebvre d'Orval s'était assuré, auprès du chancelier M. de Pontchartrain, l'appui du ministre de la guerre, à qui il mandait le 10 mai 1710 : « ...J'ai eu l'honneur de vous écrire aujourd'hui au sujet de la charge de premier président. Comme j'apprends que le fils offre de l'argent pour en être revêtu après son père, ce qu'il est en état de faire, je vous prie très humblement, Monseigneur, au cas que votre Grandeur soit pour lui, de faire en sorte qu'il me cède sa charge de président à mortier pour la mienne de conseiller, échange pour échange et charge pour charge. Il ne tiendra qu'à vous de me faire ce bien. Je l'espère de votre bonté, puisque je suis avec un très profond respect et beaucoup de zèle, etc...[2] »

Consulté par Voysin et Pontchartrain sur le choix d'un premier président au Parlement, M. de Bernières se prononça en faveur de M. de Pollinchove le fils, « n'ayant point connu dans aucun pays un homme d'une plus grande expérience, de meilleure réputation, plus attaché à sa profession, plus zélé pour le service du Roi [3]. »

Le nouveau président ayant gardé sa charge de président

---

1. Il avait été reçu comme conseiller au Parlement le 6 novembre 1703, comme président à mortier le 19 mars 1705. Il devait succéder à son père dans la charge de premier président le 1er juillet 1710. Il mourut à Douai le 29 novembre 1756. Ce fut une des plus belles figures parlementaires de cette époque, « religieux observateur du devoir, homme juste par excellence, qui savait allier la fermeté et la dignité à la grâce et à la persuasion. » *Histoire du Parlement de Flandres*, par M. Pillot, t. II, p. 305.
2. D. G. 2.215.
3. M. de Bernières à Voysin, Douai, le 21 avril 1710, D. G. 2.228.

à mortier, Lefebvre d'Orval n'obtint aucune de ses demandes. Tout en faisant contre mauvaise fortune bon cœur, il fit part au ministre de la déception que lui avait causée cette nouvelle « ...Pour moi, qui n'ai d'autres volontés que celles du Roi, je n'en ai point été surpris, mais je vous avouerais ingénument, Monseigneur, que je l'ai été beaucoup quand j'ai appris par M. l'abbé Bignon que cette charge était donnée sans condition et sans qu'on se soit souvenu de moi. Au reste, comme je suis persuadé que vous avez eu vos raisons pour cela, je m'en remets de tout mon cœur à tout ce qui vous plaira, puisque je suis avec plus de respect et d'inclination que je ne puis dire, etc...[1] »

Désireux, comme le chevalier de Folard, de voir utiliser les propriétés offensives de notre infanterie, le conseiller au Parlement de Flandre écrivait à Voysin, au début de la campagne de 1710: « .... J'ai fait examiner leurs troupes [2]. Tout bien pris, leurs chevaux et leurs habits à part, les troupes du Roi valent mieux. Un peu d'argent, beaucoup d'exercices et aller aux ennemis la baïonnette au bout du fusil, on les battra partout, mais il ne faut pas marchander ni s'amuser à tirer...[3] »

Les opérations de la campagne s'ouvrirent par le siège de Douai [4]. On peut juger l'esprit varié et plein de ressources du conseiller au Parlement par l'exposé de ses idées pour secourir cette place :

---

1. Lefebvre d'Orval à Voysin, à Cambrai, ce 28 mai 1710, D. G. 2.215.
2. Aux ennemis.
3. D. G. 2.214. Mémoire du 19 avril 1710. — Dans ses lettres sur la campagne de 1712, adressées à Voysin, le chevalier de Folard reconnait aussi cette supériorité du feu aux Alliés. Il demande que notre infanterie se contente, au combat, d'une décharge à bout portant et passe ensuite à l'attaque à la baïonnette où elle reprend sur l'ennemi un avantage décisif.
4. Les Alliés ouvrirent la tranchée, au siège de Douai, dans la nuit du 4 au 5 mai 1710. Admirablement secondé par le marquis de Valory, l'habile ingénieur que la défense de Lille venait de placer au premier rang, M. d'Albergotty ne rendit la place que le 26 juin, après une vigoureuse résistance qui lui valut le cordon de chevalier du Saint-Esprit.

.... Il y a endroits à sauver la France. Le premier en secourant Douai, ce que l'on peut faire aisément en campant l'armée, la gauche tirant par Vitry sur Arras, la droite par le Bac-Aubencheul sur Bouchain. Toute l'armée sera couverte de la Sensée, et il serait au choix du général de déboucher ou par la plaine qui est entre Arras, Lens et Douai, ou par celle qu'on rencontre en sortant du Bac-Aubencheul et de Bouchain. Le Mont Cantin ne doit point embarrasser, parce qu'il est aisé et des pentes très faciles tout alentour. Rien au monde ne sera plus aisé que de donner de fausses attaques soit par la gauche soit par la droite.

Si, par exemple, on se propose d'attaquer par la plaine qui est entre Arras, Douai et Lens, on peut par l'autre plaine, du côté de Bouchain, faire une attaque fausse. Quelques régiments d'infanterie, de cavalerie et de dragons, pourront mener cette attaque, et, pour la faire paraître sérieuse, on peut joindre à ces troupes des pionniers armés à pied et les goujats et les valets de l'armée à cheval. Tout ce monde devrait marcher la nuit pour arriver dans la plaine avant la pointe du jour, et, pour leur donner l'air de troupes réglées, on peut leur donner des sarraux de toile de différentes couleurs. Les troupes réglées qui formeront le premier rang embarrasseront les ennemis, de façon qu'ils ne sauront faire autrement que d'opposer des troupes à ce gros corps. Pendant cela, l'armée passera par Vitry, par Arras, etc..., et fondra sur le camp ennemi du côté de Lens et d'Hénin-Liétard, et comme, par cette marche, elle deviendra maîtresse de Pont-à-Vendin et des autres postes de la Deûle, les ennemis ne recevront plus rien et il leur sera très difficile de se retirer s'ils sont battus.

Pendant ce temps-là, il sera bon de tenir les eaux à Arras pour en faire un magasin que l'on fera couler pour rompre les communications des ennemis sur la Scarpe, ce que l'on fera aisément en empêchant la Scarpe de se répandre dans la Sensée par l'endroit que les ennemis ont fossoyé.

Le deuxième moyen est d'aller investir Lille et empêcher que rien ne sorte de Tournai. On sait la force du camp de Lille que l'on n'a osé attaquer pendant le siège. Il serait aisé de s'emparer de Warneton, Comines, Verwick et des postes de la Lys, et de brûler les magasins de Tournai, de rompre les écluses de Don que les ennemis réparent et de les obliger à lever le siège de Douai fort honteusement.

Le troisième, de passer en Brabant, d'y faire vivre l'armée, de tirer de grosses sommes des villes de ce pays-là et de passer à Huy, Liège, etc..., car tout y est dégarni de troupes et de provisions. Voilà les moyens efficaces et assurés d'obliger les ennemis à une paix raisonnable, et si on les battait, comme tous les cœurs sont ulcérés contre eux, les paysans les détruiraient dans leur retraite...

J'ai vu hier, chez M. le maréchal de Montesquiou, un projet d'attaquer les ennemis devant Arras que l'on vous a envoyé le sixième de ce mois. Je ne le trouve nullement bon. Je l'ai fait avouer à celui qui l'a fait, qui a trouvé le mien meilleur [1]...

Quelques jours plus tard, Lefebvre d'Orval faisait suivre ce mémoire de l'avis suivant :

Avis de M. Lefebvre.

On me mande de la Haye qu'il n'y a plus d'apparence de paix, que c'est une honte de voir de quelle manière les ambassadeurs du Roi y sont traités. Enfin on les recompare à des prisonniers d'état [2] qui n'ont la liberté de parler qu'à ceux qu'on veut bien. Un peu de fierté, tout changerait de face. Si on voulait la guerre, les Alliés demanderaient la paix.

Il est vrai qu'il est pitoyable d'entendre parler tous les petits maîtres de l'armée, qui ne sont pas honteux de dire que l'armée du Roi ne tiendra pas devant les ennemis. On a beau leur dire que les soldats, jusque compris les lieutenants-colonels, sont bons, mais que dans le reste il y a bien du mauvais. Quoi qu'on leur parle, ils ne s'en soucient pas, et on dirait à les entendre que l'autorité du Roi et celle du ministre sont précaires. Ils disent hautement que ceux qui règlent les batailles dans le cabinet sur des fauteuils n'ont qu'à les venir donner et se battre avec ceux qui ont intérêt de conserver l'Etat, que, pour eux, ils n'en sont point là. On dit cela à la barbe des intendants et partout. C'est un discours général et l'on s'appuie sur ce que chacun a ses patrons, protecteurs et protectrices, et que cela

---

1. D. G 2.215. *Mémoire de Lefebvre d'Orval*, du 10 mai 1710.
2. Lefebvre d'Orval fait allusion aux conférences de Gertruydenberg. Au mois de juillet 1710, avant de quitter cette petite ville où leur patience avait été soumise à une longue épreuve, l'abbé de Polignac et le maréchal d'Huxelles firent observer aux plénipotentiaires hollandais Buys et Van der Dussen « que, contre la foi publique et au préjudice de ce qu'ils avaient pu dire et souvent réitérer, on avait ouvert toutes les lettres qu'ils avaient reçues ou écrites ; qu'on avait empêché que qui que ce soit ne vînt leur rendre visite dans leur espèce de prison, par la raison que ce qu'on craignait le plus était qu'ils ne découvrissent des vérités qu'on voulait tenir cachées, et qu'on ne pouvait pas cependant leur reprocher d'avoir tenté la moindre pratique contraire au droit des gens, qu'on violait à leur égard. » *Mémoires de M. de Torcy.*

les mettra à couvert des peines que mérite leur poltronnerie qui tend à la ruine de l'Etat et qui décourage tout le monde. Les ennemis, qui savent toutes ces choses, parlent des Français de la manière du monde la plus méprisante et la plus injurieuse. M. de Maillebois [1], qui est otage du siège de Lille, en peut répondre et dire de quelle manière M. de Cadogan [2] en a parlé en sa présence, il n'y a pas longtemps, à Tournai. Il ne faudrait qu'un peu de sévérité pour faire rentrer tous ces petits maîtres dans leurs devoirs, car la plupart des hommes ne font bien que par nécessités ou par intérêts et peu par honneur...

Lorsque les ennemis paraissent ébranlés de voir la résolution de la cour et des généraux que le Roi envoie, les petits maîtres, qui sont en possession de fronder toutes choses, disent qu'il ne faut pas tant de cuisiniers pour faire une bonne sauce. Ils trouvent le secours de Douai impraticable, et, pour mieux dire, ils ont le cœur si bas qu'ils se croient tout impossible quand ils ne trouvent rien de difficile pour les ennemis. Un officier ennemi s'est mêlé de parler une fois de cette manière à Tournai, mais le lendemain le commandant lui a fait une mercuriale si honteuse qu'il n'a pas demandé son reste... [3] »

Voysin, comprenant tout le parti que Villars pouvait tirer des avis de son correspondant, exhortait Lefebvre

---

1. Par la capitulation de Lille, les Alliés avaient retenu comme otage, jusqu'au paiement par la France des dettes du siège, M. Desmaretz de Maillebois, l'aîné des fils du contrôleur général des finances, alors colonel du beau régiment de Touraine. Il avait été fait brigadier au cours de la défense de Lille pour sa conduite pleine de bravoure. Boufflers disait de lui au Roi : « C'est un sujet de beaucoup de mérite et de distinction, et des plus capables de servir utilement le Roi dans ses armées. Il s'est trouvé à presque toutes les grandes actions de ce siège ; il a servi avec une valeur et une capacité distinguées ». M. de Maillebois devait justifier cette appréciation élogieuse, et, sous Louis XV, parvenir au bâton de maréchal de France.

2. « Le Puységur de l'armée des Alliés », dit Saint-Simon, le bras droit de Marlborough, officier de la plus haute valeur qui remplissait la charge de quartier-maître général. En 1708, il avait créé de toutes pièces, à Bruxelles, l'immense convoi d'artillerie et de munitions sans lequel le prince Eugène n'aurait pu entreprendre le siège de Lille. Dans cette même campagne de 1708, le succès du combat de Wynendaël, l'heureux passage de l'Escaut par les Alliés, étaient dus pour une grande part aux actives et sages mesures de Cadogan. Après avoir partagé la disgrâce de Malborough, Cadogan revint en faveur à la mort de la reine Anne, fut nommé ambassadeur à Vienne en 1724 et mourut en 1726, maître de la garde-robe et membre du conseil privé.

3. D. G. 2.215. Cet avis date du 16 mai 1710.

d'Orval à ne pas hésiter à les communiquer directement au maréchal. Il lui écrivait, le 24 mai 1710 : « Je vois, par votre lettre du 21° de ce mois, les dernières nouvelles que vous avez eues du camp des ennemis. Vous ne sauriez mieux faire que de donner part à M. le maréchal de Villars de celles que vous apprenez, et, pour que celui qui vous les donne ne vous soupçonne pas de les communiquer à Monsieur le maréchal, vous pouvez lui écrire une lettre par laquelle vous lui demanderez une fois pour toutes la permission de lui faire passer vos nouvelles par écrit [1]. »

Le conseiller au Parlement répondait à Voysin, le 28 mai : « J'ai reçu la lettre que vous m'avez fait l'honneur de m'écrire le 24 de ce mois. J'ai commencé à m'y conformer. Pour ce qui regarde M. le maréchal de Villars, comme il m'honore de sa protection et qu'il s'était même chargé de s'employer en ma faveur pour ce que j'avais pris la liberté de vous prier très humblement, je suis persuadé qu'il m'accordera volontiers la permission que je lui ai demandée en suite de la lettre que vous m'avez fait l'honneur de m'écrire [2]. » L'assentiment de Villars ne peut être mis en doute. C'est ainsi que Lefebvre d'Orval mandait à Voysin le 10 juillet : « Il y a vingt-quatre heures que j'ai informé M. le maréchal de Villars du mouvement des ennemis et du dessein qu'ils avaient de marcher sur Arras [3]. »

L'année 1710 s'acheva sans que Lefebvre d'Orval pût apporter le moindre remède à la gêne grandissante de ses

---

1. D. G. 2.198. « Ce fut pendant le siège de Douai, dont M. d'Orval donnait le journal au ministre, que M. d'Orval reçut l'ordre de communiquer les doubles de toutes les nouvelles qu'il faisait passer à la cour à M. de Villars et à l'intendant de la province, à cause que le temps qu'exigeait le reçu de la réponse du ministre pouvait faire perdre l'occasion d'exécuter plusieurs projets utiles qu'il proposait. » Manuscrit de la bibliothèque de Boulogne, publié par M. Preux dans les *Souvenirs de la Flandre Wallonne*.
2. D. G. 2.215.
3. D. G. 2.216.

affaires domestiques : « ... Les Alliés s'opiniâtrent à me défendre l'entrée de mon pays, disait-il à Voysin le 5 novembre 1710. Tous nos messieurs y sont ; les autres y vont passer une partie de l'année. Je suis le seul privé de pouvoir mettre ordre à mes affaires. Votre Grandeur sait que je n'ai rien ici, point de travail, sans recevoir ni gages ni pension. Je ne sais comment je passerai l'hiver....

» On a fait un projet pour mettre cette place [1] en état de défense qui coûtera trois millions, et on pourrait le faire avec un sixième. Je prendrai la liberté de vous envoyer au plus tôt un projet de fortification que j'ai fait, qui sera de peu de dépense et qui tiendra une grosse armée une campagne toute entière avec peu de garnison. Je n'emploie ni demi-lune, ni ravelin, ni ouvrages à cornes, ni bonnets de prêtres, ni ouvrages couronnés, ni lunettes, ni tenailles, ni tenaillons, ni fausses braies, ni contrescarpes revêtues, car tous ces ouvrages ne sauraient se défendre d'eux-mêmes quand on en approche une fois et sont toujours cause de la perte de la place. J'aurais toujours un feu au quadruple plus fort que celui des ennemis, et ce ne sera qu'après la prise de mon chemin couvert, qui durera plus que tous ceux d'à présent, que le siège commencera. Votre Grandeur me regardera peut-être comme un charlatan en fortifications, mais j'espère de la désabuser, et personne ne saura mon système [2] que Votre Grandeur parce que

---

1. Cambrai.
2. Lefebvre d'Orval a exposé tout au long ses idées sur la fortification dans un mémoire qu'il a adressé à Voysin le 25 janvier 1712, et qui a pour titre : *Système de fortification d'une dépense beaucoup moindre que celles qui se sont faites jusqu'à présent*, etc. Ce système est assez difficile à saisir sans le plan en relief qui l'accompagnait. Il paraît cependant apporter de grandes modifications au choix des dehors et à la disposition du chemin couvert suivis dans la fortification de Vauban.
Le 26 janvier 1712, Voysin répondait au conseiller au Parlement de Flandre : « J'ai reçu la lettre que vous m'avez écrite, le 25ᵉ de ce mois, et le plan en relief que vous m'avez envoyé d'une nouvelle manière de fortifier les places avec le détail que vous m'en faites. Je vous en remercie et j'examinerai le tout à loisir pour connaître l'usage que l'on en pourra faire pour le service du Roi » et, le 6 février 1712, il ajoutait : « A l'égard

je ne voudrais être connu ingénieur que d'elle, de qui j'ai l'honneur d'être avec un profond attachement [1]... »
Dans un dénuement absolu, Lefebvre d'Orval se voyait bientôt contraint à vendre la rente qu'il tenait de la générosité de Louis XIV. Le 5 février 1711, il écrivait à Voysin : « J'espère, Monseigneur, que vous ne trouverez pas mauvais la vente que j'ai faite de la rente que le Roi m'a fait la grâce de me donner sur l'hôtel de ville de Paris, non seulement pour me mettre en état de continuer mes services mais encore pour payer des dettes que j'avais à Tournai, pour lesquelles on me chagrinait, et pour m'aider à subsister dans ce temps où l'on ne reçoit rien et où tous les biens de la campagne sont perdus [2]. »

Alors qu'autour de lui tous appelaient la paix de leurs vœux, Lefebvre d'Orval avait appris avec joie la rupture des négociations de Gertruydenberg. « Quel bonheur que les Alliés aient refusé les offres du Roi qui m'ont fait trembler mille fois, écrivait-il à Voysin le 18 janvier 1711. Enfin, Dieu a pitié de la France et de notre pauvre pays,

---

du nouveau système de fortification que vous m'avez envoyé, j'ai bien reconnu que c'était un effet de votre zèle, mais nous ne sommes pas dans un temps à en faire grand usage. »
Pendant la campagne de 1712, Lefebvre d'Orval eut l'occasion d'exposer son système de fortification à plusieurs ingénieurs et au fameux artilleur Vallière. Tous (la bonne foi du conseiller au Parlement ne peut être mise en doute) furent d'accord pour en proclamer les avantages. « Je me trouve ici assez souvent avec d'habiles ingénieurs et un habile homme, nommé M. Vallière, qui est fort inventif. Je leur ai proposé un système de fortification tel qu'est celui que j'ai eu l'honneur de vous présenter en relief avec le mémoire qui en contient l'explication. Je me garde de leur en expliquer la méthode, mais je leur en dis tous les effets, ce que je retranche des fortifications d'aujourd'hui et le peu d'argent qu'il faudrait pour une pareille construction. Ils admirent la chose comme une énigme. Ils avouent pourtant qu'une place serait imprenable si on pouvait avoir tous les avantages que je dis. Ils m'importunent tous les jours pour modeler mon projet et s'offrent de venir travailler sous moi et de conserver le secret inviolablement. D'autres fois, ils me blâment de ce que je n'en informe pas M. Le Peletier ou vous, Monseigneur, car je n'ai garde de leur dire que je vous en ai informé. » Lettre du 27 mai 1712. D. G. 2.376.

1. D. G. 2.224.
2. D. G. 2.302.

et il va faire briller votre ministère [1]. » Le conseiller au Parlement ne perdait pas l'espérance d'une victoire prochaine. Que l'on fît preuve d'énergie, que l'on passât résolûment à l'offensive, et le succès lui semblait assuré : « En agissant, le Français est plus qu'un homme [2] », disait-il à Voysin le 1er mai 1711, et dans un mémoire daté du 2 mai, il formulait cette maxime qui prouve sa connaissance approfondie du cœur humain : « Celui qui attaque donne toujours une impression de crainte à ses ennemis, et la Providence le favorise souvent. D'ailleurs cela hausse son courage et brise celui de son ennemi qui se dégoûte et s'anéantit [3]. »

Mais on sait que les opérations de la campagne de 1711 se bornèrent à la prise de Bouchain [4]. Par d'habiles manœuvres, Marlborough parvint à donner le change au maréchal de Villars et à investir Bouchain en vue de l'armée française. Lefebvre d'Orval rédigea aussitôt plusieurs projets pour secourir cette place. Il alla lui-même reconnaître les inondations et le terrain autour de la ville assiégée, et n'hésita pas à se rendre à l'armée pour exposer ses idées au maréchal de Villars. Il nous a gardé quelques détails piquants sur ses rapports avec le maréchal qui précédèrent immédiatement la perte de Bouchain. Il écrivait à Voysin, le 10 septembre 1711 : « J'ai eu l'honneur de parler hier à M. le maréchal de Villars, qui me dit que mon projet de faire passer la Scarpe à l'armée du Roi, pour la faire camper le long de cette rivière et appuyer sa droite au canal de Lille et sa gauche vers Mortagne, était un moyen de ruiner cette armée et de perdre la France, puisque l'armée aurait péri de faim et le royaume exposé aux courses des ennemis. J'ai pris la

---

1. D. G. 2.302.
2. D. G. 2.301.
3. D. G. 2.301.
4. Investie le 7 août, Bouchain fut prise le 12 septembre.

liberté de lui répliquer que, si les Alliés campaient leur gauche à Douai et leur droite à Saint-Amand comme il disait, que toutes subsistances leur étaient ôtées, pendant que lui en aurait tiré de Condé par Mortagne, d'Arras par le Pont-à-Vendin, se couvrant du canal de l'Eauette et de Lens et d'Ypres en toute sûreté ; que d'ailleurs il aurait trouvé un pays plein de tout, dont il aurait tiré de grands secours, au lieu qu'il laissait les Alliés dans un pays ruiné et sans pouvoir communiquer avec leur pays ; que les garnisons, telles qu'il aurait laissées dans les villes de ce pays ici, auraient empêché les courses des ennemis du côté de la France, qu'il n'était point apparent qu'ils auraient songé des courses en France, mais qu'ils auraient abandonné Bouchain pour courir par le Hainaut au secours de Lille et des villes de l'Escaut et de la Lys qui étaient et sont encore destituées de tout, ce qui ne leur aurait point été aisé. Comme ces raisons n'étaient point de son goût, il m'a dit que, pour bien raisonner de cela, il fallait savoir la guerre, qu'au reste il avait trouvé du bon dans mes projets et entre autres le camp que je proposais de mettre au Vieux-Condé. Son secrétaire m'a dit que j'avais envoyé ces projets au Ministre. Il m'a dit cela d'une manière à me faire connaître qu'on n'en était pas content. Sur quoi, je n'ai rien répondu pour le laisser dans le doute s'il y est, mais j'ai reconnu qu'un général n'aime pas qu'on lui donne des idées, à moins qu'elles ne lui viennent du Ministre [1]. »

Plusieurs lettres et mémoires du conseiller au Parlement, adressés à cette époque à Voysin, étaient demeurés sans réponse. Inquiet de ce silence, le rapprochant de l'accueil plein de froideur qu'il venait de recevoir du maréchal, Lefebvre d'Orval crut un instant s'être attiré le mécontentement du général et du ministre: « Le bruit se répand ici, écrivait-il à Voysin le 23 septembre 1711, que j'ai

---

1. D. G. 2.305.

encouru votre disgrâce. Les uns disent que c'est parce que je n'ai pas bien employé les sommes que la cour me faisait tenir tous les ans, et les autres que c'est parce que j'ai eu le malheur de vous déplaire et à M. le maréchal de Villars.

» Le premier chef ne m'a point fait de peine, mais le deuxième me fait peur. Je n'ai pourtant rien à me reprocher grâce à Dieu, puisque mes projets et tout ce que j'ai eu l'honneur de vous écrire n'ont eu pour but que le bien de l'État et celui du service. Cependant, comme il y a près de quatre semaines que je n'ai reçu l'honneur d'aucune de vos lettres, je ne laisse point d'être alarmé. J'ai beaucoup de jaloux qui empoisonnent mes actions autant qu'ils peuvent. Si l'on était coupable pour être trop zélé pour le service du Roi, j'aurais sujet de craindre, mais comme cela ne saurait être, il me paraît que je ne dois attribuer qu'aux grandes occupations dont un ministre est chargé le long temps qu'il y a que je n'ai point eu des marques que mes mémoires vous sont agréables [1]. »

En termes aimables, Voysin ne tardait point à faire savoir à Lefebvre d'Orval combien ses craintes étaient chimériques :

A Versailles, le 26 septembre 1711.

Monsieur,

J'ai reçu votre lettre du 23e de ce mois et le mémoire qui y était joint. Il est vrai que vous m'en avez adressé plusieurs auxquels je n'ai point fait réponse en particulier, mais vous ne devez avoir aucune inquiétude des discours que l'on répand contre vous. Vous n'êtes pas brouillé avec moi, et, tant que vous continuerez à donner les mêmes marques de zèle, cela n'arrivera point [2].

Comme tout bon Français, Lefebvre d'Orval compatit aux malheurs domestiques qui frappent si cruellement Louis XIV au terme de sa vieillesse. Quelques jours après

---

1. D. G. 2.305.
2. D. G. 2.290.

la mort [1] de la duchesse de Bourgogne et de son époux, l'élève de Fénelon, il écrit à Voysin : « Quoique mon affliction surpasse tout ce que je puis dire, j'ai cru devoir vous informer du contenu du mémoire que je joins ici. Les malheurs qui accablent la France paraissent faire renaître toutes les espérances des Alliés qui deviennent plus insultants que jamais, mais je me flatte que Dieu y mettra bon ordre et qu'après tant de coups accablants il fera sentir au Roi et à son royaume combien il les aime. Tout ce qu'il y a de bons sujets font des vœux pour la santé de Sa Majesté [2]... »

Les premiers mois de l'année 1712 furent marqués par une activité inaccoutumée sur la frontière de Flandre. Le gouverneur de Tournai, milord Albemarle, qui commandait les troupes alliées laissées dans ces quartiers, n'était pas homme à demeurer inactif, mais presque toutes ses tentatives sur nos places avancées ou sur nos rivières furent déjouées par le maréchal de Montesquiou. Ce dernier sut redoubler de vigilance en face de son entreprenant adversaire et mettre habilement à profit les conseils de Lefebvre d'Orval, qui fut pour lui un auxiliaire précieux : « ... Comme les navigations de la Deûle et de l'Escaut leur sont tout à fait nécessaires [3] pour ce sujet [4], écrivait le conseiller à Voysin le 13 mars, il paraît que ce serait les incommoder extrêmement que de rendre ces rivières impraticables. J'ai pris la liberté de vous en marquer les moyens [5]. Je les exécuterais moi-même si j'avais un

---

[1]. Le 12 février 1712, la mort de la duchesse de Bourgogne plongeait la cour dans la consternation. Le 18 février, nouveau coup de foudre. Le duc de Bourgogne succombait à son tour au milieu des regrets de la nation entière, dont Saint-Simon s'est fait le sublime interprète.

[2]. D. G. 2.372.

[3]. Aux ennemis.

[4]. Le siège présumé de Cambrai.

[5]. Déjà, le 9 juin 1711, Lefebvre d'Orval avait envoyé au ministre un projet pour interrompre la navigation du canal de Lille à Douai. D. G. 2.304.

caractère pour cela. Le baron d'Hinge [1] est venu dîner aujourd'hui avec moi. Il m'a dit que M. le maréchal de Montesquiou était appliqué à chercher les moyens d'interrompre cette navigation. Je n'ai pas cru lui faire ouverture des miens parce que, vous en ayant informé, il me semble que c'en est assez et que, si on ne les pratique pas, c'est apparemment parce que vous ne le trouvez point à propos.

» M. le baron d'Hinge m'a conté les différends [2] qu'il y a entre M. le maréchal de Villars et M. le maréchal de Montesquiou et qu'ils sont tout à fait brouillés [3]. »

Trois jours plus tard, le ministre s'empressait d'inviter son correspondant à entrer en relations avec le maréchal de Montesquiou : « J'ai reçu la lettre que vous m'avez écrite le 13 de ce mois pour m'informer de ce qui vous est revenu des mouvements des ennemis. Vous m'avez fait plaisir de m'en donner part, et vous ne devez point hésiter de communiquer vos vues à M. le maréchal de Montesquiou, qui en fera l'usage qu'il estimera le plus convenable au bien du service [4]. »

De son côté, Montesquiou n'avait garde de négliger

---

1. Grand bailli de Béthune, le baron d'Hinge servait depuis 1709 avec une commission de mestre de camp réformé de dragons. Villars l'avait attaché à son état-major et n'eut qu'à s'en louer. Le baron d'Hinge lui rendit en effet de grands services par son exacte connaissance du pays, dont font foi plusieurs mémoires et lettres de sa main au Dépôt de la Guerre. C'est ainsi qu'il écrivait à Voysin le 27 septembre 1709, de Béthune : « Je suis celui qui a fait la ligne vis-à-vis de la Bassée dans la plaine de Lens sous l'autorité de M. le maréchal de Villars, laquelle a arrêté les ennemis tout court au commencement de cette campagne et rompu leur vaste projet. Enfin j'ai été le premier guide de ce maréchal dans l'Artois, dont il m'a marqué sa reconnaissance par une commission de mestre de camp réformé de dragons qu'il vous a demandée pour moi et que vous avez eu la bonté d'envoyer. J'ai eu l'honneur de servir sous lui à la bataille (Malplaquet) et même fort aidé dans la suite M. le maréchal de Boufflers dans la fière retraite de notre armée. » D. G. 2.152.

2. Le désaccord entre les maréchaux avait paru avec éclat lors du siège de Bouchain en 1711. SAINT-SIMON, édition Cheruel, t. VI, p. 177 et suiv.

3. D. G. 2.373.

4. D. G. 2.373.

les avis d'un homme aussi bon connaisseur de cette frontière et aussi fertile en expédients que Lefebvre d'Orval.
« M. le maréchal de Montesquiou, écrivait le conseiller à Voysin le 15 mars, me fit l'honneur de m'envoyer hier le baron d'Hinge qui me dit qu'il ne savait plus rien pour troubler la navigation de l'ennemi sur les rivières et sur le canal ci-dessus [1], qu'il avait été à Antoing, près de Tournai, pour briser les écluses mais qu'il n'y en a point trouvé. Je lui ai répondu qu'il se serait épargné cette corvée s'il m'avait parlé, mais que je savais 2 moyens de combler et d'empêcher la navigation de l'Escaut et 4 pour troubler celle du canal. Étant avec M. le maréchal, il [2] me demanda l'explication de ces choses. Je la lui ai donnée. Comme il la trouva bonne, il me pria de la mettre par écrit et d'en conférer avec le dit baron, ce que nous avons fait la nuit passée parce que M. le maréchal devait partir, comme il a fait ce matin. Ce baron trouva les expédients fort bons. Ils consistent à rompre la grande écluse qui est en dessous de Tournay hors des fortifications, à jeter des bâtiments, qui sont sur cette rivière à Pecq, dans la dite rivière avec les poutres qui les soutiennent [3] ; de jeter dans le canal le pont de Loos avec la maison, celui d'Haubourdin avec les maisons qui y tiennent à droite et à gauche, et enfin de percer la digue en dessus du pont de Don et entre l'abbaye de Berclau et le village d'Hantay, à la Hutte Berna [4]. »

La conduite du conseiller en cette circonstance recevait l'entière approbation de Voysin, qui lui mandait le 19 mars,

---

1. De Lille à Douai.

2. Le maréchal.

3. Dans le mémoire qu'il adressait à Voysin le 29 février 1712, Lefebvre d'Orval disait : « La brasserie de Pecq sous Tournai tombait dans l'Escaut. Pour la retenir, on l'a pilotée de gros chênes d'un bout à l'autre. L'affaissement des terres qui sont tombées sur ces arbres les ont tellement fait pencher qu'ils avancent dans la rivière et sont prêts à y tomber, ce qui boucherait la rivière... » D. G. 2.372.

4. D. G. 2.373.

de Versailles : « J'ai reçu la lettre que vous m'avez écrite le 15 de ce mois et le mémoire qui y était joint. J'ai été bien aise de voir le détail que vous me faites des nouvelles qui vous sont venues et les vues que vous avez pour mettre de nouveaux obstacles à la navigation de l'Escaut et de la Deûle. Vous avez bien fait d'en donner avis à M. le maréchal de Montesquiou. Je vous prie de continuer à lui faire part de tout ce que vous croirez qui pourra mériter quelque attention et de m'en informer en même temps [1]. »

Il nous reste maintenant à exposer l'intervention décisive du conseiller au Parlement de Flandre dans les évènements de la campagne de 1712 où, comme le dit le manuscrit de la Bibliothèque de Boulogne, « il eut la satisfaction de jouir des succès de sa persévérance à former des projets pour rendre les armes françaises victorieuses. »

---

1. D. G. 2.373.

LE PROJET DE DENAIN

Ouverture de la campagne de 1712, le 26 mai. — Lefebvre d'Orval entrevoit aussitôt la portée décisive d'une entreprise sur les communications et les derrières de l'armée alliée. — Il s'en ouvre le 27 mai à Voysin, et, avant le 9 juin, au maréchal de Villars. — Ce dernier lui écrit pour le complimenter sur la justesse de ses vues. — Non content d'avoir donné l'idée première de la manœuvre de Denain, Lefebvre d'Orval ne cesse, pendant les mois de juin et de juillet, d'en réclamer avec insistance l'exécution auprès de Voysin et de Villars. Il en prédit toutes les suites glorieuses et adapte sagement ses moyens d'action aux mouvements et à la position des deux partis. — C'est à juste titre que tous les officiers de l'armée lui attribuent le projet de Denain.

Le 26 mai 1712 s'ouvrent les opérations de la campagne. L'armée alliée, dont l'artillerie et les approvisionnements viennent de descendre par la Scarpe à Marchiennes, franchit l'Escaut en aval de Bouchain et s'étend entre ce fleuve et la Selle, la droite à Lieu-Saint-Amand, la gauche entre Solesmes et le Cateau. Elle isole ainsi la place du Quesnoy de l'armée française, massée sur la rive gauche de l'Escaut, de Marquion à Cambrai, mais par ce mouvement elle découvre sa ligne de communication et son entrepôt de Marchiennes, dont elle est séparée par un fleuve, par l'Escaut. A peine a-t-elle exécuté cette première marche que Lefebvre d'Orval, admirablement renseigné sur ses moindres agissements, saisit tout le parti que notre armée peut tirer de la nouvelle position de l'ennemi et entrevoit, dans un éclair de génie, la portée décisive d'une entreprise sur les derrières des Alliés. Il écrit à Voysin le 27 mai, de Cambrai : « Je me donne l'honneur de vous informer de l'état des choses depuis hier et d'une idée qui me paraît propre à étourdir les ennemis tout d'un coup sans rien risquer et en se mettant, au contraire, à l'abri de toutes insultes. Je pense que ce projet s'attirerait bien de la considération si le général le recevait de vous, car, venant d'un homme de robe, ce ne serait pas la même chose.....

» Si on ne croit pas devoir attendre l'armée des ennemis dans la situation où est celle du Roi, il semble que ce ne serait pas le meilleur parti que celui de se retirer derrière la Somme puisqu'on abandonnerait Arras et Cambrai. Ainsi, quoique ce soit là la pensée de bien des gens, il paraît qu'on ne doit pas s'y arrêter mais on pourrait, au cas qu'on ne veuille pas attendre, donner un torquet aux ennemis dont ils seraient bien surpris. Ce serait en passant la Sensée pour se camper depuis Valenciennes jusqu'à Arras. Avec l'avoine qu'on tirerait de ces places, les fourrages qu'il y a à Valenciennes et la pâture, on y subsisterait plus qu'il ne faudrait pour obliger les ennemis à se retirer vers Mons, faute de pain qu'ils ne pourraient plus tirer de Douai ni de Marchiennes. On pourrait même bombarder Bouchain et les magasins qu'ils y ont faits. Il n'y aurait dans cette situation rien à craindre pour Arras ni pour Cambrai, encore moins pour Valenciennes dont au contraire on tirerait de grands secours, et on pourrait se servir de la garnison qui y est aussi bien que de celle de Condé, ce qui ne serait pas d'un petit secours. Tout ce qu'il y aurait à Marchiennes, à Hasnon, à Saint-Amand, sur la Scarpe et sur l'Escaut, serait pris. Les ennemis ne pourraient tirer leurs munitions et leurs subsistances que de Mons. Si on objecte qu'ils feraient des courses en France, on peut répondre qu'ils ne pourraient pas en faire autant qu'à présent parce qu'ils seraient obligés de se retirer faute de pain, si bien qu'on n'hasarde rien et on jette les ennemis dans le pays de Hainaut et on les sépare de leurs magasins. »

Telle apparaît, exposée pour la première fois dans ce mémoire de Lefebvre d'Orval, l'idée-mère du projet de Denain. Que l'on consulte en effet la correspondance du ministre, des maréchaux et de tous les officiers de notre armée de Flandre jusqu'à cette date du 27 mai 1712, on n'y rencontrera point la moindre allusion à la manœuvre que propose le conseiller au Parlement de Flandre. Sous son inspiration elle se dessine déjà, largement et nettement conçue, non point comme une diversion utile, mais comme une opération décisive, comme le but que notre armée doit s'efforcer d'atteindre. Il veut qu'en raison de son importance son projet soit transmis au général de notre armée de Flandre par l'intermédiaire et avec l'appui du ministre lui-même. Son jugement sûr lui permet déjà de prédire les immenses avantages de « cette manœuvre qui, écrit-il à Voysin le 7 juin, obligerait ou plutôt empêcherait les Alliés de faire une course en France pour tirer des contributions et les rejetterait malgré eux vers Mons, sans que l'armée du Roi hasarde la moindre chose, puisqu'il lui serait aisé de défiler par sa gauche et de donner la main aux garnisons de Valenciennes et de Condé. » Cinq jours plus tard, il insiste de nouveau sur l'opportunité de cette opération, dont il trace lui-même les détails d'exécution et dont il met en pleine lumière les heureuses conséquences : « Si l'on prenait la résolution de passer par Palluel, Bac-Aubencheul, Fressies et Bac-à-Wasnes pour attaquer les lignes qu'il y a de Bouchain à Marchiennes, secondé par 25 ou 26 bataillons qu'on pourrait tirer de Valenciennes et de Condé, et se camper depuis le Moulinet jusqu'à Valenciennes, le long de la

Sensée et de l'Escaut, sans rien hasarder on couperait toute subsistance aux ennemis, on leur battrait le corps qui y est, on prendrait Marchiennes, Saint-Amand et toutes les munitions qu'il y a, on ferait craindre pour Douai, on sauverait le Quesnoi, Landrecies et la France des contributions et on obligerait les ennemis à se retirer vers Mons où ils n'ont pas de magasin et n'en peuvent faire que par charrois. L'armée du Roi, qui pourrait étendre sa droite jusqu'à Arras, tirerait ses subsistances de Valenciennes, de Condé et d'Arras, et même de Cambrai et de Bapaume, et trouverait des pâtures en abondance pour la cavalerie.

» Cette manœuvre donnerait de l'éclat aux armes du Roi, avancerait la paix et donnerait de la vigueur à ceux qui la souhaitent et abrégerait bien des mesures que l'on y prend, au lieu qu'en laissant agir les ennemis comme ils font, le parti qui demande la guerre lèvera la tête avec audace et pourra éloigner la paix. Quand j'ai écrit ce projet à M. le Maréchal [1], il m'a fait la grâce de me répondre que je pensais juste. Il continue à dire mille choses à mon avantage. »

Ainsi, dans sa hâte à voir le général de notre armée de Flandre entreprendre cette opération qu'il juge décisive, le conseiller au Parlement n'a pas hésité à s'ouvrir de son projet au maréchal de Villars avec lequel il est en correspondance depuis le début de la campagne et qui « le gracieuse toujours sur ses nouvelles [2]. » Au 12 juin, non seulement Villars a déjà été mis au courant des vues de Lefebvre d'Orval, mais frappé du bon sens et de l'à-propos qu'elles révèlent chez leur auteur, il lui a encore écrit pour le féliciter. Le beau projet du conseiller au Parlement est donc venu à la connaissance du maréchal, par l'intermédiaire de Lefebvre d'Orval lui-même, à une

---

1. Villars lui-même.
2. Lettre de Lefebvre d'Orval à Voysin, du 25 mai 1712. D. G. 2.376.

date qu'on peut en toute certitude déclarer antérieure au 9 juin 1712.

A l'époque où Lefebvre d'Orval expose ce projet, notre armée est maîtresse du cours de la Sensée. Le maréchal de Montesquiou, aidé par les avis du conseiller au Parlement de Flandre, nous a gardé, à l'ouverture de la campagne, cette précieuse barrière, dont la conservation entre nos mains a mis Arras et Cambrai à l'abri d'un siège, a forcé l'ennemi à reporter ses vues sur le Quesnoy et Landrecies et à ne pouvoir manœuvrer que par la rive droite de l'Escaut. Les Alliés, maintenant campés le long de la Selle, d'Haspres au Cateau, couvrent le siège du Quesnoy. En possession de la rive gauche de l'Escaut jusqu'à Bouchain, à portée de la Sensée dont les points de passage lui appartiennent, l'armée française peut, comme l'indique Lefebvre d'Orval dans une nouvelle lettre à Voysin du 16 juin, donner la main à une attaque des garnisons de Valenciennes et de Condé contre le camp retranché d'Albemarle à Denain, pendant qu'une diversion, exécutée par un détachement de l'armée, de Cambrai sur Saulzoir, par une partie de la garnison de Valenciennes, de cette ville dans la direction de Sommaing-sur-Écaillon, donnerait le change au gros des forces ennemies.

Nul doute que l'exécution de ce projet, conduite avec vigueur, comme le demande Lefebvre d'Orval dans ses lettres du 27 mai, des 7, 12 et 16 juin, ne soit couronnée de succès. C'est aussi le sentiment que partage l'un des lieutenants généraux de notre armée de Flandre, pour qui Louis XIV, Voysin et Villars, professent la plus haute estime. Le comte de Broglie a ce singulier honneur, parmi les officiers de cette armée, de discerner le premier, avec une rare clarté d'intuition, la position aventurée d'Albemarle entre la Scarpe et l'Escaut. Le 9 juin 1712, c'est-à-dire à une époque où déjà Voysin et Villars ont été saisis par Lefebvre d'Orval d'un projet d'opération sur les communications de l'ennemi, M. de Broglie écrit au ministre : « .... Je suis persuadé que, si les ennemis se déterminent à faire le siège du Quesnoy comme il y a apparence, que l'endroit qui sera le moins difficile à attaquer, en cas que Sa Majesté veuille y donner du secours, ce sera entre la Scarpe et l'Escaut quoiqu'ils y aient fait des lignes, la garnison de Valenciennes pouvant agir du côté des lignes à Denain, pendant que l'armée du Roi attaquerait celles qui sont depuis Hérin jusqu'au prieuré de Beaurepaire, ce qui ne laisse pas d'avoir deux lieues ou deux lieues et demie d'étendue, trouvant beaucoup plus difficile de passer la Selle devant les ennemis ou de pénétrer entre le Cateau et Landrecies.... »

Voyons maintenant l'accueil réservé par le ministre de la guerre et le général de notre armée de Flandre aux propositions de Lefebvre d'Orval, que vient appuyer une voix autorisée entre toutes, celle du comte de Broglie. Hâtons-nous de dire que Voysin, gagné dès le premier jour au projet de son infatigable correspondant, ne cessera d'en signaler les avantages au maréchal de Villars et d'en poursuivre la réalisation jusqu'à l'heure où sa ferme insistance triomphera des hésitations du général. De son côté, Villars accueillera, avec l'attention qu'il mérite, le projet de Lefebvre d'Orval ainsi présenté par le ministre ; il en reconnaîtra toute l'importance, et, à plusieurs reprises, il étudiera les moyens de le mettre à exécution.

Dès le 2 juin, Voysin recommande au gouverneur de Valenciennes, prince de Tingry, de se concerter avec le gouverneur de Condé pour chercher l'occasion d'une attaque sur le corps de troupes que les ennemis laisseront dans les lignes auxquelles ils travaillent entre la Scarpe et l'Escaut. Le 13 juin, il indique à Villars la possibilité d'une entreprise sur les communications de l'ennemi et recommande cette opération à son étude.

Sur cette invitation du ministre et peut-être aussi sur les instances de Lefebvre d'Orval, le maréchal exécute, le 16 juin, une reconnaissance des retranchements ennemis, de Marchiennes à Denain : « .... Il importe, écrit à cette date le conseiller au Parlement, de prendre le parti de passer la Sensée et de porter une partie de l'armée jusqu'à Denain pour se joindre à la garnison de Valenciennes, comme je l'ai observé plus amplement ci-devant. Au reste, comme M. le Maréchal est allé aujourd'hui visiter les retranchements que les ennemis ont de ce côté-là, j'espère qu'on ne trouvera pas de difficulté à prendre ce parti et que les petits obstacles qui s'y rencontreront seront aisément surmontés, si on prend une bonne résolution....

» Je crains pour le Quesnoy et que les ennemis ne soient avertis de la promenade que fait à présent M. le Maréchal pour reconnaître le terrain entre Bouchain et Marchiennes, parce qu'il a posté douze compagnies de grenadiers pour le soutenir avec la cavalerie qu'il a avec lui s'il venait à être poussé, et qu'il est à craindre que le prince Eugène ne soit informé de son dessein et qu'il n'y mette obstacle s'il ne s'exécute pas cette nuit ou incessamment. »

Il semble par ces lignes qu'il soit déjà question, le 16 juin, de donner un commencement d'exécution au projet dont Lefebvre d'Orval a entretenu Villars. Toutefois la pensée du maréchal s'est moins arrêtée, dans cette reconnaissance, à une attaque des lignes ennemies qu'à l'étude du terrain en prévision du siège de Bouchain. Ce siège, il le juge impossible, faute de fourrages. Il ne peut s'exécuter, écrit aussi le comte de Broglie à Voysin, le 19 juin, qu'en chassant les ennemis de l'Entre Scarpe et Escaut où, comme il l'a déjà indiqué dans sa lettre du 9, se trouve à ses yeux le point vulnérable de la position du prince Eugène.

Jusqu'à ce que le résultat des négociations engagées avec l'Angleterre soit connu, le Roi a prescrit à Villars une attitude défensive. Toutefois il entend qu'à cette inaction momentanée succède une offensive résolue, dès que tout obstacle politique aura disparu, et Voysin, interprétant la pensée de Louis XIV, rappelle au maréchal, le 18 juin, l'entreprise de Denain : « .... Vous ne pouvez trop bien reconnaître la disposition du camp des ennemis et de leurs retranchements entre la Scarpe et l'Escaut et examiner tous les endroits par où vous jugerez de pouvoir secourir la place du Quesnoy, supposé qu'après les premières nouvelles qui viendront d'Angleterre il n'y ait point d'espérance de suspension d'armes.... », et, le 1er juillet, soit huit jours après la ratification à Marly de l'armistice signé à Whitehall le 17 juin, il adresse au maréchal cette admirable lettre où, prenant soin d'éviter les moindres froissements à l'amour-propre du général, respectant et laissant entière son initiative, il lui fait cependant entendre qu'entre une bataille rangée et une inaction stérile, il y a maintenant place pour une entreprise sur les lignes de communication de l'ennemi : « .... La conjoncture présente ne permet pas de chercher à engager une affaire générale, mais si vous trouviez possibilité à faire attaquer par quelques détachements de votre armée la ligne que les ennemis ont faite entre l'Escaut et la Scarpe, le Roi ne vous empêcherait point d'exécuter pareils projets. C'est à vous à juger de la possibilité : il est vrai que, si les ennemis étaient avertis, ils feraient sûrement trouver à l'endroit que vous attaqueriez un plus grand nombre de troupes que celui que vous enverrez pour les attaquer, mais on ne prend pas soin de les avertir de ce que l'on veut faire, et, quand il se trouve une distance de deux ou trois lieues pour faire arriver des troupes, l'action est presque toujours finie, et ceux qui ont attaqué ont eu le temps de se retirer, s'ils le jugent à propos, avant que l'ennemi ne soit préparé à marcher. Vous avez M. de Tingry à qui vous pourriez donner ordre de faire paraître des troupes de la garnison de Valenciennes de son côté, si cela vous était utile pour y attirer les ennemis. Ce que j'ai l'honneur de vous dire ne sont que des idées, et le projet, tel qu'il doit être formé pour être mis à exécution, doit venir de vous.... Vous présupposez toujours dans vos lettres qu'il n'y a point de milieu entre ne rien faire et une bataille qui aille à tout risquer. La situation où vous êtes aussi proche des ennemis, pendant qu'ils sont attachés à un siège, peut quelquefois donner occasion à risquer des choses moins décisives dont le succès néanmoins ferait un grand effet et qui n'iraient pas à tout perdre, supposé qu'elles ne réussissent pas. Si vous pouviez entrer dans cet esprit et imaginer les expédients pour en faire la tentative, je suis persuadé que le Roi approuverait fort les propositions que vous lui en feriez. Vous êtes toujours maître en ce cas de choisir les officiers généraux que vous voulez charger de l'exécution de vos desseins, et, supposant que vous n'y soyez pas vous-même, cela ne diminue rien de l'honneur qui en est dû au général.... »

Voilà certes un beau langage et qui honore grandement Voysin. Peut-être l'influence de Louis XIV et de Chamlay n'a pas été étrangère à la dictée de ces sages conseils, bien faits pour guider le général. L'intention du Roi ainsi manifestée clairement, Villars réunit le 3 juillet, dans son camp de Noyelles, un conseil de guerre auquel il expose les vues du ministre : mais chez les généraux qui l'entourent, l'esprit d'offensive s'est émoussé par une longue suite de campagnes malheureuses, de défensive pure, et le projet de Denain, qui demande une exécution hardie, rencontre une opposition unanime. Ils préfèrent, laissant d'eux-mêmes le champ libre au prince Eugène, exécuter un nouveau pas en arrière, construire une ligne qui, s'appuyant à l'Oise et aux bois de Bohain, laisserait l'armée spectatrice inerte de la chute de notre dernière forteresse, de Landrecies, et, quand Villars déclare son propre sentiment et s'arrête à la démarche plus noble de se porter sur la Selle à la rencontre de l'ennemi, il se trouve seul de cet avis.

Ce n'est point sans de vifs regrets que le comte de Broglie, étranger à ce conseil de guerre, voit ainsi s'évanouir l'idée d'une entreprise sur les lignes ennemies : « .... Il est bien triste de perdre toutes nos places sans donner aucun signe de vie, écrit-il à Voysin le lendemain. Pour moi, je n'aurais pas cru impraticable, comme j'ai eu l'honneur de vous le mander, d'attaquer le corps de Milord d'Albemarle entre la Scarpe et l'Escaut. » Ses regrets sont partagés par le gouverneur de Valenciennes, le digne fils du vaillant maréchal de Luxembourg, qui, lui aussi, mande à Voysin le 5 juillet, « qu'il eût été plus aisé, en s'entendant avec l'armée et en réglant bien nos mouvements de part et d'autre, d'attaquer le camp de M. d'Albemarle. » Quant à Lefebvre d'Orval, fermement persuadé que « si on perd cette occasion, on ne la retrouvera plus [1] », il demande instamment au ministre la reprise de son projet sur Denain, « rien au monde n'étant plus aisé que de couper aux ennemis la communication de Douai et de Marchiennes en les attaquant, de concert avec la garnison de Valenciennes, entre la Scarpe et l'Escaut [2]. »

La position que vient d'occuper le prince Eugène sur l'Ecaillon, après la prise du Quesnoy, ne permet plus de mettre en doute la menace d'un siège pour Valenciennes ou pour Landrecies. Aussitôt, avec ce sens merveilleux de la guerre qui lui sert de guide, avec cet esprit militaire aux vues si étendues et si fécondes qui l'anime, Lefebvre d'Orval modifie et approprie son plan à la situation nouvelle des armées : « On pourrait, écrit-il le 16 juillet à Voysin, jeter des ponts sur l'Escaut entre Bouchain et Denain, supposant que les ennemis ne s'y opposent pas,

---

1. Lettre du 3 juillet, adressée à Voysin. D. G. 2.379.
2. Même lettre.

et passer cette rivère la nuit pour enfoncer Milord Albemarle, pendant qu'on amuserait le prince Eugène », et, dans sa lettre du lendemain, après avoir ainsi tracé la manœuvre même de Denain, il indique les points de passage dont l'armée devrait faire choix, « Lourches et Neuville. »

A partir du 17 juillet, les événements se précipitent. La rupture est maintenant complète entre l'Angleterre et ses anciens alliés. L'éloignement de l'armée anglaise, les mouvements du prince Eugène sur l'Ecaillon, l'investissement de Landrecies, l'arrivée au camp de Noyelles des ordres du Roi qui prescrivent d'empêcher, même au prix d'une action générale, la perte de cette place, tout présage un dénouement prochain et décisif sur ce théâtre de Flandre. A la cour, on n'a point perdu de vue l'attaque du camp retranché de Denain. Louis XIV écrivait à Villars, le 17 juillet : « .... Ma première pensée avait été, dans l'éloignement où se trouve Landrecies de toutes les autres places d'où les ennemis peuvent tirer leurs munitions et convois, d'interrompre leur communication en faisant attaquer leur ligne de Marchiennes, ce qui les mettrait dans l'impossibilité de continuer le siège. Mais comme il m'a paru que vous ne jugiez pas cette entreprise sur les lignes de Marchiennes praticable, je m'en remets à votre sentiment sur la connaissance plus parfaite que vous avez, étant sur les lieux.... » Le même jour, Voysin s'adresse au comte de Broglie, à l'officier de l'armée de Flandre qui a compris le premier les avantages d'une entreprise sur les lignes de Marchiennes, dans l'espoir que son influence et ses conseils éclairés décideront le maréchal à reprendre le projet de Denain. Mais quand cette lettre parvient au comte de Broglie, Villars a déjà examiné le 18 juillet, dans un conseil de guerre, les moyens de secourir Landrecies. Sans revenir sur la possibilité d'une attaque contre le camp retranché de milord Albemarle qu'aucun officier général n'a mise en avant, il a pris la résolution suivante : « se mettre en marche tout au plus tôt, passer l'Escaut entre Crévecœur et le Câtelet, marcher vers les sources de la Selle et de là à la Sambre sur Catillon ou tout au moins sur l'abbaye de Fesmy, afin de reconnaître par soi-même les meilleurs partis que l'on pourra prendre pour secourir Landrecies [1]. »

Le lendemain l'armée s'ébranle, franchit l'Escaut et campe le 20 juillet sur la haute Selle, le quartier général au Cateau-Cambrésis. Lefebvre d'Orval suit avec anxiété ces mouvements qui dénotent une orientation nouvelle des projets du général en chef et qui doivent conduire l'armée en face de positions « de difficile accès, comme quoi, écrit-il à Voysin le 21 juillet, je croyais que l'on aurait fait mieux de passer la Sensée et de s'étendre jusqu'à Valenciennes pour couper aux ennemis toutes communications avec leurs rivières, faire le siège de Douai, les obliger à jeter des garnisons partout et par conséquent lever le siège de Landrecies. »

De son camp sur la Selle, l'armée française n'est plus séparée des positions ennemies que par une seule marche. Une décision s'impose. A cette heure solennelle, la pensée de Villars, qui se rappelle les instances du ministre et les regrets du Roi, est ramenée vers l'attaque du camp retranché de Denain. L'entreprise lui apparaît maintenant moins hasardeuse, car ses démarches ont eu pour résultat d'obliger le prince Eugène à dégarnir sa droite et à rapprocher de Landrecies la plus grande partie de ses forces. Suivant le désir exprimé par Voysin, il se résout le 21 juillet à confier l'exécution de cette attaque à un détachement de 30 bataillons de son armée, aux ordres

---

[1]. Lettre du marquis de Silly, maréchal de camp à l'armée de Flandre et l'un des correspondants de Voysin pendant cette campagne. D. G. 2380.

de deux de ses meilleurs lieutenants, le marquis de Vieuxpont et le comte de Broglie. La garnison de Valenciennes, sous le prince de Tingry, prendra part de son côté à cette action : « J'ai été voir, écrit-il le même jour à Voysin, comment nous pourrions attaquer le camp de Denain, à quoi l'on n'a pu songer que dans le temps que nous éloignions l'armée ennemie de l'Escaut, car, lorsqu'elle y avait sa droite, on ne pouvait le tenter avec aucune apparence de succès. Je compte donc faire demain toutes les démarches qui pourront persuader l'ennemi que je veux passer la Sambre, et je tâcherai d'exécuter le projet de Denain, qui serait d'une grande utilité. S'il ne réussit pas, nous irons par la Sambre. Je suis assez bon serviteur du Roi pour garder la bataille entière pour le dernier.... »

Mais, le lendemain, l'entreprise se présente sous un jour moins favorable. Quand le comte de Broglie vient prendre ses dernières instructions du maréchal, Villars « lui dit qu'il avait changé de sentiment, que M. de Tingry, dont il venait de recevoir un courrier, trouvait beaucoup de difficulté à faire une attaque de son côté et que, depuis qu'il y avait fait réflexion, il regardait aussi la chose comme très difficile et qu'ainsi il ne fallait plus y songer [1]. » Après avoir pris lecture de la lettre du gouverneur de Valenciennes, MM. de Vieuxpont et de Broglie se rangèrent à l'avis du maréchal. « Ces deux messieurs ont jugé l'entreprise impossible, mande Villars à Voysin le 22 juillet. J'en suis très fâché, mais quand ceux-là refusent, je n'irai pas offrir cette commission à d'autres. Cette affaire ne pouvant s'exécuter, j'ai marché à la Sambre : l'armée la passera dès que tous les ponts seront préparés. »

Un instant, le mouvement de l'armée française vers la Sambre conduit Lefebvre d'Orval à penser que le

---

1. Lettre du comte de Broglie à Voysin, du 23 juillet 1712. D. G. 2.380.

maréchal abandonne tout dessein d'une attaque sur le camp d'Albemarle, quand, le 23 juillet 1712 « Loué soit Dieu ! l'armée du Roi exécute la seule chose qui pouvait faire lever le siège de Landrecies [1] », la manœuvre hardie d'où dépendait le salut de la France et que le conseiller au Parlement avait eu le mérite insigne de concevoir, d'inspirer et de proclamer décisive.

Ces extraits des lettres qui vont suivre ont permis d'esquisser rapidement la genèse de Denain et de mettre en relief, à côté des principaux acteurs qui ont pris part à l'élaboration de l'entreprise, son véritable créateur, le conseiller au Parlement de Flandre, Lefebvre d'Orval. Si importants, en effet, qu'apparaissent les rôles de Louis XIV, de Voysin, du comte de Broglie et de Villars dans ce prologue de Denain, tous sont rejetés au second plan par l'inventeur de ce glorieux projet. Sous le coup d'une singulière destinée, il faudra que le promoteur de cette victoire de Denain, aux résultats foudroyants pour la campagne et pour la paix, se défende aussitôt d'en avoir fourni l'idée première. Il faudra qu'il se mette en garde à la fois contre les susceptibilités de l'amour-propre chez nos généraux, et contre les représailles que l'ennemi est toujours prêt à exercer parmi les siens. Il s'imposera à lui-même de faire l'oubli sur les événements où il a eu la part principale ; il sera réduit à demander en grâce au ministre « de vouloir bien cacher son nom dans les projets qu'il a la bonté de recevoir de lui [2] » ; il s'efforcera enfin, par tous les moyens, de « faire cesser les bruits » où on lui « attribue le projet de Denain comme font tous les officiers de l'armée [3] », et c'est seulement à la paix que Voysin pourra enfin reconnaître les magnifiques services

---

1. Lettre de Lefebvre d'Orval à Voysin, du 24 juillet 1712. D. G. 2.380.
2. Lettre de Lefebvre d'Orval à Voysin, du 31 juillet 1712. D. G. 2.380.
3. Mémoire de Lefebvre d'Orval, du 5 novembre 1712. D. G. 2.387.

de Lefebvre d'Orval en l'appelant à occuper, en 1714, la charge de premier président du Conseil provincial du Hainaut.

Le ministre a fait plus pour la gloire du conseiller au Parlement. En conservant à la postérité sa remarquable correspondance des dernières années de la guerre de la Succession d'Espagne, il l'a mise en mesure de rendre justice à l'homme de cœur qui, aux heures de découragement, n'a pas désespéré des destinées de notre patrie, qui a porté si haut dans ses projets le sentiment de l'offensive, et dont le nom restera inséparable de la victoire à jamais célèbre qu'il a inspirée, de Denain.

PIÈCES JUSTIFICATIVES [1]

Lefebvre d'Orval à Voysin.

Je prendrai la liberté de vous envoyer mon projet de campagne défensif et offensif en même temps, avec tous les moyens de l'exécuter et des solutions aux objections qu'on pourrait faire. Je le crois si bon que, quoi que puissent faire les ennemis, ils ne trouveront que du désavantage et leur ruine. Je ne puis le joindre ici parce que je suis occupé à le doubler pour l'envoyer en même temps à M. le Maréchal [2], ainsi que vous le souhaitez. Je ne sais point encore s'il estimera en ce genre ce qui vient d'un homme de robe qui a bien de la peine à se faire écouter des gens de guerre [3], même dans les meilleures choses qui paraîtraient des prodiges dans un autre, mais comme je ne suis animé que de la gloire du Roi et du ministre, du bien de l'état et du zèle de la patrie, il me suffit que mes soins ne vous déplaisent pas et que vous ayez la bonté de souffrir que je me dise avec beaucoup d'attachement et un profond respect [4].

A Cambrai, le 24 mars 1712.

---

1. Les lettres déjà publiées soit par le lieutenant général de Vault, soit par M. Dussieux ou M. le marquis de Vogüé, sont précédées d'un astérisque.

2. Le maréchal de Montesquiou.

3. Comme en fait foi la conversation du maréchal de Villars avec Lefebvre d'Orval, à la fin de la campagne de 1711. — Voir, dans la biographie qui précède, la lettre du conseiller à Voysin, du 10 septembre 1711.

4. D. G. 2.373.

MÉMOIRE

... Leurs troupes [1] ne sont pas recrutées et elles sont si différentes de ce qu'elles étaient il y a trois ans qu'elles ne sont plus connaissables. Leur infanterie est extrêmement tombée, et il leur sera malaisé de rétablir leur cavalerie qui a tant souffert devant Bouchain que, de leur aveu, ce siège leur a coûté 25.000 chevaux. Enfin tous les gens qui viennent de ce pays-là, sur qui on peut se reposer, sont tous convaincus qu'il serait aisé de battre ces gens si on était bien déterminé de les attaquer.

Suivant ce que vous m'avez fait l'honneur de me dire par les lettres que vous avez bien voulu m'écrire les 16 et 19 de ce mois, j'ai écrit à M le maréchal de Montesquiou pour l'informer de l'état où sont les ennemis, des fourrages qu'ils ont sur l'Escaut et sur la Scarpe et des desseins qu'ils ont... J'ai aussi pris la liberté de lui dire que je lui enverrais un projet de campagne qui fera voir quel avantage on peut avoir sur les ennemis soit qu'ils entreprennent le siège d'Arras, de Cambrai ou de Valenciennes. J'attends sa réponse pour savoir s'il aura agréable ce que je lui offre. Cependant il a commencé à faire exécuter le projet pour interrompre la navigation de la Deûle. J'en ai encore un autre bien assuré que je prendrai la liberté de lui communiquer [2]...

Lefebvre d'Orval à Voysin.

... J'enverrai demain mon projet de campagne à M. le maréchal de Montesquiou, qui m'a fait l'honneur de me mander que cela lui fera plaisir. Je prendrai la liberté de vous l'envoyer aussi, afin que vous puissiez reconnaître, Monseigneur, que de quelque côté que se tournent les ennemis et telle entreprise qu'ils puissent faire, il sera aisé non seulement de les ruiner mais encore de leur enlever des places considérables sans rien risquer [3]

A Cambrai, le 28 mars 1712.

Lefebvre d'Orval à Voysin.

... J'en envoie un double [4] à Monsieur le maréchal de Montesquiou, ainsi qu'il me l'a demandé et suivant ce que vous m'avez ordonné...

A Cambrai, le 30 mars 1712.

---

1. Aux ennemis.
2. D. G. 2.373.
3. Idem.
4. Du projet de campagne.

Projet de Campagne pour l'année 1712 [1]

Toute difficile que paraisse la campagne prochaine pour la France, les Alliés ne sauraient rien entreprendre sur la Scarpe ni sur l'Escaut, sans s'exposer à perdre plus qu'ils ne sauraient gagner, pourvu que l'on veuille agir et profiter de ses avantages. C'est ce que l'on va prouver par les desseins mêmes des ennemis.

Leur vue principale regarde Arras, parce que la prise de cette place les rendrait maîtres de presque tout l'Artois et leur donnerait une entrée en France.

Le siège pourrait s'en faire avec assez de commodité en apparence puisque l'ennemi tirerait ses convois par l'Escaut, par la Scarpe et par le canal de Lille et aurait encore la facilité de tirer de Douai par terre toutes les munitions qu'il y aurait amassées avant de commencer son entreprise, et toutes celles qu'il y ferait voiturer par la chaussée de Lille et par le chemin de Tournai. Il pourrait aussi faire décharger au Pont-à-Vendin ce qui lui viendrait par le canal, où les troupes iraient le prendre, si l'ennemi ne trouvait point à propos de le faire voiturer plus avant

En tous cas, Aire, Saint-Venant et toute la Lys subviendraient aux besoins de l'armée. Il n'y aurait pour cela qu'à faire des dépôts à Béthune, d'où on les transporterait à l'armée à force de charrois, sans aucun péril puisque ces voitures marcheraient à couvert de la Lys et de la Scarpe.

Enfin l'ennemi pourrait encore tirer des secours de la Bassée, du pays de Lalœu et de cette belle partie de la châtellenie de Lille, qui est entre la Deûle et la Lys.

Voilà à peu près ce que les Alliés pourraient faire pour subsister devant Arras.

Examinons à présent ce qu'il faudrait faire pour les y inquiéter et pour les obliger à lever ce siège par quelque entreprise considérable.

Il semble d'abord que, pour couvrir la France, l'armée du Roi devrait camper la droite à Marquion et la gauche vers Bapaume où elle serait couverte de plusieurs ruisseaux et de ravins.

Dans cette situation, les troupes de sa Majesté tireraient leur subsistance de Bapaume, de Péronne, de Saint-Quentin et de Cambrai, et

---

[1]. Se reporter à la carte du théâtre de la guerre en Flandre, pl. I, où tous les noms cités dans cet important mémoire sont reproduits. Ce projet de campagne honore grandement Lefebvre d'Orval, car il est en harmonie parfaite avec les idées et la science militaires au début du XVIIIe siècle. Son étude, mieux que tout commentaire, permettra d'apprécier le bon sens, la justesse des vues et l'esprit d'offensive de son auteur.

elles obligeraient l'ennemi à porter son armée d'observation de ce côté-là et à l'éloigner par conséquent de ses magasins ; mais comme, à force de retranchements qu'il pourrait faire garder par son infanterie, il se mettrait en état de renvoyer sa cavalerie à portée de ses fourrages, il paraît qu'il serait plus convenable au service du Roi de camper l'armée, la gauche à la hauteur de Bourlon couverte d'un retranchement jusqu'à Cambrai, et, en passant par Marquion, Oisy-le-Verger et le Molinel, appuyer la droite à la Scarpe entre le Pont-à-Rache et celui de Lalaing.

De ce camp, on barrerait aux ennemis la navigation de la Scarpe et de l'Escaut et même celle du canal de Lille, sur lequel on pourrait porter tous les jours des détachements, et on serait en état de bombarder les magasins de Douai, de détruire les écluses de Don et de fourrager dans les châtellenies de Lille et de Tournai.

Mais comme l'ennemi pourrait tirer ses subsistances de Béthune et de la Lys, malgré la distance de cette place à Arras, il faudrait le traverser par les garnisons de Flandres et de Saint-Omer, faire sauter les écluses d'Harlebecke et l'obliger par conséquent à lever le siège, d'autant plus que les environs d'Arras sont ruinés et point ensemencés. On pourrait même, par des détachements de l'armée, donner les mains aux garnisons dont on vient de parler.

Enfin, par cette manière de camper, l'ennemi ne saurait de quel côté porter son armée d'observation et il serait aisé de faire le siège de Bouchain et de s'emparer de Marchiennes, de Hasnon, de Saint-Amand et de Mortagne, et de fortifier ces deux postes, Marchiennes et Saint-Amand ; avec quoi, et en fortifiant la ligne que l'ennemi a faite depuis Bouchain jusqu'à l'Ecaillon et la Scarpe, on pourrait faire un camp inattaquable entre l'Escaut et la Scarpe d'où les troupes du Roi auraient toujours le pied dans les châtellenies de Lille et de Tournai. Arras tiendrait plus qu'il ne faudrait pour exécuter toutes ces choses et pour donner le temps aux troupes de sa Majesté de la secourir. Si l'ennemi, malgré les incommodités dont on a parlé, s'opiniâtrait à continuer le siège, on pourrait, même après la prise de Bouchain et des postes de la Scarpe, faire passer l'armée ou une partie dans la châtellenie de Lille pour joindre les garnisons de Flandres et porter l'alarme jusque Gand sans rien hasarder, ce qui suffirait tout seul pour obliger l'ennemi à lever le siège d'Arras.

On pourrait objecter que l'armée du Roi aurait peine à subsister dans cette situation et ne pourrait s'opposer aux courses que l'ennemi pourrait faire en France.

Mais à cela on répond qu'il serait facile de tirer de Cambrai, de Valenciennes, de Condé, de Maubeuge, du Quesnoy, du Cateau, de Landrecies et de Saint-Quentin, tout ce qu'il faudrait à l'armée et très malaisé à l'ennemi de pénétrer en France, si la Somme et l'Oise étaient seulement gardées par des milices, parce que la diversion que cette manière de camper ferait à l'ennemi serait si grande qu'il lui resterait peu de troupes pour faire ces sortes de courses, outre que l'armée du Roi serait à portée, par la gauche, de s'y opposer par le Câtelet et par Saint-Quentin.

Voyons à présent si le siège de Cambrai serait plus aisé à l'ennemi que celui d'Arras. Supposons cette place investie et que les Alliés, outre les deux corps du siège, en ont un troisième, depuis l'Escaut jusqu'à Marquion, pour s'opposer au secours qui pourrait venir d'Arras, et un quatrième, depuis la Sensée jusqu'à Douai, pour la sûreté des convois. Comme cette disposition ne permettrait guère de secourir Cambrai parce que ces postes seraient avantageux, domineraient dans la plaine et seraient couverts de ruisseaux et de ravins, il serait question de voir ce que l'on pourrait faire pour ôter la subsistance à l'ennemi, lui faire lever le siège et lui prendre ses places.

Il semble pour cela qu'il n'y aurait qu'à mettre la droite de l'armée à Arras et la gauche au pont d'Auby sur le canal de Douai, mettant la Scarpe entre l'armée du Roi et celle des ennemis, et le ruisseau d'Esquerchin entre la même armée [1] et Douai. Dans cette situation, on communiquerait à Arras et dans la châtellenie de Lille, on tirerait ses convois par Arras de Bapaume, de Péronne, de Doullens et des autres places de la Somme, on couperait du premier coup la navigation du canal de Douai à Lille, et on serait à portée, secondé des garnisons de Valenciennes et de Condé, d'interrompre celle de la Scarpe et de l'Escaut, de bombarder les magasins de Douai et de faire périr l'armée ennemie faute de subsistance.

L'armée du Roi, dans cette situation, pourrait encore tirer une ligne, de Biache sur la Scarpe jusqu'au ruisseau d'Esquerchin, ce qui formerait avec le canal une ligne jusqu'à la Bassée, d'où on pourrait la continuer jusqu'à la Lys en se servant du grand courant qui va de cette place à Estaires.

Pendant que l'on mettrait cette ligne en état, il faudrait fortifier la Bassée et faire ensuite le siège de Béthune, avec quoi Aire, Saint-Venant et toute la Lys tomberaient sans pouvoir être secourues ; et ainsi, pendant que l'ennemi périrait devant Cambrai faute de subsistance, il perdrait encore toutes les places qu'il occupe en Artois. Par toutes ces raisons, on croit les sièges d'Arras et de Cambrai fort difficiles, pour ne point dire impossibles, pour les ennemis, quand même ils préviendraient l'armée du Roi en campagne et l'empêcheraient de se porter entre ces deux places.

---

1. L'armée du Roi.

Mais comme l'ennemi publie hautement qu'il agira offensivement, ne pourrait-il pas faire le siège de Valenciennes en se campant depuis le village de Lourches sous Bouchain jusqu'à la Scarpe, puisque son armée d'observation, dans ce poste, couvrirait les convois qui lui viendraient de Douai par Marchiennes et de Tournai par Saint-Amand, sans que l'armée du Roi, campée entre Arras et Cambrai, pourrait s'y opposer ni marcher au secours de cette place parce que, si elle voulait y marcher par la droite de l'Escaut en passant cette rivière à Cambrai, elle trouverait la Selle, dont le passage n'est guère praticable en présence d'une armée qui aurait tout le temps de s'y porter en passant l'Escaut sur les ponts qu'elle aurait à Lourches.

Il ne serait pas plus aisé de tenter ce secours entre l'Escaut et la Scarpe, à cause du retranchement que l'ennemi fit la campagne passée, de Bouchain à l'Ecaillon.

Cela supposé, il faudrait voir s'il n'y aurait rien de mieux à faire que de tenter ce secours de cette manière. Valenciennes est une bonne place, le siège en serait long, et, aussitôt qu'il serait déclaré, l'armée du Roi pourrait se couler par Palluel, Bac-Aubencheul et Féchain entre Douai et les hauteurs de Lewarde jusqu'à la Scarpe, s'y retrancher puissamment et faire ensuite le siège de cette place. Cambrai, Arras, Bapaume, Saint-Quentin et Péronne fourniraient tout ce qu'il faudrait pour expédier Douai, après quoi le secours de Valenciennes serait aisé puisqu'il n'y aurait qu'à passer la Scarpe et camper l'armée, la droite à Douai et la gauche à Mortagne, pour couper toutes subsistances à l'ennemi, excepté celles qu'il pourrait tirer de Mons par charrois [1].

De ce camp, l'armée du Roi serait en état d'insulter Lille, Tournai et toutes les villes de l'Escaut et de la Lys, ce qui suffirait pour obliger l'ennemi à lever le siège de Valenciennes. Enfin, par la prise de Douai, la ligne serait rétablie depuis Condé jusqu'à la Bassée, puisque Marchiennes et Saint-Amand reviendraient au Roi d'elles-mêmes aussi bien que Bouchain, Béthune, Aire et Saint-Venant.

De tout ce que l'on vient de dire il paraît que l'ennemi ne saurait rien entreprendre sans tout risquer. Au reste on a peine à croire que les Alliés soient en état d'entreprendre tout ce que l'on dit, puisque bien des troupes qui ont fait campagne l'année passée en Flandre

---

1. Le conseiller au Parlement de Flandre sera amené à reprendre bientôt l'exposé de ces vues fécondes, applicables dans l'éventualité d'un siège pour Valenciennes, mais convenant aussi et mieux encore dans l'hypothèse du siège d'une place plus au sud que Valenciennes, plus loin des magasins et des voies de ravitaillement imposés à l'ennemi, comme le Quesnoy et Landrecies.

seront retenues en Allemagne, à cause de la guerre du Nord. A la vérité, on fait grand bruit des 24.000 Impériaux que l'on dit devoir venir en ce pays ici, mais ils n'y sont point encore et, avant qu'ils arrivent, le nombre en diminuera de beaucoup

D'ailleurs si l'on savait, comme le savent tous les Flamands, combien les troupes alliées craignent celles du Roi, on les regarderait avec mépris. Le passé en est une preuve convaincante, et, pour n'en point douter, il n'y a qu'à se rappeler ce qui s'est passé dans l'armée ennemie quand celle du Roi marcha pour secourir Lille [1]. Le désordre y fut si grand que l'on n'y songeait qu'à fuir sans être attaqué.

La même chose est arrivée quand on passa la Scarpe pour secourir Douai [2], et ce fut bien pis l'année passée quand on s'empara du pont d'Etrun, d'Iwuy et d'Hordain [3], puisque plus de 6000 hommes des ennemis fuirent jusqu'à Marchiennes comme s'ils avaient été battus, tant ces troupes sont susceptibles de frayeur.

Enfin les ennemis ont beau faire les fanfarons, la valeur n'est pas du côté de leurs troupes. La bataille de Spire [4] le justifie pleinement, puisque leurs soldats et leurs officiers se laissèrent tuer sans se défendre. La lâcheté que ces mêmes troupes firent paraître en différentes occasions et principalement aux sièges de Lille, de Douai, d'Aire et de Béthune [5], où elles n'allaient aux attaques qu'à coups de

---

1. Au début de septembre 1708.

2. Pendant la campagne de 1710, à la fin de mai.

3 ... Cette action eut lieu le 31 août 1711, pendant le siège de Bouchain. Surprises et vigoureusement attaquées par plusieurs détachements de notre armée, les troupes alliées qui campaient autour de ces villages furent défaites avant d'avoir pu être secourues.

4. Le prince de Hesse, qui marchait au secours de Landau assiégé, fut mis en déroute par le maréchal de Tallard, non loin de Spire, le 15 novembre 1703.

5. En plus d'une circonstance, de 1708 à 1712, l'infanterie des Alliés, rebutée par la vigoureuse résistance de nos places, ayant conscience de l'infériorité de ses ingénieurs dans cette guerre de siège en honneur au XVII° siècle, a montré qu'elle redoutait le « coup de main » avec notre infanterie, comme l'indique ici Lefebvre d'Orval. Que l'on consulte les lettres de Marlborough, du prince Eugène, des députés hollandais, d'Albemarle, on verra le peu de confiance des Alliés dans les talents de leurs ingénieurs. Le 6 juin 1710, Albemarle écrivait à Heinsius: « Je vous assure, Monsieur, qu'il faut trembler toutes les fois que nous entreprenons des attaques des places, car nous n'avons pas des sujets assez capables pour des telles. » A. H. — L'étude du siège de Lille permet d'affirmer la haute supériorité des élèves de Vauban sur ceux de Coëhorn « Ce dernier, avec ses procédés d'attaque violents, ses assauts meurtriers, sa dépense prodigieuse d'artillerie, son recours à la force élémentaire et brutale, n'avait pu enseigner aux ingé-

bâtons et de hallebardes, suffit pour prouver ce qu'on allègue à cet égard, et aujourd'hui on les voit faire sortir et rentrer leurs convois trois à quatre fois par jour, sur la seule pensée qu'ils pourraient être attaqués.

Le Français au contraire est hardi et audacieux quand on le mène à l'ennemi. Son audace et son intrépidité parurent dans tous les sièges dont on vient de parler, où le moindre soldat courait aux attaques sans être commandé et paraissait puiser sa valeur dans les yeux de ses ennemis. On l'a vu se jeter à corps découvert sur le glacis de Lille pour donner le temps de replanter la palissade, après en avoir chassé l'ennemi [1]. Il monta à Douai sur le parapet du rempart pour mieux découvrir l'ennemi dans ses attaques [2]. Aussi il [3] était si frappé de cette bravoure qu'il n'osait attaquer aucuns ouvrages à force ouverte.

On ne finirait jamais si on voulait repasser toutes les actions de vigueur des troupes du Roi qui surpassent infiniment toutes celles des Alliés, si on excepte l'avantage que celles-ci ont de combattre à

---

nieurs hollandais qu'un art imparfait, tandis que grâce aux leçons et aux exemples de son grand ingénieur, à la supériorité de sa doctrine, la France possédait un corps du génie envié de toute l'Europe, sur la science et les talents duquel Louis XIV pouvait entièrement se reposer. » *Le Siège de la ville et de la citadelle de Lille en 1708.* — Il suffit de citer les noms de M. du Puy-Vauban, l'auxiliaire dévoué de Boufflers au siège de Lille en 1708, le glorieux défenseur de Béthune en 1710, et de M. de Valory, qui servit aux défenses de Lille et de Douai avec la plus grande distinction.

1. Qu'on me permette de reproduire l'éclatant hommage rendu aux défenseurs de Lille par un témoin oculaire, Jean Godefroy d'Aumont, alors gardien du Dépôt de la Chambre des Comptes de Lille : « Il y avait dans la garnison de cette ville une ardeur que l'on ne saurait bien exprimer. Jamais on n'a donné tant de marques de bravoure que l'on en a vu en cette occasion. Les soldats les plus malingres ont fait leur devoir au dessus de leurs forces, et plusieurs officiers et soldats blessés ont recommencé plus d'une fois à faire leurs fonctions, avant même que leurs blessures leur permissent de mettre, pour ainsi dire, le nez à l'air. Rien ne les a rebutés. Animés de l'exemple des généraux, ils se sont sacrifiés pour sauver la ville. Il y a eu des compagnies où il n'est pas resté de soldats ni officiers, et plusieurs estropiés, hors de l'état de porter des fusils, ont été, le pistolet à la main, s'opposer aux attaques des assiégeants et chercher de nouvelles blessures au travers du feu des ennemis. »

2. D'un mot, le député hollandais, Vegelin de Claerbergen, a peint la bravoure des défenseurs de Douai. Le 6 juin 1710, il écrivait à Heinsius : « Il faut bien que nous ayons patience à l'égard du siège ; ces gens se défendent comme des lions. » A. H. portefeuille 48 C.

3. L'ennemi.

coups de fusils [1], à quoi leur flegme et l'exercice continuel qu'on leur fait faire les rendent propres et habiles, au lieu que le sang bouillant du Français le pousse à joindre son ennemi et à le combattre de près, en quoi il est si terrible qu'il détruirait les troupes des Alliés en deux heures de temps si on le menait à elles aux armes blanches.

Que l'on ne rappelle pas les malheurs que les troupes du Roi ont eus en plusieurs occasions pour combattre ce que l'on vient de dire, parce que tout le monde sait que ces accidents ne lui sont arrivés que par des cas extraordinaires. Mais qu'on le mette à l'épreuve et on verra que rien ne lui est impossible quand il attaque, au lieu que l'ennemi ne sait où il en est parce qu'il lui faut un grand temps pour faire ses dispositions. Le prince Eugène y employa douze heures quand il pensa d'être attaqué devant Douai, et ce ne fut qu'après des peines infinies qu'il vint à bout de débrouiller ses troupes, que la crainte d'être attaqué avait fait marcher dans un si grand désordre qu'il ne savait les démêler.

Enfin, si l'on marchait aux ennemis cantonnés derrière la Scarpe et le canal de Lille, on les battrait sans résistance, parce que rien n'est plus aisé à battre que des gens qui se croient en sûreté.

Surtout le Français n'aime point les lignes : il aime mieux d'en attaquer que d'en défendre [2]. Enfin, pourvu qu'on attaque, on peut se promettre la victoire. Les 5oo chevaux que le sieur Fraula vient de battre à Malplaquet avec moins de 3oo [3] et les 9oo hommes que

---

1. C'était aussi, comme on l'a vu plus haut, l'opinion du chevalier de Folard.

2. Faisant allusion à nos lignes du Brabant de la campagne de 1705, Louis XIV écrivait au maréchal de Villeroi : « Il ne faut pas enfermer les Français dans des lignes. C'est contre leur esprit : ils veulent agir. Ce n'est pas ainsi que nous faisions la guerre.... » *Histoire de l'Ordre royal et militaire de Saint Louis*, par M. d'Aspect.
Déjà le 23 février 1712, Lefebvre d'Orval avait adressé à Voysin un projet pour le commencement de la campagne de 1712 où il proposait d'ouvrir les opérations par le siège de Douai. On y relève la réflexion suivante : « Il semble pourtant que les lignes ne conviennent pas à l'esprit prompt et au sang bouillant du Français, qui ne craint rien quand il attaque et qui craint tout, quelque retranchement qu'il ait, quand il est attaqué. » D. G. 2.370.

3. Un parti de 600 chevaux de la garnison de Mons étant venu jusqu'auprès de Solre-le-Château, le marquis de Vivans, qui commandait à Maubeuge, avait détaché à sa poursuite M. de Fraula, colonel espagnol réformé, à la tête de 350 carabiniers et de 400 grenadiers. M. de Fraula atteignit les ennemis avec sa cavalerie seule auprès de Malplaquet, le 19 mars 1712. Il les chargea, les mit en déroute, leur tua plus de 100 hommes et fit un assez grand nombre de prisonniers. Lui-même n'eut qu'un cavalier blessé.

l'on a pris aujourd'hui à Lécluse [1], dont 3oo chevaux, sont des preuves manifestes du peu de valeur des ennemis, qui ne pensent pas à se défendre quand ils sont attaqués, et, on peut dire, de leur peu de capacité, puisqu'ils n'ont pas fait soutenir ce poste de Lécluse.

On dit le sieur Savary pris [2]. On croit pouvoir remarquer qu'il est très important de chercher des prétextes pour ne le plus changer [3], parce qu'il servirait à l'ennemi pour reprendre Lécluse et les autres postes de la Scarpe et de la Sensée, si on ne s'en empare, parce que ce qui vient d'arriver n'est pas capable de lui faire changer de dessein.

On ne fait pas attention aux intelligences que les Alliés ont dans les places frontières du Roi. On a beau dire qu'ils sont instruits de tout, on n'y prend pas garde. Cependant ils en tirent de très grands avantages.

Voysin à Lefebvre d'Orval.

A Versailles, le 21 avril 1712.

J'ai reçu votre lettre du 3o^e du mois passé et le mémoire qui y était joint par lequel j'ai été bien aise de voir les différents détails dans lesquels vous entrez et les vues que vous avez pour la campagne prochaine. Vous avez bien fait d'en informer en même temps M. le maréchal de Montesquiou, et je vous prie de continuer à me mander tout ce que vous croirez mériter de venir à ma connaissance [4].

---

1. Afin de s'assurer un point de passage sur la Sensée, les ennemis firent occuper, le 28 mars, le poste de Lécluse par un détachement de 1.000 hommes qui s'y retranchèrent et y jetèrent un pont. Le maréchal de Montesquiou réunit aussitôt les troupes des garnisons de Cambrai, Arras et Bapaume aux ordres du comte de Broglie, avec mission de rompre le pont et de détruire les travaux des ennemis. Cette opération s'exécuta, le 30 mars, à la pointe du jour et fut couronnée d'un succès complet. « L'on ne peut jamais mieux conduire une affaire que celle-là l'a été. » Lettre du maréchal de Montesquiou à Voysin, du 30 mars 1712. D. G. 2.373.

2. Cette nouvelle était exacte. Savary, l'un des meilleurs partisans des Alliés, connaissait à merveille toute cette région. Une lettre de Lefebvre d'Orval nous apprend qu'il était originaire d'Arleux et fils d'un savetier.

3. C'est aussi l'opinion du maréchal de Montesquiou. Il dit dans sa lettre à Voysin, du 30 mars 1712 : « Je crois qu'il ne faudrait point échanger Savary de toute la guerre : c'est un étourdi, mais homme hardi et entreprenant, qui connait ce pays-ci mieux que tous nous autres ». D. G. 2.373.

4. D. G. 2.353.

Lefebvre d'Orval à Voysin.

22 mai 1712.

Le dessein des ennemis est toujours de porter leur gauche vers le Cateau et leur droite à leur camp retranché de Bouchain, afin d'avoir la Selle derrière eux et de ne point manquer d'eau.... Hier j'ai fait part à M. le maréchal de Villars et à M. de Bernières des nouvelles qui font partie de ce mémoire [1].

Lefebvre d'Orval à Voysin.

Monseigneur,

Le canon des ennemis et toute l'artillerie qu'on a chargée à Tournai passaient hier à Hasnon. Aujourd'hui les généraux des Alliés ont encore visité la Selle, et ils ont demandé des guides à Saulzoir, à Solesmes, et dans les villages des environs. Ils ont chargé leurs gros bagages et ont commencé à détendre cet après-midi, comme s'ils voulaient décamper cette nuit ou demain pour étendre leur gauche vers le Cateau....

J'ai donné avis de ceci à M. le maréchal [2], qui me gracieuse toujours sur les nouvelles que je lui donne [3]....

A Cambrai, le 25 mai 1712, à huit heures du soir.

Lefebvre d'Orval à Voysin.

Monseigneur,

Je profite du départ du porteur pour vous informer de ce qui se passe sur la frontière entre les armées. M. le maréchal est fort content de l'exactitude avec laquelle je l'informe de ce qui me revient. Je me flatte que vous l'êtes aussi, et que vous êtes persuadé que personne n'est avec un plus profond respect que je suis

Monseigneur,

Votre très humble, très obéissant et très obligé serviteur,

Lefebvre.

A Cambrai, le 26 mai 1712.

---

1. D. G. 2.376.
2. Villars.
3. D. G. 2.376.

De Cambrai, du 26 mai 1712, à 5 heures du soir.

Ce que j'ai eu l'honneur de vous écrire hier, à 8 heures du soir, s'est confirmé aujourd'hui. C'était que l'artillerie des ennemis était arrivée entre Hasnon et Marchennes, qu'ils avaient demandé des guides à Saulzoir, Solesmes et autres lieux, et que, sur les 6 à 7 heures du soir, ils commencèrent à détendre au camp du Lieu-Saint-Amand ; que j'avais informé M. le maréchal de Villars de ces nouvelles, qui ne les crut pas trop puisqu'il envoya ensuite prier du monde à dîner pour aujourd'hui, mais il ne put leur en donner parce que, dès le matin, il est parti pour le camp parce que les ennemis marchèrent par leur gauche entre Avesnes-le-Sec et la Selle, tirant vers Saulzoir et Solesmes où ils tendent à présent comme s'ils voulaient y passer la nuit, s'étendant depuis le Lieu-Saint-Amand jusqu'à une lieue et demie du Cateau [1]. Il paraît que leur dessein est sur le Quesnoy, mais comme on me mande d'Anvers que personne ne veut avancer les frais du siège, il est à craindre qu'ils ne cherchent une bataille. En ce cas, l'armée du Roi aurait beaucoup de pays à garder depuis Vermand jusqu'à Etrun, ce qui suffirait pour la rendre si faible partout qu'on pourrait aisément la défaire. C'est pour cette considération qu'il paraît que l'on ferait mieux de tenir le gros de l'armée entre Vermand et Etrun, avec des postes sur les extrémités pour avertir des mouvements des ennemis et de leur passage, afin de tomber d'un côté ou de l'autre sur ce qui passerait. On y viendrait à temps parce qu'une armée ne passe pas si vite. On pourrait encore faire des forts de campagne le long de ces deux extrémités : par exemple il n'en faudrait que 3, depuis Etrun jusques ici, pour garder toute cette partie avec peu de monde et peu de canon. En faisant la même chose depuis le Catelet jusqu'à Vermand, l'armée n'aurait que le centre à garder, d'où il lui serait aisé de se porter à la droite ou à la gauche suivant le besoin. Ces forts seraient mis en état en 4 jours, avec un chemin couvert suivant le dessin que j'en ai. On ne croira pas cela possible mais il est vrai, et je ne veux que 200 travailleurs pour chaque fort.

La cavalerie de la droite de l'armée du Roi est marchée vers le

---

1. « Dans la nuit du 25 au 26, l'armée ennemie marcha vers l'Escaut, passa cette rivière sur huit ponts entre Bouchain et Denain, et campa le long de la Selle qu'elle laissa derrière elle, la droite à Lieu-Saint-Amand, près de l'Escaut, au dessous de Bouchain, la gauche entre Solesmes et Cateau-Cambrésis. » *Mémoires militaires*, de Vault, XI, p. 39. Cette citation permet d'apprécier l'exactitude des renseignements que Lefebvre d'Orval parvenait à recueillir sur les mouvements des ennemis.

Catelet. Ce qui était du côté d'Arras se rapproche, et on voit une colonne qui arrive vers l'Arbre d'Etrun. Tout cela est à merveille, pourvu qu'on ne dégarnisse pas la Sensée avec trop de précipitation. MM. les maréchaux viennent de rentrer après avoir été reconnaître l'ennemi [1].

Lefebvre d'Orval à Voysin.

Monseigneur,

Je me donne l'honneur de vous informer de l'état des choses depuis hier et d'une idée qui me paraît propre à étourdir les ennemis tout d'un coup, sans rien risquer et en se mettant au contraire à l'abri de toutes insultes. Je pense que ce projet s'attirerait bien de la considération si le général le recevait de vous, car venant d'un homme de robe, ce ne serait pas la même chose ...

A Cambrai, le 27 mai 1712.

Du 27 mai 1712.

Les ennemis abandonnèrent hier tous les postes de la Deûle ou canal de Douai. Les troupes qu'ils avaient au camp de Lieu-Saint-Amand commencèrent à marcher les premières et furent remplacées vers le soir par celles qui étaient sur les derrières, de manière que leur armée s'étend jusqu'au delà de Viesly et Fontaine-au-Tertre, à une lieue et demie du Cateau où ils ont un poste.

On ne pénètre point encore leurs desseins Les uns disent que c'est le siège du Quesnoy et des courses en France pour tirer de quoi payer les dépenses d'un siège, mais ce qui est le plus commun dans leur armée porte qu'ils veulent un coup d'éclat, c'est-à-dire un combat [2] ou le siège de Cambrai si on ne les attend pas. Ils prétendent que les affaires de la paix sont fort reculées par les difficultés que la Reine trouve dans l'exécution du projet qu'Elle avait fait.

Les ennemis n'ont point déchargé leurs gros bagages, ce qui marque qu'ils prétendent de marcher en avant, d'autant plus qu'ils ont envoyé ce matin un poste à Prémont. Il fait un temps de pluies extraordinaires depuis que les ennemis ont commencé à marcher. Tout ce qu'il y a ici de gens qui connaissent les ennemis prétendent

---

1. D. G. 2.376.
2. C'était aussi la pensée du prince Eugène. Dans un conseil de guerre tenu le 29 mai avec le duc d'Ormond et les députés hollandais, le prince « exposa le désavantage de la position actuelle de l'ennemi, désavantage si grand que l'on pouvait nourrir l'entière espérance du succès d'une action, comme jamais peut-être il ne s'en était présenté durant toute la guerre. » Le duc d'Ormond se déclara nettement opposé à une bataille et fit rompre les projets du prince Eugène. *Die Feldzüge des Prinzen Eugen*, xiv, p. 137. — Voir l'Introduction.

qu'ils passeraient la Selle si on passait l'Escaut pour aller à eux, ne laissant que le Ravin des Sept Frères [1] entre l'armée du Roi et la leur.

Si on ne croit pas devoir attendre l'armée des ennemis dans la situation où est celle du Roi, il semble que ce ne serait pas le meilleur parti que celui de se retirer derrière la Somme puisqu'on abandonnerait Arras et Cambrai. Ainsi, quoique ce soit là la pensée de bien des gens, il paraît qu'on ne doit pas s'y arrêter, mais on pourrait, en cas qu'on ne veuille pas attendre, donner un torquet aux ennemis dont ils seraient bien surpris. Ce serait en passant la Sensée pour se camper depuis Valenciennes jusqu'à Arras. Avec l'avoine qu'on tirerait de ces places, les fourrages qu'il y a à Valenciennes et la pâture, on y subsisterait plus qu'il ne faudrait pour obliger les ennemis à se retirer vers Mons, faute de pain qu'ils ne pourraient plus tirer de Douai ni de Marchiennes. On pourrait même bombarder Bouchain et les magasins qu'ils y ont faits. Il n'y aurait dans cette situation rien à craindre pour Arras ni pour Cambrai, encore moins pour Valenciennes dont au contraire on tirerait de grands secours, et on pourrait se servir de la garnison qui y est, aussi bien que de celle de Condé, ce qui ne serait pas d'un petit secours. Tout ce qu'il y aurait à Marchiennes, à Hasnon, à Saint-Amand sur la Scarpe et sur l'Escaut, serait pris. Les ennemis ne pourraient tirer leurs munitions et leurs subsistances que de Mons [2]. Si on objecte qu'ils feraient des courses en France, on peut répondre qu'ils ne pourraient pas en faire autant qu'à présent parce qu'ils seraient obligés de se retirer faute de pain, si bien qu'on n'hasarde rien, et on jette les ennemis dans le pays de Hainaut et on les sépare de leurs magasins.

On a été surpris dans la marche d'hier de ne trouver aucuns chemins préparés. On fait des projets mais on n'exécute rien. Il semble qu'on craigne de se retrancher ou, si on le fait, c'est si faiblement que l'on en reconnaît l'inutilité dans l'action. Personne ne met la main à l'ouvrage.

Il semble qu'on ferait bien de faire camper la garnison de Valenciennes sous le canon de sa citadelle, afin de faire diversion à l'ennemi et l'obliger à avoir un corps entre Bouchain et Marchiennes pour couvrir leurs convois [3]....

---

1. Ou de Rieux. — Voir la carte, pl. I.
2. Le projet de Denain est ici esquissé pour la première fois, et de main de maitre.
3. D. G. 2.376.

Voysin à Lefebvre d'Orval.

A Versailles, le 28 mai 1712.
Monsieur,
J'ai reçu la lettre que vous m'avez écrite le 26e de ce mois et le mémoire qui y était joint, par lequel j'ai été bien aise d'apprendre les nouvelles que vous aviez eues des ennemis. Je vous en remercie et vous ne pouvez mieux faire que de continuer à informer M. le maréchal de Villars de tout ce qui reviendra de leurs mouvements, en même temps que vous m'en ferez part [1].

Lefebvre d'Orval à Voysin.

Monseigneur,
Je me donne l'honneur de joindre ici un mémoire des nouvelles que j'ai reçues, dont j'ai envoyé le double à M. le maréchal de Villars qui m'a déjà donné de grandes marques de satisfaction de celles que j'ai pris la liberté de lui envoyer. Il m'a fait la grâce de me mander de sa main que ce que je lui écris et ce que je pense est très juste, et qu'il ne souhaite que des occasions pour me marquer le plaisir que je lui fais. Je suis trop heureux de pouvoir le contenter et d'espérer que vous me permettrez toujours de me dire avec un profond respect [2], etc.

A Cambrai, le 31 mai 1712.

Voysin au prince de Tingry [3].

A Versailles, le 2 juin 1712.
Les lignes que font les ennemis, qui forment une espèce de camp

---

1. D. G. 2.356.
2. D. G. 2.376.
3. C'était le dernier des fils du vainqueur de Guillaume d'Orange. Il avait d'abord été connu sous le nom de chevalier de Luxembourg. Sa bravoure entraînante, le prestige de son nom, le rendaient cher entre tous au soldat. A Audenarde, comme maréchal de camp, il avait ramené jusqu'à quinze fois à la charge les troupes sous ses ordres. Le 28 septembre 1708, il était entré dans Lille assiégée avec un secours de 1.500 cavaliers, chargés de fusils et de poudre. Rarement entreprise fut plus audacieuse et mieux conduite. Son succès inespéré lui valut les applaudissements de la France entière et le grade de lieutenant général. Dans une lettre du 17 mars 1711, adressée à Voysin, Lefebvre d'Orval nous a dépeint la joie des habitants de Valenciennes lorsque M. de Luxembourg fut nommé gouverneur de cette ville : « Ceux de Valenciennes ont fait hier des réjouissances inexprimables pour témoigner la joie qu'ils ont de voir M. de Luxembourg pour leur gouverneur. Les cloches ont sonné partout, et le soir il y eut des feux et des illuminations dans toutes les rues. **Enfin jamais choix n'a été plus heureux ni mieux reçu** ». D. G. 2.302.

retranché entre l'Escaut et la Scarpe [1], les mettront dans la nécessité de laisser un corps de troupes, et ce sera autant de diminué sur leur armée, supposant qu'ils voulussent s'approcher de celle du Roi.

Si vous aviez occasion d'entreprendre quelque chose, je suis sûr que M. de Puynormand [2] ne refuserait point de vous envoyer tel détachement de sa garnison que vous voudriez, mais afin que cela ne fasse point de difficulté, je lui en écris présentement et ce concert est nécessaire pour le bien du service. Sa Majesté compte fort que vous ne garderiez ces troupes qu'autant de temps qu'elles vous seraient nécessaires pour l'entreprise dont vous auriez formé le dessein, et que vous les renverriez aussitôt après à Condé afin de n'en pas trop affaiblir la garnison [3].

Voysin à Lefebvre d'Orval

A Versailles, le 3 juin 1712.

Monsieur,

J'ai reçu la lettre que vous m'avez écrite le 31e du mois passé et le mémoire qui y était joint. Vous avez bien fait d'en envoyer le double à M. le maréchal de Villars. Je vous prie de continuer à lui faire part de toutes les nouvelles que vous aurez des ennemis et de m'en informer en même temps [4].

Lefebvre d'Orval à Voysin.

Monseigneur,

J'ai reçu la lettre que vous m'avez fait la grâce de m'écrire le 3e de ce mois. Je ne saurais vous exprimer les manières obligeantes avec lesquelles M. le maréchal de Villars continue de répondre aux lettres

---

1. Les lignes de Marchiennes à Denain, que les Alliés nommaient déjà les grands chemins de Paris, étaient l'œuvre d'un réfugié français, Ivoy, général-major dans l'armée hollandaise, qui faisait les fonctions de quartier-maître sous milord Albemarle et qui devait défendre le Quesnoy contre Villars, au mois de septembre 1712. Un certain nombre de lettres d'Ivoy à Heinsius se trouvent aux Archives de la Haye. Le 22 mai 1712, Ivoy écrivait de l'abbaye d'Anchin au grand pensionnaire : « ... J'ai commencé à faire faire un retranchement proche de Beaurepaire pour y pouvoir enfermer les convois soit d'artillerie ou de vivres, et on fera la même chose sur l'Escaut pour les joindre ensuite ensemble par deux parallèles, afin qu'avec peu de monde l'on puisse faire traverser les convois en toutes sûretés. » A. H. portefeuille 53 C.

2. Le gouverneur de Condé.

3. D. G. 2.377.

4. D. G. 2.357.

de nouvelles que je lui envoie. Il m'est même revenu par Monsieur son frère [1] qu'il dit mille choses à mon avantage. J'ai pourtant été quelques jours sans l'informer de ce qui se passait chez les ennemis, parce que tous nos généraux, aussi bien que toutes les nouvelles qu'on recevait des ennemis, assuraient la paix d'une manière à ne pouvoir en douter. J'aurais même regardé comme une chanson ce qu'on m'a rapporté aujourd'hui si je n'avais point reçu la lettre que vous m'avez fait l'honneur de m'écrire, puisque l'on disait comme chose certaine que vous aviez, Monseigneur, écrit à M. le maréchal de Villars de ne se point soucier des mouvements des ennemis parce qu'ils n'entreprendraient rien.

Je viens d'écrire à Monsieur le Maréchal que tout ce qui me revient du pays et de l'armée des ennemis porte que les préparatifs de guerre y sont considérables et qu'on y parlait du siège du Quesnoy comme d'une chose résolue, mais qu'avant l'entreprendre le prince Eugène voulait poster son armée, la droite vis-à-vis le Mont Saint-Martin et la gauche au dessus du Cateau, pour voir si l'armée du Roi se présenterait aux débouchés qu'il y a pour l'empêcher de pénétrer en France ; que cet avis avait été contrarié par M. le duc d'Ormond, mais que ce prince lui avait fait entendre qu'il n'était point tout à fait impossible d'attaquer par cet endroit, qu'en tout cas il serait toujours temps de faire le siège du Quesnoy [2].

Il serait à souhaiter que l'armée ennemie ne fût pas aussi persuadée qu'est celle du Roi que M. le Maréchal a ordre de ne rien hasarder, parce que cela lie un général et abat les bras de tout le monde, car dans le fait l'armée du Roi, sans compter les garnisons de Valenciennes et autres places, est aussi nombreuse et plus belle que celle des ennemis [3].

A Cambrai, le 6 juin 1712.

Lefebvre d'Orval à Voysin.

Monseigneur,

Les ennemis sont décampés, comme j'ai eu l'honneur de vous en informer hier, et ont passé la Selle ce matin, s'étendant le long de

---

1. Armand, comte de Villars, frère du maréchal, avait d'abord servi sur mer où il était parvenu au grade de capitaine de vaisseau. Brigadier en 1703, lieutenant général en 1708, il ne quitta plus son frère pendant les dernières campagnes de Flandre et mourut à ses côtés, après une courte maladie, pendant le siège de Douai, le 19 août 1712.
2. Toutes ces informations sont d'une rigoureuse exactitude.
3. D. G. 2.377.

cette rivière jusque vers Saint-Martin-Rivière. Ils ont reçu à ce midi un gros convoi de Marchiennes. La situation où sont les ennemis à présent fait assez paraître qu'ils n'ont pas cru possible d'attaquer l'armée du Roi et qu'ils n'ont d'autres desseins que de vivre, ou tout au plus de faire le siège du Quesnoy [1]. Ils ont détruit les fourrages qu'il y avait entre la Selle et le ravin des Sept-Frères ou de Rieux où ils ont fauché et laissé par terre ce qu'ils n'ont pu consommer, mais il y a encore bien des fourrages entre ce ravin, Cambrai et l'Escaut, ce qui peut mettre l'armée du Roi en état d'y aller camper, en cas de siège du Quesnoy, pour couper aux ennemis la communication de Bouchain, et même de Douai et de Marchiennes, si on voulait donner la main à la garnison de Valenciennes pour barrer aux ennemis la communication qu'ils ont, par Denain et par Lourches, avec la Scarpe et Douai et les obliger de se retirer vers Mons, où certainement il y a peu de magasins, puisqu'il m'en est venu un homme qui m'a assuré que l'armée des ennemis n'y trouverait pas pour deux jours de pain.

Cette manœuvre obligerait ou plutôt empêcherait les Alliés de faire une course en France pour tirer des contributions et les rejetterait malgré eux vers Mons, sans que l'armée du Roi hasarde la moindre chose puisqu'il lui serait aisé de défiler par sa gauche et de donner la main aux garnisons de Valenciennes et de Condé [2]. Elle trouverait encore des fourrages dans cet endroit parce que tout ce que les ennemis ont coupé repousse, non seulement parce que la saison n'est pas assez avancée mais encore parce qu'il fait des pluies très propres pour cela.

Je m'en vais au camp pour voir M. le maréchal de Villars qui dit hier mille biens de moi aux généraux. Je crois, Monseigneur, devoir vous informer de cela afin que soyez instruit du cas qu'il fait de ce que j'ai l'honneur de lui écrire [3].

Je suis, etc.... LEFEBVRE.

A Cambrai, le 7 juin 1712.

---

1. Cette ville fut investie le lendemain, 8 juin.

2. L'idée se précise, la « manœuvre » de Denain est déjà dessinée dans ses grandes lignes. Comme nous le verrons par la prochaine lettre de Lefebvre d'Orval, tout permet de croire qu'il n'a point tardé à faire part de son projet au maréchal de Villars. Peut-être la visite, que fit ce même jour le conseiller au général de notre armée de Flandre, a eu pour principal objet l'exposé des avantages de cette entreprise sur les communications de l'ennemi.

3. D. G. 2.377.

Le comte de Broglie à Voysin

A Monchy-le-Preux [2], le 9ᵉ juin 1712.

Il paraît, par le mouvement que viennent de faire les ennemis en mettant la Selle devant eux et s'appuyant au Cateau, qu'ils ont dessein de faire le siège du Quesnoy, joint à ce qu'ils ont raccommodé les lignes depuis Denain jusqu'à Marchiennes pour la communication de leurs convois. Je suis persuadé que, s'ils se déterminent à faire le siège de cette place comme il y a apparence, que l'endroit qui sera le moins difficile à attaquer en cas que sa Majesté veuille y donner du secours, ce sera entre la Scarpe et l'Escaut quoiqu'ils y aient fait des lignes, la garnison de Valenciennes pouvant agir du côté des lignes à Denain pendant que l'armée du Roi attaquerait celles qui sont depuis Hérin jusqu'au prieuré de Beaurepaire, ce qui ne laisse pas d'avoir deux lieues ou deux lieues et demie d'étendue, trouvant beaucoup plus difficile de passer la Selle devant les ennemis ou de pénétrer entre le Cateau et Landrecies, les ennemis pouvant faire dans un aussi petit terrain aisément un retranchement, mettant la droite à la Selle près du Cateau et la gauche près de la forêt de Mormal, ce qui masquerait cette trouée et tout ce qui pourrait passer par Landrecies. Quelques gens croient que les ennemis ne cherchent que la subsistance. Pour moi, je crois que leur dessein est de faire le siège du Quesnoi, du moins si l'on en juge par les apparences [3].

J'ai l'honneur d'être avec un respectueux attachement

Monseigneur,

BROGLIE.

---

1. Comte de Broglie (François-Marie), l'un des meilleurs lieutenants de Villars. Ce dernier écrivait à Voysin, en parlant de M. de Broglie, dans une lettre du 7 juillet 1712: « Le Roi sait ce que j'ai toujours en l'honneur de lui dire de M. le comte de Broglie. Ce sont ces sortes d'officiers que sa Majesté a intérêt d'élever, et je voudrais bien avoir occasion d'en louer souvent de pareils. » M. de Broglie commença à servir en 1686, eut le régiment de cavalerie du Roi à la suite de la bataille de la Marsaille en 1694, le grade de brigadier en 1702, celui de maréchal de camp en 1704 et celui de lieutenant général en 1710. Nous le verrons contribuer puissamment au succès de Denain. Directeur général de la cavalerie en 1718, ambassadeur à Londres en 1725, maréchal de France en 1734, duc de Broglie en 1742, il mourut le 22 mai 1745.

2. Le comte de Broglie, à Monchy-le-Preux, couvrait avec un corps de réserve l'aile gauche de notre armée.

3. D. G. 2.377. Cette lettre prouve la sûreté du jugement et la sagacité des vues du comte de Broglie.

Montesquiou au duc du Maine.

Au camp de Noyelles, le 10 juin 1712.

... Si par malheur la paix n'est pas certaine et que l'on fût obligé de continuer la guerre, ne croiriez-vous point à propos que, faute de pouvoir faire autre chose pendant ce siège du Quesnoy, l'on tirât une ligne depuis une lieue plus bas que Fons-Somme, qui est où la Somme commence à être bonne, jusques au Mont Saint-Martin sur l'Escaut. Cette ligne se ferait par des pionniers. Elle nous fermerait entièrement jusques à la Somme, et même cela garderait jusques à l'Oise. L'armée ne se déplacerait pas pour cela et ne s'y porterait qu'en cas que l'ennemi s'approchât de la tête de ces rivières. L'armée du Roi, derrière ce retranchement, évite qu'on la puisse combattre et (ce retranchement) la met en état, si les ennemis voulaient faire des courses en France, de détacher autant de troupes qu'il conviendrait pour couper chemin aux gros partis que les ennemis pourraient avoir envoyés. Il me paraît que, si l'on ne peut faire autre chose et qu'on ne croie pas la paix certaine, cet ouvrage serait fort utile à faire [1].

Lefebvre d'Orval à Voysin.

Monseigneur,

A mon retour de la campagne où j'ai été trois jours, j'ai appris que les ennemis avaient fait un détachement [2] dont on n'avait point été

---

1. D. G. Carton supplémentaire n° VIII. Cette lettre présente un réel intérêt, car il ne s'en trouve plus du maréchal de Montesquiou, depuis le 28 mai jusqu'au 24 juillet 1712, dans les volumes du Dépôt de la Guerre. Elle montre que Montesquiou persévérait dans ses propositions du début qu'il avait exposées à son collègue au milieu de mai 1712. Villars, opposé à ces vues, s'en était ouvert à Voysin : « Votre courrier, lui écrivait le ministre le 17 mai 1712, m'a rendu, Monsieur, la lettre que vous m'avez fait l'honneur de m'écrire le 16 de ce mois sur la proposition que vous a faite M. le maréchal de Montesquiou de tirer une ligne, du Câtelet à la tête du ruisseau de Vermand, pour ôter aux ennemis toute envie d'attaquer l'armée du Roi. Sa Majesté, à qui j'en ai rendu compte, n'estime pas qu'il convienne de faire ce retranchement... Le Roi persiste dans le sentiment que je vous ai expliqué dans la lettre qui vous sera rendue par le même courrier, de préférer le poste entre l'Escaut et le ruisseau de Marquion à tout autre. » D. G. 2.376. Une lettre du maréchal de Villars, du 5 juillet 1712, insérée plus loin, nous montrera le maréchal de Montesquiou abandonnant son projet et se ralliant à l'avis de son collègue qui proposait de « marcher droit aux ennemis par la Selle. »

2. Environ 1500 hussards et cavaliers aux ordres du général major Grovestein. Une incursion au cœur de la France avait toujours souri au prince

instruit assez tôt pour les prévenir. Cette nouvelle m'a fait d'autant plus de peine que je pense que j'en aurais été averti si j'avais été ici, comme je l'avais été du dessein qu'ils en avaient, aussi bien que de celui du siège du Quesnoy et du jour que cette place a été investie, dont j'ai informé M. le Maréchal. Je ne lui écris pas aujourd'hui parce que les nouvelles que je joins ici ne sont qu'une suite de ce dont je l'ai informé par des exprès et que je vous envoie, Monseigneur, parce qu'il y a quelques jours que je n'ai pu avoir l'honneur de vous écrire.

Malgré toutes ces nouvelles, toutes celles que nous recevons de Hollande et des pays occupés par les ennemis nous assurent la paix fort prochaine.

Je me flatte, Monseigneur, que je recevrai la permission que j'ai pris la liberté de vous demander pour aller voir ma mère qui continue à se porter fort mal [1]. Je ne partirai que samedi prochain, parce qu'on m'a mandé que sa maladie durera encore et que rien ne pressera jusqu'alors.

Je suis, etc... LEFEBVRE.

A Cambrai, le 12 juin 1712.

NOUVELLES

Les avis que je reçois aujourd'hui confirment le siège du Quesnoi, que les ennemis y lèvent terre et qu'il leur est arrivé beaucoup de

---

Eugène. Pendant le siège de Douai, le 28 avril 1710, Albemarle écrivait à Heinsius : « Le prince Eugène veut envoyer dans deux ou trois jours un parti fort considérable des hussards, avec ordre d'aller aussi près de Paris qu'il leur sera possible. » (A. H.) Aussi le général major Grovestein n'eut point de peine à gagner le prince de Savoie à son projet d'une course à travers la Champagne. J'ai retrouvé aux Archives de la Haye le curieux journal de cette expédition, écrit par Grovestein lui-même. Parti d'Haspres sur la Selle le 10 juin au soir, il franchit l'Aisne non loin de Neuchâtel, traversa la Champagne par Suippe et Sainte-Menehould, et parut le 16 en vue de Metz. Il somma le gouverneur et l'intendant de traiter de suite de la contribution, et, sur leur refus, il pilla et brûla un certain nombre de villages et de châteaux. Le 17, Grovestein franchissait la Sarre pour remonter vers Traerbach, sans avoir été rejoint par les détachements lancés à sa poursuite.

Par un singulier retour de fortune, quelques mois plus tard, Grovestein était conduit prisonnier à Reims, au centre de cette province qu'il venait de parcourir en y semant l'effroi.

1. Sa mère ne devait pas tarder à mourir à la Bassée le 21 septembre 1712.
ARCHIVES DE LA BASSÉE.

gros canon pour pousser ce siège avec vigueur et faire de cette ville un entrepôt pour aller à Landrecies.

L'avis que j'avais eu du dessein qu'avaient les ennemis de pénétrer en France, dont j'ai eu l'honneur de vous informer, vient d'être mis en exécution par le détachement d'environ 6.000 chevaux alliés qui sont partis la nuit du 10 au 11, dirigeant leur marche vers Guise pour se retirer après avoir enlevé des otages par le pays d'Entre Sambre et Meuse, de sorte qu'il ne paraît pas que MM. de Saint-Fremond [1] et de Coigny [2] puissent les joindre [3], à moins que les ennemis ne trouvent quelques difficultés en chemin. En ce cas on peut s'assurer qu'ils ne tiendront pas et qu'ils se disperseront ou qu'ils seront bien battus, car il est certain que ces troupes n'oseraient attendre celles du Roi quand on y va avec résolution.

Les ennemis ont encore de l'artillerie à Marchiennes et un convoi qui en devait partir il y a trois jours et qui y est encore par un contre-ordre.

Les ennemis ont fourragé tous les villages qu'il y a entre l'Ecaillon et Valenciennes.

Si le Quesnoi se prend, les Alliés ont dessein d'y faire une place d'armes pour aller à Landrecies et pénétrer en France quand ils voudront, à moins que l'armée du Roi n'aille camper derrière l'Oise, auquel cas ils feront le siège de Cambrai avec de nouveaux fourrages secs que la saison aura produits et qu'ils se feront amener de toutes parts.

Si l'on prenait la résolution de passer par Palluel, Bac-Aubencheul, Fressies et Bac-à-Wasnes [4] pour attaquer les lignes qu'il y a de Bouchain à Marchiennes, secondé par 25 ou 26 bataillons qu'on pourrait tirer de Valenciennes et de Condé, et se camper depuis le Moulinet jusqu'à Valenciennes, le long de la Sensée et de l'Escaut,

---

1. Jean-François Ravend, marquis de St-Fremond, fut l'un des meilleurs lieutenants généraux des armées de Louis XIV. Vendôme et Villars le tenaient en haute estime. Ses lettres existent en grand nombre au Dépôt de la Guerre. Nous aurons occasion de citer son nom de nouveau à propos de Denain.

2. Mestre de camp du régiment Royal Etranger en 1691, brigadier en 1702, maréchal de camp en 1704, colonel général des dragons la même année, lieutenant général en 1709, M. de Coigny contribuera, comme nous le verrons plus loin, au succès de Denain. Maréchal de France sous Louis XV, il commandera en chef notre armée d'Italie pendant la campagne de 1734.

3. Villars lança vainement à la poursuite de M. de Grovestein 58 escadrons, aux ordres de MM. de Saint-Fremond, de Coigny et de Saint-Maurice.

4. Ces localités jalonnent le cours de la Sensée. Voir la carte, planche 1.

sans rien hasarder on couperait toute subsistance aux ennemis, on leur battrait le corps qui y est, on prendrait Marchiennes, Saint-Amand et toutes les munitions qu'il y a, on ferait craindre pour Douai, on sauverait le Quesnoi, Landrecies et la France des contributions [1], et on obligerait les ennemis à se retirer vers Mons où ils n'ont pas de magasin et n'en peuvent faire que par charrois. L'armée du Roi, qui pourrait étendre sa droite jusqu'à Arras, tirerait ses subsistances de Valenciennes, de Condé et d'Arras et même de Cambrai et de Bapaume, et trouverait des pâtures en abondance pour la cavalerie.

Cette manœuvre donnerait de l'éclat aux armes du Roi, avancerait la paix et donnerait de la vigueur à ceux qui la souhaitent en Angleterre et abrégerait bien des mesures que l'on y prend, au lieu qu'en laissant agir les ennemis comme ils font, le parti qui demande la guerre lèvera la tête avec audace et pourra éloigner la paix [2]. Quand j'ai écrit ce projet à M. le Maréchal [3], il m'a fait la grâce de me répondre que je pensais juste. Il continue à dire mille choses à mon avantage [4].

* **Voysin à Villars.**

Le 13 juin 1712, à Marly.

... Le Roi, qui a vu ces lettres de M. le duc d'Ormond [5] et celle écrite par M. de Saint-Jean [6] à M. le marquis de Torcy, approuve fort que vous preniez ce parti de demeurer dans la disposition où vous êtes de ne point faire marcher son armée pour vous approcher davantage de celle des ennemis jusqu'à ce qu'on soit plus éclairci de ce qui aura été fait en Angleterre. Cela ne peut aller qu'à peu

---

1. Ces cinq derniers mots sont intervertis dans le texte qui porte « et les contributions de la France ».

2. L'idée s'est mûrie, et le projet définif de Denain apparaît avec ses suites glorieuses, nettement entrevues déjà par Lefebvre d'Orval.

3. Comme il a été dit plus haut, le projet de Lefebvre d'Orval a dû venir à la connaissance de Villars, par l'intermédiaire de son auteur même, à une date qu'on peut déclarer antérieure au 9 juin 1712.

4. D. G. 2.377.

5. Lettres du 12 juillet où le duc d'Ormond exposait clairement à Villars la ligne de conduite qui lui était imposée en attendant le résultat des négociations entre la France et l'Angleterre. Jusque là, il demandait au maréchal de ne faire aucune démarche qui l'obligeât soit à se défendre, soit à assister M. le prince Eugène, « ce que je ne saurais empêcher de faire, disait-il, en cas que le prince fût attaqué. » D. G. 2.377.

6. Lord Bolingbroke.

de jours, et, supposé que les nouvelles en viennent plus tôt ici qu'à l'armée, je vous les ferai savoir par un courrier exprès.

Tout ce que vous pouvez faire en attendant est de bien examiner les différents partis que vous pouvez prendre, au cas qu'il survînt quelque incident pour éloigner la paix, soit pour vous approcher des ennemis et les troubler dans le siège du Quesnoy ou dans les convois qu'ils tirent par la Scarpe, soit pour faire le siège de Bouchain si vous le jugez praticable. Vous savez sans doute que les ennemis occupent Bavai où ils ont envoyé 6 bataillons et pareil nombre d'escadrons. Le prince Eugène est bien aise de pouvoir tirer ses convois par Mons, supposé que vous puissiez parvenir à l'empêcher de les tirer par Marchiennes. Si vous faites un plan de ce que vous jugez pouvoir entreprendre dans le cas de la continuation du siège du Quesnoy, le Roi serait bien aise de le voir, et Sa Majesté sera encore plus en état de vous donner ses ordres lorsque vous lui aurez fait connaître en détail les mesures et les dispositions que vous jugerez pouvoir prendre pour réussir à votre projet. Il se passera toujours nécessairement 4 ou 5 jours pendant lesquels vous devez demeurer dans l'inaction, jusqu'à ce que vous ayez de nouveaux ordres de Sa Majesté [1]...

Villars à Voysin.

Au camp de Noyelles, ce 14º juin 1712.

Je ne vous ai point parlé d'une première vue que j'avais de passer la Sensée. C'est que, si j'y marche entier, le pays est fort étroit, les retranchements des ennemis sont préparés entre l'Escaut et la Scarpe, et le prince Eugène les tiendra devant moi, quelque supérieur que je sois. Si je me sépare, il ne balancera pas un moment à attaquer une moitié. C'est même le seul parti de salut pour lui, et par cette raison je trouverai mieux mon compte en marchant à la Selle...

... Si la reine d'Angleterre est maîtresse des 66 bataillons et 138 escadrons, lesquels dans l'ordre de bataille sont commandés par M. le duc d'Ormond, je chercherai à attaquer partout [2]. Je ne ferai rien de mal à propos, mais très las d'une défensive de quatre ans, je vous assure, Monsieur, que je ferai l'offensive de bon cœur [3]...

---

1. D. G. 2.377. Cette lettre est la première où Voysin ait signalé à l'attention de Villars la possibilité d'une entreprise sur les convois que les ennemis tiraient de Marchiennes.

2. Les négociations engagées entre la France et l'Angleterre étaient sur le point d'aboutir à une suspension d'armes entre ces deux puissances.

3. D. G. 2.377.

Villars à Voysin.

Au camp de Noyelles, ce 15ᵉ juin 1712.

... J'irai demain reconnaître les retranchements des ennemis de Marchiennes à Denain et tous les pays autour de Bouchain [1]...

Villars à Voysin.

Au camp de Noyelles, le 16ᵉ juin 1712.

Il est fort tard, Monsieur, quand je rentre chez moi d'une promenade que j'ai faite vers Abscon et dans le pays qui est entre la Scarpe et l'Escaut. J'ai approché du nouveau retranchement des ennemis autant que leurs gardes me l'ont permis. Je n'ai pas voulu les faire pousser parce que j'avais marché avec très petite compagnie [2].

Lefebvre d'Orval à Voysin.

... Le prince Eugène se flatte d'obliger cette place [3] à capituler avant que le duc d'Ormond ait ordre de se retirer avec ses troupes et d'établir par là la réputation de ses armes et le crédit des Hollandais, quoique abandonné des Anglais, ce qui fait voir combien il importe de prendre le parti de passer la Sensée et de porter une partie de l'armée jusqu'à Denain pour se joindre à la garnison de Valenciennes comme je l'ai observé plus amplement ci-devant. Au reste, comme M. le Maréchal est allé aujourd'hui visiter les retranchements que les ennemis ont de ce côté-là, j'espère qu'on ne trouvera pas de difficulté à prendre ce parti, et que les petits obstacles qui s'y rencontreront seront aisément surmontés si on prend une bonne résolution.

Je suis avec beaucoup de zèle, etc... LEFEBVRE.

A Cambrai, le 16 juin 1712.

Monseigneur,

Il n'y a qu'une heure que je me suis donné l'honneur de vous écrire. Je le fais une deuxième fois pour vous informer que je viens de recevoir avis, qu'outre l'attaque du côté de la demi-lune nᵒ 16,

---

1. D. G. 2.377.
2. D. G. 2.378. Les indications, données plus loin par Villars dans sa lettre du 18 juillet, complètent celles de ce simple billet, écrit à la hâte, au retour de sa reconnaissance.
3. Le Quesnoy.

et non du bastion comme j'ai mis dans l'autre lettre, les ennemis en poussent encore deux autres pour pousser le siège avec plus de vigueur et fatiguer la garnison [1].

Que les Anglais publient dans leur camp qu'ils doivent se séparer incessamment des Alliés et venir camper sous Cambrai ce que j'ai peine à croire, mais je crains pour le Quesnoy et que les ennemis ne soient avertis de la promenade que fait à présent M. le Maréchal pour reconnaître le terrain entre Bouchain et Marchiennes parce qu'il a posté 12 compagnies de grenadiers pour le soutenir avec la cavalerie qu'il a avec lui s'il venait à être poussé, et qu'il est à craindre que le prince Eugène ne soit informé de son dessein et qu'il n'y mette obstacle s'il ne s'exécute pas cette nuit ou incessamment [2]. On pourrait faire feindre une attaque par la garnison de Valenciennes du côté de Saulzoir, je veux dire du côté de Sommaing-sur-l'Ecaillon, et une par des troupes de Cambrai ou de l'armée du côté de Saulzoir afin de faire diversion pendant qu'on attaquerait véritablement ce qu'il y a entre l'Escaut et la Scarpe. La chose paraît aisée et infaillible, d'autant plus que la gauche de l'armée peut s'y porter par plusieurs passages de la Sensée, aussi bien que les garnisons de Valenciennes et de Condé de leur côté, et qu'il serait impossible à l'ennemi de garder de deux côtés ses retranchements tandis qu'il ne saurait par où on lui porterait le coup sérieux.

J'ai cru ne pouvoir refuser à mon zèle ce supplément qui me donne l'occasion de vous assurer encore du profond respect avec lequel je suis, etc. [3]...

A Cambrai, le 16 juin 1712.

Villars à Voysin.

Au camp de Noyelles, ce 18e juin 1712.

... La promenade que je fis avant-hier était pour reconnaître encore mieux si l'on pourrait songer à Bouchain. Une raison qui arrête tout court, c'est que dès à présent il n'y a pas de quoi nourrir 500 chevaux, et ce serait encore pis lorsqu'on pourrait s'y déterminer. J'aimerais mieux Douai [4]...

---

1. Du Quesnoy.
2. Voir page 91.
3. D. G. 2.378.
4. Idem.

Voysin à Villars.

Le 18 juin 1712, à Marly.

... Vous ne pouvez trop bien reconnaître la disposition du camp des ennemis et de leurs retranchements entre la Scarpe et l'Escaut et examiner tous les endroits par où vous jugerez de pouvoir secourir la place du Quesnoy, supposé qu'après les premières nouvelles qui viendront d'Angleterre il n'y ait point d'espérance de suspension d'armes [1]...

Le comte de Broglie à Voysin.

Monchy-le-Preux, le 19e juin 1712.

... Si l'on voulait faire le siège de Bouchain, il n'y a point de temps à perdre afin de tâcher de le prendre avant que le Quesnoy se soit rendu. Pour moi, je suis persuadé qu'il faudrait commencer par chasser les ennemis d'Entre l'Escaut et la Scarpe parce que sans cela, les ennemis ayant autant de ponts qu'ils en ont sur l'Escaut entre la Selle et l'Ecaillon, il sera facile de se porter en force dessus Bouchain par ce côté sur le corps qui en ferait l'investiture avant qu'il fût bien retranché, et vous n'oserez trop dégarnir du côté de la Selle, les ennemis étant maîtres de faire sur cette rivière tous les ponts qu'ils voudront, et la pouvant passer d'un moment à l'autre avec toute leur armée, de sorte qu'il faut prendre des mesures bien justes, si l'on ne commence pas par attaquer les lignes de Denain, pour que le corps qui fera l'investiture de Bouchain ait tout ce qu'il faut pour se retrancher le plus diligemment qu'il sera possible, et je ne vois guère de passage sur la Sensée pour votre communication que le Bac-Aubencheul, les eaux étant trop grossies, présentement que l'Escaut est détourné dans la Sensée, pour pouvoir faire des ponts à Bac-à-Wasnes, tout étant inondé. Il faudrait absolument faire une digue sur des chevalets, ce qui demande beaucoup de temps et beaucoup de bois, ce qu'on n'a point de ce côté-là, outre qu'en n'attaquant point ces lignes, vous ne leur ôtez point la communication avec leurs rivières, tout venant à Marchiennes également et de là à leur armée par dedans les lignes : vous n'êtes point non plus à portée d'empêcher que leurs convois ne viennent de Mons tant que vous ne pourrez point communiquer avec Valenciennes. Voilà, Monseigneur, tout ce qui me paraît à ce sujet. J'oubliais de vous dire même que pour les subsistances, tant que les ennemis occupent ces

---

1. D. G. 2.378.

lignes, vous aurez de la peine à y en trouver, n'y en ayant point entre l'Escaut et la Scarpe, au lieu que, les ayant forcés ou obligés de se retirer de l'Ostrevent [1], ils ne peuvent plus occuper les postes qu'ils ont sur la Scarpe quand vous êtes maîtres de ce terrain ; et, en y faisant des ponts sur la Scarpe et sur l'Escaut à Saint-Amand et à Mortagne, vous trouverez toute la plaine de Lille et de Tournai semée comme dans le temps de la paix, sans compter les magasins de Valenciennes qui sont tout pleins, dont vous tirerez encore beaucoup de secours en cas de besoin.

J'ai l'honneur d'être [2]... BROGLIE.

✻ Voysin à Villars.

Le 1er juillet 1712, à Marly.

... Il y a néanmoins nécessité d'attendre le courrier d'Angleterre avant que Sa Majesté puisse prendre la résolution de risquer les grands événements. La conjoncture ne permet pas de chercher à engager une affaire générale, mais si vous trouviez possibilité à faire attaquer par quelques détachements de votre armée la ligne que les ennemis ont faite entre l'Escaut et la Scarpe, le Roi ne vous empêcherait point d'exécuter pareils projets. C'est à vous à juger de la possibilité : il est vrai que, si les ennemis étaient avertis, ils feraient sûrement trouver à l'endroit que vous attaqueriez un plus grand nombre de troupes que celui que vous enverrez pour les attaquer, mais on ne prend pas soin de les avertir de ce que l'on veut faire, et, quand il se trouve une distance de 2 ou 3 lieues pour faire arriver des troupes, l'action est presque toujours finie et ceux qui ont attaqué ont eu le temps de se retirer s'ils le jugent à propos avant que l'ennemi se soit préparé à marcher. Vous avez M. de Tingry à qui vous pourriez donner ordre de faire paraître des

---

1. « La châtellenie de Bouchain est ce que l'on nommait autrefois le comté d'Ostrevent, qui faisait anciennement partie du royaume de France. Cette châtellenie comprend presque tout le terrain situé entre les rivières de Scarpe, de Sensée et de l'Escaut, qui forment l'île qu'on nomme de Saint-Amand, et une partie du terrain qui est entre la petite rivière de Selle et la ville de Cambrai. Elle tient du côté du septentrion à la Flandre gallicane, du levant au pays de Hainaut, du midi au Cambrésis et du couchant à l'Artois. Son étendue est depuis la ville de Douai jusque près de Valenciennes, et depuis la forêt d'Haspres jusque près la petite ville d'Arleux en Artois... » *Mémoire sur l'Intendance de Flandre*, avril 1698, par l'intendant Dugué de Bagnols. ARCHIVES DÉPARTEMENTALES.

2. D. G. 2.378.

troupes de la garnison de Valenciennes [1] de son côté, si cela vous était utile pour y attirer les ennemis. Ce que j'ai l'honneur de vous dire ne sont que des idées et le projet, tel qu'il doit être formé pour être mis à exécution, doit venir de vous. S'il n'y a rien de praticable, nous n'avons d'autre chose à faire que de demeurer en repos, mais cette inaction ne laisse pas d'être triste et même de faire un mauvais effet pour encourager ceux qui ne veulent que la guerre... Vous présupposez toujours dans vos lettres qu'il n'y a point de milieu entre ne rien faire et une bataille qui aille à tout risquer. La situation où vous êtes aussi proche des ennemis pendant qu'ils sont attachés à un siège peut quelquefois donner occasion à risquer des choses moins décisives, dont le succès néanmoins ferait un grand effet et qui n'iraient pas à tout perdre, supposé qu'elles ne réussissent pas. Si vous pouviez entrer dans cet esprit et imaginer les expédients pour en faire la tentative, je suis persuadé que le Roi approuverait fort les propositions que vous lui en feriez. Vous êtes toujours maître en ce cas de choisir les officiers généraux que vous voulez charger de l'exécution de vos desseins et, supposant que vous n'y soyez pas vous-même, cela ne diminue rien de l'honneur qui en est dû au général [2] ..

* **Villars à Voysin.**

Au camp de Noyelles, le 3ᵉ juillet 1712.

.... Vous aurez vu dans mes précédentes dépêches que j'avais été reconnaître le camp que les ennemis ont entre les vieilles lignes de Denain et les nouvelles qu'ils ont faites de la Scarpe à l'Escaut pour voir si l'on pourrait attaquer le dit camp [3], ce que je ne trouvai pas praticable, mais comme je puis très aisément me méprendre sur ce que vous me proposez encore cette entreprise, j'ai prié M. le maréchal de Montesquiou de vouloir bien se trouver chez moi avec MM. d'Albergotty [4], Jeoffreville [5], Puységur [6]. M. l'Intendant [7], M. le duc de Guiche, M. de Balivière [8], la Vallière [9] et autres officiers généraux

---

1. Il y avait à Valenciennes 18 bataillons.
2. D. G. 2.379.
3. Villars fait ici allusion à sa reconnaissance du 16 juin vers Abscon.
4. François-Zénoble-Philippe, comte d'Albergotty, né à Florence le 25 mai 1654, lieutenant-colonel du régiment d'infanterie Royal-Italien, brigadier en 1690, maréchal de camp en 1693; lieutenant général en 1702, colonel du Royal-Italien en 1705, chevalier des Ordres en 1711, mort à Paris le 23 mars 1717. M. d'Albergotty sut mériter la confiance des maré-

de jour s'y sont trouvés fortuitement, et cette matière a été agitée. Tous unanimement l'ont trouvée impossible sans un danger manifeste de perdre toutes les troupes qui y seraient employées, et cela par une infinité de raisons que je ne vous rapporterai pas parce qu'il n'y

chaux de Luxembourg et de Villars. Sa défense de Douai en 1710 lui fit le plus grand honneur. Nous le retrouverons à Denain.

5. De Jeoffreville (François le Danois, marquis) se distingue sous M. de Catinat à Staffarde et à la Marsaille. Brigadier par brevet du 3 janvier 1696, il combat à Nimègue en 1702 et est fait maréchal de camp au mois de décembre de cette année. Il prend part à la bataille de Spire en 1703. Créé lieutenant général en 1704, il sert en Espagne jusqu'en 1709. Il est avec Berwick sur la frontière des Alpes en 1710, à l'armée de Flandre en 1711 et 1712. Le gouvernement de Bapaume lui avait été donné le 8 mars 1712. Il mourut en 1721.

6. Jacques-François de Chastenet, marquis de Puységur, était depuis 1690 maréchal des logis aux camps et armées du Roi, comme Chamlay et Langlée. Maréchal de camp en 1702, lieutenant général en 1704, M. de Puységur était passé maître dans l'art d'asseoir un camp, d'ordonner la marche d'une armée, d'arrêter un plan de campagne. Il s'était distingué entre tous à Malplaquet « Après la blessure de M. de Villars et de M. d'Albergotty, c'est M. de Puységur qui a été chargé du commandement de l'infanterie de la gauche jusqu'à la fin de l'action, et il s'en est acquitté avec toute la valeur et la capacité possibles. » Lettre du maréchal de Boufflers au Roi du 15 septembre 1709. « Ce fut M. de Puységur, dit M. de Contades dans sa lettre à Voysin du 13 septembre, qui fit toute la disposition de la retraite de la gauche, qui fut parfaitement bien. » Nous le verrons dans un des premiers rôles à Denain. Le bâton de maréchal de France fut, en 1734, la juste récompense des brillants services de M. de Puységur.

7. M. de Bernières.

8. Le marquis de Balivière avait combattu sous Turenne pendant la guerre de Hollande. On le trouve à Altenheim, au siège de Philipsbourg, aux batailles de Steinkerque et de Nerwinde. Brigadier en 1702, maréchal de camp en 1704, lieutenant général en 1710, il prit part à presque toutes les campagnes de Flandre pendant la guerre de la Succession d'Espagne. Grand-croix de l'Ordre de Saint-Louis en 1728, il mourut le 18 juin 1730, à 78 ans.

9. Neveu de Mademoiselle de la Vallière, cousin germain de la princesse de Conti, le marquis de la Vallière fut fait commissaire général de la cavalerie légère après la seconde journée d'Hochstett où il avait vaillamment combattu et où son frère, le chevalier, avait été tué. Lieutenant général de juin 1709, il avait commandé la cavalerie de notre armée de Flandre à Malplaquet par sa charge de commissaire général, en l'absence simultanée du colonel général et du mestre de camp général. Il avait pris une part glorieuse à cette journée : « M. le marquis de la Vallière s'est porté partout et a chargé avec toute la valeur possible à toutes ces différentes charges. » Lettre du maréchal de Boufflers au Roi, du 11 septembre 1709. D. G. 2.152.

a point eu de doute [1]. Ne croyez pas, Monsieur, que j'aie paru d'abord du sentiment de ne pas entreprendre cette affaire : au contraire, je l'ai représentée comme utile et point impossible.

Vous me proposez, si je ne trouvais pas la matière assez importante, d'en charger quelque autre : toutes les fois qu'il marcherait un corps assez considérable pour attaquer un camp retranché, appuyé de la droite entière de l'armée ennemie, je ne serais pas trop bon moi-même pour cela, et ce ne sera jamais un moyen de me faire approuver un dessein que celui de ne m'en pas charger....

Si les ennemis après le siège du Quesnoy marchent à Landrecies, mon sentiment est de marcher vers la Selle. Ce n'est point celui de ces Messieurs par la raison qu'ils disent cette démarche inutile puisque, les ennemis ayant cette rivière devant eux et faisant le siège de Landrecies derrière eux, la place ne serait pas secourue pour s'être approché de l'armée ennemie, et leur sentiment est de se mettre la droite à l'Oise et la gauche vers les bois de Bohain [2] pour protéger Guise et être en état de remarcher sur Cambrai si les ennemis y retournaient plutôt que d'aller à Guise. Ils proposent même de faire tirer une ligne du dit Bohain à l'Oise et de faire, en attendant, bâtir quantité de fours à Saint-Quentin.

Pour moi, je trouve, quand même elle devrait être inutile, la démarche plus noble d'aller droit à la Selle. C'est toujours présenter la bataille à l'ennemi, et, si c'est inutilement, on est assez à temps de se rapprocher de l'Oise pour soutenir Guise [3]....

Lefebvre d'Orval à Voysin.

A Cambrai, le 3 juillet 1712.

... Il y a à Marchiennes tant de bateaux qu'ils tiennent en deux rangées plus d'une lieue de pays, qu'il serait très aisé d'enlever et les

---

1. « Tous convinrent unanimement que le projet de la cour d'attaquer les lignes ennemies était impraticable en ce que, d'entreprendre sur des détachements soutenus par toute la droite d'une armée, c'était exposer à une perte certaine toutes les troupes qu'on y emploierait. » *Mémoires militaires*, de Vault, XI, p. 57.

2. C'est le projet d'allure timorée soutenu par le maréchal de Montesquiou et que Louis XIV, Voysin et Villars furent unanimes à rejeter. Nous verrons d'ailleurs Montesquiou lui-même se ranger le lendemain de ce conseil de guerre à l'opinion de Villars et se prononcer pour la démarche plus hardie et plus honorable, mise en avant par son collègue, de se porter à la rencontre des ennemis, au cas où ils entreprendraient le siège de Landrecies.

3. D. G. 2.379.

mener à Valenciennes ou de les brûler. Les garnisons de Lille, de Tournai, de Béthune et d'Aire, sont si faibles qu'il n'en pourrait sortir personne. Il n'y a que 5o hommes aux écluses de Don qui sont relevés tous les quinze jours de la garnison de Lille, de manière que rien n'est plus aisé que de ruiner les écluses et d'emporter ce poste. J'en donnerais un moyen infaillible si l'on voulait y penser. Rien au monde n'est aussi plus aisé que de couper aux ennemis la communication de Douai et de Marchiennes en les attaquant, de concert avec la garnison de Valenciennes, entre la Scarpe et l'Escaut, et du même temps on enlèverait tous les bateaux ci-dessus sans risque. Ils serviraient à Valenciennes que les ennemis veulent affamer. La châtellenie de Lille, au delà de la Scarpe, est pleine de la plus abondante moisson que l'on puisse voir, et, entre cette rivière et l'Escaut, il y a de quoi pâturer pour un mois. Les ennemis ont si peur d'être attaqués entre les deux rivières qu'ils commencent depuis huit jours à travailler à quelques retranchements. Si on perd cette occasion on ne la retrouvera plus [1].

Le comte de Broglie à Voysin.

Monchy-le-Preux, 4 juillet 1712.

.... Il est bien triste de perdre toutes nos places [2] sans donner aucun signe de vie. Pour moi, je n'aurais pas cru impraticable, comme j'ai eu l'honneur de vous le mander, d'attaquer le corps de milord d'Albemarle entre la Scarpe et l'Escaut. Il me paraît que M. le Maréchal a envie de continuer son projet sur Douai [3]....

Le prince de Tingry à Voysin.

A Valenciennes, ce 5 juillet 1712.

... Il me paraît qu'il eût été plus aisé [4], en s'entendant avec l'armée et en réglant bien nos mouvements de part et d'autre, d'attaquer le camp de M. d'Albemarle. Le plus difficile eût été pour moi, car de

---

1. D. G. 2 379.
2. M. de La Badie, le gouverneur du Quesnoy, avait demandé la veille à capituler.
3. D. G. 2.379.
4. Au début de cette lettre, le prince de Tingry rend compte qu'il n'a pu rien entreprendre sur les troupes ennemies qui faisaient le siège du Quesnoy.

mon côté ce camp est couvert de la ligne de Denain qui est excellente [1] ; mais les troupes ayant passé la Sensée attaquant M. d'Albemarle par ce côté, et moi quand je n'eus fait qu'une diversion de notre côté, je crois qu'il eût été fort embarrassé. Il y a à la vérité un peu loin, le passage de la rivière n'est pas facile, et toutes choses à la guerre sont sujettes à inconvénient. Il y en avait beaucoup à ce projet apparemment puisqu'on ne l'a pas exécuté, quoiqu'il eût été proposé [2]...

Villars à Voysin.

Au camp de Noyelles, ce 5e juillet 1712.

Si l'ennemi va à Landrecies, vous avez vu le sentiment de tous les officiers généraux avec lesquels la matière a été traitée il y a deux jours, qui était d'abord mettre la droite à l'Oise et la gauche au bois de Bohain pour faire une ligne derrière soi.

J'ai eu l'honneur de vous mander, Monsieur, que c'était un parti bien faible après avoir vu prendre le Quesnoy, lorsque l'ennemi marche à Landrecies, que la première démarche de l'armée du Roi fût de ne paraître occupée que de sauver Guise, et cela par des lignes. Je vous mandais que M. d'Albergotty était revenu à mon sentiment qui était de marcher droit à la Selle, voir si (comme l'ennemi s'en vante) il voudrait donner une bataille, et commencer par chercher à l'attaquer, plutôt que d'aller travailler à une ligne, démarche qui serait mal prise et dans le royaume et chez les ennemis.

M. le maréchal de Montesquiou vint me dire hier qu'il revenait pareillement à mon opinion [3].

* Voysin à Villars.

6 juillet 1712, à Marly.

... Sa Majesté veut effectivement secourir la place de Landrecies et empêcher que les ennemis n'en fassent le siège ; et, comme il n'y a pas d'apparence que vous puissiez les attaquer dans les postes qu'ils occuperont derrière la Selle jusqu'un peu au dessus de Cateau-Cambrésis, où est la source de cette rivière, sa Majesté croit que vous devez marcher par cet endroit, qui est entre la source de la Selle et la Sambre...

---

1. Ancienne ligne de la campagne de 1709, qui avait couvert la droite de notre armée, aux mois de juillet et d'août, pendant le siège de Tournai par les Alliés.
2. D. G. 2.379.
3. Idem.

On mande de différents endroits, et M. de Tingry me le mande encore dans une de ses lettres du 2 de ce mois, que les ennemis tirent une ligne de l'Escaut vis-à-vis de Denain, passant par Thiant, traversant l'Ecaillon et finissant auprès du Quesnoy [1]. On ne voit pas bien à quoi cette ligne peut être utile aux ennemis, si ce n'est pour continuer à tirer toujours leurs convois de Marchiennes pendant qu'ils feraient le siège de Landrecies en faisant passer ces mêmes convois par le chemin qu'on a fait dans la forêt de Mormal. Si les ennemis gardent cette ligne il faut qu'ils y laissent de l'infanterie, et il y en faut même un nombre assez considérable puisque cette ligne se trouverait éloignée du gros de leur armée, et qu'outre les troupes de l'armée du Roi, qui pourraient aller les attaquer, il y a 18 bataillons dans Valenciennes, qui doivent toujours être comptés pour quelque chose. Si on supposait que les ennemis ne continuassent point à garder une ligne jusqu'à la Scarpe pour tirer leurs convois de Marchiennes, il faudrait nécessairement qu'ils les tirassent de Mons, et, pour cela, qu'ils établissent un poste considérable à Bavay, sans quoi les convois ne pourraient point passer entre les deux places de Maubeuge et de Valenciennes. Aussi, de quelque manière que ce soit, il ne sera jamais possible qu'il y ait, dans le camp des troupes qui feraient le siège de Landrecies et de l'armée d'observation, plus de 100 à 110 bataillons, et votre supériorité en infanterie serait assez grande pour espérer un heureux succès du combat... Sa Majesté m'ordonne de vous renvoyer votre courrier avec d'autant plus de diligence qu'on ne peut guère douter que la ville du Quesnoy n'ait capitulé, et Elle juge à propos que vous soyez particulièrement instruit de ses intentions, avant que les ennemis aient pu se déterminer à marcher pour faire le siège de Landrecies, supposé qu'ils en aient envie [2]...

Villars à Louis XIV.

Au camp de Noyelles, le 8 juillet 1712.

Quoique M. le duc d'Ormond m'eût mandé bien précisément, ainsi

---

1. « Le siège du Quesnoy étant fini, il fut résolu d'entreprendre celui de Landrecies ; mais comme les armées devaient alors passer l'Ecaillon, on commença le 8 de juillet à travailler à un retranchement pour couvrir les ponts à Denain contre les insultes des ennemis. On fit travailler en même temps à une nouvelle ligne de communication, de Denain vers Thiant, pour assurer le passage des convois pour le siège de Landrecies et pour couvrir le pont de communication à Thiant. » *Recueil de lettres et mémoires contenant une relation exacte de l'action passée à Denain.* La Haye, chez Johnson, p. 3.

2. D. G. 2.422.

que votre Majesté l'aura vu dans une de ses lettres que, si j'attaquais
M. le prince Eugène, il le défendrait, je n'aurais pas balancé à faire
attaquer les lignes de Denain s'il y avait eu la moindre apparence d'y
réussir : premièrement parce que je savais qu'il n'y avait pas
d'Anglais de ces côtés-là, et d'ailleurs c'est qu'un coup heureusement
exécuté est toujours bon [1].

Lefebvre d'Orval à Voysin.

A Cambrai, le 10 juillet 1712.

... Il serait impossible aux ennemis de faire aucun siège si on
voulait se servir des troupes que l'on a et se mettre en état de paraître
d'avoir la volonté d'en vouloir à Douai. L'artillerie qui est ici peut
servir de démonstration pour cela, si on voulait en faire la grimace.
On pourrait encore enlever tout ce qu'il y a à Marchiennes, y brûler
tous les vaisseaux sans rien hasarder, obliger les ennemis à jeter des
garnisons à Lille et à Tournai et enlever Douai où il y a peu de
garnison, comme je l'ai dit, et y subsister au moyen des grains et des
fourrages qu'on tirerait de la châtellenie de Lille, qui en est aussi
pleine qu'avant la bataille de Ramillies [2]...

Lefebvre d'Orval à Voysin.

Monseigneur,

M. de Bernières m'a appelé ce matin pour savoir des nouvelles.
Je lui ai appris ce que je viens d'avoir l'honneur de vous écrire par
le mémoire ci-joint.

M. le Maréchal va rentrer avec un détachement de 2000 chevaux,
avec lesquels il est parti d'ici à midi pour aller reconnaître du côté de
la Selle. Je vais voir pour lui parler.

A Cambrai, le 16 juillet 1712.

Le 16 juillet 1712, à Cambrai.

Le prince Eugène décampa hier et porta la droite à Maing, entre
l'abbaye de Fontenelles et l'Ecaillon, occupant Famars, Querenaing,
Sommaing, le Poirier, la cense ou ferme de l'Hôpital et la plupart des
villages qui sont entre la Ronelle et la dite rivière d'Ecaillon, étendant
sa gauche jusque vers le Quesnoy ; et, comme je viens de recevoir
avis que milord Albemarle s'est aussi approché de Valenciennes,

---

1. D. G. 2.379.
2. D. G. 2.379.

s'étendant jusque vers Hasnon, je crains que cette situation ait d'autres vues que celles de subsister commodément. L'entreprise du siège de cette place [1] me paraît trop forte pour une armée qui vient d'être abandonnée par les Anglais, par les Danois et par plusieurs régiments [2] à la demi-paie qui ont préféré les Anglais aux Hollandais, mais cette place serait de grande importance aux Hollandais pour lier leurs conquêtes et communiquer aisément de Tournai à Bouchain, au Quesnoy et à Mons.

On pourrait songer à secourir cette place. L'Ecaillon se passe aisément dans plusieurs endroits, mais les ennemis ne manqueront pas de s'y retrancher. Il faudrait même aller passer la Selle avant que d'arriver à eux, ce qui leur donnerait le temps de se préparer au combat. A la vérité on pourrait jeter des ponts sur l'Escaut entre Bouchain et Denain, supposant que les ennemis ne s'y opposent pas, et passer cette rivière la nuit pour enfoncer milord d'Albemarle pendant qu'on amuserait le prince Eugène [3], mais comme il serait toujours temps de faire cette manœuvre, il semble que l'on pourrait assiéger Douai et venir en temps au secours de Valenciennes [4].

---

1. Valenciennes — Lefebvre d'Orval croyait que les ennemis, maîtres du Quesnoy, préféreraient le siège de Valenciennes à celui de Landrecies. Si l'on se reporte à la correspondance du prince Eugène, on voit qu'il eut un moment la pensée que lui prête ici le conseiller au Parlement de Flandre. Le 5 juillet 1712, il écrivait à Sinzendorff, de son camp d'Haspres: « Le siège du Quesnoy étant fini, il faut une fois se résoudre à ce qu'on veut faire. Je crois qu'on pourrait entreprendre le siège de Valenciennes ou de Landrecies. J'attendrai donc les lettres de V. E. avec impatience, car rester dans l'inaction à mon avis est pire que de faire ce que les Anglais veulent, et je crois que, si on me laisse faire, je viendrai à bout de l'un ou de l'autre, ou peut-être d'avoir une action heureuse si les ennemis s'approchent. » *Die Feldzüge des Prinzen Eugen*, XIV, supp., p. 184.

2. Le 16 juillet 1712, quand, à l'annonce d'une suspension d'armes entre la France et l'Angleterre, le prince Eugène se sépara du duc d'Ormond pour marcher sur l'Ecaillon et commencer le siège de Landrecies, seuls un bataillon et 4 escadrons de Holstein-Gottorp, ainsi que 2 escadrons du régiment liégeois de Waleff demeurèrent avec les troupes anglaises. Les régiments danois, saxons, prussiens et hanovriens à la solde de la Grande-Bretagne se joignirent au prince Eugène dont l'armée, comme il a été dit à l'Introduction, présenta encore un total de 122 bataillons et de 273 escadrons.

3. Il est à remarquer que c'est la manœuvre même exécutée par Villars le 23 juillet. Applicable dans l'hypothèse d'un siège pour Valenciennes, le projet de Lefebvre d'Orval l'est également au cas où l'ennemi, entreprenant le siège de Landrecies, s'éloigne davantage de ses communications et du camp de Denain.

4. D. G. 2.379.

* **Voysin au comte de Broglie.**

Fontainebleau, le 17 juillet 1712.

.... On prétend que le prince Eugène doit se déterminer ces jours-ci à faire un nouveau siège de Landrecies [1] ou de Maubeuge. Je vous supplie de me mander si vous jugez qu'en faisant ce siège de Landrecies ils puissent toujours conserver cette communication à Douai par Marchiennes pour en tirer leur convoi et munition de guerre, ce qui est fort éloigné de Landrecies, et il est néanmoins bien difficile qu'ils les puissent faire venir d'ailleurs, n'ayant rien de plus près que Mons s'ils ne tirent pas de Douai. S'il était possible, dans ce grand éloignement, d'attaquer leurs lignes de Denain pour couper la communication, ce moyen paraîtrait le plus assuré et le moins hasardeux pour les obliger à lever le siège, et vous feriez bien d'en écrire vous-même à M. le maréchal de Villars et de lui en envoyer un projet, lui marquant le nombre de troupes dont vous auriez besoin, de quelle manière et en quel temps il devrait les faire marcher pour vous les envoyer et en ôter la connaissance aux ennemis. Comme il doit passer l'Escaut avec l'armée du Roi lorsque les ennemis s'approcheront de Landrecies, il me semble que, dans ce mouvement général de l'armée du Roi, la contremarche que feraient quelques brigades par les derrières pourrait aisément être cachée. Le Roi ne veut point laisser prendre Landrecies comme on a fait du Quesnoy, et Sa Majesté hasardera plutôt une bataille pour secourir la place que de ne rien faire du tout. C'est pour cela que je vous prie d'examiner s'il serait possible d'empêcher le siège en interrompant cette communication du camp de Douai [2].

---

* **Louis XIV à Villars.**

Fontainebleau, 17 juillet 1712.

.... Pour ce qui regarde le siège de Landrecies, en cas que les ennemis se déterminent à l'entreprendre, je vois avec plaisir que vous avez pris d'avance toutes les connaissances nécessaires pour exécuter les ordres que je vous ai donnés et marcher aux ennemis par les endroits où vous trouverez plus de facilité à les attaquer. Ma première pensée avait été, dans l'éloignement où se trouve Landrecies de toutes les autres places d'où les ennemis peuvent tirer leurs

---

1. Cette place fut investie le même jour par le prince d'Anhalt-Dessau.
2. D. G. 2.379. Comme Lefebvre d'Orval, Voysin n'a point perdu de vue le projet de Denain.

munitions et convois, d'interrompre leur communication en faisant attaquer leur ligne de Marchiennes, ce qui les mettrait dans l'impossibilité de continuer le siège. Mais, comme il m'a paru que vous ne jugiez pas cette entreprise sur les lignes de Marchiennes praticable, je m'en remets à votre sentiment sur la connaissance plus parfaite que vous avez, étant sur les lieux, et je ne puis que vous confirmer les précédents ordres que je vous ai donnés pour empêcher le siège de cette place et combattre les ennemis par les endroits que vous jugerez plus accessibles, pendant qu'ils viendront pour s'établir devant la place [1]....

Lefebvre d'Orval à Voysin.

De Cambrai, le 17 juillet à six heures du soir.

Les ennemis se fortifient à Haspres dont ils ont rompu le pont. Ils en ont fait autant à Saulzoir et ils ont augmenté leur camp de Denain de 3 régiments d'infanterie. Quoique ces mouvements paraissent ne plus laisser douter du siège de Valenciennes [2], cependant les Hollandais publient toujours que c'est à Landrecies qu'ils en veulent, ce qui éclatera après le départ des Anglais qui arrivent actuellement à Avesnes-le-Sec [3], mais il y a de l'apparence que cela ne se dit par les ennemis que pour couvrir leur dessein et avoir le temps de se retrancher où ils sont.

En l'an 1656, Valenciennes fut secourue par une armée qui, après avoir côtoyé l'Ecaillon, passa l'Escaut au dessus de l'abbaye de Fontenelles et alla attaquer les assiégeants par la cense de Heurtebise [4].

---

1. D. G. 2.380. A l'exemple de Voysin, Louis XIV, tout en pressant Villars d'agir, tout en attirant son attention sur Denain, laisse à son général une entière initiative.

2. Lefebvre d'Orval se refuse encore à croire que le prince Eugène ait en vue un siège autre que celui de Valenciennes. Les dangers qui doivent résulter pour le prince de Savoie de l'éloignement de Marchiennes et de Denain sont tels que le conseiller au Parlement peut, à bon droit, s'étonner de la témérité du prince à entreprendre le siège de Landrecies.

3. En cet endroit, le duc d'Ormond fit proclamer solennellement la suspension d'armes entre la France et l'Angleterre. Il se retira ensuite vers le nord pour atteindre Gand, dont la citadelle était déjà occupée par une garnison anglaise.

4. Pendant le siège de Valenciennes par les maréchaux de la Ferté et de Turenne, en 1656, don Juan d'Autriche et M. le Prince s'avancèrent par la rive droite de l'Escaut au secours de cette place. Ils s'approchèrent des lignes du maréchal de Turenne près de Famars, restèrent quelques jours à portée de canon de ces lignes, et, dans la nuit du 15 au 16 juillet, jetant

Il paraît qu'il n'y aurait encore aujourd'hui que cet endroit pour secourir cette place, mais comme les armées sont à présent plus nombreuses qu'en ce temps-là, on ne saurait passer l'Escaut qu'au dessus de Bouchain, comme à Lourches et à Neuville. Mais, avant que d'en venir là, il faudrait aussi donner l'alarme aux ennemis tout le long de l'Ecaillon et en même temps faire passer la Sensée à un corps, pour attaquer celui de milord d'Albemarle, entre Pecquencourt et Bouchain, afin de faciliter le passage de l'Escaut à l'armée qui voudrait passer par Neuville et Lourches. Les ennemis auraient peine à passer l'Escaut pour s'opposer à ce projet parce qu'entre Denain et Valenciennes il serait malaisé d'y jeter des ponts à cause de l'inondation, mais il semble que le meilleur parti qu'il y aurait à prendre serait celui de brusquer Douai. Comme les ennemis voudraient secourir cette place, on pourrait les combattre avec avantage et dans un terrain choisi.

On dit que dans le conseil de guerre que M. le Maréchal tint hier qu'il y lut une lettre que vous lui aviez écrite, qui fit venir des nez bien longs, parce que l'intention du Roi était que l'on cherchât les occasions de donner bataille et que l'esprit de timidité qui régnait parmi certains officiers ne convenait pas à Sa Majesté. Je ne sais ce qui en est, mais je sais bien que M. de Bernières revint fort embarrassé de ce conseil et si embarrassé que toute la table s'en aperçut, et on se le disait les uns aux autres. Au reste on peut hardiment compter sur les troupes pourvu qu'elles soient bien menées. Il ne faut qu'un M. de Broglie, M. d'Albergotty, M. de Goësbriand, M. de Saint-Frémond, M. de Coigny, M. le duc de Mortemart [1],

---

rapidement des ponts près de l'abbaye de Fontenelles, ils repassèrent sur la rive gauche de l'Escaut et attaquèrent, par la cense et la hauteur d'Heurtebise, les quartiers du maréchal de la Ferté. L'inondation du fleuve rendait les communications par une seule digue difficiles entre les quartiers de l'assiégeant. La Ferté fut mis en déroute et fait prisonnier sans que son collègue pût le secourir. Obligé de lever le siège, Turenne fit sous les murs du Quesnoy une admirable retraite, modèle d'ordre, de sang-froid et de fermeté.

1. Mortemart (Louis de Rochechouart, duc de). Mousquetaire en 1699, capitaine au Royal Roussillon en 1700, il fut fait colonel d'un régiment d'infanterie de son nom par commission du 30 mars 1702. Après s'être distingué à la défense de Kaiserwerth, au combat d'Eckeren où il fut blessé, à l'attaque des lignes de Stolhofen, il fut fait brigadier le 19 juin 1708. Il se comporta vaillamment à Malplaquet. « Je ne saurai trop louer la valeur et le sang-froid de M. le duc de Mortemart » écrivait M. d'Artagnan à Voysin, le 13 septembre 1709. A la défense de Douai, en 1710, il prit part à presque toutes les sorties de la garnison et fut choisi par M. d'Albergotty pour rendre compte au Roi de la vigoureuse défense de

— 139 —

M. de Nangis [1] et quelques autres [2] pour bien seconder le général et venir à bout des choses les plus difficiles [3].

Lefebvre d'Orval à Voysin.

A Cambrai, le 18 juillet 1712, à 10 heures du soir.

Je profite de l'occasion d'un courrier pour vous informer de ce qui m'est revenu aujourd'hui des ennemis qui sont campés leur droite à l'Escaut, à Maing. Ils y étaient encore aujourd'hui à cinq heures après-midi. Ils ont un gros corps à Verchain. Le prince Eugène est encore à Querenaing [4]. Il paraît qu'il ne s'est campé de cette manière que pour recevoir plus facilement ses convois, dont il fait un dépôt au Quesnoy, et pour laisser partir M. le duc d'Ormond. Il a l'artillerie qu'il lui faut pour un siège, et,

---

cette place. Louis XIV le fit maréchal de camp. Créé lieutenant général en 1720, M. de Mortemart mourut en 1746. Il était gendre du duc de Beauvillier.

1. Louis-Armand de Brichanteau, marquis de Nangis, colonel de Royal Marine dès 1690, en remplacement de son père, mis à la tête du régiment de Bourbonnais en 1700, se distingua à Friedlingen et fut fait brigadier en octobre 1704. Excellent danseur, beau cavalier, le marquis de Nangis recevait le meilleur accueil, l'hiver, auprès des dames de Versailles qui lui savaient gré de sa généreuse bravoure. A nul mieux que lui ne pouvait s'appliquer cette épithète flatteuse « chevalier de bonne volonté » que Turenne donnait à l'un de ses jeunes capitaines, Jean de la Frézelière, à toute heure dispos pour marcher à l'ennemi : « Il se charge toujours avec plaisir des commissions difficiles » disait Louis XIV de M. de Nangis, en 1707. L'année suivante, le roi le fit maréchal de camp, et Boufflers voulut l'avoir à ses côtés, sur la frontière de Flandre, pendant l'hiver de 1709. Le 24 juillet 1709, le marquis de Nangis emportait, l'épée à la main, l'abbaye d'Hasnon, entre Marchiennes et Saint-Amand, et tuait ou faisait prisonniers les 200 hommes qui occupaient ce poste. Au lendemain de Malplaquet où, selon le témoignage du maréchal de Boufflers, « il avait combattu à son ordinaire avec une valeur des plus grandes et des plus distinguées », Villars le désignait pour présenter au roi les drapeaux enlevés à l'ennemi. Au mois de janvier 1711, le roi faisait à M. de Nangis l'insigne honneur de le choisir pour colonel-lieutenant de son régiment d'infanterie. Nous le verrons dans un rôle brillant à Denain. Lieutenant-général en 1718, directeur général de l'infanterie en 1721, M. de Nangis fut créé maréchal de France en 1741.

2. Les noms cités par Lefebvre d'Orval prouvent qu'il était bon juge de la valeur et des talents militaires des principaux officiers de notre armée de Flandre.

3. D. G. 2.380.

4. Ces renseignements étaient exacts de tout point.

comme Landrecies est investie par 40 bataillons il paraît que, malgré la situation des ennemis, ils en veulent tout de bon à cette place. Pour quoi ils se vantent d'avoir des fonds, mais je pourrais vous assurer que c'est aussi le fond de leur bourse et qu'ils ne font les méchants que pour tâcher d'obtenir des conditions meilleures que celles qu'on leur offre et auxquelles ils seront ravis de revenir si on les traite comme ils le méritent. Ils firent hier un fourrage, entre Valenciennes et Condé, dans les environs de l'abbaye de Saint-Saulve.

Milord d'Albemarle est toujours à Denain, avec un détachement à Hasnon, pour favoriser les convois qui viennent aux ennemis par bateaux, si bien qu'ils occupent 9 lieues de chemin, ce qui me fait croire qu'ils seraient battus sans grande résistance si l'on marchait à eux demain comme on le dit.

Le pont de Saulzoir n'est pas rompu et les ennemis n'y ont point de poste, n'étant campés que par pelotons, sans beaucoup de précaution. On assure que c'est le prince d'Anhalt qui commande devant Landrecies que je n'ose point encore dire assiégée parce que la situation des ennemis me paraît opposée à ce siège.

* **Villars à Voysin.**

Au camp de Noyelles, le 18 juillet 1712.

... Vous verrez, Monsieur, par la lettre que j'ai l'honneur d'écrire à Sa Majesté, que j'ai été obligé de lire les dépêches à la plupart de Messieurs les officiers généraux [1]. Cela était nécessaire. Tous avaient compté sur la paix, et de cette douce espérance on ne retourne pas bien volontiers à l'apparence d'une bataille dont l'extrême conséquence produit bien des raisonnements. Après cela, si nous en venons à une grande action, je suis persuadé que, le premier coup de canon tiré, tout le monde trouvera son ancienne valeur [2]...

---

1. Le 18 juillet, Villars tint un conseil de guerre, dont le marquis de Silly, maréchal de camp à l'armée de Flandre et l'un des correspondants de Voysin, a aussitôt rendu compte au ministre. Il n'y fut point question de Denain. Le parti auquel Villars s'arrêta, d'accord avec Montesquiou et ses lieutenants, fut « de se mettre en marche tout au plus tôt, de passer l'Escaut entre Crèvecœur et le Câtelet, de marcher vers les sources de la Selle et de là à la Sambre sur Catillon ou tout au moins sur l'abbaye de Fesmy, afin de reconnaître par soi-même les meilleurs partis que l'on pourra prendre pour secourir Landrecies ». D. G. 2.380.

2. D. G. 2.380.

* **Villars à Louis XIV**.

Au camp du Cateau-Cambrésis, le 20 juillet 1712.

... Nous trouvons que l'on ne peut attaquer l'ennemi qu'en passant la Sambre, et cela par une bataille générale avec l'armée entière, et, selon l'opinion de M. le marquis de Coigny, avec désavantage par la nature des lieux, l'ennemi plaçant son armée entière la droite à la Sambre en suivant le ruisseau de Prisches. Nous ne croyons pas devoir donner cette bataille sans les ordres de Votre Majesté. Cependant nous allons demain matin reconnaître les postes. Si nous les trouvons plus favorables que nous ne l'espérons, nous n'attendrons pas les ordres de Votre Majesté pour attaquer. S'il est question d'une bataille avec désavantage, je la supplie de me pardonner la liberté de les demander [1]...

---

* **Villars à Voysin**.

Au camp du Cateau-Cambrésis, ce 21 juillet 1712.

J'ai employé toute la journée, Monsieur, à examiner, et moi-même et par d'autres, tous les endroits par où l'on peut attaquer les ennemis. C'étaient MM. d'Albergotty, Jeoffreville et de Coigny qui étaient auprès de moi lorsque j'eus l'honneur d'écrire hier au Roi. J'ai prié ces Messieurs d'aller reconnaître eux-mêmes tout ce qui pouvait nous rendre une attaque possible en passant la Sambre. M. de Coigny la croyait plus difficile, et il est persuadé, aussi bien que M. de Jeoffreville, que l'on peut y donner une bataille avec un avantage assez égal. J'ai été voir d'un autre côté comment nous pourrions attaquer le camp de Denain, à quoi l'on n'a pu songer que dans le temps que nous éloignions l'armée ennemie de l'Escaut, car, lorsqu'elle y avait sa droite, on ne pouvait le tenter avec aucune apparence de succès. Je compte donc faire demain toutes les démarches qui pourront persuader l'ennemi que je veux passer la Sambre, et je tâcherai d'exécuter le projet de Denain qui serait d'une grande utilité. S'il ne réussit pas, nous irons par la Sambre.

---

1. D. G. 2.380. Le 19 juillet 1712, l'armée française avait enfin quitté son camp de Noyelles, passé l'Escaut entre Crèvecœur et le Câtelet, et s'était établie, la droite à Beaurevoir, la gauche à Vaucelles. Le 20, elle continua sa marche et s'arrêta sur la haute Selle, de Molain à Neuvilly, le quartier général au Cateau. Elle garda cette position le 21. Dans l'après-midi du 22 juillet, elle devait passer la Selle et venir camper, la droite et le quartier général à Mazinghien, la gauche au Cateau.

Je suis assez bon serviteur du Roi pour garder la bataille entière pour le dernier. Elles sont, comme vous savez, dans la main de Dieu, et de celle-ci dépend le salut ou la perte de l'Etat, et je serais un mauvais Français et un mauvais serviteur du Roi si je ne faisais les réflexions convenables [1].

Je suis, etc...

Lefebvre d'Orval à Voysin.

... Les généraux de l'armée du Roi ont été hier longtemps à cheval pour reconnaître le terrain. Apparemment qu'ils n'auront pas trouvé encore les moyens d'attaquer l'ennemi dans la situation où il est, qui est certainement de difficile accès, comme j'ai eu l'honneur de vous le marquer il y a plusieurs jours et comme quoi je croyais que l'on aurait fait mieux de passer la Sensée et de s'étendre jusqu'à Valenciennes pour couper aux ennemis toutes communications avec leurs rivières, faire le siège de Douai, les obliger à jeter des garnisons partout et par conséquent lever le siège de Landrecies [2]...

A Cambrai, le 21 juillet 1712.

* Le comte de Broglie à Voysin.

Monseigneur,

Depuis que je suis parti de Monchy-le-Preux, j'ai toujours été à cheval avec la réserve, M. le maréchal de Villars m'ayant toujours tenu du côté de Solesmes sur la Selle pour observer si les ennemis ne passaient pas de ces côtés, et je n'en suis revenu qu'hier au soir à neuf heures, quand tout le camp a été assis. J'arrive dans le moment d'avec M. le maréchal de Villars et M. le maréchal de Montesquiou et plusieurs autres officiers généraux. Nous avons été par delà Solesmes sur le bord de l'Ecaillon où nous avons vu le camp des ennemis. Ils avaient fait marcher hier presque toute leur armée du côté de Landrecies et avaient appuyé leur droite à Bermerain, mais ce matin ils ont remarché par leur droite et se sont étendus jusqu'à Querenaing, c'est ce que nous avons su. Je suis persuadé que l'on aura bien de la peine présentement à secourir Landrecies ; il n'y avait à mon sens de moyen pour le faire qu'en

---

1. D. G. 2.380.
2. D. G. 2.380.

se portant brusquement et à marche forcée entre la Sambre et la Selle, leur donnant jalousie en même temps par leur droite. Ces sortes d'attaques ne peuvent réussir qu'en les faisant très brusquement, l'Entre Sambre et la Selle étant un pays très difficile à pénétrer et très aisé à garder ; mais on peut tenter ces sortes d'attaques, et quand on trouve la chose trop difficile on se retire et on n'y perd qu'autant que l'on veut. M. le maréchal de Villars m'a paru avoir envie de faire attaquer le camp de Denain et compte qu'en marchant du côté de Catillon avec son armée il pourra faire jeter des ponts sur l'Escaut à Lourches et attaquer le camp de Denain. Il destine M. de Vieuxpont [1] pour cette expédition et lui donne 30 bataillons et 30 escadrons. J'ai eu l'honneur de lui dire que je croyais qu'il serait difficile de faire des ponts à Lourches, étant presque impossible que M. d'Albemarle n'en soit averti assez à temps pour lui empêcher de faire les ponts et que je croyais qu'il vaudrait mieux passer à Cambrai et de là au Bac-Aubencheul [2], ses mouvements se faisant par les derrières et pouvant être dérobés aux ennemis ; moyennant cela, vous êtes sûr du passage de la rivière et vous arrivez sur les lignes en bataille dans la disposition que l'on juge nécessaire. Il m'a paru n'être pas de ce sentiment, et comme il est le maître je n'ai rien à dire. Il m'a dit qu'il avait jeté les yeux sur moi pour aller faire cette expédition avec M. de Vieuxpont ; de quoi je l'ai remercié et eu l'honneur de lui représenter que M. de Vieuxpont était mon ancien, non qu'il serve depuis plus longtemps que moi, mais il a été fait brigadier avant et nous avons été faits maréchaux de camp et lieutenants généraux ensemble, ainsi que je n'y serais que comme maréchal de camp : qu'il serait fâcheux pour moi, si l'affaire ne réussissait pas, d'en avoir le blâme, comme cela ne manquerait pas, ne manquant pas d'envieux, et que M. de Vieuxpont en eût le mérite en cas de réussite. J'ai été assez heureux, depuis

---

1. M. de Vieuxpont avait presque toujours combattu, pendant cette guerre de la Succession d'Espagne, sous les yeux de Villars. Le maréchal l'estimait à bon droit comme l'un de ses meilleurs lieutenants. Parvenu au récit de la bataille de Malplaquet, le chevalier de Quincy rapporte ce trait qui nous fait connaître M. de Vieuxpont: « Il ne faut pas juger de personne sur la mine. Je n'avais pas bonne opinion du marquis de Vieuxpont à son air pâle. Aussitôt qu'il fut informé que l'ennemi marchait pour nous combattre, son visage changea, la rougeur lui vint, et il prit un air gai. Pendant toute l'attaque, il resta toujours à cheval, avec toute la fermeté possible, derrière le second bataillon de notre régiment (Bourgogne), et il donnait ses ordres avec un sang-froid admirable, quoique exposé à un feu d'enfer. » *Mémoires du chevalier de Quincy*, t. II, p. 364.

2. Sur la Sensée.

que je suis officier général, d'avoir 10 affaires particulières qui ont roulé sur moi, où j'ai réussi, et M. de Vieuxpont, quoique très capable d'en avoir, n'a pas eu encore le bonheur d'en avoir une. Il est très difficile dans le commandement, et, avec de bons maréchaux de camp sous lui, il ne pourra s'en prendre à personne qu'à lui si l'affaire ne réussit pas. Pour moi, je la trouve très douteuse de la façon dont on veut l'entreprendre. Cependant, après ces représentations, Monseigneur, je me suis offert à M. le Maréchal d'y aller pour peu qu'il crût que cela peut être utile pour le bien du service et que je m'y livrerais de tout mon cœur. Je ne sais encore à quoi il se déterminera [1].

A Clermont [2], ce 21 juillet 1712.

Le prince de Tingry à Voysin.

Valenciennes, le 22e juillet 1712.

Monseigneur,

Je ne doute point que M. le maréchal de Villars ne vous ait communiqué deux différents projets qu'il avait faits, auxquels j'étais assez heureux pour avoir part s'ils avaient eu leur exécution. Le premier a été dérangé par le retour des ennemis dans le même camp où ils étaient et où ils revinrent hier sur les deux heures après-midi... Je viens de recevoir un contre-ordre pour le second, et j'ai le chagrin de craindre à présent de n'avoir point de part à ce qui se passera pour le secours de Landrecies [3]...

Copie des nouvelles [1] que M. le prince de Tingry a reçues le 22 juillet 1712.

De Bermerain, le 22 juillet, à trois heures du matin.

Mon ami, il est arrivé à minuit un espion qui a rapporté que l'armée de France marche pour venir à nous. D'abord, le prince

---

1. D. G. 2.380.

2 Le château de Clermont se trouve à 1 kil. environ à l'est du village de Béthencourt.

3. D. G. 2.380.

4. Le prince de Tingry avait dans les rangs de l'armée alliée un correspondant qui lui procurait de nombreux et précieux renseignements. Le gouverneur de Valenciennes faisait aussitôt parvenir ces avis à Voysin.

Eugène [1] ordonna à toute cette armée de détendre et monta à cheval avec défense que qui que ce soit ne sorte. Je crois que cela fera abandonner le siège de Landrecies, car les Etats-Généraux [2] et le comte de Tilly [3], sur le conseil qui s'est tenu hier, veulent repasser l'Escaut. Le prince Eugène s'oppose à tous leurs avis. Les Etats-Généraux ont ordonné d'envoyer aujourd'hui leurs équipages à Marchiennes. Vous pouvez assurer votre général que, s'il attaque, il gagnera la bataille et que la moitié de l'armée ne soutiendra pas. Les officiers et soldats disent qu'ils ne veulent se sacrifier que pour le prince Eugène seulement. On a rapporté aussi que les Français font des passages sur les petits ruisseaux qui sont entre eux et nous, n'étant éloignés que d'une lieue et demie...

Je pars dans le moment pour aller faire faire des ponts et passages en deçà et par delà Denain sur l'Escaut. Adieu, mon ami.

---

1. Comme le montre cette lettre du prince de Hesse à Heinsius, les mouvements de Villars, antérieurs au 24 juillet, avaient attiré la principale attention du prince Eugène du côté de la Sambre.

Monsieur,

... Avant hier, la nuit, on eut avis que l'ennemi avait été en marche dès la pointe du jour et que, sur l'après-midi, leur avant-garde était déjà arrivée à Cateau-Cambrésis avec intention de nous venir attaquer ici, ou du moins de faire lever le siège de Landrecies. Ces avis furent confirmés par des déserteurs et des paysans, et on envoya des partis partout en campagne pour prendre langue. Le matin de bonne heure, le prince de Savoie, le comte de Tilly, M. Dopff et plusieurs autres généraux se transportèrent à la gauche. On fit une petite disposition pour poster l'armée et on leva terre en plusieurs endroits, dont l'accès était trop facile. Le comte d'Albemarle eut les ordres selon lesquels il aurait à se régler en cas d'engagement. Alors on fut informé que M. de Villars marchait avec sa droite du côté de Guise et que la gauche commençait à se camper à une demi-lieue du Cateau-Cambrésis, ayant un corps de réserve sous le comte de Broglie près de la cense de Fontaine-au-Tertre, vis-à-vis de Solesmes. Ils s'y trouvent encore à l'heure qu'il est, sans qu'on puisse savoir si M. de Villars trouvera à propos d'y rester quelque temps ou point, mais la situation dans laquelle nous sommes à présent et les troupes du siège entièrement mises à couvert par une bonne ligne de circonvallation et une communication retranchée avec notre aile gauche et qui va jusqu'à la Sambre, ne permet pas de croire que ce général français oserait tenter quelque chose sur l'une ou l'autre de nos armées. Un espion vient de me dire qu'il a été reconnaître avec 1.000 chevaux et autant de fantassins du côté de Romeries et de Vertain, sur l'Écaillon, ce qui est environ devant le centre de notre armée.

Je prie Dieu de bénir les armes des Alliés.   FRIEDRICH Pe D'HESSE.

Au camp de Bermerain, au village de Poix.
21 juillet 1712.   A. H., portef. 53 C.

2. Les députés hollandais de l'armée.

3. Claude de Tserclaës, comte de Tilly, servit avec la plus grande distinction dans les rangs hollandais pendant la guerre de la Succession d'Espagne. Bien que catholique, il avait été choisi par les Etats Généraux pour commander les troupes des Provinces Unies à la mort du maréchal d'Ouwerkerk, en 1708.

* **Le comte de Broglie à Voysin**.

Aux châteaux de Clermont, ce 22ᵉ juillet 1712.

Monseigneur,

Je n'ai reçu que hier au soir la lettre que vous m'avez fait l'honneur de m'écrire de Fontainebleau du 17 de ce mois [1]. Les mouvements que nous venons de faire en auront été la cause.

Les ennemis conservent toujours leurs communications de Marchiennes à Denain par le camp de M. d'Albemarle et par la manière dont leur droite est appuyée. Avant-hier ils avaient fait marcher toute leur droite du côté de Landrecies, mais quand ils ont vu notre camp assis, ils l'ont renvoyée dans leur même camp, leur droite par delà Querenaing : il n'y a que M. le prince Eugène qui est resté avec le quartier général à Bermerain. Je suis sûr de ce que j'ai l'honneur de vous mander [2], Monseigneur, parce qu'il vient d'arriver dans le moment un maréchal des logis très entendu du régiment du Roi Cavalerie, qui, sous la copie d'un passeport, passant comme valet, était allé à Arras chercher le chirurgien-major de ce régiment et a été pris en deçà de Cambrai. Il n'est parti qu'hier au soir à sept heures du quartier du prince Eugène, et il rend bon compte de tout. Il dit que dans ce mouvement le camp de milord Albemarle n'a pas remué. Si M. le Maréchal, en passant l'Escaut, avait fait faire une contremarche à quelques troupes comme vous me faites l'honneur de me marquer que ce serait votre sentiment, je ne doute nullement que nous puissions forcer ce camp. M. de Tingry aurait pu en même temps attaquer de son côté pour faire diversion, et la droite des ennemis qui étaient en marche pour aller du côté de Landrecies ne serait jamais revenue à temps pour donner du secours à milord d'Albemarle. Autant qu'on peut répondre d'une chose avant qu'elle soit exécutée, j'aurais répondu de cette entreprise, et il n'y avait rien à risquer de mauvais. Il n'en est pas de même à mon sens de l'entreprise que veut faire M. le Maréchal en faisant faire des ponts à Lourches, et, non seulement je suis persuadé que l'on ne pourra pas faire des ponts sur l'Escaut, mais il pourrait aussi arriver que, notre armée se jetant sur la droite pour faire diversion et s'éloignant du corps de troupe qu'aura M. de Vieuxpont pour cette expédition, la

---

1. Voir p. 136.
2. La correspondance de M. de Broglie pendant cette campagne est remarquable par la sûreté de ses informations. Il envoyait sans cesse des patrouilles ou des émissaires pour battre le terrain et ne négligeait aucun moyen pour se tenir au courant des agissements de l'ennemi.

droite de l'armée des ennemis qui est rentrée dans son vieux camp pourrait bien tomber dessus et leur faire un vilain tour. J'ai dit toutes ces raisons à MM. les Maréchaux quand ils étaient ensemble, et, quoiqu'il arrive rarement qu'ils soient de même avis, ils en sont dans cette occasion. Cependant M. le maréchal de Montesquiou ne veut pas être de cette expédition [1]. Pour moi, je vous assure que je ne l'envie point, de la manière dont elle est projetée, et, autant j'aurais répondu du succès si on s'y était pris comme vous me faites l'honneur de me le marquer par votre lettre du 17 de ce mois, aussi peu je répondrais de la réussite en s'y prenant comme il paraît que l'on le veut faire. Les suites mêmes peuvent en devenir fâcheuses dans la retraite si les ennemis sont bien avertis, au lieu que de l'autre côté il n'y avait rien à risquer. J'ai l'honneur d'être, etc...

Dans le temps que je finis ma lettre, je reçois un ordre, Monseigneur, de M. le Maréchal par lequel il m'ordonne de faire faire 50 fascines par escadron à toute la réserve, de la faire tenir toute prête à marcher et d'aller au Cateau le trouver en diligence. Voilà tout ce que j'en sais [2].

✶ Villars à Voysin.

Au camp de Mazinghien, le 22 juillet 1712.

J'avais l'honneur de vous mander hier, Monsieur, que je devais faire attaquer le camp retranché de Denain. C'était à M. le marquis de Vieuxpont et au comte de Broglie que je donnais cette commission. Le premier avait déjà reconnu la marche et fait ses dispositions. M. de Tingry devait aussi agir de son côté ; mais sur une de ses lettres écrites ce matin, ces deux messieurs ont jugé l'entreprise impossible [3]. J'en suis très fâché, mais, quand ceux-là refusent, je n'irai pas offrir cette commission à d'autres. Cette affaire ne pouvant s'exécuter, j'ai marché à la Sambre : l'armée la passera dès que tous les ponts seront préparés.

---

1. Ces lignes de M. de Broglie présentent une certaine importance pour la conclusion de cette étude, car elles permettent d'apprécier l'attitude des deux maréchaux et de connaître leurs pensées à la veille du 23 juillet 1712, c'est-à-dire à la veille de la marche sur Denain.

2. D. G. 2.380.

3. La lettre du prince de Tingry qui a conduit MM. de Vieuxpont et de Broglie à regarder comme impossible l'entreprise de Denain n'est pas au Dépôt de la Guerre. Cette lettre a été adressée à Villars, ainsi que nous l'apprend plus loin le comte de Broglie.

Les ennemis ont marché dès qu'ils nous ont vus ébranlés ; ils ne nous ont pas cherchés dans les plaines de Cambrai. Il est possible qu'ils en usent de même ici, et, en vérité, les situations leur sont bien favorables. Il faudrait les avoir vus pour le croire. D'ailleurs 24 heures mettent un retranchement en état, et ils n'osèrent attaquer le nôtre qui avait été fait en 24 heures.

Je ne vous dépêcherai pas de courrier demain s'il ne se passe rien qui le mérite [1]....

✱ Voysin à Villars.

Le 23 juillet 1712, à Fontainebleau.

J'ai rendu compte au Roi de la lettre que vous m'avez fait l'honneur de m'écrire le 21 de ce mois. Je crois ne pouvoir me dispenser de vous dire, comme votre serviteur et de vos amis, que la première réflexion que le Roi a faite sur cette lettre a été que vous vous trouviez en état de prendre un grand avantage sur les ennemis en cherchant à les attaquer et à les combattre de l'autre côté de la Sambre. Vous convenez que M. le marquis de Coigny et M. de Jeoffreville ont trouvé que par la disposition du terrain il y avait assez d'égalité pour le combat entre les deux armées, et vous devez être supérieur en nombre de troupes, puisque celles des ennemis ne sont point assemblées. Vous songez à faire attaquer le camp de Denain : il faut nécessairement que le prince Eugène y ait laissé un nombre de bataillons assez considérable. Il y en a encore à Marchiennes, et ces bataillons dispersés dans l'étendue de sept lieues ne sont point à portée de joindre l'armée que vous auriez à combattre. Je souhaite fort que votre dessein sur le camp de Denain réussisse promptement, mais, si cela manquait, vous auriez peut-être grand regret dans la suite d'avoir donné aux ennemis le temps de rassembler toutes leurs troupes, d'établir quelque poste de l'autre côté de la Sambre, où vous croyez pouvoir les attaquer. Le principal objet du Roi est d'empêcher qu'ils ne se rendent maîtres de Landrecies, et, si vous y réussissez en attaquant le camp de Denain, vous y aurez honneur, et Sa Majesté sera très contente. Mais si, après toutes les réflexions que vous faites, Landrecies se trouvait pris, il semble que vous en prenez sur vous l'événement et toutes les suites. Toutes vos lettres sont pleines de réflexions sur le hasard d'une

---

1. D. G. 2.380. « Il n'arriva point de courrier de Flandre ; le maréchal de Villars avait mandé qu'il n'en enverrait point. » *Journal de Dangeau*, à la date du 24 juillet 1712.

bataille ; mais peut-être n'en faites-vous pas assez sur les tristes conséquences de n'en point donner et de laisser pénétrer les ennemis jusque dans le royaume en prenant toutes les places qu'ils veulent attaquer. Il me semble, à vous parler naturellement, qu'après les ordres réitérés de Sa Majesté les plus fortes réflexions du général doivent être pour bien faire toutes ses dispositions et profiter du moment. Je crois vous faire plaisir de parler avec cette liberté. Le Roi, après avoir entendu la lecture de votre lettre et avoir fait la réflexion que je viens de vous marquer, m'a dit qu'il attendait votre courrier. Ce ne sera pas sans quelque espèce d'inquiétude [1].

Le chevalier de Folard [2] à Voysin.

.... On dit que notre armée est en mouvement pour aller combattre celle des ennemis. L'entreprise me paraît douteuse, à moins qu'on ne ruse sur leur droite par des faux mouvements à notre gauche. J'ai l'honneur de vous dire qu'il y a à craindre pour nous si nous cherchons à les attaquer sur plusieurs lignes selon notre méthode. Il me paraît que nous devons les attaquer par colonnes avec des lignes entre deux [3]. J'ai l'honneur d'envoyer à Votre Gran-

---

1. D. G. 2.422 et *Mémoires militaires*, de Vault, t. XI. p. 71. L'historien de la guerre de la Succession fait suivre cette lettre des réflexions suivantes : « On ne peut disconvenir que la Cour ne fût fondée à faire à M. le maréchal de Villars les reproches que contient la lettre de M. Voysin. Le Roi ne pouvait voir qu'avec peine que, malgré les ordres réitérés, il eût attendu aussi longtemps à marcher à la Sambre ; et Sa Majesté avait sujet de regretter qu'au lieu d'attaquer Denain, comme elle l'avait désiré, lorsque l'armée avait passé l'Escaut, il prît, pour faire cette entreprise, le moment où la position des ennemis en rendait le succès trop incertain ; mais cette lettre désormais devenait superflue. M. le maréchal de Villars ne pensait plus à Denain : il était déterminé pour le côté de la Sambre. »

2. Le chevalier de Folard, alors capitaine au régiment de Quercy, faisait partie de la garnison de Saint-Omer où l'avait appelé le gouverneur de cette place, marquis de Goësbriand, qui l'estimait et se l'était attaché comme aide de camp depuis plusieurs années. Voysin comptait aussi le chevalier au nombre de ses correspondants les plus assidus.

Bien qu'écrite au lendemain de la victoire de Denain (dont la nouvelle n'était pas encore parvenue à Saint-Omer), cette lettre de Folard présente un réel intérêt en raison des procédés de combat et du projet d'opération qui y sont développés.

3. Déjà, lors du siège de Douai par les Alliés en 1710, Folard avait fait parvenir au ministre un projet pour secourir cette place, où il pro-

deur ma manière de former la colonne qui est une évolution qui se fait en un instant, ne consistant qu'à doubler ou tripler les files selon la force du bataillon. Si Votre Grandeur ne l'a pas, M. Alexandre la doit avoir, m'ayant fait l'honneur de me la demander. Je la supplie d'être persuadée qu'on est assuré de percer tout si nous attaquons comme j'ai l'honneur de vous le dire. On n'a qu'à consulter des officiers intelligents dans l'infanterie qui seront sûrement de mon avis. Si nous ne les attaquons pas dans cet ordre, nous aurons de la peine dans cette entreprise.

Après m'être rappelé l'Ecaillon et le pays entre ce ruisseau et la Sambre, il me paraît que le passage de cette rivière est beaucoup plus aisé. On pourrait faire mine de les attaquer entre l'Ecaillon et la Sambre, leur donner jalousie à leur droite pour les diviser et faire une marche de nuit pour passer la Sambre tandis qu'on les tiendra en échec jusqu'à deux heures avant le jour sur le front qu'ils ont retranché [1]. Comme cela demande d'être traité plus au long, Votre Grandeur peut juger à peu près si ce que j'ai l'honneur de lui dire est bon. J'ai celui de me dire avec un très profond respect, etc.

Le ch^r de Folard.

A Saint-Omer, ce 25 juillet 1712 [2].

---

posait également d'attaquer l'armée du prince Eugène par colonnes avec des lignes entre deux. D. G. 2.215.

Dans son *Histoire de Polybe*, I, p. 48, Folard a exposé la méthode suivant laquelle il aurait attaqué les retranchements de Denain. Il eût formé ses colonnes d'attaque de deux bataillons serrés en profondeur, et, en arrière de ses colonnes, qu'il séparait par de larges intervalles, disposé des pelotons de grenadiers.

1. C'est le projet inverse de celui de Lefebvre d'Orval. Son exécution était possible, mais son succès n'eut peut-être pas amené les résultats décisifs que devaient procurer la manœuvre sur la droite des Alliés et l'enlèvement du camp retranché de Denain.

2. D. G. 2.380.

LA MANŒUVRE
ET
LE COMBAT DE DENAIN

Le 22 juillet 1712, Villars a atteint les bords de la Sambre et s'apprête à passer cette rivière pour secourir Landrecies. — Il reconnaît lui-même les lignes de circonvallation de l'ennemi au sud de la place assiégée. — Le lendemain, à la suite de cette reconnaissance, il se décide à reprendre le projet de Denain et à l'exécuter avec toute son armée. — Il concerte la manœuvre du 23 juillet 1712 avec le maréchal de Montesquiou. — C'est surtout à Villars que semblent dues les mesures habilement prises pour les démonstrations sur la Sambre et pour la marche de l'armée vers l'Escaut. — Succès de la manœuvre : Albemarle et le prince Eugène complètement surpris, l'Escaut franchi sans opposition. — Montesquiou dispose pour l'attaque des retranchements de Denain les premiers bataillons qui ont passé le fleuve. — Craintes et hésitations de Villars au moment décisif. — Il donne à son collègue l'ordre formel de se replier sur les ponts. — Par son intervention pleine de sang-froid et de fermeté, Montesquiou obtient que cet ordre ne soit pas suivi d'effet. — Il achève seul les dispositions d'attaque et prend en main la direction du combat. — La victoire de Denain est son œuvre. — Puissance de l'offensive manifestée par la manœuvre du 23 et le combat du 24 juillet 1712. — Détermination, grâce aux lettres inédites du Dépôt de la Guerre, du rôle des maréchaux de Villars et de Montesquiou tel qu'il est ici mentionné.

Le 22 juillet 1712, Villars, qui a renoncé au projet de Denain, abandonne sa position de la haute Selle pour marcher par la Sambre au secours de Landrecies assiégée.

Mise en mouvement à une heure de l'après-midi, l'armée ne tarde pas à s'établir face à Landrecies, orientée du nord-ouest au sud-est, la droite touchant à la Sambre près du village de Mazinghien, la gauche restant au Cateau. Elle campe sur quatre lignes, deux d'infanterie et deux de cavalerie, rassemblée sur un front étroit afin d'être en mesure de gagner rapidement la rive droite de la Sambre. Si les ponts ont été détruits par l'ennemi sur cette rivière, son peu de largeur et l'abondance des bois qui l'avoisinent permettront d'établir rapidement de nouveaux points de passage. C'est à ces préparatifs et à l'ouverture de chemins d'accès pour les colonnes que le maréchal emploie la soirée du 22. Lui-même veut étudier la position où il aura sans doute à livrer bataille, et, en compagnie du duc de Guiche, il passe sur la rive droite de la Sambre. Un rapide examen lui montre que l'ennemi a su mettre à profit la longue inaction de notre armée et la lenteur de ses marches depuis qu'elle a quitté l'Escaut. Les lignes de circonvallation, auxquelles le prince d'Anhalt-Dessau a fait travailler sans relâche, sont maintenant achevées autour de Landrecies et offriront à l'assaillant un sérieux obstacle. Le maréchal est ébranlé. Avant de prendre un parti définitif, il juge nécessaire d'exécuter une nouvelle reconnaissance du terrain, plus complète et plus détaillée. Le matin du 23, il passe la Sambre, s'avance avec plusieurs officiers généraux à portée de fusil des lignes ennemies, en suit l'entier développement jusqu'au village de Maroilles et achève de se convaincre des difficultés que rencontrera sa tentative de secours contre un ennemi partout solidement établi. La position que « les ennemis ont à défendre n'est que d'une demi-lieue déjà retranchée ; ils peuvent y mettre deux lignes d'infanterie sans nulle inquiétude pour les autres quartiers [1] ». Villars rentre à midi dans son

---

1. *Relation de la journée de Denain*, par le maréchal de Villars. Insérée plus loin.

camp de Mazinghien, et, nouveau coup de théâtre qui s'explique par ces deux reconnaissances du 22 et du 23 juillet, il se détermine à reprendre le projet de Denain.

Nous avons vu, dans l'Introduction, un historien d'une haute impartialité, d'une conscience rare, le lieutenant général de Vault, attribuer ce revirement à l'intervention du maréchal de Montesquiou et reporter sur ce dernier l'initiative de la manœuvre du 23 juillet. Peut-être sera-t-il permis de ne pas accepter entièrement les conclusions de l'éminent historien de la guerre de la Succession, en faisant appel aux documents et aux témoignages qui lui sont demeurés inconnus.

Il est certain, comme le dit de Vault, que le projet de Denain, maintes fois discuté déjà, a été repris le 23 juillet définitivement, et que, de la décision à l'exécution de la marche sur l'Escaut, quelques heures seulement se sont écoulées. Nier la participation du maréchal de Montesquiou à cette détermination n'est certes pas possible : « Villars le consultait dans toutes les circonstances importantes, tous ses mouvements étaient concertés avec lui », nous dit M. le marquis de Vogüé. D'ailleurs, un témoin d'une autorité singulière, l'intendant de Flandre, M. de Bernières, écrivant à Voysin, le 25 juillet, du théâtre même du combat, nous marquera en termes précis la collaboration des deux maréchaux, « tant pour le projet que pour l'exécution de cette affaire brillante » de Denain. Dans leurs lettres du 27 juillet adressées à Montesquiou, Louis XIV et Voysin féliciteront tous deux le maréchal de sa part au projet de Denain. Ainsi que le fait remarquer le lieutenant général de Vault, pour que le Roi et le Ministre aient connu cette participation, Montesquiou n'en ayant rien mandé à la Cour, il faut qu'ils en aient été instruits par le porteur même de la nouvelle de la victoire, le marquis de Nangis. S'appuyer sur cet argument pour en déduire avec l'historien de la guerre de la Succession d'Espagne que Montesquiou « a entraîné » Villars à Denain [1], que ce dernier n'a joué le 23 juillet qu'un rôle secondaire et de simple consentement aux vues de son collègue, ce serait aller trop loin. S'il reste encore une part d'inconnu à dégager dans les motifs de la détermination subite prise par Villars d'abandonner son projet sur la Sambre et de revenir à la marche sur Denain (car, en dehors des récits des intéressés eux-mêmes, aucun des généraux qui les ont approchés à cette heure ne nous a dépeint l'attitude et transmis les paroles des deux maréchaux dans cette délibération suprême), les seuls et derniers témoignages qui nous soient parvenus, ceux du comte de Broglie et du duc de Guiche, sont tous deux en faveur de Villars.

Le premier, dans sa lettre à Voysin du 22 juillet 1712, a représenté le maréchal de Montesquiou d'accord avec son collègue pour reconnaître les avantages d'une attaque heureuse sur Denain mais refusant d'être mêlé personnellement à l'entreprise, « ne voulant pas être de cette expédition ». Le second nous montrera Villars allant de sa personne reconnaître les positions de l'ennemi sur la rive droite de la Sambre, le 22 juillet, et il indique nettement qu'à la suite de cette reconnaissance à laquelle il prit part, Villars « se détermina » à marcher sur Denain. A côté de ces témoignages il faut se rappeler l'examen attentif et les longues réflexions que Villars n'a cessé de consacrer à l'entreprise de Denain, telle que Lefebvre d'Orval et Voysin l'avaient proposée, comme aussi les dispositions qu'il avait déjà arrêtées le 21 juillet, de concert avec MM. de Vieuxpont et de Broglie, pour l'exécution de ce projet. Tout en reconnaissant au maréchal de Montesquiou une part importante dans la détermination de la marche sur l'Escaut et sans contester

---

1. Se reporter à la lettre de de Vault à Marmontel, p. 23.

le prix que son collègue attachait à son assentiment, il nous semble que l'initiative de la manœuvre hardie du 23 juillet et des habiles démonstrations qui l'ont accompagnée est principalement le fait du général en chef, de Villars, sur qui reposait la responsabilité de l'événement. Son rôle agissant en cette circonstance a été mis en lumière de nos jours par M. le marquis de Vogüé ; il sera établi ici même par les lettres du marquis de Goësbriand [1], du comte Dauger [2], du duc de Guiche [3] et de Lefebvre d'Orval [4].

Villars imprime à son projet un caractère personnel. Ce n'est plus avec un détachement de son armée, comme l'avait demandé Voysin, mais avec toutes ses forces réunies qu'il tentera le passage de l'Escaut et attaquera le camp retranché de milord Albemarle. Ainsi que le portait le projet primitif, la garnison de Valenciennes coopérera à cette attaque, et le gouverneur de cette ville, le prince de Tingry, en est avisé dès le soir même. L'opération est des plus hardies. Il faut exécuter une manœuvre de large envergure, une marche de flanc de près de 8 lieues, avec une armée entière, presque à la vue de l'ennemi, franchir un fleuve, enfin attaquer et enlever une position fortifiée de longue main, le tout avant que le prince Eugène puisse venir au secours de son lieutenant. Le plus profond secret sera gardé sur l'entreprise. Villars ne s'en ouvre qu'au maréchal de Montesquiou et aux officiers de son admirable état-major, ses officiers de détail comme on les appelait alors, Contades, Puységur,

---

1. A noter la phrase suivante dans la lettre si instructive du marquis de Goësbriand, du 24 juillet 1712 : « Le projet de M. le maréchal de Villars au fond était bon, etc... »
2. Lettre du comte Dauger au duc du Maine du 26 juillet 1712.
3. Lettres du duc de Guiche au duc du Maine des 23 et 25 juillet 1712.
4. Lettre de Lefebvre d'Orval à Voysin du 25 juillet 1712.

Beaujeu, Montviel et Bongars, avec qui il arrête, dans l'après-midi du 23, les mesures d'exécution.

On convient que la nuit du 23 au 24 sera mise à profit pour dissimuler la marche d'approche, que l'armée recevra seulement l'ordre de se tenir prête à un mouvement dont la retraite sera le signal et qu'on maintiendra les troupes dans la conviction que la marche doit se faire par la droite, avec Landrecies pour objectif. La formation de l'armée sur quatre lignes étroitement groupées favorisera le rapide écoulement des colonnes. En prévision de l'attaque qu'ils devaient seuls exécuter le 22 juillet, MM. de Vieuxpont et de Broglie sont encore campés à l'extrême gauche, ayant sous leurs ordres les troupes primitivement destinées à l'entreprise, le premier 5 brigades d'infanterie, soit 30 bataillons, une brigade d'artillerie et les pontons, Broglie sa réserve de cavalerie, soit 40 escadrons. Il suffira à M. de Vieuxpont de reprendre les dispositions déjà arrêtées le 21 juillet sur un terrain qu'il a lui-même reconnu. Avec le corps sous ses ordres, il formera une avant-garde lancée à plusieurs heures de marche en avant de l'armée, dont la cavalerie du comte de Broglie appuiera le mouvement. Suivra ensuite l'armée sur quatre colonnes : pour leur donner plus de souplesse, l'artillerie formera une cinquième colonne. Puységur, le maréchal général des logis, et Contades, le major général, passés maîtres dans l'art de disposer la marche d'une armée, aplaniront tous les obstacles sur un terrain que plusieurs campagnes leur ont rendu familier. Comme il faut maintenir le plus longtemps possible l'ennemi dans l'incertitude du point d'attaque, M. de Coigny, à la tête de 30 escadrons de dragons, reçoit l'ordre de passer la Sambre, d'exécuter dans la soirée une démonstration en vue des retranchements ennemis, de tenir en éveil les troupes d'investissement autour de Landrecies et de donner ainsi le change à l'adversaire sur les véritables intentions du général. Enfin, pour empêcher le mouvement de parvenir à la connaissance du prince Eugène, d'Albemarle et du gouverneur de Bouchain, Villars jette sans tarder un rideau de hussards dans tout le terrain qui s'étend entre la Selle et l'Escaut ; il pousse en observation un poste de cavalerie jusqu'aux portes de la basse ville de Bouchain avec ordre d'empêcher qui que ce soit d'en sortir ou d'y pénétrer, et il donne mission à Broglie d'occuper tous les passages de la Selle afin qu'aucun émissaire, aucun espion, ne puissent se glisser jusqu'au camp du prince Eugène.

Vers cinq heures du soir, le marquis de Vieuxpont, ayant avec lui deux maréchaux de camp, MM. d'Isenghien et de Monchy, se met en marche. 4 brigades d'infanterie, aux ordres de MM. d'Albergotty et de Brendlé, lieutenants généraux, et de M. le duc de Mortemart, maréchal de camp, les suivent à quelques heures de distance. Broglie s'ébranle aussi à la tête de ses 40 escadrons. A neuf heures, au signal de la retraite, l'armée, sans bagages, toute joyeuse à la pensée d'une bataille, s'apprête impatiemment à passer sur la rive droite de la Sambre. Enfin les officiers de détail vont partout porter les derniers ordres, et vers dix heures, les colonnes se mettent en branle pour gagner les ponts qu'on avait jetés la veille sur la Selle au dessus du Cateau.

Dès les premiers pas, un sentiment d'étrange stupeur s'empare des officiers et des soldats; tous croient à un nouveau mouvement de recul et laissent hautement éclater leurs murmures : « Quels diables d'officiers généraux avons-nous donc aujourd'hui?[1] » se demandent-ils avec amertume. Quand M. de Beaujeu s'adresse à la Maison du Roi et lui enjoint de passer la Selle, il est obligé d'insister pour obtenir l'exécution du mouvement, que cette troupe d'élite ne commence qu'à regret. La marche se poursuit durant les premières heures sous cette impression de tristesse et de découragement, mais bientôt un

---

1. *Mémoires du chevalier de Quincy*, III, p. 141.

bruit se répand que l'armée, loin de se replier sur Cambrai, remonte vers le nord, vers Denain. Aux murmures et à l'abattement succèdent la confiance et la joie. Les soldats comprennent la manœuvre hardie de leur chef, et, comme si la conscience de cette démarche offensive, la certitude d'un prochain combat, donnaient une impulsion nouvelle à toutes les colonnes, la marche se poursuit désormais à une allure plus vive, par une magnifique nuit d'été.

Villars est dans son carrosse avec le maréchal de Montesquiou. Vers cinq heures du matin, le marquis de Vieuxpont fait prévenir le maréchal qu'il ne peut arriver sur l'Escaut avant sept heures : les médiocres attelages des lourds équipages de pont ont retardé sa marche ; le capitaine des guides est ivre et il faut recourir aux paysans pour la conduite de l'avant-garde. Comme il est grand jour, on parle déjà, autour de Villars, de camper et d'arrêter l'entreprise qui ne peut manquer d'être éventée par l'ennemi. Montesquiou s'élève avec force contre ces conseils pusillanimes : il insiste pour que la marche se poursuive au moins jusqu'à l'Escaut. De l'autre côté de la Selle, sur les hauteurs de Querenaing, rien ne paraît encore qui signale l'approche de l'ennemi. Lorsque l'armée aura atteint l'Escaut, il sera temps, sans courir aucun risque, de suspendre la manœuvre, si réellement son exécution apparaît impossible. La marche, un instant arrêtée, est reprise, et les maréchaux ont bientôt rejoint le marquis de Vieuxpont près du moulin de Neuville. Ils l'y trouvent occupé à faire jeter deux ponts sur le fleuve par l'habile capitaine des charpentiers de l'armée, Thomassin.

Il est sept heures. Le travail se poursuit sans que l'ennemi tente de s'y opposer et que rien révèle sa présence. Tout repose dans une quiétude profonde, au camp du prince Eugène comme à celui de milord Albemarle. Seul, maintenu en éveil par les actives démonstrations de M. de Coigny, le corps d'investissement du prince d'Anhalt-Dessau autour de Landrecies a passé la nuit sous les armes. Les chevaux de la cavalerie d'Albemarle sont répandus dans les prairies qui avoisinent l'Escaut. Le prince Eugène s'attend si peu à une attaque que les équipages de son artillerie de campagne ont été envoyés au Quesnoy pour le transport des pièces de siège devant Landrecies. Il est près de huit heures quand le général-major Bothmar, en visitant le camp de Denain, découvre l'armée française dans la direction d'Avesnes-le-Sec, et s'empresse de prévenir Albemarle. Aussitôt ce général donne le signal d'alarme par six coups de canon, dépêche un courrier au prince Eugène, fait rappeler les chevaux de sa cavalerie, et monte à cheval avec les 23 escadrons dont il dispose. A leur tête, il se hâte vers Neuville dans l'espoir d'y disputer aux Français le passage de l'Escaut : mais à peine s'est-il porté en avant qu'il aperçoit dans la vallée les premières troupes françaises, cavalerie et infanterie entremêlées, qui ont pris pied sur la rive gauche du fleuve. Déjà le comte de Broglie s'élève avec ses escadrons vers Escaudain, ramène sans peine la cavalerie d'Albemarle jusque sur le camp retranché et atteint la double ligne de Marchiennes à Denain, *les grands chemins de Paris*. Broglie franchit l'épaulement, rencontre à l'intérieur des lignes un convoi de cinq cents chariots de pain qui cheminait vers l'armée ennemie, s'en empare et en dissipe l'escorte. Il se met ensuite en bataille entre les lignes et intercepte toute communication de Marchiennes à Denain. En face de lui et appuyés au camp retranché, Albemarle maintient 16 de ses escadrons déployés ; les 7 autres escadrons, détachés sur le chemin de Valenciennes, ont pour mission d'observer la garnison de cette place qui est signalée comme s'avançant aussi sur Denain par la hauteur et la cense d'Heurtebise[1].

---

1. Presque tous les détails qui retracent le combat de Denain du côté des Alliés sont empruntés à la belle lettre d'Albemarle aux Etats-Généraux, du 18 septembre 1712, qui est publiée en appendice.

L'infanterie que conduit M. de Vieuxpont atteint à son tour les lignes ennemies. Son mouvement s'est opéré assez lentement, car dans le voisinage des ponts les bords de l'Escaut sont doublés d'un marais difficile et étendu. Une seule chaussée, celle de Bouchain à Denain, se prête au défilé d'une colonne : la brigade de Champagne s'y engage. Rivalisant avec elle d'émulation, comme jadis au passage du Rhin et à la prise de l'île du Marquisat en 1706, la brigade de Navarre s'élance joyeusement et résolûment dans le marais à la suite du maréchal de Villars, qui y est entré à cheval. Bientôt deux ponts s'ajoutent à ceux que l'avant-garde a jetés sur le fleuve. Le passage des troupes s'accélère. L'infanterie, remontant vers le nord, entre sans interruption dans les lignes où le maréchal de Montesquiou s'emploie à disposer les bataillons dès leur arrivée, tandis que Villars regagne les abords des ponts pour presser le défilé des colonnes, trop lentes à son gré.

L'inquiétude s'est emparée du général en chef. Il ne peut croire que le prince Eugène se laisse jouer sans donner signe de vie. Surpris de la facilité de son succès, il s'attend à une brusque apparition de son adversaire et craint que, venant à déboucher par la Selle, Eugène ne le surprenne en pleine manœuvre, au milieu de cette opération toujours dangereuse, le passage d'une rivière, alors que le tiers seulement de ses forces a atteint la rive gauche de l'Escaut. Aux lieutenants généraux, dont les troupes n'ont point encore commencé le passage, il ordonne de marcher en bataille, prêts à faire face à une apparition des ennemis sur les derrières de l'armée. Le jour touche à son midi quand on signale au maréchal un mouvement dans le camp ennemi, aux abords de l'Escaut. Ce sont les sept bataillons, chargés de la garde des lignes de Denain à Thiant, que le prince Eugène fait avancer au secours de son lieutenant, et qui franchissent le fleuve. De Bermerain, son quartier général, éloigné de trois lieues, le prince est accouru au camp de Denain, où il est entré à dix heures du matin. Eugène veut encore croire à une fanfaronnade de son adversaire, mais, au premier coup d'œil jeté sur la position, il ne se dissimule plus le sérieux et la gravité du moment. Jugeant inutile la présence des 23 escadrons d'Albemarle, il leur enjoint de se replier sur la rive droite du fleuve ; puis il passe en revue les 10 bataillons qui garnissent les retranchements et donne son approbation aux premières mesures de défense prises par son lieutenant. Rangés sur trois hommes seulement de hauteur, ces 10 bataillons suffisent à peine à occuper la gauche et le centre des retranchements, d'un développement trop étendu pour les 5 ou 6.000 hommes dont se compose l'infanterie d'Albemarle. Les 7 bataillons, accourus de Thiant, vont permettre de combler le vide à la droite du camp retranché, face à la garnison de Valenciennes qui se dessine dans le lointain et ne tardera pas à se souder à l'armée française. Son lieutenant ainsi renforcé, le prince lui enjoint de tenir ferme, et, se portant dans la redoute qui couvre le pont de Denain sur la rive droite de l'Escaut, il espère voir déboucher bientôt les bataillons de sa droite mandés en toute hâte, et atteindre avec eux le fleuve avant que les Français aient achevé leurs dispositions d'attaque.

Les 7 bataillons du retranchement de Thiant à Denain ne constituent qu'un faible appoint, tout ce que le prince Eugène peut mettre en ligne, son armée complètement surprise, éloignée de l'Escaut par sa droite de près de 3 lieues, n'étant pas encore en mesure d'apparaître sur le fleuve. Peu s'en faut pourtant que leur arrivée ne détermine un mouvement de recul chez son adversaire. Villars a vu passer le fleuve au détachement ennemi. Il se trouble, juge son redoutable antagoniste en mesure de parer à son attaque, se représente la situation déjà compromise, la manœuvre trop dangereuse pour être poursuivie, et il dépêche au maréchal de Montesquiou l'ordre de cesser les dispositions d'attaque, de faire retirer les troupes des lignes ennemies et de se replier sur les ponts.

Montesquiou a gardé tout son sang-froid. Il ne peut croire à l'ordre qui lui est transmis et prend sur lui d'en suspendre l'exécution. Laissant un instant les bataillons qu'il achevait de disposer pour l'attaque des retranchements, il se porte à la rencontre de Villars. En quelques vives paroles, il lui représente combien ses craintes sont peu fondées, que le gros de l'armée ennemie n'a pas encore paru sur la rive droite de l'Escaut et qu'on ne peut renoncer à l'attaque des retranchements de Denain sans enlever à la brillante manœuvre de la nuit son couronnement. Il dit hautement le préjudice qu'une pareille démarche entraînerait pour le service du Roi et la honte qui rejaillirait sur le nom français si l'armée ne s'était approchée des retranchements ennemis que pour se retirer ensuite sans combat. Son attitude décidée, ses déclarations fermes, ses exhortations pressantes, ont enfin raison des dernières hésitations de Villars. Avec le consentement définitif de son collègue qui lui rend sa liberté d'action, Montesquiou regagne aussitôt les lignes et achève seul de disposer les bataillons pour l'attaque [1]. Organisateur de l'infanterie qui lui doit plus d'un progrès, maniant cette arme avec une dextérité sans égale, il a déjà formé, des 3o bataillons de M. de Vieuxpont, 1o colonnes de 3 bataillons déployés et se succédant de près, chaque colonne à vingt-cinq pas d'intervalle, précédée, en avant de son centre, par ses grenadiers et par ses piquets qui lui fraieront la voie. Telle est l'émulation, « l'ardeur française [2] » des troupes, que 2 brigades

---

1. Cette intervention décisive du maréchal de Montesquiou sera nettement établie par la suite de cette étude, notamment par les lettres du marquis de Goësbriand des 24 et 28 juillet et de Lefebvre d'Orval, du 5 août 1712.

2. Suivant l'expression du marquis de Goësbriand dans sa lettre au duc du Maine, du 28 juillet 1712.

s'ajoutent d'elles-mêmes aux 5 brigades qui s'apprêtent au combat. La première ligne est ainsi formée de 40 bataillons sur 14 colonnes, dont 12 de 3 bataillons et 2 de 2 bataillons. Elle est suivie, en soutien, de 2 brigades comprenant 6 bataillons chacune.

52 bataillons auront ainsi l'insigne honneur de prendre part à l'attaque des retranchements de Denain. Ils appartiennent aux brigades de Navarre, Royal, Le Maine, Royal des Vaisseaux, Champagne, Lyonnais, Tourville, Hessy et Brendlé. Sur le front se répartissent les lieutenants généraux marquis de Vieuxpont et de Dreux et M. de Brendlé, les maréchaux de camp marquis de Monchy, ducs d'Isenghien et de Mortemart. Vers une heure, Montesquiou est prêt à donner le signal de la marche en avant. Sur les instances de M. de Contades et du marquis de Nangis, qui sert comme volontaire auprès de Villars, il attend que son collègue l'ait rejoint. Enfin MM. les maréchaux s'étant placés à la droite de la ligne, le lieutenant général d'Albergotty à la gauche, l'absolution est donnée aux soldats qui se relèvent, et, jetant en l'air leurs chapeaux, s'ébranlent au cri de « Vive le Roi. »

Ce dut être un magnifique spectacle, empreint de force et de grandeur, que celui de cette infanterie s'avançant en une masse puissante et bien ordonnée, le fusil sur le pli du bras, dans un scintillement de baïonnettes, au devant des retranchements ennemis. Pleins de vigueur, les soldats ont oublié les fatigues de la longue marche qu'ils ont accomplie au milieu de la nuit. « La tête haute, bien maîtres de leurs manœuvres[1], » s'avancent les colonels et brigadiers qui les conduisent. Accueillies par les feux de peloton de l'infanterie, par la mitraille de six pièces de canon qui tirent à cartouches, les colonnes, sous l'impulsion entraînante de la charge, ne ralentissent pas un

---

1. Lettre de Villars au Roi, du 29 juillet 1712. D. G. 2.380.

instant leur élan. Dédaignant de répondre à leur adversaire, elles abordent les retranchements « avec une valeur et une grâce dignes de la nation [1] », descendent dans le fossé, et, comme un flot impétueux, remontent le parapet qu'elles franchissent d'un bond sans que l'ennemi attende le choc. Les Hollandais fuient en déroute vers l'Escaut. Albemarle, l'épée à la main, essaie de rallier les fuyards et de tenir tête à l'assaillant aux abords du village et de l'abbaye de Denain. Il se voit bientôt seul au premier rang, obligé de se rendre à un capitaine de Lyonnais, tandis que ses troupes, se pressant en désordre aux abords de l'unique pont qui leur sert de retraite et que rompt bientôt la poussée des premiers fuyards, deviennent la proie du vainqueur.

De la rive droite de l'Escaut, Eugène impuissant, déchirant de dépit les dentelles de ses manches, a contemplé le douloureux spectacle de la défaite des siens. L'action est déjà terminée quand surviennent 14 bataillons de la droite de son armée, les seules troupes qui ont pu répondre à ses appels réitérés. Se refusant encore à accepter sa défaite, il engage une vaine fusillade avec les Français, maîtres incontestés de la rive gauche du fleuve, puis, sous le coup d'une déception profonde, sous la vision attristante des suites de cette défaite qui met son armée aux abois et fait tomber Marchiennes, l'entrepôt de ses vivres, de ses munitions et de ses approvisionnements, il reprend le chemin de son quartier-général, de Bermerain.

La journée du 24 juillet 1712 a ainsi marqué le triomphe de nos armes, l'une des manœuvres les plus

---

[1]. Lettre du commissaire des guerres Puech à Voysin, du camp de Denain, ce 25 juillet 1712. D. G. 2.380.

Médaille frappée pour célébrer la prise des retranchements de Denain et la levée du siège de Landrecies.

brillantes, les mieux conçues, les plus vigoureusement exécutées de notre histoire militaire, une victoire solide et féconde, de celles qui, par leurs conséquences, décident de la destinée d'un pays, et dont Napoléon a dit qu'elle avait sauvé la France. Jamais manœuvre et combat n'ont affirmé avec plus de force l'immense supériorité de l'offensive, son action irrésistible, ses résultats décisifs à la guerre. Denain en demeurera comme l'une des glorifications les plus éclatantes, et son étude, pleine d'enseignements, s'offrira toujours à la réflexion et à l'admiration de ceux qui demandent à l'art de la guerre ses plus hautes leçons.

Les traits principaux de ce récit ressortiront amplement des lettres qui vont suivre. Grâce à elles nous croyons qu'il sera possible de déterminer, tel qu'il est exposé ici même, le rôle des maréchaux de Villars et de Montesquiou dans les événements des 23 et 24 juillet 1712, et de dire que ce fut la gloire du maréchal de Villars d'avoir exécuté la manœuvre de Denain, non pas avec un détachement, mais avec l'armée entière, et de l'avoir conduite jusqu'aux bords de l'Escaut avec un secret et une habileté qui étaient un sûr garant du succès. Rien de plus beau que ces démonstrations du 23 juillet sur la Sambre qui jettent l'ennemi dans un trouble complet, que cette marche de nuit sur la rive gauche de la Selle, si hardiment et si lestement conduite. Ce serait, à notre avis, une injustice de ne pas y reconnaître le génie de Villars. Mais là s'arrête son rôle brillant. Tout d'action, Montesquiou entre en scène. Au moment où Villars suspend la marche des troupes, laisse sa belle manœuvre inachevée, ordonne une retraite que rien ne justifie, Montesquiou, qui joint à la vision claire du but la volonté de l'atteindre, qui sait combien les instants sont précieux, presse son collègue de poursuivre le mouvement et triomphe enfin de ses hésitations au moment critique de marcher sur les retranchements ennemis. C'est lui seul qui prend en main, et en main de maître, la direction du combat et toute la partie tactique de l'opération, et qui fait ainsi sa chose la dernière phase de la manœuvre de Denain, la phase décisive, celle sans laquelle l'opération fût restée lettre morte, c'est-à-dire la poussée de l'armée des bords de l'Escaut jusqu'aux lignes ennemies et l'enlèvement du camp retranché de Denain. Si la France compte le combat du 24 juillet 1712 au nombre de ses triomphes les plus éclatants, elle le doit au maréchal de Montesquiou, à ce vétéran[1] des guerres du grand règne, dont l'intervention pleine de vigueur et l'élan tout juvénile ont entraîné la victoire sur ses pas.

---

1. Montesquiou était alors âgé de 72 ans. Il avait fait ses premières armes dans la guerre de Dévolution.

PIÈCES JUSTIFICATIVES

* **Villars au marquis de Saint-Fremond** [1]

Au camp de Mazinghien, le 23 juillet 1712.

Je n'ai pas eu un moment, Monsieur, pour répondre plus tôt à la lettre que vous m'avez fait l'honneur de m'écrire le 17. Nous nous sommes portés hier sur la Sambre et nous passons cette rivière dès que nos ponts seront préparés. Les ennemis ont marché pareillement dès qu'ils nous ont vus ébranlés et toutes leurs forces sont actuellement sur Landrecies. Ils se retranchent, et d'ailleurs la nature du terrain leur est favorable. Cependant nous sommes bien disposés à les attaquer, moyennant que nous le puissions faire sans un trop grand désavantage.

J'avais cru, Monsieur, que vous viendriez me rejoindre dès que vous verriez les ennemis déterminés au siège de Landrecies. Je ne sais quels ordres la Cour vous aura donnés sur cela, mais tout ce que je puis vous dire c'est que je serais fort aise que vous fussiez dans Maubeuge s'il était assiégé et encore bien plus que vous fussiez avec nous dans une conjoncture comme celle-ci où nous sommes à la veille d'avoir l'action du monde de la plus grande décision.

Adieu, Monsieur, je vous embrasse et je suis de tout mon cœur, etc. [2].

---

1. D. G. 2380. M. de Saint-Fremond avait été envoyé pour commander à Maubeuge dans le cas où le prince Eugène aurait entrepris le siège de cette place.

2. D. G. 2.380. — Le brillant historien de Villars, M. le marquis de Vogüé, a vu, dans l'envoi de cette lettre à de Saint-Fremond, une ruse du maréchal destinée à tromper les ennemis si ce billet tombait entre leurs

* **Le comte de Broglie à Voysin**.

Au Cateau Cambrésis, ce 23 juillet 1712.

Monseigneur,

J'eus l'honneur de vous mander hier, à la fin de ma lettre que j'avais l'honneur de vous écrire, que M. le maréchal de Villars m'avait envoyé ordre de faire faire 5o fascines par escadron à toute la réserve que je commande, et de la faire tenir prête à marcher et de l'aller trouver à son quartier pour y recevoir ses ordres. Mais, en arrivant chez lui, il me dit qu'il avait changé de sentiment, que M. de Tingry, dont il venait de recevoir un courrier, trouvait beaucoup de difficulté à faire une attaque de son côté, et que, depuis qu'il y avait fait réflexion, il regardait aussi la chose comme très difficile et qu'ainsi il ne fallait plus y songer. J'ai appris aujourd'hui par un censier qui tient la ferme du Fresnoy de M. le chevalier de Beringhem, qui est homme entendu que j'avais envoyé dans le camp de Denain, que M. le prince Eugène avait encore envoyé quelques troupes de renfort à milord Albemarle et qu'il perfectionnait les retranchements, ayant eu quelque vent que l'on voulait l'attaquer. Nous avons manqué le coup quand on a passé l'Escaut, comme vous l'aviez fort bien pensé, Monseigneur, un ennemi ne pouvant point être averti de ce qui se passe dans le derrière quand une armée aussi considérable que celle-ci est en mouvement. Je crois que l'on aurait pu aussi, pendant que les ennemis ont fait le siège du Quesnoy et que nous étions de l'autre côté de l'Escaut, forcer ses lignes. J'ai eu même l'honneur, dans ce temps-là, de vous écrire à ce sujet ; mais, pour le dernier projet, de la manière dont on s'y était pris, il ne pouvait s'exécuter, du moins à mon sens, et il en pouvait arriver de grands inconvénients.

L'armée du Roi est campée d'hier au soir entre la Selle et la Sambre.

On vient de me dire que l'on fait des ponts sur la Sambre et que nous devons demain la passer. J'ai de la peine à croire que l'on

---

mains. Cette hypothèse perd une grande partie de sa valeur si l'on admet, avec le lieutenant général de Vault, que Villars, jusqu'au 23 juillet à midi, ne pensait qu'à la marche sur la Sambre. La version de de Vault n'est pas en désaccord avec les *Mémoires de Villars* et elle est confirmée par la *Relation de la journée de Denain*, due au maréchal, que l'on trouvera plus loin. Cette relation donne des détails précis sur l'emploi de la matinée du 23 juillet 1712 qui servit à Villars pour reconnaître la position des ennemis sur la rive droite de la Sambre, avec Landrecies comme objectif.

puisse attaquer les ennemis de ce côté, étant un pays coupé de fossés et très difficile à pénétrer [1]...

Le duc de Guiche au duc du Maine.

Au camp de Mazinghien, le 23e juillet 1712.

Nous passâmes hier la Selle à une heure après-midi, Monseigneur. Notre gauche est au Cateau et notre droite à la Sambre, Catillon devant nous. On accommode aujourd'hui les ponts et les chemins pour pouvoir déboucher demain sur plusieurs colonnes dans la plaine qui est de l'autre côté. J'y fus hier m'y promener avec M. le maréchal de Villars [2]. On doit avoir regret au temps que nous avons perdu pour y arriver, et ce n'est pas faute, je puis vous l'assurer, Monseigneur, que le contraire n'ait été proposé à plus d'une reprise. Si on ne change point de projet, ce qui arrive fréquemment, nous serons demain en présence, mais nous n'en serons pas pour cela plus avancés. Les ennemis ont eu six jours entiers pour se retrancher, et il n'en faut pas tant pour se mettre hors d'insulte. Ainsi je doute fort que Landrecies soit secourue. Il n'y a qu'à désirer que dans la suite de la campagne, qu'il n'est quasi pas possible qui se passe sans évènement, on veuille faire un bon usage de cette armée-ci, qui est aussi forte que celle de M. le prince Eugène, et qui, à disposition égale, lui ferait assurément pour le moins la moitié de la peur, mais nous voyons par une triste expérience depuis plusieurs années que les temps bien ou mal pris décident de tout à la guerre.

Je suis, avec beaucoup d'attachement et de respect, de votre A. S., Monseigneur, le très humble et très obéissant serviteur [3].

Le duc DE GUICHE.

Le marquis de Goësbriand au duc du Maine.

Hier, 22, après-midi, l'armée fit un mouvement par sa droite

---

1. D. G. 2.380.
2. Villars n'a point envoyé de courrier à Fontainebleau le 23 juillet. Sa lettre du 22 juillet, qui précède, a été sans doute écrite avant qu'il eût pris le parti de se rendre compte par lui-même de la force de la position ennemie sur la rive droite de la Sambre ; seul, le duc de Guiche a fait mention de cette reconnaissance exécutée par Villars en personne et il nous fera connaître, plus loin, qu'elle n'a pas été étrangère au revirement qui se produisit dans l'esprit du maréchal et l'amena à reprendre le lendemain le projet de Denain. A ce titre, elle mérite de fixer l'attention.
3. D. G. Carton supplémentaire n° VIII. Lettre autographe.

passa la Selle au dessus du Cateau et vint camper sur 4 lignes, savoir 2 d'infanterie et 2 de cavalerie, la droite à la Sambre proche Fesmy et la gauche à la Selle, au Cateau, faisant face à Landrecies, Mazinghien pour quartier général.

Cependant on dit que les ennemis travaillent à se retrancher en deçà et au delà de la Sambre et qu'ils n'ont pas dégarni, comme on l'avait cru, leur droite, du côté de l'Escaut.

On a fait des ponts sur la Sambre, sur lesquels l'armée la doit passer demain 24 ou peut-être cette nuit [1].

Au camp de Mazinghien, entre la Sambre et la Selle, ce 23 juillet 1712.

Lefebvre d'Orval à Voysin.

A Cambrai, le 23 juillet 1712 à 8 heures du soir.

Suivant les avis que j'ai reçus aujourd'hui du camp des ennemis par un homme qui y était à midi, l'inquiétude du prince Eugène augmente depuis qu'il voit que M. le Maréchal, au lieu d'aller à Guise comme il l'espérait, s'attache à vouloir secourir Landrecies. Il voudrait bien ne pas abandonner le camp qu'il occupe près de Valenciennes afin de pouvoir donner les mains au milord d'Albemarle et tirer ses convois par la Scarpe, mais la manœuvre de l'armée du Roi va l'obliger de prendre parti, puisque aujourd'hui à onze heures il avait ordonné à son armée de se tenir prête à marcher au premier commandement, et comme il y a bien de l'apparence que milord d'Albemarle suivra de crainte d'être coupé, on espère que la garnison de Valenciennes s'emparera de son camp, et voilà ce qui fait l'embarras de ce prince.

Les lettres que nous avons reçues aujourd'hui de l'armée portent que l'on y est plein d'espérance et que c'est une allégresse générale quand on fait espérer aux troupes de donner [2]. On ne saurait guère

---

1. D. G. Carton supplémentaire n° VIII. La lettre, écrite par un secrétaire, porte en tête la mention suivante : « Cette lettre est de M. le marquis de Goësbriand, lieutenant général des armées du Roi. » — Ces deux lettres du duc de Guiche et du marquis de Goësbriand prouvent que, dans la journée du 23 juillet, rien n'avait transpiré du beau projet du maréchal de Villars, qui devait recevoir, le soir même, son commencement d'exécution.

2. « ... Je trouve dans l'armée, depuis que le bruit de la bataille ici est répandu, un air de gaieté dont je tire un bon augure. » Lettre de M. Dauger

risquer, l'affaire ne pouvant être générale dans un pays coupé [1].

Lefebvre d'Orval à Voysin.

Monseigneur,

Loué soit Dieu ! L'armée du Roi exécute la seule chose qui pouvait faire lever le siège de Landrecies. Elle a commencé à passer l'Escaut à 8 heures du matin après avoir attiré la plupart des troupes du prince Eugène du côté de la Sambre [2] par l'attaque fausse que M. le Maréchal y fit faire hier. Elle a commencé par prendre des chevaux qui étaient en pâture et à piller un camp où l'on prétend qu'il y a eu plus de 800 hommes tués ; qu'ensuite de ce, on était entré dans le camp de Denain, d'où milord d'Albemarle était parti avec une troupe pour aller au devant du convoi qui avait débarqué à Marchiennes, dont apparemment on rendra bon compte. L'on commença sur les deux heures à entendre le feu du canon et de la mousqueterie [3], et comme en ce temps-là la plus grande partie de l'armée avait passé l'Escaut sous Bouchain, il semble que la chose ne saurait être que bonne. On ne voit personne revenir, et les courriers qui viennent disent que tout va à merveille. Je n'en saurais douter, principalement quand le Français attaque et qu'il a son projet fait, outre que le prince Eugène a donné dans le panneau.

Le pain était fort rare à son armée. On y attendait avec impatience le convoi dont je viens de parler, ce qui donne de grandes espérances pour la levée du siège de Landrecies où les ennemis se trouveront dénués de tout et obligés de tirer leurs convois de Bruxelles, au lieu

---

au duc du Maine, du 18 juillet 1712. — « Notre armée me parut encore hier la plus belle chose du monde. J'ai remarqué de la gaieté et de la confiance parmi le soldat, et peut-être plus, si je le puis dire en secret à Votre A. S., que parmi les gens les plus relevés. » Lettre de M. Dauger au duc du Maine, le 21e juillet, au camp du Cateau. D. G., Carton supplémentaire n° VIII. — Le chevalier de Quincy dit également dans ses *Mémoires*, III, p. 136 : « Nous quittâmes le 19 nos terriers avec le plus grand plaisir du monde. La joie était répandue sur les visages et des soldats et des officiers : il y avait un pressentiment unanime que nous marchions à une victoire certaine. On se faisait des compliments les uns aux autres. »

1. D. G. 2.380.
2. Grâce à la démonstration habilement faite, sur la rive droite de la Sambre, par le marquis de Coigny.
3. A vol d'oiseau, Denain n'est éloigné de Cambrai que de 20 kilomètres.

que l'armée de Sa Majesté pourra trouver de grands secours dans le gros nombre de bateaux chargés de toutes sortes de provisions qu'elle trouvera entre Marchiennes et Hasnon. A ce moment, on m'avertit qu'il vient une troupe droit ici, ayant passé par Iwuy, village entre cette ville et Bouchain. C'est apparemment pour venir prendre le convoi qui est ici prêt à partir. Je ne saurais en dire davantage à présent, et la poste va partir.

Je suis avec un profond respect.

P.-S. Le camp de Denain est absolument pris, tué et noyé. Parmi ces derniers, on compte M. le prince d'Holstein, gouverneur de Lille [1], celui de Tournai [2] est pris avec le canon, drapeaux, convois et tout ce qu'il y avait. J'espère qu'on prendra aussi les bateaux. Permettez-moi, Monseigneur, de vous féliciter de cette action [3].

Monseigneur,

Votre très humble, très obéissant et très respectueux serviteur. LEFEBVRE.

On me mande de Douai que les Anglais se sont rendus maîtres du château de Gand [4] et qu'ils ont arrêté 50 vaisseaux hollandais pour tirer raison de ce que les Hollandais ont débauché les troupes qu'ils avaient à leur solde [5].

A Cambrai, le 24 juillet à 8 heures du soir.

---

* Villars à Louis XIV.

Du camp de Denain, le 24 juillet 1712.

Après plusieurs nouvelles pénibles à Votre Majesté, j'ai au moins la satisfaction de lui en apprendre une agréable M le marquis de

---

1. En réalité, le gouverneur de Lille, lieutenant général prince de Holsteinbeck, comptait au nombre des prisonniers.

2. Albemarle lui-même.

3. On sent que cette lettre a été écrite à la hâte, au milieu de l'émoi provoqué dans Cambrai par les échos de la canonnade, les nouvelles du combat, et la joie du succès.

4. Comme on l'a vu plus haut, le duc d'Ormond, en quittant le prince Eugène, avait marché sur Gand où se trouvait déjà une garnison anglaise.

5. D. G. 2.380.

Nangis ¹ aura l'honneur de lui dire que le camp retranché de Denain a été emporté après une assez vigoureuse résistance.

Milord Albemarle a été pris ; le comte de Nassau ², tué ; 2 lieutenants généraux pris ; 2 maréchaux de camp, plusieurs autres officiers principaux, M. d'Anhalt fils, ont été faits prisonniers.

Les troupes de Votre Majesté ont marqué une valeur extrême. Je ne puis assez m'en louer.

M. le maréchal de Montesquiou a donné tous ses ordres avec beaucoup de fermeté. M. d'Albergotty a montré son courage ordinaire, MM. de Vieuxpont et de Broglie, qui commandaient les premiers détachements, MM. de Brendlé ³ et de Dreux ⁴ et M. le

---

1. Le 26 juillet 1712, M. de Nangis avait la joie d'entrer à Fontainebleau, non plus avec l'annonce d'une défaite honorable, comme au lendemain de Malplaquet, mais avec la nouvelle d'un brillant succès.

2. Il s'agit du comte Corneille de Nassau-Woudenbourg, gouverneur d'Aire, fils du maréchal d'Ouwerkerk. Guillaume d'Orange lui avait permis de porter le nom de Nassau. Il descendait en effet, en droite ligne, de Louis de la Leck, bâtard de Maurice de Nassau, stathouder des Provinces-Unies. Le comte Corneille s'était particulièrement distingué au combat de Wynendaël pendant la campagne de 1708. Sa charge de gouverneur d'Aire fut donnée à son frère Maurice sur la recommandation du prince Eugène qui écrivait à Heinsius :

Poix, ce 1ᵉʳ août 1712.
Monsieur,

Je crois que vous connaissez le mérite du comte Maurice et de toute sa famille. Il a perdu 2 frères en deux ans au service de l'État. Il souhaite le gouvernement d'Aire qu'avait le comte Corneille son frère. Il vous prie, Monsieur, très instamment de vouloir bien l'appuyer et le favoriser dans sa prétention. Je crois même qu'il n'y aura pas grande difficulté, car dans l'incertitude si cette place restera ou non à la France, il n'y aura pas beaucoup de prétendants. Du reste nous marchons demain vers Mons, de là à Tournai. Je me rapporte à la relation de mʳˢ les députés. Quand on aura passé l'Escaut, on pourra voir plus clair dans tout ce qu'il y aura à faire. A. H., portef. 53, A.

3. M. de Brendlé, originaire du canton d'Argovie, d'abord cadet aux Gardes suisses, avait obtenu en 1701 le régiment de Stoppa, le second des régiments suisses. Brigadier en 1702, maréchal de camp en 1709, M. de Brendlé se distingua à Malplaquet et prit une part glorieuse à la défense de Douai en 1710. Sa belle conduite à ce siège lui mérita le grade de lieutenant général le 2 juillet 1710.

4. Gendre de Chamillart, le marquis de Dreux avait acheté en 1698 le régiment de Bourgogne. Il s'était particulièrement signalé en Italie pendant les premières années de la guerre de la Succession d'Espagne. Brigadier d'infanterie de janvier 1702, maréchal de camp en octobre 1704, il combattit vaillamment à Malplaquet et se couvrit de gloire à la défense de Douai en 1710, où il fut blessé. Le Roi le créa lieutenant général en 1710, en même temps que M. de Brendlé, pour récompenser leurs services au siège de cette ville.

marquis de Nangis, M. le prince d'Isenghien [1], M. de Monchy [2] méritent tous de très grandes louanges, aussi bien que le major général [3].

Je souhaite que Votre Majesté approuve notre zèle pour son service. Je cherche le mieux, avec toute l'application que je dois. Si j'en dois croire le discours de M. d'Albemarle, M. le prince Eugène n'a qu'à se retirer par Mons. Ce prince était arrivé ici deux heures avant l'action. J'ai envoyé sur le champ le comte de Coigny vers Guise [4].

J'ai l'honneur d'être, etc.   VILLARS.

J'ai envoyé le comte de Broglie attaquer Marchiennes le moment d'après l'action.

✻ Villars à Voysin.

Du camp de Denain, ce 24 juillet.

Je n'ai pas le temps, Monsieur, de vous écrire une bien longue lettre ; je ne puis trop me louer des troupes. Je n'ai point donné de

---

1. Louis de Gand de Mérode, prince d'Isenghien, mousquetaire en 1696, colonel l'année suivante, brigadier en 1703, s'était particulièrement fait remarquer au siège de Menin, en 1706. Maréchal de camp du 20 mars 1709, il se comporta avec une grande bravoure à Malplaquet. Lieutenant général en 1718, il fit la campagne de 1733-34 sur le Rhin et fut créé maréchal de France en 1741.

2. Jean-Charles de Bournel, marquis de Monchy en Artois, après s'être distingué à Nimègue, à Eckeren, obtint par commission du 16 décembre 1703, le régiment d'infanterie de Lorraine. Brigadier du 10 février 1704, il combattit à Hochstett, à Audenarde, à Malplaquet. Maréchal de camp par brevet du 29 mars 1710, il fut fait commandeur de l'ordre de Saint-Louis en 1716, lieutenant général en 1734 et mourut en 1746. — Deux jours après le combat de Denain, il écrivait à Voysin :

Monseigneur,

J'ai été assez heureux d'avoir été détaché avec les 6 brigades de la gauche pour l'action qui vient de se passer où je puis vous assurer que M. le maréchal de Villars et de Montesquiou ont été contents de moi. Ils m'ont même assuré en avoir écrit au Roi. J'espère, Monseigneur, que vous voudrez bien m'accorder votre protection auprès du Roi pour pouvoir profiter d'une affaire aussi heureuse. Il y a trente ans que j'ai l'honneur de le servir et vous saurez que l'affaire de Malplaquet, où je fus assez heureux de me distinguer, ne m'a servi de rien au monde. Il y a trois ans que je suis maréchal de camp. Beaucoup d'autres ont été faits lieutenants généraux qui ne l'ont pas été si longtemps et n'avaient pas une action comme celle qui vient de se passer par devers eux.

Je suis avec un très profond respect, Monseigneur, votre très humble et très obéissant serviteur.   MONCHY.

Au camp de Denain, ce 26 juillet.   D. G. 2.380.

3. M. de Contades.

4. D. G. 2.380.

ces batailles générales qui mettent le royaume en peine, mais j'espère, avec l'aide de Dieu, que le Roi retirera de grands avantages de celle-ci. Je songe à tout. Il y a 2 régiments d'infanterie vacants, du moins celui de Tourville que je demande pour le sieur de Boissieux [1], mon neveu, et je vous supplie, Monsieur, d'en vouloir bien dire un mot au Roi. Après cela, comme je suis juste, si le Roi en donnait celui de Tourville au frère du prince d'Isenghien, je demanderais celui des Landes pour mon neveu. Je suis, etc... [2].

* Montesquiou à Louis XIV.

Sire,

Permettez à mon zèle et à mon respect de féliciter Votre Majesté sur l'heureuse et la vigoureuse action que ses troupes ont remportée sur les ennemis. M. de Nangis lui en rendra compte.

Mon neveu Artagnan, qui a un petit régiment depuis dix ans, après en avoir servi quinze dans son régiment des Gardes, et qui a l'honneur d'être connu de Votre Majesté par les nouvelles qu'il a eu l'honneur de lui rapporter deux fois, je la supplie très humblement de lui accorder le régiment de Tourville qui a eu le malheur d'être tué à cette affaire. Il a son frère qui s'appelle le chevalier d'Artagnan qui est major de son régiment. Si Votre Majesté voulait lui accorder son régiment, ce serait une double grâce dont je serais comblé et que je tâcherais de mériter par mes services. J'ai l'honneur d'être, etc...

Le Maréchal DE MONTESQUIOU.

Mon neveu était avec moi à l'action.

Du camp de Denain, le 24 juillet [3].

Montesquiou à Voysin.

Du camp de Denain, le 24 juillet.

Je ne trouve que ce mauvais papier pour avoir l'honneur de vous

---

1. De Boissieux (Louis de Frétat, comte). Aide de camp du maréchal de Villars, son oncle, en 1704, il le suivit en Languedoc. Il obtint, le 21 octobre 1705, une compagnie dans le régiment d'infanterie de Lorraine. Colonel d'un régiment d'infanterie de son nom, en 1707, il le commanda jusqu'à la fin de la guerre de la Succession d'Espagne. Brigadier le 1er février 1719, il prit une part glorieuse aux campagnes d'Italie de 1733 à 1735, fut fait maréchal de camp en 1734, et lieutenant général en 1738. Il mourut l'année suivante.
2. D. G. 2.380.
3. D. G. 2.380.

dire non pas le combat heureux d'aujourd'hui que M. le marquis de Nangis vous expliquera, mais pour vous supplier de m'être favorable dans la demande que j'ai l'honneur de faire à Sa Majesté pour qu'il veuille gratifier mon neveu Artagnan, qui a l'honneur d'être connu de vous, du régiment de Tourville qui y a été tué, et la grâce serait complète si vous pouviez donner son petit régiment à son frère, qui en est major. Je compte sur vos bontés, étant, Monsieur, votre très humble et très obéissant serviteur [1].

Le maréchal DE MONTESQUIOU.

Le marquis de Goësbriand au duc du Maine.

Enfin, Monseigneur, la mauvaise opinion de M. le prince Eugène pour M. le maréchal de Villars l'a trompé en cette occasion, et M. d'Albemarle a été surpris [2].

Le projet de M. le maréchal de Villars au fond était bon, mais les mesures qu'il avait prises à cette occasion ayant presque toutes manqué, il ne devait pas réussir.

Et il manquait absolument sans M. le maréchal de Montesquiou à qui l'honneur de cette affaire est dû, par la peur mal fondée de M. le maréchal de Villars lorsqu'il ne pouvait pas manquer de réussir, et on faisait une retraite aussi honteuse que préjudiciable au service du Roi [3].

---

1. D. G. 2.380.

2. La surprise a été complète dans le camp du prince Eugène comme dans celui d'Albemarle. Voir les lettres du brigadier Cronstrom et du député hollandais Vegelin de Claerbergen publiées en appendice.

3. Il est inutile d'insister sur la valeur de cette assertion dans la bouche d'un témoin aussi autorisé que l'intrépide défenseur d'Aire.—Voir sa lettre du 28 juillet où il se montre non moins affirmatif sur l'importance du rôle de Montesquiou à Denain et la rapprocher du témoignage de Lefebvre d'Orval dans sa lettre à Voysin du 5 août 1712. — Le chevalier de Folard qui, de son propre aveu, n'aimait point le maréchal de Montesquiou et était loin d'en être aimé, dit aussi : « Après quelque incertitude de ce qu'il (Villars) ferait par rapport à ses forces qui n'étaient pas toutes arrivées, le maréchal de Montesquiou, ayant remarqué la faiblesse des retranchements des ennemis d'entre les deux lignes, et je ne sais quoi d'agité et de flottant dans leur contenance, le détermina à expédier promptement cette affaire. En effet le temps pressait. Montesquiou avait rangé 40 bataillons non sur plusieurs lignes selon la méthode ordinaire lorsqu'on ne peut combattre sur un grand front mais à la queue des uns des autres, à peu près en colonnes s'ils n'eussent été sur 4 de profondeur et trop éloignés les uns des autres pour avoir le poids et la force de mes colonnes. » *Histoire de Polybe*, 1, p. 48.

Il est certain que la prise de cette communication dérange absolument les mesures des ennemis, mais je ne crois pas qu'on profite assez de l'état où ils sont et de celui où nous sommes.

On peut compter qu'ils s'arrangent et que, quand ils le seront, M. le prince Eugène qui est piqué agira, tentera et enfin fera quelque chose. Dieu veuille que la campagne finisse heureusement. Au surplus, on languit en cette armée, on y oublie ce qu'on sait, le caractère y est avili, et il semble qu'on cherche à dégoûter le peu d'honnêtes gens qui restent [1].

Au camp de Denain, ce 24 juillet 1712.

✳ **Villars au Roi.**

Du camp de Denain, le 25 juillet 1712.

Votre Majesté verra par l'état ci-joint des prisonniers que la défaite des ennemis a été très complète et je ne crois pas qu'il ait échappé 200 hommes de tout ce qui défendait le camp retranché, d'autant plus que les premiers fuyards trouvèrent la digue déjà remplie des premiers bataillons que le prince Eugène amenait à leur secours.

Il y a beaucoup de drapeaux que j'aurai l'honneur d'envoyer à Votre Majesté ; mais on en tire à tous moments du fond de l'Escaut.

Marchiennes et Saint-Amand sont investis présentement. On a pris tout ce qui était répandu en diverses redoutes le long de la Scarpe.

L'ennemi est dans la même situation. Tout ce qui peut être imaginé pour profiter de la conjoncture présente ne m'échappera pas, et j'ose assurer Votre Majesté que ce que l'on a fait était certainement tout ce qui pouvait arriver de plus heureux, hors de défaire l'armée entière des ennemis.

Il me sera toujours très aisé de prouver bien clairement à votre Majesté que, pour Landrecies, à moins de m'y poster le premier en abandonnant Cambrai et Arras, je n'ai pu y combattre qu'avec apparence de la perte de l'armée de votre Majesté. J'ai eu l'honneur de lui mander que le marquis de Coigny a reçu ordre, le moment après l'action, d'aller sur l'Oise.

---

1. D. G. Carton supplémentaire n° VIII. Cette lettre est de la main même du marquis de Goësbriand. M. Brun et M. le lieutenant Azan, de la Section historique, m'ont obligeamment aidé de leur expérience et de leurs recherches pour déterminer ce point important. On y trouve d'ailleurs, reproduite en tête, la mention : « Cette lettre est de M. le marquis de Goësbriand, lieutenant général des armées du Roi. »

Je ne sais si M. le prince Eugène voudra faire brûler sur les frontières de Champagne et de Picardie. Il le peut par 100 hussards comme par 10.000 hommes. Mais si votre Majesté veut bien me le permettre, je lui manderai d'avance qu'il m'est revenu que l'on avait l'intention de brûler sur les frontières de Picardie, que je le priais de songer que tout est ouvert aux armes de votre Majesté depuis Philipsbourg jusqu'à Nimègue, et que je ferai brûler partout, si l'on m'en donne occasion.

J'ai l'honneur, etc...[1]

Lefebvre d'Orval à Voysin.

A Cambrai, le 25 juillet 1712.

L'affaire de Denain s'est passée comme j'ai eu l'honneur de vous en informer hier. On y a pris, tué ou noyé 10 bataillons et 14 escadrons [2] et tout l'attirail du camp. On révoque seulement en doute la mort du prince de Holsteinbeck.

M. de Broglie fut détaché hier soir pour aller masquer Douai [3] pendant qu'on attaquerait Marchiennes, à quoi on est occupé actuellement. Il faudra y employer du canon parce qu'il y a 8 bataillons qui y étaient allés pour l'escorte du convoi que les ennemis en attendaient. On compte que c'est autant de gens pris.

Voici les dispositions que M. le maréchal de Villars fit faire le 23 aux troupes qui étaient à Fesmy, au dessus de Landrecies, sur la Sambre, pour attirer le prince Eugène et lui donner le torquet de ce côté-là pendant qu'on agirait ici. Il envoya reconnaître au delà de la Sambre que l'on a couverte de ponts, et on reconnut une belle plaine propre à y jouer des couteaux sans que le prince Eugène pût empêcher qu'on y entrât, quand même il se serait rendu sur les hauteurs de Fesmy pour l'empêcher, parce qu'en ce cas on pouvait se couler sur la gauche et attaquer Ors, comme on a fait par grimace, et où les ennemis ont des retranchements mais qui ne

---

1. D. G. 2.380.

2. L'état des troupes qui ont pris part à l'action de Denain et qui a été arrêté par les députés hollandais de l'armée, porte 17 bataillons. On trouvera cet état à la suite de la lettre de M. de Goësbriand au duc du Maine, du 28 juillet 1712. — On a vu plus haut que la cavalerie d'Albemarle n'a pris aucune part au combat.

3. En réalité pour investir Marchiennes. Cette ville renfermait 6 bataillons et 3 escadrons aux ordres du brigadier Berkhoffer.

pourraient résister à une armée telle qu'est celle du Roi, dont l'ardeur et la volonté est au delà de ce qu'on peut dire. D'ailleurs les ennemis ont fait ces retranchements et leurs lignes de circonvallation si voisines de la ville et si rétrécies qu'ils ne pourraient s'y mettre en bataille pour s'opposer aux attaques de l'armée sans s'exposer à tout le feu de la place qui les aurait accablés.

Le prince Eugène avait fait rompre le pont de Catillon en visitant le terrain, mais la Sambre est si étroite dans cet endroit, et le bois y est en si grand nombre qu'il serait aisé d'y faire des passages, et malgré les retranchements des ennemis auxquels ils travaillaient jour et nuit on les aurait forcés si on n'avait trouvé rien de meilleur à faire, mais grâce à Dieu voilà M. le Maréchal en état de faire lever ce siège et de prendre Douai, fortifier la Bassée et nettoyer la Scarpe ; avec quoi les conquêtes que les ennemis ont faites en Artois et en Hainaut ne dureraient pas longtemps [1].

La consternation était fort grande dans l'armée ennemie parce qu'on marchait au secours de Landrecies. Les soldats dont elle est composée comptent celle du Roi un tiers plus forte et se croient à moitié battus, au lieu qu'il y a dans les troupes du Roi une volonté au delà de ce que l'on peut dire.

Un homme qui vient de m'arriver de l'armée devant Landrecies me rapporte qu'on n'y parlait point encore ce matin de l'affaire de Denain si ce n'est à l'oreille, que le prince Eugène était enragé de ce torquet mais qu'il voulait s'opiniâtrer au siège pour ne pas perdre la réputation et le crédit de la république ; qu'en attendant des convois de Mons, il ferait vivre [2] ses troupes des blés qui se trouvent sur la

---

1. Dans le volume XI des *Mémoires militaires*, p. 76, on trouve une analyse de cette lettre que de Vault a attribuée par erreur au comte de Broglie.

2. Le pain manqua totalement à l'armée du prince Eugène, du 24 au 30 juillet 1712. Les déserteurs devinrent bientôt si nombreux dans son armée que le gouverneur de Guise se vit obligé de leur fermer les portes de sa ville. Cette disette, à laquelle Eugène tenta vainement de remédier en faisant appel aux ressources de Tournai et de Mons, les succès répétés de Villars sur la Scarpe, eurent enfin raison de l'opiniâtreté du prince de Savoie qui, loin de se laisser abattre par l'échec de Denain, « n'oubliant rien, comme il l'écrivait à Heinsius quelques jours plus tard, pour inspirer cette fermeté et esprit de supériorité si nécessaires dans notre métier », s'était résolu à poursuivre le siège de Landrecies. Le 25 juillet, il adressait au grand pensionnaire cette lettre où s'affirme l'énergie de son caractère :

Monsieur,

J'ai cru être obligé dans cette conjoncture de me donner l'honneur de vous écrire pour pouvoir informer de l'état de la situation des affaires. Je ne doute pas que

terre dont les soldats feraient des galettes, de la bouillie et des boules de farine cuites dans l'eau, mais la crainte de perdre Douai lui fera changer de discours. Il n'y a que cela ou une bataille qui puisse le faire, ou un ordre de Hollande. Cet homme m'assure que la tranchée n'était pas ouverte, mais qu'on travaille à une place pour y amasser des matériaux [1].

Le marquis de Bernières à Voysin.

Au camp de Denain, le 25 juillet 1712.

Je ne parlerai point de l'affaire brillante et capable de rétablir les affaires du Roi et du public en ce pays, que messieurs les maréchaux de Villars et de Montesquiou ont conduite, tant pour le projet que pour l'exécution [2], avec toute la sagesse et la vivacité possibles. Je ne vous dirai rien non plus de la vigueur et de la bonne volonté qu'ont marquées les troupes, dont vous serez instruit d'ailleurs, mais j'ai l'honneur de vous envoyer l'état des officiers ennemis qui ont été faits prisonniers [3]....

Messieurs les députés n'auront mandé en détail ce qui s'est passé et ce que nous avons projeté ce matin. M. de Vegelin va à Mons pour voir ce qui est possible. Ce que je vous puis dire, Monsieur, est que le fâcheux accident qui est arrivé à ces bataillons, selon mon sentiment, ne doit point changer les résolutions prises. Les raisons politiques et militaires demandent d'agir, et on peut prendre de telles mesures qu'on le peut faire avec quelques espérances bien fondées de réussir, pourvu qu'on puisse assurer la proviande et ce qui manque encore de munitions. Le comte Sinzendorf vous informera plus au long de mes pensées.

Je suis avec beaucoup de vénération, Monsieur, votre très humble et très obéissant serviteur.
　　　　　　　　　　　　　　　　　　　　　　EUGÈNE DE SAVOIE.
Bermerain, ce 25 juillet 1712.

(Lettre déjà publiée. L'original est au portef. 53 A. A. H.)

1. D. G. 2.380.

2. La collaboration des maréchaux, « tant pour le projet que pour l'exécution » de la manœuvre de Denain, est ici affirmée par un témoin d'une autorité incontestable. Louis XIV s'est servi des mêmes expressions dans la lettre de félicitations qu'il a adressée le 27 juillet au maréchal de Montesquiou, lettre qui est insérée plus loin.

3. D. G. 2.380. On ne saurait trop regretter que M. de Bernières n'ait pas cru devoir rédiger un récit de Denain. Sa relation, écrite comme toutes ses lettres dans la plus belle langue du XVIIe siècle, aurait peut-être fait complètement la lumière sur les événements du 23 juillet 1712.

* **Le marquis de Contades** [1] **à Voysin.**

Du camp de Denain, le 25 juillet 1712.

J'ai l'honneur de vous envoyer un état [2] des brigades qui ont marché aux ordres de M. de Vieuxpont le 23, à cinq heures du soir, et de celles qui ont marché à l'entrée de la nuit, aux ordres de M. d'Albergotty. Je ne saurais assez vous vanter le courage et la fermeté de tous les officiers et soldats [3] qui composent ces brigades, ni la fierté avec laquelle tous ces bataillons ont marché aux ennemis, le fusil sur le pli du bras, sans tirer un seul coup ni se rompre, essuyant des décharges de canons chargés à cartouches et des décharges de bataillons derrière des retranchements. Toutes ces brigades marchèrent, faisant chacune 2 colonnes, les bataillons en bataille, les colonnes étant de 3 bataillons qui se soutenaient, ayant leurs grenadiers et leurs piquets à leur tête, dans le centre, qui, en abordant les retranchements, se jetèrent les premiers dedans, et ensuite les bataillons y grimpèrent, sans balancer, sur les retranchements. Les ennemis furent si étourdis de cette manœuvre qu'ils ne tinrent qu'un moment quand ils virent nos soldats sur leurs retranchements, et plièrent également partout. Les ennemis avaient, à ce que les prisonniers nous ont dit, 16 bataillons dans ce retranchement, desquels, et en jugeant par les morts et par les prisonniers, il s'en doit être sauvé fort peu. Notre perte y a été médiocre, grâce au courage de nos troupes, qui ont d'abord fait plier les ennemis. Je ne puis vous marquer personne de s'y être distingué, parce que

---

1. Mousquetaire en 1686, il entra aux gardes françaises en 1687, et ne quitta plus ce régiment pendant toute sa carrière. Capitaine en 1697, il fut désigné au Roi par le duc de Guiche, son colonel, pour remplir la charge de major, vacante par la mort de M. de Bernières, tué à Ramillies. Dès lors, M. de Contades ne cessa de remplir à l'armée de Flandre les fonctions de major général dont il s'acquitta toujours avec honneur. Brigadier en 1708, maréchal de camp en 1713, lieutenant général en 1720, lieutenant-colonel des gardes en 1730, il mourut en 1735.

2. Cet état manque au Dépôt de la Guerre. — Il est reconstitué à la page suivante, grâce à la lettre du marquis de Goësbriand, du 28 juillet 1712, et à l'état très complet de nos pertes envoyé par M. de Contades à Voysin, le 29 juillet. J'y ai joint les noms des brigadiers.

3. « Personne ne tourna la tête dans ce combat, afin de me servir des termes du marquis de Nangis qui porta la nouvelle au Roi de cet heureux succès ». *Campagne du maréchal de Villars de l'année 1712*, par Gayot de Pitaval. A Paris, chez Claude Jombert, 1713.

tout le monde y a fait des merveilles. M. le marquis de Tourville [1] y a été tué et M. le marquis de Meuse [2], blessé. J'aurai l'honneur de vous envoyer demain un état [3] au juste de nos officiers qui y ont été tués et de ceux qui ont été blessés ; je n'ai pu encore l'avoir. Vous ne sauriez croire, Monseigneur, l'ardeur que cette dernière action a donnée à nos troupes. Toutes celles qui n'en ont point été en sont piquées et se promettent, à la première occasion, de ne pas marchander les ennemis, et sont persuadées qu'ils ne peuvent pas tenir devant eux. M. le chevalier de Tessé [4] a été blessé, mais légèrement [5].

Je suis, etc...

État des brigades qui ont combattu à Denain.

Navarre *Gassion*	Navarre. Gensac. Des Landes.	**Champagne** *Harling*	Champagne. Isenghien. Guyenne.
Royal *Aubigné*	Royal. Royal la Marine. Royal Italien.	**Lyonnais** *Tricault*	Lyonnais. Beauce. Agenois.
Le Maine *Belrieux*	Maine. Bacqueville. D'Aunay.	**Tourville** *Perrin*	Perrin. Saint-Second. Tourville.
Royal des Vaisseaux *Collandre*	Les Vaisseaux. La Marck. Nice.	**Hessy** *Altermatt* **Brendlé** *May*	Hessy. Surbeck. Brendlé. May.

1. Le marquis de Tourville (Jean-Baptiste-César de Costentin), fils du célèbre amiral, avait acheté, en janvier 1709, au marquis de Coëtquen, son régiment qui prit le nom de Tourville.

2. Henri-Louis de Choiseul, marquis de Meuse, était colonel du régiment d'Agenois. Quelques jours plus tard, sur la recommandation du duc d'Antin, le Roi lui donna le régiment de Tourville, qui était plus ancien que celui d'Agenois.

3. M. de Contades a envoyé à Voysin, le 29 juillet, le relevé de nos pertes à Denain : officiers tués 15, blessés 111 ; soldats tués 865, blessés 1.075. « Je crois, dit-il dans sa lettre, que le nombre des soldats y est un peu augmenté parce que je n'ai point vu la quantité de morts que l'on y accuse ». D. G. 2.380.

4. Fils du maréchal de Tessé, et colonel du régiment de Champagne.

5. D. G. 2.380. Cette belle relation de M. de Contades était, pour ainsi dire, le seul récit de réelle valeur, émanant d'un des acteurs de Denain, que l'on possédât jusqu'à ce jour.

Le prince de Tingry à Voysin.

Au camp de Denain, ce 25 juillet 1712.

Je ne vous rendrai pas compte de l'avantage que l'armée du Roi a remporté hier sur les ennemis, M. le maréchal de Villars, à qui cela appartient, l'ayant fait suffisamment. C'est seulement pour vous dire qu'étant sorti hier avec 15 bataillons et les dragons, j'amusai et contins les ennemis sans trop aventurer mes troupes, comme il me l'avait ordonné, que je n'aie eu de ses nouvelles. Je ne perdis aucun temps, aussitôt que j'eus su que M. de Broglie, qui passa le premier, avait pénétré dans les lignes.

Je devais attaquer par la gauche, mais, quand l'infanterie arriva, il n'y a presque plus rien à faire à l'exception des ennemis qui étaient de l'autre côté de l'Escaut, à qui nous imposâmes par notre feu et à qui nous tuâmes assez de monde. Nous avons perdu un capitaine des grenadiers de Barois, 2 lieutenants de Cambrésis et 3 officiers blessés, et environ 30 soldats tués ou blessés, et nous avons chassé les ennemis de l'autre côté de l'Escaut. J'ai partagé cette garnison. J'ai envoyé M. de Saint-Sernin [1] vis-à-vis la Folie avec 2 bataillons de la garnison de Condé, M. de Laval [2] avec les 2 bataillons de son régiment à Trith, M. le m. de Miromesnil [3] à Prouvy avec 5 bataillons. J'ai fait venir 10 pièces de canon d'ici, tirées par mes chevaux de carrosse et par ceux des principaux de cette ville, qui sont

---

1. Saint-Sernin (Jean-Benoît-César-Auguste des Porcelets de Malhane, marquis de). Mousquetaire en 1698, mestre de camp d'un régiment de dragons de son nom en 1702, M. de Saint-Sernin, fort connu pour son attachement à Villars, fut nommé brigadier en 1710 et maréchal de camp en 1734. Il mourut en possession du grade de lieutenant général le 1er juin 1759, à l'âge de 84 ans.

2. De Montmorency (Guy-Claude Rolland de Montmorency-Laval), né le 5 novembre 1677, mort le 14 novembre 1751. — Il fut connu sous le nom de Laval jusqu'à sa promotion à l'état de maréchal de France. Sous-lieutenant au régiment du Roi le 14 avril 1694, lieutenant puis capitaine au même régiment, il lève un régiment d'infanterie de son nom par commission du 14 juin 1702. Colonel-lieutenant du régiment d'infanterie de Bourbon en 1705, brigadier en 1710, il se distingue l'année suivante à l'attaque du fort d'Arleux. Maréchal de camp en 1719, lieutenant général en 1734, il fut créé maréchal de France le 17 septembre 1747.

3. De Miromesnil (Jean-Baptiste Hue, marquis). Mousquetaire dès 1687, il obtient l'année suivante une compagnie dans le régiment de cavalerie d'Imécourt. Colonel d'un régiment d'infanterie de son nom en 1694, brigadier en 1704, il est fait maréchal de camp le 16 septembre 1710 pour sa belle conduite au siège de Béthune. Il sert ensuite en Flandre jusqu'à la paix, et meurt le 17 décembre 1719, à l'âge de 53 ans.

— 184 —

partagées à Trith, Prouvy et Wavrechain où je suis avec le reste. M. le maréchal de Villars a approuvé cette disposition et me charge de cette gauche.

J'ai l'honneur d'être avec respect, Monsieur, votre très humble et très obéissant serviteur [1].

MONTMORENCY TINGRY.

Le duc de Guiche au duc du Maine.

Au camp de Denain, le 25 juillet 1712.

L'arrivée de M. de Nangis à la cour vous aura pleinement instruit, Monseigneur, d'une aventure heureuse et agréable qui se passa hier. Le projet en avait été fait et rompu il y a 5 jours [2], et enfin M. le maréchal de Villars se détermina avant-hier à la tenter par l'impossibilité qu'il trouva à une promenade qu'il alla faire de l'autre côté de la Sambre [3], à attaquer des retranchements que nos lenteurs avaient donné le temps de mettre en leur perfection : mais, grâce à Dieu, voici le mal réparé et on peut tirer de grands avantages de ce changement de situation. Les 14 bataillons qui étaient dans ce retranchement-ci ont été presque tous tués ou pris. Leurs officiers généraux et particuliers le sont aussi. Ils étaient dans un retranchement qui en contiendrait bien 40 pour le bien défendre, et ils ont été attaqués par 8 brigades de 6 bataillons qui les ont embrassés de tous les côtés. Aussi je ne crois pas que nous y ayons eu 300 hommes, tués ou blessés, et ce sont là les affaires où il est heureux de se trouver.

J'aurais fort désiré que notre brigade des Gardes [4] eût pu en avoir sa part, mais le détachement fut pris comme de raison des brigades de l'extrémité de la gauche qui se mirent en marche avant-hier à six

---

1. D. G. 2.380.
2. C'est en effet le 21 juillet, comme on l'a vu plus haut, que le maréchal de Villars, accompagné du maréchal de Montesquiou, du comte de Broglie et de plusieurs officiers généraux, examina le terrain au delà de la Selle, « afin de voir comment nous pourrions attaquer le camp de Denain ».
3. Peut-être faut-il voir, dans cette reconnaissance sur la rive droite de la Sambre, non pas celle du 22 juillet que le duc de Guiche a déjà mentionnée dans sa lettre précédente, mais celle du 23 juillet même que retrace le maréchal de Villars dans sa Relation de la journée de Denain, insérée plus loin.
4. Les gardes françaises, dont le duc de Guiche était colonel, faisaient brigade avec les gardes suisses.

heures du soir, et moi je ne marchai avec le reste de l'infanterie qu'à une heure de nuit. La diligence que nous avons faite a été extrême [1], car ma tête avait déjà passé le pont de l'Escaut quand l'attaque commença, et pour peu que l'affaire eût été disputée, nous aurions été en état de la reprendre. J'y vis même faire une chose à M. le prince Eugène qui est d'un homme bien piqué et dont je ne l'aurais pas cru capable. Il arrivait sur le pont de M. d'Albemarle au moment que toutes ses troupes étaient culbutées par un corps plus que suffisant pour l'empêcher de redéboucher sur le pont, et d'augmentation les 80 bataillons que je menais, dont la tête arrivait sur le village. Malgré cela, il forma 3 lignes d'infanterie sur le bord de la rivière, à qui il fit essuyer pendant près d'une heure beaucoup de coups de canon et de coups de fusil, dont je crois que la dite infanterie se serait fort bien passée [2].

M. de Broglie [3] marcha hier avec sa réserve et 3 brigades d'infanterie à Marchiennes où il y a 6 bataillons qu'il prendra sûrement prisonniers de guerre. On espère aussi y trouver un gros dépôt d'artillerie et de munitions, ce qui serait fort désirable, car nous n'en avons pas plus qu'il en faut, et nous sommes présentement en état d'en faire usage. Albergotty a marché aussi ce matin avec 2 brigades d'infanterie à Saint-Amand, où il y avait 2 bataillons. S'ils n'ont eu l'esprit de s'en retirer, ils seront aussi prisonniers, si bien que les six de Marchiennes, ces deux là et les quatorze qui étaient ici en feraient 22, dont M. le prince Eugène ferait peu d'usage pour la campagne, ce qui, joint à l'augmentation de 15 bataillons que nous

---

1. L'exécution de cette marche, du Cateau aux ponts de Neuville, fait le plus grand honneur à M. de Puységur. « Il n'est pas bien aisé qu'une armée aussi nombreuse ne trouve des obstacles à une marche de nuit; ils furent surmontés par la vigilance de M. de Puységur. » Relation de la bataille de Denain envoyée par Villars au duc d'Ormond. *Mémoires de Villars* publiés par M. le marquis de Vogüé, III, p. 337. — On ne saurait trop admirer la solidité et la vigueur de cette belle armée de Flandre qui, après une longue marche de nuit à travers champs, un passage difficile de rivière, une nouvelle marche jusqu'aux lignes ennemies, une mise en bataille, le tout pour ainsi dire d'une seule traite, a escaladé et enlevé au pas de charge les retranchements de Denain.

2. « Le prince Eugène fit quelques tentatives pour repasser l'Escaut et fit tuer sept à huit cents hommes assez inutilement, car, les troupes du Roi bordant cette rivière, il n'était pas possible à l'ennemi de la repasser. » *Mémoires de Villars*, III, p. 258.

3. On a vu plus haut, p.157, la part importante qu'il prit au succès de Denain. « Votre frère, disait Louis XIV à l'abbé de Broglie en lui apprenant la victoire de Denain, a fait en cette occasion comme il a accoutumé de faire. » *Journal de Dangeau*, à la date du mardi 26 juillet 1712.

avons retirés de Valenciennes, nous mettrait en supériorité considérable d'infanterie sur lui. M. d'Albemarle dit hier qu'il ne croyait pas qu'il pût continuer le siége de Landrecies, n'ayant aucun dépôt à Mons. C'est ce que nous saurons dans peu de jours. Il est certain que jusqu'à cette heure il a tout tiré par Marchiennes.

Je suis avec beaucoup d'attachement et de respect de votre A. S., Monseigneur, le très humble et très obéissant serviteur [1].

Le duc DE GUICHE.

Le comte Dauger au duc du Maine.

Monseigneur,

Votre A. S. aura été instruite par M. de Nangis de l'action qui s'est passée le 24 de ce mois à Denain, et je ne lui en parlerai par conséquent que pour lui dire le merveilleux effet qu'il me paraît que cela fait ici sur tous les esprits. Vous ne sauriez croire, Monseigneur, quelle gaieté extrême nous avons tous depuis ce moment là et quelle confiance cela donne à nos soldats. Je les crois capables de tout dans les dispositions d'esprit où ils sont. Je suis persuadé qu'on en profitera, et je regarde ceci comme le prélude d'une affaire plus considérable qui était nécessaire pour les mettre en curée, car il y aura incessamment une suspension d'armes, à quoi les Hollandais, que je crois humiliés par cette aventure, entendraient peut-être à présent plus volontiers qu'ils n'auraient fait auparavant, ou le prince Eugène nous cherchera si nous ne le cherchons, car je le crois vivement piqué. Franchement il doit être fort mortifié, car il y a infiniment de sa faute dans ce qui est arrivé, et je le croirais un capitaine tout des plus médiocres depuis que j'ai vu l'arrangement de ses troupes et la conduite qu'il a tenue dans l'affaire en question, si l'aveuglement que lui causaient ses heureux succès et peut-être la mauvaise opinion qu'il avait de nous ne le justifiaient d'une certaine façon.

Il est constant, Monseigneur, qu'il y a eu beaucoup de témérité à entreprendre un siège dans un pays aussi avancé que l'est Landrecies sans avoir mieux placé ses dépôts de munitions de guerre et de bouche qu'ils ne le sont, car ayez la bonté de remarquer que les retranchements de Denain ne valent ce qui s'appelle rien ; et je fais sur cela une remarque, c'est que la bonne fortune rend les gens inattentifs et paresseux et que nous faisons trop d'honneur à nos

---

1. D. G. Carton supplémentaire, n° VIII. Lettre autographe.

ennemis quand nous nous figurons qu'ils ne manquent jamais à rien et prennent toujours de meilleures précautions que nous. Celles du prince Eugène ont été pitoyables. Il fallait, dans un retranchement aussi étendu que celui de Denain, au moins 25 bataillons pour le défendre, et ici je ne parle que du retranchement qui environne le village et point du tout de la ligne qui conduit à Marchiennes. Comment ce général a-t-il osé se promettre qu'il occuperait 8 à 9 lieues de pays, car il y a au moins cela de Marchiennes à Landrecies, sans qu'on l'écornât par quelque endroit.

Il faut apparemment que les objets grossissent dans l'éloignement car il nous paraît, à des discours que des prisonniers que nous avons faits ont tenus, que le prince Eugène ne passe pas chez eux, il s'en faut bien, pour un aussi habile homme qu'on l'a cru en France. Un colonel hollandais, entre autres, à qui le chevalier de Saint-Chamans [1], qui me l'a conté, demanda s'il ne souhaiterait pas d'aller se faire panser de ses blessures à Bouchain ou à Douai, prouve la chose par la réponse qu'il fit : « Je veux, dit-il, aller dans pas une de nos places. Je connais votre nation. Elle commence à reprendre la supériorité : elle nous poussera d'importance, et le prince Eugène, qui est un étourdi, fera quelque tour de son métier qui vous mettra en état de reprendre toutes nos villes. Je serai plus en repos, jusqu'à ma guérison, dans une des vôtres. »

Quoique M. de Nangis ait rendu compte à votre A. S. de la valeur de notre infanterie, elle ne sera peut-être pas fâchée que je lui confirme (ce) que j'en ai ouï dire à tous ceux qui l'ont vue agir : elle l'a fait avec une intrépidité qui passe toute créance. Elle a marché à cette action avec un ordre merveilleux, mais elle ne l'a pas toujours gardé, à la brigade du Maine près, que M. de Belrieux [2] a contenue sans que le

---

1. Garde du corps en 1690, capitaine au régiment Royal-Etranger en 1693, colonel-lieutenant du même régiment en 1706, brigadier le 25 juin 1709, il commanda une brigade de cavalerie à Malplaquet. Enseigne aux gardes du corps par brevet du 21 mars 1710, il se démit du régiment Royal-Etranger. Connu jusqu'en 1712 sous le nom de chevalier de Saint-Chamans, il prit cette année le titre de comte de Saint-Chamans. Maréchal de camp le 1er février 1719, il mourut en 173.

2. Voir l'éloge de la ferme attitude de M. de Belrieux au combat dans la lettre de Villars au Roi du 29 juillet, et la belle réponse que lui prête le maréchal dans sa *Relation de la journée de Denain*. — Belrieux (Alexandre, vicomte de Dammartin, marquis de). Il avait parcouru toute sa carrière dans le régiment d'infanterie de Turenne, depuis du Maine, où il était entré comme sous-lieutenant en 1672. Capitaine en 1680, capitaine de grenadiers après la bataille de Steinkerque, il fut blessé à Eckeren. Major de son régiment en 1703, il en devint lieutenant-colonel en 1705. Dangereusement

mauvais exemple des autres eût fait quitter les rangs à un seul soldat. D'abord que nos bataillons ont été dans les retranchements, ils se sont abandonnés au pillage avec tant de furie que, si le prince Eugène n'eût pas fait la faute de faire sortir dès le matin 3o escadrons qu'il avait là, il aurait été à craindre que nos gens n'eussent été ramenés beaucoup plus vite que le pas. Le français est brave au souverain degré, et je le crois sans prévention fort au dessus des autres nations qu'il faut toujours enivrer [1] plus d'à demi pour les faire combattre, au lieu que lui combat presque toujours à jeun, ce qui est encore arrivé dans cette dernière affaire, mais il est pillard que cela passe l'imagination, et c'est un mal discipliné et qui pourrait dans des affaires générales causer de terribles inconvénients.

Après cela, on peut dire une chose pour la justification de nos soldats, c'est qu'ils sont assez mal payés et ne peuvent dans le fond tirer d'autre avantage du risque où ils mettent leur vie que celui de piller. Quoi qu'il en soit, le régiment de votre Altesse Sérénissime s'est infiniment distingué, et cela fait un honneur extrême à M. de Belrieux. On parle aussi avec de grands éloges de la conduite de M. de Brendlé.

MM. d'Albergotty, de Vieuxpont, de Mortemart, d'Isenghien, de Mercy [2] ont rempli si dignement les fonctions et leurs emplois que l'on ne saurait assez les louer. Enfin, Monseigneur, tous les brigadiers, colonels et moindres officiers, ont été généralement approuvés, mais on admirait surtout l'intrépidité et la conduite de M. de Nangis, qui, quoiqu'il fût là proprement que volontaire, a, dit-on, fait des merveilles.

---

blessé en Espagne au siège d'Elche l'année suivante, il se couvrit de gloire à Almanza, en 1707. Son régiment, qu'il commandait, exécuta à la baïonnette une charge décisive pour le succès de la journée. Brigadier du 17 mai 1707, colonel-lieutenant du régiment du Maine par commission du 15 juin 1707, sur la demande du duc du Maine, M. de Belrieux devait encore se distinguer au siège de Douai en 1712, et durant la campagne de 1713 en Allemagne. Il mourut en 1733, au moment où il allait rejoindre notre armée d'Italie en qualité de maréchal de camp.

1. Dans sa Relation de la bataille de Taynières ou de Malplaquet, le marquis de la Frézelière dit aussi : « Les généraux des Alliés montèrent à cheval à la pointe du jour et se firent voir à toutes leurs troupes, principalement à l'infanterie, à qui on distribua de l'eau-de-vie. C'est un usage que les étrangers observent dans toutes les grandes occasions, qui ne se pratique point parmi nous, les Français n'ayant pas besoin qu'on les anime par le secours d'une liqueur capable d'ôter le sang-froid si nécessaire dans l'action ». *Les Frézeau de la Frézelière*, p. 249.

2. Au mois de mai 1706, le chevalier de Mercy avait eu le commandement d'un régiment bavarois de nouvelle levée. Il était maréchal de camp en 1712.

Au reste, il y a eu sur le nombre des bataillons qui étaient dans ce poste une si grande contrariété d'opinions qu'en vérité nos plus hauts huppés ne savaient à quoi s'en tenir. Les uns assurèrent encore hier au soir qu'il n'y en avait rien que 10, les autres qu'il y en avait 13, et d'autres encore que cela allait à 16. Je crois en effet que ces derniers avaient raison et que ce qui a causé l'erreur des autres, c'est qu'il n'y avait effectivement d'abord que 10 bataillons mais que le prince Eugène y en mit 6 avant l'action, car il est constant qu'il la savait. A la vérité c'est qu'il arriva à Denain. Il douta que ce fût tout de bon et dit même à M. d'Albemarle que c'était encore une gasconnade de M. le maréchal de Villars, mais lorsque enfin il vit que toute l'armée débouchait, il prit le parti de s'en aller et il revint avec 20 bataillons quelque temps après, dont il fit fort mal à propos tuer plus de 5 ou 600 hommes en s'opiniâtrant à vouloir regagner le pont et rentrer sur la chaussée [1].

Certainement il aurait plus agi en capitaine si, au lieu de s'amuser à une chose impossible, il avait fait passer la Selle, à Solesmes ou au Cateau, à 50 ou 60 escadrons, et qu'il fût venu se montrer à notre arrière-garde. Il nous aurait infailliblement empêchés de passer l'Escaut, car, quoiqu'on le pût faire sur 5 ponts, il n'y avait pourtant que 2 débouchés si mauvais que c'est un miracle comme une si grande armée y a passé en si peu de temps. Il aurait par là donné le temps à son infanterie d'arriver, et cela serait devenu une affaire générale d'autant plus embarrassante pour nous que les deux tiers de notre armée étaient passés, l'artillerie enfournée sur les ponts, et que l'on n'aurait jamais pu faire repasser cela assez à temps pour prêter le collet à l'ennemi.

Encore une fois, ce capitaine si formidable ne nous a pas donné dans cette occasion une grande idée de ses talents, et je suis bien persuadé qu'il nous doit plus la réputation qu'il a qu'il ne se la doit à lui-même, et je suis persuadé aussi que, quand il nous verra déterminés à lui prêter le collet, ce qu'à mon avis nous pouvons faire à présent partout, d'autant mieux que certainement nous avons plus de 30 bataillons plus que lui, il ne sera pas sans embarras.

Je ne sais ce que tout ceci deviendra, mais à mon avis il ne faut pas qu'un succès aussi heureux n'ait point de suite ni que l'espérance

---

1. Le prince Eugène put seulement mettre en ligne, sur la rive droite de l'Escaut, 14 bataillons qui n'arrivèrent qu'après la rupture du pont de Denain. Ces bataillons perdirent inutilement 5 officiers et 127 hommes et eurent 23 officiers et 249 hommes blessés. *Die Feldzüge des Prinzen Eugen*, XIV.

d'une suspension, dont nos ennemis nous ont toujours amusés tant qu'ils ont été dans quelque embarras, nous empêche d'en profiter.

On ne saurait encore dire si le siège de Landrecies continuera ou non. Comme c'est une fort mauvaise place, et où il manque bien des choses, il se peut faire que le prince Eugène s'y opiniâtrera. Après cela pourtant, il faut voir s'il aura de quoi l'achever lorsque nous serons maîtres des dépôts qu'il a à Saint-Amand et à Marchiennes. On travaille à les prendre. On s'était flatté de n'y trouver pas de difficultés mais on a un peu été trompé, et cela a fait prendre le parti d'y ouvrir la tranchée et de les attaquer dans les formes, de sorte qu'ils ne tiendront pas longtemps, d'autant plus qu'ils ne peuvent être secourus qu'en cas que le prince Eugène levât le siège de Landrecies. Encore aurait-il un furieux tour à faire pour y venir, et comme nous pourrions prendre des postes partout, il lui arriverait peut-être de manquer Landrecies sans empêcher la prise de ces 2 postes où il y a, à ce qu'ont dit les prisonniers ennemis, une prodigieuse quantité d'artillerie, de munitions et de farines, mais enfin, Monseigneur, les choses me paraissent, grâce à Dieu, dans de bonnes dispositions. Il y a certainement de la volonté dans l'armée, et j'ose vous dire qu'elle n'en a jamais manqué, mais il faut que cela soit cultivé par des discours et des démarches hautes et fermes, moyennant quoi je suis sûr qu'il n'y a rien dont elle ne vînt à bout.

Nos ennemis au contraire seront, sur ma parole, humiliés par ce qui est arrivé et par le départ des Anglais dont l'orgueil, d'un autre côté, a été flatté par ceci. Ils ne manqueront pas de dire que les Alliés, dès qu'ils les ont quittés, se sont laissé battre [1], et je crois que notre victoire influera jusqu'en Angleterre, et sera d'un grand secours à la Reine.

J'oubliais de dire à votre A. S. que, lorsque M. d'Albemarle fut présenté à M. le maréchal de Villars, il se précipita, en l'abordant, en bas de son cheval pour le saluer. M. le maréchal ne mit pas pied à terre, mais il le reçut fort honnêtement [2], et ordonna que les piquets et gardes du camp battissent au champ lorsqu'il passa le long de la ligne.

---

1. C'est la pensée que le maréchal de Villars exprimait au duc d'Ormond, en lui envoyant la relation de la bataille de Denain que M. de Vogüé a insérée dans les *Mémoires de Villars* (III, p. 336) : « Les ennemis s'apercevront que l'éloignement de ces braves Anglais ne leur est pas heureux. »

2. Un capitaine du régiment de Lyonnais, M. Tricault, eut l'honneur de faire prisonnier le comte d'Albemarle. Il le conduisit à son oncle, M. Tricault, lieutenant-colonel de son régiment, à qui le comte remit son épée.

Nous pouvons subsister ici longtemps. Il s'y trouvera, pour notre gauche, des fourrages suffisamment entre Valenciennes et Condé, et notre droite en aura vers Douai. Je le répète, notre situation est bonne, et M. le maréchal a rendu un grand service à l'État par ce qu'il a fait, qui a été conduit à merveille. Il y a eu pendant longtemps, autant que je puis en juger, de l'incertitude, mais enfin on a pris un parti heureux, et, en vérité, il n'était plus temps d'en prendre d'autre. Toutes les places frontières des ennemis ont perdu leurs gouverneurs [1]. Elles sont d'ailleurs absolument dénuées de garnison.

J'ai une extrême curiosité de voir ce que tout ceci va devenir, et cela mérite bien l'attention. Comme le prince Eugène est sans doute piqué au vif et mortifié d'avoir été pris pour dupe, il est à croire qu'il ne négligera rien pour avoir sa revanche, et je suis persuadé que si une suspension ne l'empêche, indubitablement il y aura une grande action avant la fin de la campagne. Si cela doit être, je voudrais que ce fût nous qui cherchions l'ennemi, et tout me confirme dans l'idée que le français a gain sur la partie, quand il attaque ; mais, quoique homme de guerre qui même ai le dernier besoin de fortune [2], j'aimerais mieux la suspension, regardant moins mes intérêts (qui seraient d'avoir bientôt une compagnie que je ne saurai jamais obtenir dans la paix) que ceux du Roi et de la patrie.

Voilà une bien longue lettre, Monseigneur, mais elle le serait beaucoup davantage si j'étais entre dans le détail de notre marche et de nos dispositions. Ainsi, on peut dire que votre A. S. en est encore quitte à bon marché.

J'ai l'honneur d'être, avec le plus profond respect, Monseigneur, de votre A. S. le très humble et très obéissant serviteur.

DAUGER.

Le 26 juillet 1712, au camp de Denain.

Notre armée est campée sur le bord de l'Escaut, depuis Marquette où est appuyée notre droite jusques au delà de la cense d'Urtebise [3],

---

1. Albemarle commandait à Tournai. Parmi ses lieutenants, le comte de Dohna, gouverneur de Mons, et le comte de Nassau-Woudenbourg, gouverneur d'Aire, furent noyés dans la déroute, et le prince de Holsteinbeck, gouverneur de Lille, fait prisonnier.

2. La gendarmerie, corps d'élite, héritier direct des compagnies d'ordonnance, donnait asile à un grand nombre d'officiers d'excellente noblesse mais de peu de fortune, qui ne pouvaient acheter un régiment. — Voir la notice consacrée à M. Dauger, alors major de la gendarmerie.

3. Ferme célèbre dans les campagnes de 1656 et de 1676, à 4 kilomètres au S.-O. de Valenciennes, sur un mouvement de terrain d'où l'on domine les environs.

ayant Denain, où est le quartier général, dans son centre, et Bouchain devant sa droite.

Je crois qu'on portera un corps de cavalerie vers Condé pour être instruit des mouvements des ennemis de ce côté là.

Nous occupons tous les postes sur l'Escaut et sur la Sensée qui peuvent nous faire aller à Cambrai en sûreté.

M. le marquis d'Alègre [1] arriva hier ici, et je le vis. M. de Gassion a été incommodé à Cambrai [2]. M. de St Fremond vient, à ce qu'on dit, nous joindre. Ce sont là 3 bons ouvriers.

---

1. Il rentrait de captivité. Villars devait bientôt lui confier, au mois d'octobre, la direction du siège de Bouchain. — Yves, marquis d'Alègre, brigadier de dragons en 1690, eut la plus grande part aux succès de Leuze et de Steinkerque. Il fut blessé dans cette dernière journée « et fit, dit le maréchal de Luxembourg dans sa Relation au Roi, tout aussi bien qu'il se pouvait ». Maréchal de camp en 1693, lieutenant général en 1702, il se distingua la même année au combat de Nimègue. Il fit une belle défense dans Bonn, en 1703. Prisonnier au cours de la campagne de 1705 en Flandre, il ne fut échangé qu'au milieu de l'année 1712. M. d'Alègre parvint au bâton de maréchal de France en 1724.

2. Jean, chevalier, puis comte de Gassion, avait abandonné le régiment dont il était colonel pour entrer dans les gardes du corps comme premier enseigne de la compagnie de Villeroy en 1677. A Nerwinde, il avait fait preuve du plus brillant courage à la tête de la maison du Roi. Lieutenant général de 1696, il était en 1709 le plus ancien des généraux de l'armée de Flandre. A Malplaquet, il devait mériter les applaudissements de l'armée entière. Le maréchal de Boufflers écrivait au Roi le soir même de la bataille : « M. de Gassion, qui commandait l'aile droite de cavalerie, a fait, à la tête de la Maison de Votre Majesté, les plus belles et les plus vigoureuses charges de cavalerie qui aient été faites. » Durant la campagne de 1711, M. de Gassion surprit près de Douai un camp ennemi qu'il mit au pillage et auquel il enleva douze à treize cents chevaux. Il mourut en 1713, sans avoir obtenu le bâton de maréchal. « On en avait fait plus d'un, dit Saint-Simon, qui ne le valait pas ». — Malade, M. de Gassion avait dû demeurer quelques jours à Cambrai. Il écrivait à Voysin de cette ville :

A Cambrai, ce 25e juillet 1712.

Monseigneur,

Quelque diligence que M. le marquis d'Alègre et moi ayons pu faire en courant jour et nuit pour joindre l'armée, nous n'avons pu arriver ici que hier à 7 heures du soir, soit par les mauvaises postes que nous avons trouvées, et par obligation où nous avons été de suivre un convoi qui partait de Saint-Quentin pour venir à Cambrai, où nous apprîmes l'agréable nouvelle et la belle expédition de M. le maréchal de Villars, dont M. le marquis de Nangis a porté la nouvelle. J'ai été quelques heures fâché de savoir, par les gens qui venaient de ce côté là, nos armées aux prises et que je n'y fusse pas, mais lorsqu'il est arrivé ici la nouvelle du détail de cet heureux événement, j'ai été consolé de ne pas y être, par la joie que j'ai ressentie de cette action et de ce que la droite de l'armée, qui était mon poste, n'en était point. Je vous fais, Monseigneur, mon compliment sur les heureuses suites que cette action vous promet.

M. le maréchal de Montesquiou est à Marchiennes avec M. de Broglie. On admire avec quelles dispositions il fit l'arrangement de l'attaque de Denain. M. d'Albergotty est à Saint-Amand. On assure que M. d'Hompesch s'est jeté dans Marchiennes [1] pour le défendre [2].

Voysin à Lefebvre d'Orval.

A Fontainebleau, le 26 juillet 1712.

Monsieur,

J'ai reçu votre lettre du 23ᵉ de ce mois et le mémoire des nouvelles que vous avez des ennemis. Quoique je ne vous accuse pas la réception de toutes celles que vous me donnez, vous me faites toujours plaisir de me mander ce que vous apprenez, et je vous prie de continuer [3].

Lefebvre d'Orval à Voysin.

Monseigneur,

Le prince Eugène a changé de pensée sur la représentation que les gens de son armée et les députés des États lui ont faite qu'il était impossible de faire subsister l'armée, comme j'ai eu l'honneur de vous l'écrire hier, que d'ailleurs c'était tout risquer. Il s'est rendu à ces raisons, et, ce matin, le corps qui était entre le Quesnoy et l'Escaut a marché vers Bavay, et le corps qui était devant Landrecies devait marcher à Poix sur l'Ecaillon. Ce prince est dans un désespoir mortel. Il rejette toute la faute sur milord d'Albemarle et sur les princes qui étaient sous ses ordres [4]. Il les blâme de ce qu'ils ne l'ont point averti assez tôt, et dans ses transports il mange et déchire ses bouts de manche. Il ne sait où il en est, d'autant plus qu'il n'avait

---

1. Ce bruit était sans fondement. Le lieutenant général Reinhart van Hompesch, gouverneur de Douai, défendit cette place, quelques jours plus tard, contre Villars, et ne capitula qu'après une résistance honorable.

2. D. G. carton supplémentaire nᵉ viii. Lettre autographe.

3. D. G. 2.360.

4. Que le prince Eugène, sur le moment, ait manifesté son dépit de n'avoir pas été averti à temps de la marche de Villars, la chose est possible, mais qu'il ait voulu rejeter la cause de son échec sur Albemarle et ses lieutenants, c'est ce que dément la généreuse attitude du prince qui (comme en fait foi sa correspondance de l'année 1712) a pris hautement la défense de milord Albemarle contre ses calomniateurs. — Voir la lettre d'Albemarle aux États généraux du 18 septembre 1712, publiée en appendice.

rien pour approvisionner Bouchain où certainement il n'est rien entré depuis samedi [1], les portes n'ayant point été ouvertes depuis lors, et, comme il n'y a point de magasins, cette place tombera d'elle-même et le Quesnoy apparemment qu'on assure n'être pas réparée...

Au reste, il n'est point croyable que l'armée des Alliés, découragée comme elle est, ose attaquer celle du Roi où il y a une volonté infinie et qui ne peut s'exprimer. D'ailleurs les ennemis la croient un tiers plus forte que la leur avant l'affaire de Denain.

Enfin, Monseigneur, voilà la Champagne et le Soissonnais hors de crainte. Il n'y avait que ce moyen-là pour les délivrer des courses ennemies. Je loue Dieu qu'un si grand revers arrive sous votre ministère, que je souhaite long et heureux [2].

Je suis, etc. LEFEBVRE.

A Cambrai, le 26 juillet 1712.

Montesquiou au duc du Maine.

Du camp de Marchiennes, le 27.

Monseigneur,

Je dois à votre A. S. un compliment sur la manière dont les brigades suisses de Brendlé et de Hessy se sont comportées à l'action du 24, à Denain. L'on ne peut imaginer ni plus de fermeté, de courage et de sang froid, avec lequel, sous un feu terrible, les troupes sont entrées dans les retranchements des ennemis, mais ce qui surprendra votre Altesse c'est de voir Altermatt [3], à la tête de la brigade de Hessy, toute dans le fossé, et ensuite avec la mauvaise jambe monter le retranchement dont il retomba deux fois dans le fossé, et, une chose à rire, c'est de le voir monter la troisième fois, tiré par 2 Suisses, qui le tenaient par les bras, et 2 autres, qui le poussaient

---

1. C'est-à-dire depuis le 23 juillet.
2. D. G. 2.380.
3. Entré au service en janvier 1670, il avait fait dans les grades de lieutenant et de capitaine toute la guerre de Hollande. Major des gardes suisses en 1690, il fut grièvement blessé à Fleurus. Colonel d'infanterie le 26 mars 1691, brigadier le 26 octobre 1704, il fut fait maréchal de camp par brevet du 18 mars 1718. Il rendit compte, par une lettre adressée à Voysin, le 25 juillet 1712, de la belle conduite de la brigade de Hessy, qu'il commandait à Denain. « .... Elle a fait son devoir. MM. les maréchaux de Villars et de Montesquiou ont été contents, et je puis vous assurer que toutes les brigades y ont fait des merveilles et ont marché fièrement aux ennemis, qui n'ont pu leur résister. » D. G. 2.380.

par derrière, et entrer ainsi dans le retranchement. Je n'ai point de termes assez expressifs pour décrire avec quelle valeur ils ont exécuté cette action, dont j'ai l'honneur de vous faire mon très humble compliment.

Sa Majesté doit être bien contente de cette action qui est des plus heureuses et très considérable dans la conjoncture présente, soit pour avoir coupé la communication de vivres des ennemis et tous leurs convois que par la perte des 13 bataillons qui étaient dedans, dont, sans exagération, je ne crois pas qu'il s'en soit sauvé 400 hommes, le reste étant tué, noyé ou prisonnier.

Dès avant-hier, les soldats, qui croient qu'on est malpropre, quand on est noyé, d'être habillé, en avaient déjà pêché 1.200 de compte fait, dont le comte de Dohna [1], gouverneur de Mons, était du nombre, et le comte Corneille, gouverneur d'Aire, aussi. Après cela, pour la qualité des prisonniers, le général pris, qui est M. d'Albemarle, 3 lieutenants généraux et 3 maréchaux de camp, sans les tués que je ne sais pas, car j'ai quitté l'armée le 25.

Il y a longtemps que je n'ai vu un plus beau fait de guerre et mieux tromper son ennemi, qui est de partir à l'entrée de la nuit, ayant fait toutes les feintes nécessaires pour faire croire à l'ennemi qu'on va marcher et passer la Sambre, faire tout de suite 8 lieues,

---

1. Jean-Frédéric, comte de Dohna était fils du comte de Dohna, qui avait été gouverneur d'Orange pour les Nassau, et d'une Puy-Montbrun, réfugiée protestante d'origine dauphinoise. Il fut élevé par Bayle avec ses deux frères au château de Coppet. Il avait été capitaine des Cent Suisses du roi Guillaume. Le gouvernement de Mons lui fut donné en octobre 1709. — C'est en faveur de sa veuve que le prince royal de Prusse écrivit à Heinsius la lettre suivante :

Monsieur,

Comme il n'y a rien dans ce monde qui fait plus briller la haute réputation des personnes de distinction que les bons services que nous employons pour secourir dans le besoin ceux qui se trouvent dans les dernières afflictions à cause des parents et maris qui ont donné leur sang pour le bien de la patrie, et est connu que le comte Ferrassier de Dhona a versé le sien et rendu sa vie en combattant contre les ennemis, il me semble qu'aussi bien cette irréprochable preuve de sa valeur et de son attachement inviolable pour les services de leurs Hautes Puissances, que tant des années qu'il a eu l'honneur de servir dans les troupes des États Généraux, mériteront bien de faire réflexion dans quel état il laisse ses proches qui lui appartiennent, et comme je sais, Monsieur, que vous êtes naturellement porté pour obliger tout le monde, je veux espérer que vous ne trouverez pas mal que je recommande à vos soins la veuve du comte Ferrassier de Dhona, pour que vous employiez votre pouvoir et crédit auprès des États Généraux en sa faveur. Je vous tiendrai compte de cette marque d'amitié, et je tâcherai de vous faire voir dans toutes les occasions avec combien d'estime je suis, Monsieur, votre très affectionné ami et serviteur.

A Berlin, ce 16ème d'août 1712.   Fr. Guillaume.

A. H. portef. 53 A.

passer l'Escaut, faire encore après une lieue dans un marais presque impraticable, aborder l'ennemi, les combattre dans leurs retranchements et les forcer un quart d'heure seulement avant que l'ennemi puisse arriver au secours, et cela sans s'arrêter. Je ne crois pas qu'on puisse rien voir de plus beau et de mieux mené [1].

M. le prince Eugène, arrivant à l'Escaut comme l'action finissait, comme un enragé voulut faire passer son infanterie sur une digue et y perdit comme un fou 4 bataillons, dont je ne crois pas qu'il se soit retiré 30 hommes chacun, et y aurait fait périr toute son infanterie si les Etats Généraux ne lui avaient imposé en lui disant qu'ils ne voulaient pas perdre toute l'infanterie. Après quoi, il se retira sur la hauteur où il campe.

Tous les postes de la Scarpe sont pris prisonniers de guerre. Il n'y a plus que Marchiennes, qui est le plus important par le dépôt de toutes les munitions de guerre et de bouche qu'ils y ont. Il y a plus de 150 bélandres chargées. On croirait être au port d'Anvers [2]. Comme le gouverneur a toute sorte d'artillerie en abondance et qu'il ne me voit pas encore de canon, il m'incommode fort du sien, mais j'espère que demain je l'en régalerai. Si cette place est prise, c'est un dommage infini pour les Hollandais, tant par les bélandres que par leurs charges.

Si M. le prince Eugène continue le siège de Landrecies, ce qu'il fera avec bien de la peine, il faut profiter du temps et faire Douai ou au moins Bouchain. L'un des deux pris, le Quesnoy et Landrecies auront bien de la peine à se conserver.

Je n'avais pas tort quand j'étais incrédule sur la paix générale avant la fin de la campagne.

J'ai l'honneur d'être d'un très profond respect de votre A. S., Monseigneur, le très humble et très obéissant serviteur [3].

Le maréchal DE MONTESQUIOU.

∗ Louis XIV à Villars.

Fontainebleau, le 27 juillet 1712.

Mon Cousin, j'ai appris avec une extrême satisfaction par les

---

1. On ne peut mieux dire. L'histoire a ratifié de tout point ce jugement du maréchal de Montesquiou.
2. Dangeau écrit dans son *Journal* à la date du 29 juillet 1712 : « C'est le maréchal de Montesquiou qui fait ce siège (de Marchiennes) et qui mande qu'il croit être à un port de mer, tant on voit de mâts sur la Scarpe. »
3. D. G. Carton supplémentaire n° VIII. Lettre autographe.

lettres que vous m'avez écrites les 24 et 25 de ce mois, que vous avez battu et entièrement défait le camp que commandait le comte d'Albemarle à Denain. Le marquis de Nangis m'a parfaitement expliqué toutes les particularités de cette action. On ne peut trop louer la manière dont vous en avez formé le dessein, de concert avec le maréchal de Montesquiou, le secret avec lequel vous l'avez conduit et tout ce que vous avez fait pour l'exécuter avec autant de succès. Le nombre des officiers généraux et particuliers des ennemis qui y ont été pris marque assez que l'affaire est complète et que rien n'a pu se sauver de tout ce qui était destiné pour la défense de ce camp. Les mouvements que vous avez faits la veille du côté de la Sambre, et la diligence avec laquelle mon armée a marché, ont parfaitement trompé les ennemis, et vous avez raison de dire que l'avantage de ce combat est aussi grand que celui d'une bataille entière que vous auriez gagnée puisque, sans courir le risque d'une action générale, ce combat produira sans doute tout l'effet que je m'étais proposé en obligeant les ennemis à lever le siège de Landrecies. Mes troupes ont témoigné un courage que je ne puis assez louer, et je reconnais parfaitement, en cette occasion, toute la valeur de la nation [1]. L'action est d'autant plus heureuse que j'y ai perdu peu d'officiers et de soldats [2]....

✱ Louis XIV à Montesquiou.

- Fontainebleau, le 27 juillet 1712.

J'ai reçu la lettre que vous m'avez écrite le 24 de ce mois. Vous ne me dites rien du détail de l'action, mais je sais toute la part que vous y avez eue, et dans le projet et dans l'exécution. J'en écris plus long au maréchal de Villars en lui marquant combien je suis satisfait de la valeur de mes troupes et de la conduite de tous les officiers généraux, et particulièrement le service que vous m'avez rendu en cette occasion est des plus importants. Je suis bien aise de vous marquer plus particulièrement à quel point je suis content. J'espère que vous réduirez avec assez de facilité la garnison de Marchiennes et que vous la porterez à se rendre prisonnière de guerre [3]...

---

1. Le commissaire des guerres Puech écrivait à Voysin, du camp de Denain, le 25 juillet 1712 : « Je viens de remettre à M. de Bernières un état des officiers prisonniers, que l'armée du Roi a faits hier sur les ennemis avec une valeur et une grâce dignes de la nation. » D. G. 2.380.

2. D. G. 2.380 et 2.422.

3. D. G. 2.380 et 2.422.

✱ Voysin à Villars.

Fontainebleau, le 27 juillet 1712.

Je ne puis assez vous féliciter, Monsieur, sur la belle et glorieuse action que vous venez de faire. Le Roi voulait, à quelque prix que ce soit, empêcher que les ennemis ne se rendissent maîtres de Landrecies, et, de tous les partis que vous pouviez prendre, vous avez choisi celui qui était le moins hasardeux et dont le succès peut avoir les suites les plus heureuses. Permettez-moi de vous assurer qu'outre la joie que je ressens de nous voir délivrés de la crainte dans laquelle nous étions, j'y prends encore intérêt, particulièrement par rapport à l'honneur qui vous en revient. La lettre du Roi vous marque suffisamment les sentiments de Sa Majesté, et aucune action, depuis longtemps, ne lui a fait autant de plaisir. Ce qu'il y a encore de plus heureux, c'est qu'il semble qu'il n'y ait personne qui n'ait cherché à marquer plus de zèle et de bonne volonté à l'envi l'un de l'autre, et que vous avez trouvé, dans chacun des officiers généraux et dans tous les particuliers, l'ardeur et les sentiments que le général peut désirer. C'est en partie l'effet des bons ordres et de la bonne disposition. J'espère que nous n'en demeurerons pas là....

Il n'est pas possible, ce me semble, que le prince Eugène continue le siège de Landrecies, et, s'il ne le lève pas volontairement, vous serez, ce me semble, encore plus en état de le forcer. Le Roi a bien envie, après le siège de Landrecies levé, que vous fassiez celui de Douai. Bouchain ne paraîtrait pas au Roi un objet assez considérable, et c'est par cette raison que Sa Majesté n'en fait nulle mention dans sa lettre. Il me semble qu'il ne peut plus nous venir de votre part présentement, pendant le reste de cette campagne, que des nouvelles très agréables. La prise de Marchiennes et des troupes qui le défendent paraît immanquable, et c'est une affaire bien importante, à cause du dépôt bien considérable qu'y ont les ennemis. Recevez, je vous supplie, le compliment que je vous fais de très bon cœur... » [1].

✱ Voysin à Montesquiou.

Fontainebleau, le 27 juillet 1712.

Je joins ici, Monsieur, la réponse du Roi à la lettre que vous avez écrite à Sa Majesté. Elle est, je vous assure, parfaitement satisfaite

---

1. D. G. 2.380 et 2.422.

de la part que vous avez eue au combat de Denain, et du concert avec lequel vous avez agi avec M. le maréchal de Villars, tant pour cette action que pour tout ce qui s'est fait depuis le commencement de la campagne. Recevez-en, je vous en supplie, mon compliment ; je vous le fais de bon cœur. Cette seule action est capable de rétablir nos affaires, et elle ne contribue pas peu à faciliter les négociations pour la paix. J'ai proposé Monsieur votre neveu au Roi pour le régiment de Tourville. Sa Majesté n'a encore rien déterminé ; je lui en reparlerai lorsqu'elle voudra donner le régiment. J'espère que nous aurons bientôt de vos nouvelles sur la prise de Marchiennes. Je suis, etc.... » [1].

Voysin à Lefebvre d'Orval.

A Fontainebleau, le 27 juillet 1712.
Monsieur,
J'ai reçu les lettres que vous m'avez écrites les 22 et 24 de ce mois. Vous avez bien jugé que c'était bon signe de ne voir revenir personne du côté de Denain à Cambrai, et le succès de l'affaire qui vient de se passer sera très avantageux à celles du Roi [2].

Le marquis de Goësbriand au duc du Maine.

Le 23 juillet, environ dix heures du soir, l'armée, au lieu de passer la Sambre sur les ponts qu'on y avait faits, marcha sans bagage par sa gauche sur 4 colonnes et une cinquième pour l'artillerie, et fut passer la Selle sur les 4 ponts qu'on avait faits deux jours auparavant au dessus du Cateau.

Elle marcha en cet ordre entre la Selle et l'Escaut jusqu'au village de Neuville, qui est sur l'Escaut au dessous de Bouchain, où la tête arriva le lendemain 24, environ midi.

Quelques heures avant que l'armée se mît en mouvement, la veille, c'est-à-dire environ sept heures du soir, 5 brigades d'infanterie de la gauche des 2 lignes, faisant 30 bataillons destinés pour l'expédition du camp retranché de Monsieur d'Albemarle à Denain, marchèrent sous les ordres de M. de Vieuxpont, lieutenant général, et de MM. d'Isenghien et de Monchy, maréchaux de camp, suivies de

---

1. D. G. 2.380 et 2.422.
2. D. G. 2.360.

4 autres brigades d'infanterie et de 40 escadrons, dont 8 de carabiniers et 6 de dragons, pour les soutenir, avec M. d'Albergotty et Brendlé lieutenants généraux, et M. le duc de Mortemart, maréchal de camp, qui arrivèrent au dit village de Neuville sur l'Escaut, entre sept et huit heures du matin.

MM. les maréchaux de Villars et de Montesquiou y étant arrivés en même temps, on travailla aussitôt à faire 2 ponts [1] qui furent heureusement achevés, sans opposition de la part des ennemis, sur lesquels les détachements ci-dessus ayant passé de même, les troupes, après avoir défilé sur une espèce de chaussée trop longue en cette occasion, s'étendirent dans la plaine, et l'on commençait à faire la disposition pour attaquer quand M. le maréchal de Villars, ayant vu paraître des troupes des ennemis, de l'autre côté de l'Escaut par rapport au retranchement de Denain, et entrer quelques bataillons dans le camp retranché [2], envoya dire à M. le maréchal de Montesquiou de faire retirer les troupes; à quoi ce maréchal ne pouvant consentir, il prit le parti de l'aller trouver et lui fit voir, par de si bonnes raisons, le mauvais parti qu'on prenait, sans nécessité en cette occasion, qu'il y eut un second ordre d'attaquer [3].

M. le maréchal de Montesquiou, ayant obtenu ce qu'il souhaitait, acheva seul de faire promptement la disposition de l'attaque qui devait être sur 10 colonnes de 3 bataillons de hauteur et d'un de front chacune, faisant 30 bataillons, soutenues de 8 autres colonnes de même, faisant 22 bataillons; et en tout 9 brigades et 52 bataillons. Mais l'ardeur française fit qu'au lieu de 5 brigades, qui devaient attaquer de front sur une première ligne, il y en eut 7, sur 14 colonnes, à 3 de hauteur et un de front comme ci-dessus, faisant ensemble 40 bataillons parce qu'il y avait une brigade des 7 qui n'était que de 4 bataillons au lieu de 6. Ces sept brigades furent soutenues par 2 autres, faisant 12 bataillons : et en tout 52. Ces 9 brigades étaient celles de Navarre, Champagne, Royal, Lyonnais, Le Maine, Tourville, Royal des Vaisseaux, Hessy et Brendlé suisses [4]. Cependant le reste de l'armée passait toujours sur 4

---

1. Ces ponts furent construits sous l'habile direction de M. Thomassin, capitaine des charpentiers de l'armée et capitaine général des ouvriers à l'arsenal de Douai.

2. Sans doute le détachement de 7 bataillons, placé primitivement dans les lignes de Thiant à Denain, et que le prince Eugène envoyait comme renfort au comte d'Albemarle.

3. Le rôle du maréchal Montesquiou est nettement défini.

4. Pour la composition de ces brigades se reporter à l'état annexé à la lettre de M. de Contades du 25 juillet.

ponts qu'on avait faits au dit village de Neuville, où il n'y en avait d'abord que 2.

On marcha en cet ordre aux ennemis, le 24 juillet, entre midi et une heure, la baïonnette au bout du fusil sans tirer, et on entra de même à l'envi l'un de l'autre dans le retranchement des ennemis, sans aucun coup de main, après avoir essuyé pendant quelque temps le feu de 6 pièces de canon et leur décharge entière à bout touchant, qui ne fit pas tout le mal qu'elle eût pu et dû faire. Quand on les eut chassés des premiers retranchements, on n'eut pas de peine à les chasser des redoutes, dont cependant tous ceux qui étaient dans une furent tués, excepté 2 officiers, et enfin de partout, et on les poussa jusqu'au seul pont [1] de communication qu'ils avaient sur l'Escaut à Denain qui, s'étant rompu pour avoir été trop chargé et par l'embarras d'un carrosse et de quelques charrettes qui tombèrent dans la rivière avec ce qui était dedans, fut cause que beaucoup se noyèrent, du nombre desquels sont MM. les comtes de Dohna, lieutenant général et gouverneur de Mons, et Corneille de Nassau, maréchal de camp et gouverneur d'Aire (ce dernier était blessé), et un colonel allemand.

2 bataillons des ennemis, étant venus au bout du pont rompu, de l'autre côté de l'Escaut, dans une espèce de retranchement, y firent un assez grand feu pendant quelque temps, mais très inutilement : après quoi, ils se retirèrent.

Il y avait de fondation dans ce retranchement 8 bataillons et 6 qui y entrèrent quelque temps avant l'attaque, faisant 14 qui ont presque tous été tués, pris ou noyés dans l'Escaut. M. d'Albemarle, lieutenant général et général de la cavalerie des Etats généraux, gouverneur de Tournay, qui y commandait en chef, est du nombre des prisonniers. On verra grossièrement par l'extrait ci-joint la perte qu'ils ont faite en cette occasion.

A l'égard de la cavalerie qui était dans le retranchement, elle s'était

---

1. Jusqu'à l'investissement de Landrecies, Albemarle avait disposé de deux ponts de pontons à Denain. Il n'y avait « jamais eu moins de 70 à 80 pontons à l'armée, mais ils y devinrent plus rares, après la séparation des Anglais qui en emportèrent la moitié. » *Recueil de lettres*, etc., 1713. Afin d'assurer au corps chargé du siège de Landrecies la communication d'une rive à l'autre de la Sambre, l'un des ponts fut retiré à milord Albemarle le 14 juillet. Il se décida à faire construire un pont de bois avec ses propres ressources pour remplacer celui qu'on venait de lui enlever. Le travail était déjà fort avancé quand les Français se présentèrent pour attaquer les retranchements de Denain. Ainsi se trouve expliquée la présence de deux ponts, à Denain, sur la plupart des plans qui ont été gravés de cette journée. — Voir la planche III.

retirée avant l'attaque, au nombre de 17 ou 18 escadrons, au delà de l'Escaut.

M. de Tingry, lieutenant général, qui était sorti le matin de Valenciennes avec 15 bataillons et devait attaquer de son côté, étant arrivé un peu trop tard, n'a pas eu de part à l'action, mais il a suivi sur cela les ordres par écrit qu'il avait.

On assure que M. le prince Eugène, qui était au camp retranché quand on a passé l'Escaut, a vu commencer et finir l'action dans une situation bien différente, n'ayant jamais pu croire qu'on attaquât. En tout cas, s'il a pensé juste à notre égard, il s'est bien trompé au sien.

Nous n'avons perdu en cette occasion aucun officier de distinction que M. de Tourville, colonel d'infanterie.

M. de Meuse, colonel d'infanterie, y a été blessé d'un coup de cartouche au genou, et plusieurs officiers et soldats.

On dit qu'on n'y a pas perdu 300 hommes.

Ce qui s'est passé en cette action, quoique la partie ne fût pas égale, fait assez voir que ce n'est pas la faute des troupes si on ne bat pas les ennemis partout, qu'il n'y a qu'à les leur faire voir et les bien mener [1]. La campagne n'étant pas finie, il faut voir comme on profitera de cette bonne disposition et de l'action heureuse que nous avons eue. On espère que cette affaire fera lever le siège de Landrecies, les ennemis étant obligés de tirer toutes leurs munitions de guerre et de bouche de Bruxelles et de Mons où ils n'ont aucun dépôt, et, supposé qu'ils en aient dans la suite, quelles difficultés n'auront-ils pas pour le transport si les garnisons de Condé, Maubeuge, Charleroi et Valenciennes, et l'armée qui touche à cette dernière place, font leur devoir.

Le 24, après l'action finie, M. le maréchal de Villars envoya M. le comte de Broglie, lieutenant général, avec sa réserve et 2 brigades d'infanterie pour prendre Marchiennes, qui est sur la Scarpe mais au delà, où l'on dit qu'il y a 5 ou 6 bataillons et un régiment de cavalerie de 6 escadrons, 72 pièces de gros canon et un dépôt considérable de munitions de guerre et de bouche ; mais celui qui y commande n'ayant pas voulu se rendre aux sommations qu'on lui fit, M. le maréchal de Montesquiou y marcha le 25 avec 3 brigades d'infanterie. Le 26, on y envoya quelques pièces de canon et 2 mortiers, et, le 27, 4 mortiers, des bombes, du gros canon et encore 2 brigades d'infanterie, en sorte

---

1. Vendôme exprimait la même pensée lorsqu'il écrivait à Chamillart le 26 octobre 1708, au sujet de la prise de Leffinghe. « Les soldats ont passé dans l'eau jusqu'au col, et ont marché, la baïonnette au bout du fusil, avec toute la valeur possible. Ils en useront toujours de même lorsqu'on ne leur tiendra que de bons discours et qu'on ne leur fera faire que de bonnes manœuvres. » D. G. 2.083.

qu'il peut y avoir présentement à Marchiennes environ 40 bataillons.

M. le maréchal de Villars y va tous les jours. Cependant on craint fort d'être obligé d'y ouvrir la tranchée et de traiter cette affaire sérieusement [1]. Il paraît que notre canon a commencé de tirer ce matin, 28.

Le 25, Saint-Amand se rendit à M. d'Albergotty, lieutenant général, et la garnison de 350 hommes fut faite prisonnière de guerre. Ce général y est resté avec la brigade de Bourbonnais et 2 régiments de dragons. Le même jour, M. de Dreux fut, dit-on, à Mortagne où il n'y avait personne

Le 26, M. de Puységur, lieutenant général, partit avec 20 escadrons pour aller sous Condé, dont il est gouverneur. Le même jour, 26, environ dix heures du soir, il y eut une alerte à la droite de la cavalerie de la première ligne où l'on tira quelques coups, dont M. Castelmoron [2], brigadier, commandant de la gendarmerie, fut blessé.

L'armée est campée sur 2 lignes entre la Scarpe et l'Escaut, la droite vers Douai entre Marque et Marquette, et la gauche au delà de la cense de Heurtebise proche Valenciennes, l'Escaut devant elle, la Scarpe et les bois de Saint-Amand derrière.

Nous tirons toujours nos vivres de Péronne, Cambrai et Bapaume par le Bac-Aubencheul, sur le Senset ; les gros et menus bagages n'ont joint l'armée qu'aujourd'hui [3] 28.

Au camp de Denain, ce 28 juillet 1712.

---

1. Au camp de Marchiennes, ce 29ᵉ juillet.
« Marchiennes est une petite ville située sur une langue de terre, entourée de courants et de marais, où l'on ne peut arriver que par des chaussées. On y a fait, en dehors, des parapets et des redoutes aux endroits où il s'est trouvé de la terre. La ville est enfermée par une muraille sèche, entourée d'un grand fossé plein d'eau...
DESPLANTIS, aide-major général de l'armée. »
D. G. 2.380.
Marchiennes n'ouvrit ses portes que le 30 juillet. Son gouverneur et sa garnison furent faits prisonniers de guerre.

2. « Il est arrivé un courrier de Flandre à M. de Lauzun, qui lui apprit que M. de Castelmoron, son neveu, avait été tué dans notre camp par quelques coups tirés sur une fausse alarme. Il était brigadier et capitaine-lieutenant des gendarmes de Bourgogne ». *Journal de Dangeau*, à la date du samedi 30 juillet 1712. — Dauger a rendu compte à Voysin de la méprise dont « M. de Castelmoron, capitaine-lieutenant des gendarmes de Bretagne », avait été victime, par une lettre datée du 27 juillet 1712. D. G. 2.380.

3. D. G. carton supplémentaire n° VIII. — Avec la mention habituelle : « Cette lettre est de M. le marquis de Goësbriand, lieutenant général des armées du Roi ». Comme il a été dit à l'Introduction, cette belle relation du combat de Denain est la plus complète et la plus intéressante de celles publiées jusqu'à ce jour.

Extrait des prisonniers qui ont été faits au camp retranché de M. d'Albemarle à Denain [1].

Milord d'Albemarle.. Mr Sekingen........	Lieutenants généraux.
Le prince d'Holstein. M. de Saulbe...... Le baron d'Albert... Le comte d'Hona....	Maréchaux de camp.
Spaen .... Le baron de Grech.. Cavanae........... Salippe	Colonels.
Onnelly.... Herpshausen........ Vaubrachelle .... Heusker........... Munik .... D'Els	Lieutenants-colonels.
Vincel .... Fabry .... Buton .... Till................ Moors	Majors.

90 capitaines, 80 lieutenants, 60 enseignes, 27 drapeaux, 2.900 prisonniers, 2.000 noyés, 500 blessés [2].

---

1. D. G. carton supplémentaire n° VIII. Avec la mention : « Envoyé par M. de Goësbriand, le 28ᵉ juillet 1712. »

2. Les députés hollandais de l'armée joignaient cet état à la lettre qu'ils adressaient à la Haye, le 26 juillet 1712 :

État des régiments venus au camp, et qui étaient au camp à Denain, fait ce 26 juillet 1712.

Soldats et sergents présents.

1 Fekkenbag:... } Impériaux........	564
1 Teutschmaister }	200
1 Lippe, Munstérien	95
1 Albemarle, Suisse...............	17
1 Spaan, Liégeois................	...
1 Welderen, Hollandais.............	62
1 Kethler, Hessois	...
1 Kavenay, Anspag................	147
1 Prince Charles, Danois.............	60
1 Douglas, Écossais................	336
1 Erft P. Wolfenbuttel..............	263

* Montesquiou à Voysin.

Au camp devant Marchiennes, le 29 juillet 1712.

J'ai reçu, Monsieur, la lettre de Sa Majesté, que vous m'avez fait l'honneur de m'envoyer avec celle que vous avez eu la bonté de m'écrire. Je souhaite plus qu'homme du monde que Sa Majesté soit contente de mon zèle à lui rendre service. Je vous avoue que la part que j'avais au projet et mon opiniâtreté à faire passer l'Escaut à l'armée et à attaquer les lignes de Denain, m'a fait passer de mauvais quarts d'heure depuis notre départ de près de la Sambre jusqu'au moment que l'action a été finie, car cela n'était du goût de personne, et je voyais toute l'armée prête à tomber sur moi, et je vous assure qu'il faut être hardi pour se charger de paquets de cette importance. Je suis, etc..... [1]

* Villars à Louis XIV.

Du camp de Denain, le 29 juillet 1712.

Sire,

Le plus sensible bonheur qui puisse jamais m'arriver, c'est de voir Votre Majesté satisfaite de ma très vive application à l'honneur de la servir. J'ai fait connaître à tous ceux qu'Elle a la bonté de me nommer le bonheur qu'ils ont de voir Votre Majesté approuver leur zèle et leur bonne volonté. Il est certain, Sire, que jamais on n'a vu une infanterie si ferme ni marcher avec tant d'audace, et après tous les principaux officiers qui étaient à la tête. On ne peut trop louer les brigadiers, aussi sont-ce gens d'une valeur et d'une capacité consommées.

Les bataillons venus à secours :

1 Baaden....	Impériaux	400
1 Teuchmaister.		200
1 Eyb......		300
1 Isselbag....	Palatins	500
1 Efferen....		315
1 Zultzbag...		100

Somme... 17 bataillons, et de 15 il y a présents .... 3.559 hommes.

Les bataillons qui ont bordé les eaux pour défendre le passage ne sont pas compris.

Pièce originale. — Lettres ordinaires de la campagne de 1712. ARCHIVES DE LA HAYE.

1. D. G. 2.380. Les déclarations si précises du marquis de Goësbriand, dans ses lettres des 24 et 28 juillet, montrent que le maréchal de Montesquiou n'a point voulu grandir l'importance de son rôle à Denain en s'attribuant une part prépondérante dans le succès du 24 juillet 1712.

Je n'ai point eu l'honneur d'envoyer une relation à Votre Majesté, persuadé que M. le marquis de Nangis n'aura rien oublié d'essentiel.

J'ai différé jusqu'à présent à envoyer les drapeaux à Votre Majesté, parce que tous les jours on m'en rapportait de nouveaux tirés du fond de l'Escaut, et, dans ce moment, on y trouve des pièces de campagne des ennemis dont un accident a fait la perte totale. Précisément dans le moment que la tête de l'infanterie amenée par le prince Eugène arrivait sur la chaussée de Denain, le pont rompit pa la précipitation d'un chariot : aussi il n'est pas échappé 100 hommes de tout ce qui défendait ce camp.

Le sieur de Villars, aide-major général [1], aura l'honneur de présenter les drapeaux à Votre Majesté ; il est bien capable d'avoir l'honneur de l'informer de plusieurs détails, tant sur le passé que sur tout ce qui peut regarder les projets du présent....

Marchiennes nous retient plus que nous ne l'avions pensé, et, quelque vive attention que M. le maréchal de Montesquiou et moi ayons à en presser l'attaque, le canon n'a pu tirer qu'aujourd'hui à la pointe du jour. C'est un dépôt si considérable des ennemis que nous croyons ne devoir pas le négliger.

Dans les 40 bélandres que nous avons déjà, l'on a trouvé 20 pièces de vingt-quatre toutes neuves avec leurs affûts : il y a encore 2 fois autant de ces bâtiments, et c'est une perte inestimable aux Hollandais....

MM. d'Harling [2], de Belrieux, Perrin [3], Collandre [4], Gassion [5],

---

1. Il n'y avait aucun lien de parenté entre le maréchal de Villars et cet officier que M. de Contades estimait « très honnête homme et très capable ».

2. Eberhard-Ernest, comte d'Harling. Il avait débuté comme mousquetaire, puis servi douze ans aux gardes et acheté, en 1702, le régiment de Guyenne. Sa belle conduite durant la défense de Haguenau, en 1705, lui avait valu d'être fait brigadier cette même année. Maréchal de camp en 1718, M. d'Harling mourut le 24 avril 1729, à l'âge de 64 ans.

3. Joseph Perrin-Brichambault, entré au service en 1674, comme lieutenant réformé au régiment de Normandie, s'éleva lentement au grade de capitaine en 1683. Il passa en 1691 au régiment d'infanterie de Noailles et prit part avec ce régiment à nombre de combats en Espagne, en Italie, en Allemagne et en Flandre. Il y devint successivement capitaine de grenadiers en 1694, lieutenant-colonel en 1702, colonel en 1708. Il le commanda à Malplaquet. Brigadier le 29 mars 1710, maréchal de camp le 1ᵉʳ février 1719, il se démit de son régiment et mourut peu après.

4. Thomas le Gendre, seigneur de Collandre, fils d'un des plus riches négociants de Rouen, entra aux Gardes en 1693. Il acheta le Royal Vaisseaux en 1705. Brigadier en 1710, maréchal de camp en 1719, il fut nommé commandeur de l'Ordre de Saint-Louis l'année suivante, se retira du service et mourut à Paris le 1ᵉʳ mai 1738.

5. Pierre-Armand, chevalier, puis marquis de Gassion, mousquetaire en

Altermatt, brigadiers d'infanterie, ont certainement parfaitement bien fait dans cette action. J'ose supplier Votre Majesté de vouloir bien qu'il paraisse que j'aie eu l'honneur de les nommer à Votre Majesté.

M. de Tingry n'a eu aucune part à l'action : il aurait fait à son ordinaire s'il avait joint, mais ses troupes ne sont arrivées qu'après la défaite entière des ennemis.

Je vois bien que j'aurais dû envoyer un détail de toute l'action [1]. En vérité, Sire, je n'en ai pas eu le temps. Je balançais à envoyer à M. Voysin une relation qu'avait faite mon premier secrétaire [2], après quoi j'ai cru faire aussi bien de m'en reposer sur le récit de M. de Nangis.

M. le prince d'Isenghien, homme assurément d'un grand mérite, supplie très humblement Votre Majesté de vouloir bien jeter les yeux sur le comte de Middelbourg [3], son frère, fort ancien colonel et très brave homme qui a fort bien fait dans cette action, pour le régiment de Tourville. Je prendrais la liberté de le demander pour le comte de Boissieux, mon neveu, colonel depuis sept ans et très brave homme assurément, si je ne croyais plus juste de le donner à M. le comte de Middelbourg : en ce cas j'oserais supplier Votre Majesté de vouloir bien donner le régiment des Landes à mon neveu.

Il y a dans les Suisses un nommé Marquis [4] pour lequel je

1696, ensuite sous-lieutenant au régiment du Roi, reçut une commission de colonel en 1702. Il acheta en janvier 1709 le régiment de Navarre à la tête duquel il se distingua à Malplaquet : « M. de Monchy, qui commandait la brigade, et M. de Gassion, colonel de Navarre, méritèrent de grandes louanges dans cette action où ils prirent 4 drapeaux et tuèrent un grand nombre des ennemis. » *Relation de la bataille de Malplaquet*, par le marquis de la Frézelière. Brigadier en 1710, maréchal de camp en 1719, lieutenant-général en 1734, M. de Gassion fut fait chevalier de l'Ordre du Saint-Esprit en 1743 et mourut le 20 mai 1746.

1. L'explication de cette phrase est donnée par la lettre du maréchal à Voysin, qui suit.

2. Le maréchal a sans doute en vue la relation assez brève de la bataille qu'il adressa au duc d'Ormond le 25 juillet, et que M. le marquis de Vogüé a reproduite dans les *Mémoires de Villars*, III, p. 336.

3. Alexandre Maximilien-Balthazar-Dominique de Gand, dit le comte de Middelbourg, avait eu le régiment des Landes en 1704. Il le céda en 1716 à M. de Boissieux, neveu de Villars, pour passer colonel à la Marine. Brigadier en 1719, maréchal de camp en 1734, il reçut le gouvernement de Bouchain et mourut le 30 décembre 1758.

4. Il s'était déjà distingué maintes fois. Le 28 septembre 1709, le maréchal de Boufflers signalait au Roi sa belle conduite à Malplaquet : « Le sieur Marquis, major de Brendlé Suisse, est si bon sujet et si distingué

demande depuis longtemps quelque avancement. Il n'est que major et serait très digne officier général. Une commission de colonel lui serait très due. Quand on s'attache aux anciennetés, il n'est pas sûr que les meilleurs sujets tiennent les premiers postes.

Pecomme [1], major de Champagne, est un officier très distingué. Je ne demande pas d'avancement pour MM. les brigadiers parce qu'à la vérité, ils ont tous presque également bien fait, mais Belrieux, du Maine, et Collandre, des Vaisseaux, m'ont paru marcher la tête bien haute et bien maîtres de leur manœuvre.

Je ne me flatterai pas de la levée du siège de Landrecies, mais par les lettres d'hier au soir la tranchée n'était pas ouverte et les discours des déserteurs et prisonniers sont que tout meurt de faim chez les ennemis. J'augmenterais leur faim si Marchiennes me laissait libre, mais il faut achever.

Je crois, Sire, que M. le maréchal de Montesquiou recevrait avec une très vive et respectueuse reconnaissance le cordon bleu [2], si Votre Majesté voulait bien l'en honorer.

Il y a bien des opinions et des gens très sensés pour le siège de Douai, au hasard de voir perdre Landrecies, persuadés qu'il n'y a aucune comparaison de la conquête de Douai à la perte de Landrecies, laquelle même, par la situation des lieux, on n'est pas bien assuré d'empêcher [3].

J'ai l'honneur d'être, etc.

✱ Villars à Voysin.

Du camp de Denain, le 29 juillet 1712.

Je vous rends, Monsieur, mille très humbles grâces du compliment dont vous m'honorez sur ce qui s'est passé ici. Je suis ravi que le Roi en soit content et que vous ayez trouvé que l'on y a fait ce qui se pouvait de mieux. Je vous supplie de croire, Monsieur, que cette

---

dans les Suisses et a si bien fait dans cette occasion qu'il mérite que sa Majesté veuille lui accorder un brevet de lieutenant-colonel. » D. G. 2.152. Villars avait renouvelé la même demande, pendant la campagne de 1710, en faveur du major de Brendlé, « homme excellent dans son emploi. » *Mémoires de Villars*, III, p. 83.

1. Cet officier est cité avec éloge par Villars pour sa bravoure à la prise de l'île du Marquisat en 1706.

2. C'est la seule démarche que le maréchal tentera en faveur de son collègue, envers qui il laissera bientôt éclater toute sa jalousie.

3. D. G. 2.380.

barque n'est pas bien aisée à mener. Tout ce qui ne tient pas le timon pense, raisonne quelquefois avec vivacité, surtout après l'évènement.

Je vous avouerai, Monsieur, que la lettre que vous écrivez à M. le maréchal de Montesquiou m'ayant été rendue, je ne m'imaginais pas (voyant « Monsieur le maréchal ») que ce ne fût pas pour moi et que je l'ai ouverte, et n'ai reconnu que ce n'était pas pour moi qu'en achevant de la lire : c'est une faute, mais innocente de ma part. Je vois qu'il ne s'oublie pas dans les mérites du projet et de l'exécution [1] : il pouvait se reposer sur moi. Je lui rends justice, mais cette même justice ne veut pas qu'en gardant le silence moi-même sur ce qui me regarde, il veuille profiter de ce même silence. J'ai pour témoin M. l'archevêque de Cambrai qu'après la lecture de la lettre du Roi qui ordonnait que l'on cherchât les ennemis, M. le maréchal de Montesquiou me pressa très vivement pour envoyer à la cour un homme de caractère, qui représentât qu'il ne fallait pas se commettre à une bataille, proposant toujours, comme dès le commencement de la campagne, des retranchements vers la tête de l'Oise et de la Somme. Il m'a fait prier par M. de Bernières de supplier Sa Majesté de vouloir bien l'honorer dans cette occasion de l'ordre du Saint-Esprit, et je le ferai. Je suis fort droit et sans art, et vis avec lui comme si je ne devais pas avoir de ressentiments de ne l'avoir pas trouvé de même sur ce qui me regarde, et même je lui ai dit depuis cette affaire, et avec ouverture d'amitié, qu'il devait convenir qu'il avait eu tort avec moi [2].

Vous m'avez trouvé, Monsieur, trop de réflexions. Celui qui a pour ainsi dire le salut de l'Etat entre les mains peut en faire, surtout quand il peut être question de combattre avec de grands désavantages ; c'est ce qui arrive quand on trouve un ennemi posté et couvert. Il n'a pu être attaqué que placé devant Landrecies par la nature du pays. Pour moi, Monsieur, je fais profession d'être très vrai, très zélé pour le Roi et pour l'Etat, et plus parfaitement que personne au monde, Monsieur, votre... [3], etc.

---

1. La lettre de Louis XIV à Montesquiou, envoyée avec celle de Voysin, est seule à mentionner toute la part du maréchal « dans le projet et dans l'exécution ». C'est surtout cette lettre, comme le dit le lieutenant général de Vault, qui a causé à Villars le mouvement de dépit dont il s'ouvre ici au ministre.

2. Voir la lettre de M. Bruzac d'Hautefort au duc du Maine, du 30 juillet. Elle montrera que Villars intervertit ici les rôles.

3. D. G. 2.380.— Dans son *Mémoire sur la Campagne de 1712*, le lieutenant général de Vault, après avoir laissé entendre qu'on avait lieu de

Lefebvre d'Orval à Voysin.

Monseigneur,

J'ai reçu avec beaucoup de joie la lettre que vous m'avez fait l'honneur de m'écrire le 25 de ce mois [1].....

Je tremble qu'on n'y laisse entrer des troupes [2] parce qu'on doute si les postes sont pris du côté de Lens, et comme le prince Eugène a détaché 3 brigades de son armée qui marchent vers Tournai, je crains qu'il en entre à Douai. J'en écris à M. le maréchal de Villars. Le prince Eugène ne sait où il en est. Il menace M. le maréchal de Villars. Je crois qu'il n'y manquerait pas s'il pouvait, mais, pourvu qu'on marche à lui et qu'on ait fait ses dispositions, on peut être certain de le battre. Tous les soldats sont devenus des lions, et jamais on n'a vu tant de bravoure dans une armée. Rien ne leur paraît impossible. Ils s'offrent de prendre les places d'emblée. En effet rien ne saurait leur résister, la baïonnette au fusil [3].....

On attend ici le milord d'Albemarle qui a traversé M. l'évêque de

---

croire que Montesquiou « par sa fermeté, avait fait cesser les irrésolutions » de Villars sur l'Escaut, s'exprime ainsi : « L'embarras de rendre des faits aussi intéressants pour la gloire de M. le maréchal de Villars fut peut-être le motif qui l'engagea à ne point envoyer de relation de ce qui s'était passé ; et on en sera sans doute convaincu par le trait de jalousie qu'il laissa éclater à l'égard de M. de Montesquiou, lorsqu'il vit, par la lettre que le Roi lui écrivit le 27, la justice que sa Majesté rendait à la part que ce dernier avait eue non seulement à l'action mais aussi au projet. On ne voit point au reste par quelle voie le Roi fut instruit de ce fait important, à moins que ce ne soit par M. de Nangis, car la lettre que M. de Montesquiou écrivit à sa Majesté le jour même du combat n'eut pour objet que la demande d'un régiment pour son neveu, et ce n'est que par une lettre de lui à M. Voysin, en date du 29, que l'on peut juger de la part qu'il avait prise au projet... » *Mémoires militaires*, XI, p. 81-82.—Voysin ne tarda pas à répondre à Villars. Dans sa lettre, on relève les lignes suivantes qui étaient une leçon à l'adresse du maréchal : « Vous savez que dans les actions heureuses telles que celle de Denain il y a de quoi faire honneur à plus d'une personne. Il n'est plus question d'entrer dans la discussion de ceux qui, avant l'entreprise, pouvaient avoir des sentiments différents. D. G. 2.380. Lettre du 31 juillet 1712.

1. J'ai vainement cherché cette lettre de Voysin à Lefebvre d'Orval du 25 juillet. Peut-être doit-on lire 25 au lieu de 26 que porte la minute de la lettre de Voysin citée plus haut.

2. A Douai.

3. Lefebvre d'Orval est bon connaisseur du caractère impressionnable et agissant de la nation, de l'élan de nos soldats, de leurs qualités toutes d'offensive qu'il suffit de mettre en œuvre pour obtenir la victoire.

Tournai [1], le Parlement et le Chapitre de cette ville autant qu'il a pu. C'est un gentilhomme de Gueldre, qui a fait tout ce qu'il a pu pour chagriner tous les sujets affectionnés au Roi. Il m'a distingué sur tous les autres [2]. Cependant, pour lui rendre le bien pour le mal, j'ai offert à M. de Seigney [3], notre commandant, de le loger [4].

Je suis, etc.

A Cambrai, le 29 juillet 1712.

Lefebvre d'Orval à Voysin.

Monseigneur,

J'ai reçu la lettre que vous m'avez fait la grâce de m'écrire le 27 de ce mois. Le bien et le changement que l'affaire de Denain apporte à celles du Roi est incroyable. Ce que nous voyons ici par rapport aux esprits est surprenant et met Sa Majesté en état de tout entreprendre. L'audace de ses troupes est incroyable, et la consternation où sont les ennemis surprend. L'alarme est parmi les garnisons de Lille et de Tournai, où l'on fait entrer dans les citadelles tout ce que l'on peut comme si on allait abandonner les villes, ce qui ne serait point extraordinaire puisque les garnisons ne suffisent pas pour les citadelles [5].....

A Cambrai, le 30 juillet 1712.

Villars au duc du Maine.

Au camp de Denain, ce 30 juillet 1712.

L'honneur que votre A. S. me fait, Monseigneur, de prendre un peu de part à ce qui m'arrive rend ma joie parfaite. Ce qui doit

---

1. Monseigneur de Beauvau. Voir la biographie de Lefebvre d'Orval, p. 66.
2. Voir la biographie consacrée à Lefebvre d'Orval, p. 62.
3. Brigadier de 1702, après s'être distingué en Flandre sous M. de Luxembourg pendant la guerre de la Ligue d'Augsbourg, M. de Seigney commandait la brigade de Navarre le 13 août 1704 à la deuxième journée d'Hochstett. Sommé de se rendre avec les bataillons qui furent cernés dans le village de Bleinheim, il fit brûler ses drapeaux et refusa de signer toute capitulation. Cette belle conduite lui valut peu après le grade de maréchal de camp. Il commandait à Cambrai depuis 1710. Il mourut en 1723.
4. D. G. 2.380.
5. Idem.

augmenter la sienne, c'est les merveilles que les corps qui sont à ses ordres ont faites. Les ponts ont été jetés et construits fort promptement, et les chevaux sont venus le plus vite qu'ils ont pu. Ils ne pouvaient en vérité mieux faire.

Ce que je dois exalter, c'est le mérite de Belrieux, de votre régiment d'infanterie des Suisses, le premier qui était sous ma main (et qui) a monté avec une fierté et un ordre respectables. Les Suisses se sont mis en bataille et gagné la première ligne avec beaucoup d'ordre et de diligence. J'ai vu Marquis, le major, régler les mouvements de son régiment avec une netteté d'esprit qui me le fait paraître digne d'être plutôt officier général que major [1].

Le brigadier May, son cousin, qui reçut un coup dont il est mort [2], fut seulement occupé de me dire « Nous vaincrons », sans me dire un seul mot de son coup mortel. Enfin, Monseigneur, si j'avais plus de temps, je m'étendrais encore plus.

Nous poussons notre pointe. J'espère être maître aujourd'hui ou demain au plus tard de Marchiennes où il y a des trésors de guerre, et après nous pousserons un peu ces Messieurs que la faim commence à presser si vivement qu'ils en sont réduits aux pommes depuis cinq jours [3].

Depuis ma lettre écrite [4], j'ai été à la tranchée de Marchiennes, et, dans le temps que je donnais les ordres pour attaquer, la place s'est rendue. Je supplie votre A. S. d'envoyer demander à la maréchale de Villars un petit feuillet que je lui envoie. Vous trouverez la conquête magnifique, comme la cassette de l'avare, par ce qu'elle contient. Je me flatte que Madame la duchesse du Maine m'honorera

---

1. Voir la lettre de Villars au Roi, du 29 juillet 1712.

2. M. May, le brigadier suisse, présent à Denain, l'est également aux sièges de Douai et du Quesnoy en 1712. Il avait encore son régiment, dit Pinard dans sa *Chronologie militaire*, VIII, p. 168, lorsqu'il mourut le 27 mai 1715. Suivant toute vraisemblance, Villars désigne ici M. May, capitaine de grenadiers au régiment suisse de May, le seul de ce nom que M. de Contades signale comme mort de ses blessures, sur l'état très complet de nos pertes à Denain. Dans son *Histoire de l'infanterie française* (Régiment de Diesbach, ancien May), Susane mentionne aussi le capitaine Louis May qui perdit la vie dans le combat du 24 juillet.

3. Le gouverneur de Landrecies, M. du Barail, écrivait à M. Doujat, l'intendant du Hainaut, le 27 juillet 1712, au matin : « Je sais que le pain manque depuis cinq jours à l'armée des ennemis. » D. G. 2.380.

4. La fin de cette lettre est de la main même de Villars, d'une écriture difficile qui a arrêté déjà plus d'un traducteur et que m'a aidé à déchiffrer M. Brun, l'archiviste si obligeant de la Section Historique.

de bontés très particulières et qu'elle prendra part à ce qui nous arrive un peu par moi.

J'ai l'honneur d'être avec plus d'attachement et de respect que personne du monde, Monseigneur, votre très humble et très obéissant serviteur [1].

Le maréchal duc DE VILLARS.

Le comte de Bruzac d'Hautefort au duc du Maine.

Du camp de Denain, ce 30ᵉ juillet 1712.

Je ne me suis point donné l'honneur de mander à votre Altesse Sérénissime l'affaire qui s'est passée, comptant qu'elle en serait instruite bien mieux et plus tôt que je ne l'aurais pu faire par M. de Nangis qui vous en aura appris toutes les merveilles, tant du projet, du secret et de la conduite de l'action, et de la grande perte des ennemis qui s'augmente tous les jours. C'est la plus grande et la plus heureuse affaire du monde. On peut compter qu'il ne s'est quasi rien sauvé de 17 bataillons que l'on a attaqués parce que, dans le commencement de l'affaire, un chariot qui se sauvait précipitamment, voulant passer sur le pont, prit trop sur le bord, renversa dans l'eau et rompit le pont. Toutes les troupes qui avaient enfourné la chaussée pour se sauver par le pont furent toutes tuées ou noyées. Celles de derrière étaient si pressées par nos gens qui les tuaient qu'elles poussaient celles qui étaient devant dans l'Escaut, malgré elles. L'on peut dire que le prince Eugène a donné dans le panneau tout du long.

L'on dit, Monseigneur, que ce qui l'a le plus trompé c'est qu'on lui avait mandé de Versailles que le Roi avait mandé au maréchal de Villars de secourir Landrecies à quelque prix que ce fût. Cela lui avait fait porter toutes ses troupes sur sa gauche, comptant bien que

---

1. On reconnaît dans ces lignes « l'heureux Villars, fanfaron plein de cœur », comme l'appelle Voltaire. Ce côté faible du caractère du maréchal n'avait pas échappé à la spirituelle duchesse du Maine. Le 27 février 1713, Madame de Maintenon écrivait à la princesse des Ursins : « Madame la duchesse du Maine contribue fort aux plaisirs de Paris par les comédies, les bals et les mascarades qu'elle donne ces jours-ci avec une grande magnificence. Les marionnettes représentent le siège de Douai, les fanfaronnades de M. de Villars, et nomment tous nos officiers par leurs noms. Tout le monde les veut voir. Le maréchal de Villars lui-même y a été, entendant fort bien la raillerie. » — Cette lettre de Villars fait maintenant partie du volume 2.380 du Dépôt de la Guerre. Une note fait connaître qu'elle a été « remise le 5 novembre 1866 à M. Turpin, archiviste du Ministère, pour être classée au volume de la Flandre 1712. »

nous l'attaquerions par là [1]. Il n'avait laissé à la droite qu'un bataillon et un escadron par brigade. Quand il sut que notre armée marchait par sa gauche, il vint en diligence au poste de M. d'Albemarle et lui dit que le maréchal de Villars faisait cette marche pour l'obliger à dégarnir sa gauche [2] mais qu'il n'en ferait rien, disant toujours que l'on n'attaquerait point, que c'était une gasconnade du maréchal de Villars [3]. Quand il vit que l'on attaquait, il dit : « Cela devient sérieux. » Quand il vit la déroute et le pont rompu, il s'en alla de la hauteur d'où il avait vu l'action.

Marchiennes n'est pas encore rendue. On n'a pas cru dans le commencement qu'il s'y rencontrât autant de difficultés qu'il s'y en trouve pour le prendre. Cela fait qu'il dure plus longtemps et que l'on y perd assez de monde. On croit pourtant qu'il ne passera pas après-demain. L'armée du prince Eugène a fait un mouvement. Il a mis sa droite au Quesnoy, il a même des troupes jusqu'à Bavay. C'est apparemment pour protéger ses convois qu'il fait venir de Mons. Il lui en est venu un de 200 charrettes. Cela, avec tout le pain qu'ils ont pu ramasser d'ailleurs, n'en a pu faire [4] que pour un jour pour leur armée. Il leur est dû pour cinq jours. Il est extrêmement rare et extrêmement cher à leur armée. Ils ont envoyé des mandements à Vervins, à la Capelle et dans tout le Cambrésis, de leur apporter du pain, sous peine d'être brûlé, et l'on a fait défense à tous ces mêmes gens de leur en porter, sous peine d'être pendus.

On dit que le 29e ils n'avaient pas encore ouvert la tranchée devant Landrecies. L'on dit que les Anglais se sont emparés de la citadelle de Gand. Nous ne savons pas ce que nous ferons après la prise de Marchiennes, si nous marcherons aux ennemis pour les combattre, si nous nous posterons pour empêcher les convois de Mons, si nous

---

1. Dans sa lettre à l'empereur, écrite le matin même du 24 juillet, le prince Eugène disait : « D'après nos nouvelles, l'ennemi doit avoir commandé quelque mille hommes pour jeter des ponts au dessus de Catillon sur la Sambre. Il parlait encore fortement de faire lever le siège de Landrecies, à quelle fin il voulait attirer à lui différentes garnisons. Nos découvertes rapportent qu'entre autres garnisons, celles de Valenciennes et de Cambrai se tiennent depuis 3 jours sous les armes. On ne peut cependant savoir, de tant de mouvements différents, de quel côté se porteront les intentions de l'ennemi. » *Die Feldzüge des Prinzen Eugen*, XIV, suppl^t n° 137.

2. Le texte de la lettre porte par erreur « droite » au lieu de gauche.

3. D'abord le prince de Savoie, comme le dit dans ses *Rêveries* le maréchal de Saxe, « ne put jamais se figurer que le maréchal de Villars fît cette manœuvre en sa présence, et c'est ce qui le trompa. »

4. On lit dans l'original « il n'en a pu faire... »

ferons le siège de Douai ou si nous irons couvrir notre pays. Nous [1] avons beaucoup de pionniers commandés.

31.

Marchiennes a capitulé hier au soir. Je l'ai su des gens qui en viennent. Il y avait 6 bataillons, 500 hommes détachés, 3 escadrons et 2000 matelots. C'est une chose incroyable que les provisions immenses que l'on dit qu'il y a de toutes sortes de façon. Ils ont coulé à terre les barques où était la poudre, mais on les repêchera. On dit qu'il y a 62 pièces de gros canon toutes neuves. On dit ce matin que l'armée du prince Eugène marche et que le siège de Landrecies est levé. Cela mérite confirmation [2].

Il faut que je vous dise, Monseigneur, qu'après que l'action fut finie de cette dernière affaire [3] M. le maréchal de Villars dit à M. le maréchal de Montesquiou : « Monsieur, il s'est passé quelque chose entre nous où vous pouvez avoir un peu de tort et moi peut-être beaucoup. Je vous prie, oubliez le passé et accordez-moi votre amitié. Je vous la demande, et je vous assure que je ferai ce que je pourrai pour la mériter. » Le maréchal de Montesquiou se jeta à son cou. Ils s'embrassèrent beaucoup, et sont de la plus belle intelligence du monde [4]. Voilà ce que fait la prospérité. Voilà toutes mes nouvelles. Je suis avec un très profond respect de votre A. S., Monseigneur, le très obéissant serviteur. [5]

BRUZAC D'HAUTEFORT.

Lefebvre d'Orval à Voysin.

« ..... Si j'osais, je prendrais la liberté de dire qu'il serait bon de donner carte blanche au général, car je tremble quand je pense qu'il n'a tenu à rien qu'on se soit retiré à l'approche des lignes de Denain sans les attaquer, parce que M. le Maréchal avait ordre, à ce qu'on

---

1. Le reste de la lettre est de la main même de M. de Bruzac d'Hautefort.
2. La levée du siège eut lieu le 2 août.
3. Denain, sans doute possible.
4. Dans la chaleur de l'action, s'est-il échangé quelques vives paroles entre Villars hésitant à donner le signal de l'attaque et Montesquiou insistant pour un assaut immédiat des retranchements de Denain ? L'hypothèse paraît vraisemblable. Dans sa lettre du 29 juillet à Voysin, Villars a fait allusion à cet incident. Il est intéressant de rapprocher sa version du récit de M. de Bruzac.
5. D. G. Carton supplémentaire n° VIII.

dit, de ne rien risquer, que pour cela l'on fit faire halte aux troupes pour se retirer, mais que M. le maréchal de Montesquiou et M. le marquis de Vieuxpont principalement persuadèrent d'attaquer [1] et ne trouvèrent presque point de résistance, ce qui arrivera partout, principalement à présent que les troupes du Roi sont en train et plus de 60 bataillons plus que les ennemis. Pardonnez-moi ma franchise puisqu'elle ne tend qu'à votre gloire [2].

Je suis, etc. LEFEBVRE.

A Cambrai, le 5 août 1712.

Lefebvre d'Orval à Voysin.

A Cambrai, le 6 août 1712, à 6 heures du soir.

.... La plus grande difficulté qui s'est trouvée pour arriver aux retranchements de Denain était un marais où l'on perdit des hommes et des chevaux [3]. Cela est surprenant puisqu'il y a, de Neuville à ces retranchements, un grand chemin bien accommodé par les ennemis, qui l'appelaient, aussi bien que celui de Marchiennes, les *grands chemins de Paris*. Au reste, M. le marquis de Vieuxpont ayant été obligé de se servir de paysans pour guides, parce que le capitaine des guides était ivre, il n'est point étonnant qu'on ait été mal conduit [4]....

---

1. Le précieux témoignage de Lefebvre d'Orval confirme de tout point le récit du marquis de Goësbriand. — On lit aussi au manuscrit de la bibliothèque de Boulogne, dont l'auteur a dû avoir sous les yeux les lettres de Lefebvre d'Orval : « Le 24 de juillet, le matin, l'armée se trouva en bataille à la portée du canon des ennemis. — M. de Villars crut voir les retranchements des ennemis si garnis de troupes qu'il craignit que le prince Eugène n'eût été averti de sa marche. Il pourparla avec son état-major et lui confia ses craintes : M. de Montesquiou dit dans cette occasion qu'il serait honteux pour les Français de ne s'être présentés à l'ennemi que pour se retirer, qu'il fallait au moins tenter de l'attaquer. Cet avis ayant été appuyé par MM. d'Albergotty et de Vieuxpont, M. de Villars fut ravi de les voir de ce sentiment et ordonna d'attaquer. » *Correspondance de M. Lefebvre d'Orval avec MM. de Chamillart et Voysin*, p. 52.

2. D. G. 2.381.

3. Voir la *Relation de la journée de Denain* par le maréchal de Villars.

4. D. G. 2.381.

RELATION DE LA JOURNÉE DE DENAIN

PAR LE MARÉCHAL DE VILLARS

Les pièces des campagnes de 1711 et 1712, non insérées dans les volumes des mêmes années, ont servi à composer le volume 2.407 du Dépôt de la Guerre. On y a joint quelques documents relatifs aux événements de ces campagnes, mais d'une date postérieure. Au nombre de ces derniers se trouve une copie qui a pour titre *Relation de la journée de Denain*. Elle porte en tête l'indication suivante, de l'écriture si caractéristique du maréchal de Castries[1] : « Cette relation est celle que le maréchal de Villars fit lui-même[2]. »

On sait que le maréchal de Castries eut en sa possession, pendant plusieurs années, les papiers du maréchal de Villars, à lui confiés par Limanton, avocat au Parle-

---

1. Charles-Eugène-Gabriel de la Croix, marquis de Castries, né en 1727, prit une part glorieuse aux guerres du règne de Louis XV. La victoire de Clostercamp est son œuvre. Ministre de la marine en 1780, il mérita dans ce poste l'approbation générale. Maréchal de France en 1783, il émigra en 1791 et mourut en 1801, chef du cabinet de Louis XVIII.

2. En regard, ces mots au crayon tracés par M. Huguenin, qui occupa jusqu'en 1895 l'emploi de sous-chef aux Archives de la Guerre : « Annotation de la main de M. de Castries ». Les autographes du maréchal, que j'ai rapprochés de ces quelques lignes, ne laissent aucun doute à cet égard.

ment, homme d'affaires des Villars, à la mort de Honoré-Armand de Villars, fils du maréchal, décédé en 1770 sans postérité [1]. C'est sur son heureuse initiative et celle de Charles-François Elzéard, marquis de Vogüé, petit-fils d'une sœur du maréchal de Villars, que le savant prieur de Châteaurenard, Anquetil, reçut en dépôt ces papiers et fit paraître en 1783 sa *Vie du maréchal duc de Villars*, qu'il dédia au vainqueur de Clostercamp [2].

L'annotation du maréchal de Castries serait une preuve suffisante de l'authenticité du document. On y reconnaît encore à chaque ligne la main de Villars. Entre cette relation et le récit des *Mémoires* [3] publiés par M. le marquis de Vogüé pour la Société de l'Histoire de France, le rapprochement est continuel. Certaines erreurs, notamment dans les dates, laissent aussi supposer qu'elle a été écrite, comme les *Mémoires*, à quelque distance des événements [4].

Cette relation vaut surtout par les détails, mais, en dépit du nom de son auteur, ce serait une erreur d'y ajouter une trop grande créance. On verra que Villars s'y est fait la part du lion et que son récit (théâtre où il se met seul en scène) a besoin d'être contrôlé par le témoignage des contemporains qu'il nous a été permis d'invoquer plus haut.

*
* *

L'évènement de Denain a eu des suites assez surprenantes puisqu'il a changé la face de l'Europe pour que l'on croie devoir rendre un compte fidèle de ce qui l'a précédé et de ce qui l'a suivi.

---

1. *Mémoires du maréchal de Villars*, publiés par M. le marquis de Vogüé, I, Notice bibliographique, p. IV.

2. « Vous m'avez chargé de rédiger les Mémoires du maréchal de Villars : ainsi, la France vous devra de mieux connaître ce grand homme... » Premières lignes de la dédicace d'Anquetil.

3. Voir les *Mémoires*, III, p. 151 et suiv.

4. On sait que les *Mémoires de Villars* ont été commencés vers la fin de 1715. *Mémoires de Villars*, I, Notice bibliographique, p. IX.

L'armée confédérée, commandée par le prince de Savoie, après avoir pris le Quesnoy [1], fut placée de manière que l'on pouvait juger que le dessein de ce prince était de marcher dans des plaines qui sont entre la source de l'Escaut et de la Somme.

Le maréchal de Villars, qui avait ordre du Roi de ne pas attaquer l'armée de la Ligue tant que le duc d'Ormond y serait avec les Anglais, alla visiter les pays par lesquels l'ennemi pouvait chercher à combattre après la prise du Quesnoy. Ce sont les plaines qui sont entre Saint-Quentin et le Câtelet [2].

Le maréchal de Montesquiou proposa de tirer une ligne de l'Escaut à la Somme [3]. C'était abandonner les provinces de Picardie et de Champagne. Il en donna un projet raisonné au maréchal de Villars, lequel fut envoyé au Roi, le maréchal de Villars expliquant bien qu'il était résolu de ne le point suivre; mais comme le maréchal de Montesquiou écrivait souvent contre le maréchal de Villars [4], celui-ci crut devoir faire connaître le projet dangereux qui lui était proposé [5].

Le prince Eugène pensant, comme nous l'avons dit, à combattre dans les plaines qui sont entre Saint-Quentin et le Câtelet, fit occuper les bois de Bohain par un gros corps d'infanterie. Sur les cinq heures du soir, le duc d'Ormond fut averti que toute l'armée allait se mettre en marche. Il courut à toutes jambes à la gauche qu'il commandait, fit mettre pied à terre à la cavalerie et rentrer dans le camp toutes les troupes qui étaient à ses ordres, se plaignant fort du procédé de M. le prince de Savoie [6]. Le jour d'après, il quitta l'armée [7] et ne put

---

1. La capitulation de cette place fut signée le 4 juillet 1712.

2. « Il ne peut être que très bon de reconnaître, comme vous avez fait, tout le pays qui est depuis le Câtelet et la source de l'Escaut jusqu'à la Sambre. » Voysin à Villars, le 10 mai 1712. *Mémoires militaires* de Vault, XI, p. 440. — « J'ai reconnu, Monsieur, fort exactement tous les pays qui sont entre la source de l'Escaut, celle de la Somme, les têtes de ruisseaux de Vermand, de celui qui passe à Marquion, autrement appelé l'Agache, de tous les endroits généralement où l'on pourrait placer l'armée du Roi, entre Cambrai, le Câtelet, Saint-Quentin et Péronne, si l'ennemi partant de Bouchain voulait tourner la tête de l'Escaut. » Villars à Voysin, le 14 mai 1712. D. G. 2.375.

3. Le maréchal de Montesquiou était revenu à plusieurs reprises sur ce projet dans ses lettres au duc du Maine ou à Voysin, antérieures à la marche de l'armée française sur Landrecies.

4. Cette assertion de Villars n'est pas confirmée par les lettres conservées au Dépôt de la Guerre.

5. Se reporter à la lettre de Montesquiou au duc du Maine, du 10 juin 1712, et à la note qui l'accompagne.

6. Dans la nuit du 14 au 15 juillet, le duc d'Ormond faisait remettre au prince Eugène par Cadogan la déclaration qui suit: « Monsieur le duc

emmener avec lui que les seuls Anglais nationaux, consistant en 18 bataillons et autant d'escadrons, toutes les autres troupes, qui étaient en nombre considérable à la solde de l'Angleterre, ayant refusé de le suivre. Ce changement et les difficultés que le prince de Savoie crut trouver à son premier dessein par l'irrésolution des généraux et des troupes qui étaient à la solde de l'Angleterre pour donner une bataille, le déterminèrent à former le siège de Landrecies [1] et il fit investir cette place. Le gros de son armée était couvert des rivières de la Selle et de l'Ecaillon, et il n'avait proprement à garder que le tiers du terrain de l'investiture, laquelle prenait les bords de la Sambre au bois de Maroilles.

Le maréchal de Villars, connaissant les difficultés de secourir

---

d'Ormond est un peu surpris que le prince Eugène lui a envoyé un simple message par un aide-de-camp le 14 juillet au soir, qu'il voulait marcher le 16 et pour savoir si le Duc voulait marcher avec ou ce qu'il voulait faire, sans avoir concerté préalablement avec lui de quel côté on devait marcher et ce qu'on voulait faire. Ainsi le dit Duc ne savait se résoudre de marcher avec le Prince et encore moins de lui donner aucune assistance avec les troupes de la Reine pour favoriser ses opérations et que le dit Duc avait trouvé à propos d'informer le Prince de cela, afin qu'il puisse prendre ses mesures là-dessus, sans attribuer au dit Duc aucun malheur qui en pourrait arriver. — Cadogan doit aussi dire au prince Eugène que, aussitôt qu'il est marché, le Duc sera obligé à songer à la sûreté des troupes de la Reine et à cette fin sera obligé de changer le camp. » *Die Feldzüge des Prinzen Eugen*, XIV, supp. n° 130.

7. En réalité, ce fut le prince Eugène qui mit en branle son armée le 16 juillet, dès les premières heures du jour, pour se porter entre la Selle et l'Ecaillon.

1. A la date du 11 juillet, les Alliés s'étaient déjà arrêtés au siège de Landrecies. La dernière lettre qu'Albemarle ait adressée à Heinsius avant le combat de Denain porte en effet :

Au camp de Denain, ce 11° de juillet 1712.

Aujourd'hui on nous a fait venir chez le comte de Tilly en présence de MM. les députés, où nous avons unanimement déclaré être d'opinion qu'il fallait agir s'il était possible et ne pas demeurer dans l'inaction, surtout si on est sûr que toutes les troupes étrangères agiront avec nous. Les généraux des dites troupes ont déclaré le vouloir faire, mais il faut bien considérer si les bonnes intentions de leurs maîtres seront toujours de même, car ce serait une terrible chose si on était une fois engagé dans une entreprise et qu'alors on trouvât de leur côté quelque changement. Il a été provisionnellement résolu parmi les généraux de l'Etat d'entreprendre le siège de Landrecies. On conférera là-dessus plus particulièrement avec le prince de Savoie... » ARCHIVES D'HEINSIUS, portef. 53 B.

Le prince Eugène écrivait d'Haspres, le 11 juillet, au comte Sinzendorff que tous les députés hollandais venaient de dîner chez lui, que l'on était convenu « dans la première marche de s'approcher de Landrecies et, s'il est possible, de bloquer cette ville le même jour pour en commencer aussitôt le siège. » *Die Feldzüge des Prinzen Eugen*, XIV, supp. n° 126.

Landrecies, désirait préférablement à tout que le prince de Savoie voulût donner une bataille, et, pour lui en donner le moyen, il fit battre la générale dès le soir du 20 juillet [1], passa l'Escaut le 21 et campa le long de l'Escaut, laissant cette rivière derrière lui. Par là l'ennemi avait une liberté entière de passer la petite rivière de Selle et de donner une bataille dans six lieues de plaine qui sont entre l'Escaut et la Sambre que l'armée de France devait traverser.

Le 22, le maréchal de Villars marcha en bataille dans ces plaines et campa sur la Sambre.

L'armée de la Ligue, malgré l'éloignement des Anglais nationaux, était très supérieure en nombre à celle de France, séparée d'un corps de troupes fort considérable qui était du côté de la mer, et de la garnison de Valenciennes qui était de plus de 12.000 hommes.

Cependant le prince de Savoie, comptant sa position très avantageuse pour le siège de Landrecies, préféra au dessein de donner une bataille celui de s'opposer aux efforts qu'il crut que le maréchal de Villars tenterait vainement pour le secours de Landrecies.

Le maréchal de Villars était déterminé à tout tenter pour empêcher la perte d'une place si importante. Il avait un objet (s'il trouvait le secours presque impossible), qui était d'attaquer le camp retranché de Denain, l'entrepôt de toutes les munitions de guerre et de bouche de l'armée de la Ligue, laquelle était trop nombreuse pour pouvoir subsister par d'autres voies que celles des rivières d'Escaut et de Scarpe, par lesquelles tout venait de la Flandre, Hollande et de la mer. Mais ce dessein n'avait été confié à personne au monde, sachant bien qu'il ne pourrait jamais réussir que par le plus profond secret.

Cependant il confirma l'opinion répandue qu'il allait attaquer les lignes de Landrecies, ce qui était aussi son premier objet, à moins qu'il n'y trouvât des obstacles insurmontables. Il marcha à la Sambre sans que le prince de Savoie fît la moindre démarche pour l'attaquer dans cette étendue de plaines que nous avons dit être entre l'Escaut

---

1 Il y a ici, comme dans les *Mémoires du Maréchal*, III, p. 151, un manque de précision dans les dates qui s'explique si l'on veut se rappeler que le maréchal de Villars a commencé seulement la rédaction de ses *Mémoires* vers la fin de 1715 et que, pour les raisons indiquées plus haut, cette relation de la journée de Denain doit être postérieure également aux évènements qu'elle retrace. Le 19, l'armée française quitte son camp de Noyelles, passe l'Escaut entre Crèvecœur et le Câtelet et s'établit la droite à Beaurevoir, la gauche à Vaucelles. Le 20 elle continue sa marche et s'arrête sur la haute Selle, de Molain à Neuvilly, le quartier général au Cateau. Elle garde cette position le 21. Dans l'après-midi du 22 juillet, elle passe la Selle et vient camper, la droite et le quartier général à Mazinghien, la gauche au Cateau.

et la Sambre. Il fit jeter, la nuit du 22 au 23 juillet, plusieurs ponts sur la Sambre près l'abbaye de Fesmy. Il la passa à la pointe du jour avec la tête de l'armée campée depuis Cateau-Cambrésis jusqu'au village de [1].... Dès le matin, il approcha avec les escadrons des lignes ennemies depuis le château de [2].... jusqu'au bois de Maroilles, et, de sa personne avec plusieurs officiers généraux, le reconnut à la portée du fusil, essuyant plusieurs volées de canon et revint à midi [3]. Il donna publiquement tous les ordres pour faire un grand nombre de fascines nécessaires pour combler les lignes et tout ce qui était le plus propre à persuader que l'unique dessein était d'attaquer ces lignes ; mais ayant trouvé que le terrain que les ennemis avaient à défendre n'était que d'une demi-lieue déjà retranchée, qu'ils pouvaient y mettre deux lignes d'infanterie, sans nulle inquiétude pour les autres quartiers, il se détermina à l'attaque du camp retranché de Denain.

Pour cela il avait près de dix lieues de chemin à faire, et il ne pouvait y réussir si son dessein était découvert. Aussi ne le communiqua-t-il qu'au seul comte de Broglie et à Contades. Il donna tous les ordres pour se mettre en marche à l'entrée de la nuit du 23 au 24, les lieutenants généraux commandant les ailes ayant uniquement celui de faire ce qui leur serait dit par les officiers de détail. Cependant il laissa le comte de Coigny avec trente escadrons au delà de la Sambre avec ordre de faire travailler aux fascines et d'envoyer la nuit divers partis sur la ligne des ennemis, et toute l'infanterie eut ordre de se préparer à l'attaque des lignes à la pointe du jour.

Sur les six heures du soir, le marquis d'Albergotty, avec plusieurs

---

1. Le mot manque dans la copie, sans doute Mazinghien.
2. Le nom est laissé en blanc.
3. Villars n'a point envoyé de courrier à Fontainebleau le 23 juillet. Nous savons déjà, par la lettre du duc de Guiche du 23 juillet citée plus haut, qu'il avait reconnu, le 22, les retranchements ennemis sur la rive droite de la Sambre. La présente relation est seule à mentionner avec les *Mémoires* (ces derniers avec moins de détails et de clarté), cette nouvelle reconnaissance exécutée à la date du 23 : « Il fallut donc aller reconnaitre le pays au delà de la Sambre, et c'est ce que le maréchal fit le 21. Il passa la Sambre à l'abbaye de Fesmy et alla reconnaitre autour de Landrecies les lignes auxquelles les ennemis travaillaient avec une grande vivacité. Il fallait que l'armée passât la Sambre, sans pouvoir donner une grande inquiétude à la partie de celle des ennemis qui étaient derrière la Selle. Le maréchal rentra dans son quartier à trois heures après midi, et, malgré les difficultés que l'on trouvait à l'attaque du camp retranché des ennemis à Denain, il se détermina à cette entreprise et ne la communiqua à personne. » *Mémoires de Villars*, III, p. 151-2.

officiers généraux [1], vint lui dire qu'il regardait l'attaque des lignes comme trop dangereuse. Le maréchal lui répondit seulement : « Voulez-vous laisser prendre Landrecies ». Albergotty lui répliqua qu'ayant l'honneur de commander l'infanterie, il en regardait la perte comme certaine. Le maréchal de Villars lui dit : « L'honneur que vous avez de commander l'infanterie me fait désirer l'attaque puisque vous y aurez la première part. Allez vous reposer et demain, à trois heures après minuit, nous saurons si les lignes sont aussi dangereuses que vous le croyez ».

Il étaient, comme l'on a déjà dit, de la dernière conséquence de cacher le dessein. Il y avait des postes le long de la Selle, et il fallait empêcher que personne ne pût la passer pour avertir les ennemis de sa marche.

Le comte de Broglie fut chargé de ce soin [2], et marcha le long de cette rivière avec 20 escadrons. Le marquis de Vieuxpont commandait une réserve campée en troisième ligne. Il fut chargé de marcher avec les pontons vers l'Escaut. Pour que personne ne pût avertir par Bouchain, il chargea [3].... avec 500 chevaux de se placer la nuit à 100 pas des portes de la basse ville, avec des officiers pour se tenir près des ponts et arrêter tout espion ou déserteur qui voudraient se jeter dans Bouchain.

A l'entrée de la nuit, les sieurs de Contades, Beaujeu [4], Montviel [5] et Bongard [6], officiers du détail, allèrent porter les ordres aux lieutenants généraux qui commandaient les 4 colonnes.

---

1. Les *Mémoires* nomment seulement MM. d'Albergotty et de Bouzols, III, p. 152.

2. On sait avec quelle dextérité il s'en acquitta. Voir à ce sujet la lettre du brigadier hollandais Cronstrom à Heinsius, du 25 juillet 1712, qui est publiée en appendice.

3. Le mot manque dans la copie.

4. M. de Beaujeu faisait depuis 1704 les fonctions de maréchal des logis de la cavalerie avec une commission de mestre de camp. En 1708 il passa de l'armée du Rhin à celle de Flandre avec le grade de brigadier et continua à y exercer les mêmes fonctions. Maréchal de camp en 1719, gouverneur des Invalides en 1728, il mourut le 26 mai 1730.

5. Jacques de Vassal, marquis de Montviel, « homme d'esprit et de mérite », dit Dangeau, avait exercé les fonctions de maréchal général des logis durant les dernières années de la guerre de la Ligue d'Augsbourg. Brigadier en 1703, il remplit de nouveau la charge de maréchal général des logis de la cavalerie, jusqu'à la fin de la guerre de la Succession. Blessé à Fribourg, il fut nommé maréchal de camp en 1718, lieutenant général en 1734, et mourut à Paris en 1744.

6. Bongard ou Bongars était en 1710 lieutenant-colonel du régiment du Roi-Infanterie, « distingué par les actions et pour avoir entretenu un

Gassion [1] était à la tête de la Maison du Roi, et lorsque Beaujeu lui dit simplement de faire marcher la droite des escadrons pour retourner en arrière, il crut que Beaujeu se trompait et refusa de le faire. Beaujeu lui dit : « N'avez-vous pas ordre de faire ce que je vous dirai ». Toute l'armée était tellement persuadée de l'attaque des lignes que les autres lieutenants-généraux firent les mêmes difficultés [2].

Le maréchal de Villars marcha la nuit dans son carrosse avec le maréchal de Montesquiou [3]. A la pointe du jour, un officier vint lui dire de la part du marquis de Vieuxpont qu'il était sur l'Escaut et découvert par les gardes des ennemis. Puységur, lieutenant général, dit qu'il n'y avait qu'à camper où l'on était. Le maréchal lui répondit très séchement : « Voilà de beaux conseils [4]. » Il envoya ordre par des officiers à toutes jambes à Vieuxpont de jeter les ponts et de les établir à coups de fusils, quelles que troupes des ennemis qui s'y opposâssent, et il monta dans sa chaise de poste pour s'y rendre avec la plus grande diligence.

---

régiment du Roi toujours très beau », Villars à Voysin, 1ᵉʳ septembre 1710, *Mémoires* de Villars, III, p. 288. — Dans une lettre du 23 septembre de la même année, adressée au ministre, le maréchal cite Bongars parmi les officiers de son état-major « qui avaient fait avec applaudissement le détail de l'armée. »

1. Ce n'est point M. de Gassion qui se trouvait à la tête de la Maison du Roi. Comme on l'a vu, page 192, il n'avait pas encore rejoint l'armée à la date du 23 juillet 1712.

2. Dans ses *Mémoires*, III, p. 140, le chevalier de Quincy a dépeint le premier moment d'émoi douloureux causé par la rumeur qui se répandit alors dans l'armée d'une marche rétrograde pour rentrer « dans notre ancien camp au delà de l'Escaut. Etourdi de cette triste nouvelle qui fut répandue sur le champ parmi le soldat, j'étais dans un désespoir affreux. Je détestais pour ainsi dire d'être né Français. J'aperçus un découragement et parmi l'officier et parmi le soldat. On se disait les uns aux autres : « Quels diables d'officiers généraux avons-nous donc aujourd'hui ? Que sont devenus les Turenne, les Condé, les Luxembourg, les Catinat et les Vendôme ? Ces grands hommes, au lieu d'augmenter les difficultés lorsqu'il s'agissait de combattre les ennemis, trouvaient les moyens de les aplanir. Nous allons donc voir les Alliés pénétrer en France. Quelle désolation et quels ravages ! » Lorsque nous eûmes repassé la Selle, notre marche, qui avait été des plus lentes, changea presque dans le moment ; elle devint petit à petit plus précipitée. Je m'aperçus que nous quittions le chemin du côté de Cambrai et que nous prenions sur notre droite. Enfin le bruit se répandit tout à coup que nous marchions sur Denain... »

3. Villars a oublié ou plutôt, qu'on me passe le mot, escamoté son collègue au fond de son carrosse car, au cours de ce récit, le nom du maréchal de Montesquiou ne sera plus prononcé une seule fois.

4. « A quoi diable songez-vous ? » disent les *Mémoires*, III, p. 154.

Les ponts se firent sans nulle opposition des ennemis. Le maréchal fit passer 10 cavaliers et un maréchal des logis qui, s'étant avancés trente pas au delà de l'Escaut, furent pris et menés au prince de Savoie [1].

Après avoir passé l'Escaut, il trouva un marais si difficile qu'il crut que l'ennemi s'y confiant avait pris moins de précautions pour défendre le passage de l'Escaut. Cependant le maréchal, ayant remarqué une digue qui allait à une grosse maison, fit marcher la colonne de Champagne par cette digue et passa le marais à la tête de celle de Navarre. Il avait un très bon cheval qui enfonçait jusqu'aux sangles : il passa, et la brigade de Navarre, malgré la profondeur du marais, suivit.

On marcha à ce que les ennemis appelaient le chemin de Paris. C'était une double ligne défendue par plusieurs redoutes à 300 pas l'une de l'autre, au travers desquelles les ennemis menaient leurs convois de Marchiennes au camp de Denain.

Ces redoutes, gardées chacune par 100 hommes, furent emportées d'abord, et l'on ordonna à l'infanterie de se former dans le terrain qui était entre cette double ligne.

Alors le maréchal de Villars, ne voyant aucune troupe de l'armée ennemie s'approcher de Denain, craignit que le prince de Savoie ne marchât avec toute son armée pour attaquer la partie de celle de France qui n'aurait point passé l'Escaut. Il recourut à ses ponts sur l'Escaut, et envoya divers aides-de-camp porter ordre à tous les officiers généraux qui étaient au delà de l'Escaut de marcher en bataille dans les anciennes lignes que les ennemis avaient faites pour le siège de Bouchain : ce mouvement ne les éloignait pas de leur route, d'autant que si le prince Eugène avait dessein de les attaquer, il trouverait nos troupes avec un retranchement devant elles. Il retourna avec la même diligence à l'infanterie qui avait ordre de se mettre en bataille pour marcher au camp retranché de Denain. Alors il vit toutes les colonnes de l'armée ennemie arriver sur l'Escaut. Le marquis d'Albergotty proposa de faire des fascines ; il lui dit seulement : « Voyez la compagnie qui arrive : pensez-vous qu'elle vous en donne le temps. Les seules fascines seront les corps des soldats qui tomberont dans les fossés ou seront tués en montant. »

---

1. Les *Mémoires* ne mentionnent pas la capture de ce détachement. Ils donnent par contre les détails suivants, d'allure toute théâtrale : « Quand il arriva sur l'Escaut, il (le maréchal) y trouva plusieurs bateaux déjà posés et nulle opposition de la part de l'ennemi « Puisque j'en ai le temps, dit-il, buvons deux coups. » Il prit un buffle, qui est la seule arme défensive qu'il eût presque jamais portée. disant : « Ce buffle me porte bonheur. » Ensuite, il passa l'Escaut. » III, p. 154.

On marcha en bataille au retranchement avec un ordre et un silence respectables. Les ennemis firent un grand feu de leur canon, et quand notre première ligne fut à 100 pas, le feu de leur infanterie fut continuel sans qu'il y eût le moindre désordre dans la nôtre. En approchant de 50 pas, un lieutenant général dit au maréchal de Villars : « Les bataillons du Maine, qui marchent à un ouvrage détaché de la ligne, vont être écrasés ». Belrieux, qui était à la tête de ces bataillons : « Non, mais ils l'emporteront [1] ». Le maréchal dit seulement : « Ce discours vaut mieux que l'autre [2] ».

L'on marcha toujours avec le même ordre, et les bataillons descendirent dans le fossé et emportèrent le rempart assez élevé mais que les ennemis avaient négligé de rendre escarpé. Le marquis de Tourville fut le seul colonel tué, 15 ou 20 officiers et près de 30 soldats tués ou blessés.

A peine le maréchal avait-il fait 20 pas dans les retranchements qu'il vit au pied de son cheval le duc d'Albemarle, général des ennemis, et 5 ou 6 lieutenants généraux ou maréchaux de camp de l'Empereur qu'il remit à ses aides de camp pour être en sûreté. Il appela le comte de Broglie et lui dit seulement : « A Marchiennes, pour investir la place ». Dans le moment, les 20 bataillons qui défendaient les retranchements furent tués ou pris. Le prince Eugène, qui était sur les bords de l'Escaut, crut pouvoir regagner un pont qui aboutissait à une redoute et fit tuer 7 à 800 hommes assez inutilement [3].

L'action finie, le maréchal de Villars fit camper l'armée, la droite vers Bouchain et la gauche à Valenciennes [4]. Plusieurs postes se rendirent avec les garnisons prisonnières de guerre, faisant près de 2.000 hommes de pied. Marchiennes, défendue par 7 bataillons, un escadron de cavalerie de l'Empereur et plusieurs détachements d'infanterie, fut emportée en trois jours. L'hôpital de l'armée de la

---

1. La copie porte « mais ils emporteront ».
2. Ni les *Mémoires*, ni la *Vie de Villars* donnée par Anquetil, ne rapportent ce trait.
3. « Le prince Eugène fit quelques tentatives pour repasser l'Escaut et fit tuer 7 à 800 hommes assez inutilement. » *Mémoires de Villars*, III, p. 158.
4. J'ai corrigé ici une erreur du copiste qui a interverti plusieurs lignes. Le texte est le suivant : « Valenciennes défendue par 7 bataillons, un escadron de dragons et plusieurs détachements d'infanterie. Plusieurs postes se rendirent avec les garnisons prisonnières de guerre faisant près de 2.000 hommes de pied. Marchiennes fut emportée en 3 jours. L'hôpital, etc... »

Ligue y était et grand nombre de malades et convalescents, et toute la rivière de la Scarpe était couverte de bateaux chargés de munitions de guerre et de bouche : 48 pièces de 24 toutes neuves pour continuer le siège des places que les ennemis espéraient de prendre. Ils levèrent le siège de Landrecies le....[1] à la pointe du jour. Le maréchal de Villars fit investir Douai le même jour.

Cette grande ville, défendue par le comte de Hompesch, un des principaux généraux des Hollandais, fut prise en 12 jours avec le fort de la Scarpe [2] : la garnison et le gouverneur prisonniers de guerre. Le prince Eugène, ayant marché avec toutes ses forces pour la secourir [3], mit son armée en bataille à la portée du fusil de celle du Roi, fit assembler une quantité de fascines prodigieuse, mettre le feu à toutes ces fascines et marcha pour empêcher le siège du Quesnoy. Mais le maréchal de Villars, ayant moins de chemin à faire, fit marcher 50 bataillons, qui furent placés depuis la tête de la petite rivière d'Hogneau jusqu'à la forêt de Mormal, et pressa le siège de Douai, qui se rendit le 11e jour de l'attaque. Le comte de Hompesch, gouverneur, 13 bataillons et 500 chevaux prisonniers de guerre.

Le maréchal de Villars, ne craignant plus le secours de Douai depuis l'éloignement de l'armée de la Ligue, n'attendit pas la fin du siège pour fortifier les 50 bataillons, qui avaient commencé l'investiture du Quesnoy, de toutes les troupes qu'il crut nécessaires pour l'assurer. Il envoya des détachements considérables dans Maubeuge. Le prince de Savoie marcha avec toute son armée pour secourir le Quesnoy et ne crut pas pouvoir y réussir. Le Quesnoy fut pris en 9 jours à discrétion, [4] avec le général Yvoy qui y commandait et la

---

1. La date manque. La levée du siège, comme on l'a vu plus haut, eut lieu le 2 août.
2. Douai se rendit le 8 septembre, après 24 jours de tranchée ouverte.
3. Le prince Eugène n'avait plus que 100 bataillons et 250 escadrons. Après la levée du siège de Landrecies, il avait passé la Haine près de Mons le 4 août, l'Escaut, le 7, près de Tournai. Le 12 août, il se portait entre Carvin et Faumont, mais sans pouvoir rien entreprendre pour secourir Douai. Ses lettres du mois d'août contiennent nombre de récriminations et de plaintes contre les députés hollandais qui sont « remplis de frayeur » et contre les généraux mêmes de cette nation qui ont perdu courage. Députés et généraux s'opposent à toute entreprise de vigueur et se désintéressent du sort de Douai, « ayant dans la tête que cette ville ne leur demeurerait pas dans la suite ». Lettre à l'empereur, de Château-Lieu, 17 août 1712. *Die Feldzüge des Prinzen Eugen*. XIV, supp. 165.
4. La tranchée fut ouverte devant le Quesnoy dans la nuit du 18 au 19 septembre. La ville ouvrit ses portes le 4 octobre.

garnison composée de 9 bataillons. On y trouva près de 200 pièces de canon, les ennemis ayant été obligés d'y laisser toute l'artillerie qu'ils avaient menée au siège de Landrecies.

Bouchain pris à discrétion de même, avec le général Grovestein qui y commandait, 7 bataillons et 300 chevaux.

Ainsi, en moins de 2 mois, le maréchal de Villars prit 7 villes, força le camp retranché de Denain et près de 50 bataillons prisonniers de guerre avec plus de 500 pièces de canon. Ces heureux succès furent suivis de la paix avec la Hollande et l'Angleterre.

EXTRAIT

DU

Mémoire des services de M. le maréchal de Montesquiou d'Artagnan, donné par lui-même lorsqu'il fut nommé chevalier de l'Ordre du Saint-Esprit en 1724.

En regard du récit du maréchal de Villars, il est intéressant de rapprocher la relation du combat de Denain rédigée par le maréchal de Montesquiou lorsqu'il fut reçu chevalier de l'Ordre du Saint-Esprit, en 1724. Cette relation a été insérée dans le volume xi des *Mémoires* du lieutenant général de Vault, p. 539 : « Elle est tirée, dit le cardinal de Bausset dans son *Histoire de Fénelon*, iv, p. 413, du rapport fait au chapitre du Saint-Esprit par les maréchaux de Tallard et d'Huxelles en présence du maréchal de Villars. »

On y reconnaîtra qu'à l'exemple de son collègue, Montesquiou s'est attribué toute la gloire du projet et de la victoire de Denain. En tenant compte des écarts dus à l'amour-propre, il est incontestable que son récit, dans la partie qui traite du combat lui-même, du passage de l'Escaut à l'attaque des retranchements de Denain, serre de plus près la vérité historique et s'accorde mieux avec les témoignages invoqués plus haut, que la relation du maréchal de Villars.

* * *

Pendant le siège de Landrecies, les ennemis tiraient tous leurs vivres de Marchiennes, ayant mis à Denain un gros corps, qu'ils avaient bien retranché pour la sûreté de leurs convois. J'envoyai reconnaître les retranchements de Denain ; et, voyant l'importance dont il était d'enlever ce poste pour couper les vivres aux ennemis, je proposai à M. le maréchal de Villars de l'aller attaquer en passant la Sensée au Bac-Abencheul par une marche secrète. Il ne goûta point mon avis. Etant alors campés sur l'Escaut derrière Cambrai, nous eûmes ordre du Roi de secourir Landrecies à tel prix que ce fût ; nous marchâmes donc avec l'armée sur la Sambre en deux ou trois jours. Les ennemis, voyant notre résolution formée de secourir Landrecies, firent avancer toute leur infanterie sur cette place, prête à se jeter dans leurs lignes de circonvallation qui étaient fort bonnes. M. le maréchal de Villars, voyant que nous aurions affaire à toute l'infanterie ennemie, était fort indéterminé sur l'attaque des lignes, la trouvant très hasardeuse. Je pris ce temps pour lui proposer de nouveau le projet que j'avais d'attaquer Denain, en lui disant que par ce moyen on couperait les vivres aux ennemis et on assurerait moralement la levée du siège de Landrecies, ce qu'il n'approuva pas d'abord ; mais, après qu'il eut réfléchi une demi-heure sur mon avis, il vint à moi et me dit qu'il acceptait mon conseil. Je lui répondis que, s'il voulait tenir la chose secrète et que nous puissions dérober huit heures de marche, l'affaire serait certaine ; que, pour cela, il ne fallait en parler à personne, pas même à un officier général ; qu'il fallait, au contraire, faire achever nos ponts sur la Sambre et répandre dans le camp que le lendemain on attaquerait les lignes de circonvallation ; qu'enfin il était nécessaire de marcher dès le soir même.

Après avoir surmonté quelques difficultés qu'il me proposa, l'affaire fut résolue. J'avertis seulement 4 hommes pour mener les colonnes ; et, sur les 5 heures du soir, 20 bataillons de la gauche marchèrent, suivis de 20 pièces de canon et des pontons pour aller à Neuville-sur-l'Escaut. Une heure après, toute l'armée se mit en marche pour suivre cette avant-garde, commandée par M. de Vieuxpont qui, ayant marché toute la nuit, manda, à cinq heures du matin, qu'il ne pouvait arriver sur l'Escaut que vers les huit heures. Comme il était grand jour, c'était le 24 juillet, M. le maréchal de Villars crut que, le prince Eugène pouvant voir notre marche, c'était un obstacle invincible à notre entreprise ; en conséquence, il ordonna aux officiers de campement d'arrêter l'armée et de la faire camper où elle se trouvait ; ce qu'ayant appris, j'allai joindre M. le maréchal de Villars à qui je dis que, l'armée des ennemis ne pouvant marcher à Denain qu'à notre vue par la hauteur de Querenaing, sur laquelle on ne voyait personne, je le priais de vouloir bien toujours marcher sur l'Escaut ; qu'y étant arrivés, nous verrions si les ennemis marchaient à Denain ; que, si on apercevait leur armée marcher et être à portée de secourir ce poste, nous serions toujours les maîtres de ne point passer l'Escaut et de camper, moyennant quoi il n'y avait nul risque à courir. Il se rendit à mes raisons, et nous continuâmes notre marche, après avoir perdu une heure de temps.

Cependant le prince Eugène, persuadé que nous attaquerions ses lignes le lendemain, n'eut le véritable avis de notre dessein que vers les quatre heures du matin [1]. Nous arrivâmes sur l'Escaut à huit heures, et, M. le maréchal de Villars s'occupant à diligenter l'armée, je fis construire 3 ponts en 3 quarts d'heure, et fis passer les troupes aussitôt. M. le maréchal de Villars m'ayant joint, nous passâmes les ponts ensemble et nous avançâmes sur les lignes des ennemis, qui s'étaient allongés jusqu'à Marchiennes. Ils quittèrent d'abord la première ligne pour se retirer dans le retranchement, où il y avait 17 bataillons et 15 escadrons ; mais le prince Eugène, sitôt qu'il sut la détermination de notre marche, vint au galop de Landrecies à Denain, avec 5 ou 6 officiers, et, voyant que notre armée passait l'Escaut, il retira les 15 escadrons, qui étaient plus que suffisants pour défendre l'étendue du poste. M. le maréchal de Villars, étant retourné aux ponts pour presser les troupes, me chargea de la disposition de l'attaque, ce que je fis en formant 11 colonnes d'infanterie, de 3 bataillons chacune, les grenadiers et les piquets devant former une espèce de ligne, les colonnes à 25 pas l'une de l'autre. Comme je commençais à voir la tête de l'infanterie de l'armée des ennemis, qui était encore à une demi-lieue et venait au secours du poste, M. le maréchal de Villars ne m'ayant pas encore joint, je résolus d'attaquer ; mais, dans le temps que j'étais en mouvement, M. le maréchal de Villars m'envoya MM de Nangis et de Contades pour me dire de retarder, qu'on lui conseillait de se retrancher. Moi, qui ne pouvais approuver ce sentiment, je voulus persister dans mon attaque, voyant que le temps pressait. Sur quoi, M. de Contades me sollicita si vivement d'amitié de ne point attaquer sans parler à M. le maréchal de Villars, qui n'était pas éloigné, m'assurant que j'étais un homme perdu si l'attaque ne réussissait pas, que j'y consentis et fus le trouver à cinq cents pas. Il venait à moi, et, en m'abordant, me demanda si j'étais encore d'avis d'attaquer ; que les ennemis étaient préparés et qu'on lui conseillait de se retrancher. Je lui répétai tout ce qui devait l'en empêcher [2], après quoi il se rendit en me disant : « Puisque

---

1. En réalité, le prince Eugène ne fut prévenu de notre marche que trois ou quatre heures plus tard.

2. Les lettres du marquis de Goësbriand au duc du Maine, des 24 et 28 juillet 1712, reproduisent sous le même jour les évènements du 24 juillet.

vous êtes d'avis d'attaquer, marchons ». L'attaque se fit avec beaucoup d'ordre et une magnifique disposition. Le poste fut emporté. On prit milord d'Albemarle, qui commandait, avec 15 officiers généraux et les 17 bataillons, dont il y eut beaucoup de monde tué et noyé, un pont qu'ils avaient sur l'Escaut s'étant rompu sous eux.

Le lendemain matin, à cinq heures, M. le maréchal de Villars, m'ayant fait prier de le venir trouver dans sa chambre, me fit beaucoup d'amitié [1] sur la conduite de cette affaire, et me pria de faire le siège de Marchiennes, où il y avait 7 bataillons et un régiment de cavalerie. Je pris la place en 5 jours de tranchée; la garnison fut prisonnière de guerre. Je me rendis maître de tous les magasins et de 500 balandres qui étaient sur la Scarpe, chargées de toutes sortes de munitions. Le prince Eugène, se voyant sans vivres et sans munitions, fut obligé de lever le siège de Landrecies, ce qui nous donna lieu de reprendre tout de suite Douai, le Quesnoy et Bouchain. Cet échec ramollit les propositions de paix que les plénipotentiaires des ennemis avaient faites, et l'hiver suivant elle fut conclue ».

---

1. Se reporter à la lettre de M. Bruzac d'Hautefort au duc du Maine, du 30 juillet 1712.

LA CAMPAGNE DE 1712 EN IMAGE DU TEMPS

Affiche du marchand d'estampes Demortain, à l'enseigne « Aux belles Images » sur le Pont-Notre-Dame à Paris.

L'original de cette estampe, curieuse et rare, mesure o^m,39 × o^m,50 et fait partie de la collection de M. le comte de Montesquiou-Fezensac (Château de Laugeart, Aisne).

Lefebvre d'Orval, Villars et Montesquiou

Après la victoire

Soin de Lefebvre d'Orval à cacher sa participation au projet de Denain. — Il redoute pour lui-même les effets de la jalousie des généraux, de Villars en particulier, et, pour sa famille, qui réside en territoire ennemi, les représailles des Alliés. — Grâce à son attitude prudente, il évite ce double danger.
Jusqu'à la fin de la campagne, Montesquiou est en butte à la malveillance de son collègue qui ne lui pardonne pas l'éclat de son rôle à Denain. — Nombreux froissements que lui fait subir Villars, animé par l'envie. — Montesquiou s'en ouvre dans ses lettres à Voysin et au duc du Maine. — Il y revendique hautement comme son œuvre la victoire de Denain.

Au lendemain de la victoire du 24 juillet 1712, nous assistons à un fait étrange. L'homme qui avait été l'âme du projet de Denain, loin d'en tirer la moindre gloire, se défend d'y avoir jamais participé. Alors que « tout le monde lui en parle », alors que deux des principaux officiers de l'armée de Flandre, le marquis de Jeoffreville et le comte de Villars, le frère même du maréchal, répandent dans le public son nom comme celui du véritable auteur de l'entreprise, le conseiller au Parlement n'a qu'une pensée : démentir énergiquement ces bruits, et dissiper la popularité naissante qui déjà monte jusqu'à lui. Instruit par les leçons du malheur et par sa profonde expérience des hommes, il sait que cette popularité peut lui être fatale. Il sait combien, en sa qualité d'homme de robe, il a eu de peine à faire accepter ses avis par les généraux : il se rappelle cette fin de la campagne de 1711 où le maréchal de Villars ne lui a point caché, par une brusque riposte, son mécontentement de le voir raisonner sur la guerre, sur un art qui n'était pas de son ressort. Observateur trop habile pour n'avoir point pénétré le caractère de Villars, fait surtout d'amour-propre et de susceptibilité, il appréhende que le maréchal ne prenne ombrage de son intervention effective dans les dernières opérations de la campagne, des vues qu'il a suggérées à Versailles et de l'excellent accueil que Voysin a fait à son dernier projet, jusqu'à en recommander à plusieurs reprises l'exécution au général de notre armée de Flandre. Par prudence il se déclare entièrement étranger à l'entreprise de Denain, tant « il craint que M. le Maréchal ne trouve cela mauvais [1]. » Et l'on perçoit le soulagement réel, la joie sincère qu'il éprouve, lorsqu'il mande à Voysin le 31 juillet 1712 : « M. le maréchal de Villars vient de m'écrire de la manière du monde la plus gracieuse, et de me faire la grâce de me dire qu'il trouve tant de bon sens en ce que je lui écris que je ne saurais lui faire plus de plaisir qu'en lui écrivant souvent. J'espère, Monseigneur, que vous me pardonnerez de rapporter moi-même une chose qui m'est si avantageuse, si vous avez la bonté de considérer que je ne le fais que pour vous informer de tout. »

Le danger d'encourir la disgrâce du maréchal de Villars écarté, il en reste un autre, plus menaçant, qui condamne le conseiller au Parlement à garder le silence sur son rôle glorieux à Denain. Le plus jeune de ses frères et sa mère résident à la Bassée, au milieu d'un territoire où l'ennemi règne encore en maître. Dans le cours de l'année 1712 sa mère a été atteinte d'une maladie grave qui présage un dénouement fatal, d'un jour à l'autre. Déjà, au mois

---

[1]. Lettre de Lefebvre d'Orval à Voysin, du 31 juillet 1712. D. G. 2.380.

de juin, Lefebvre d'Orval a sollicité et obtenu de Voysin la permission de se rendre à son chevet [1]. Que l'on vienne à soupçonner, à divulguer l'intervention décisive du conseiller au Parlement dans les événements de la campagne antérieurs à Denain, et les Alliés, qui lui ont interdit le séjour de Tournai, ne manqueront pas de lui défendre également l'entrée de la Bassée. Il se voit déjà privé de cette consolation suprême de remplir auprès d'une mère mourante [2] ses devoirs de fils, lui l'aîné et le chef de sa famille ; il tremble aussi à la pensée que l'ennemi ne renouvelle sur ses proches les représailles brutales dont son frère a été victime au mois de novembre 1708. En outre, sans argent, sans biens, sans la moindre occupation au Parlement, ne tirant aucun secours des subsides que lui fait parvenir le ministre et qu'il consacre à maintenir sur la frontière son admirable service de renseignements, il ne peut compter que sur les ressources de son patrimoine, qui est entièrement à la merci des Alliés. Tout lui commande donc de ne vouloir autour de son nom que le silence et l'oubli et, de lui-même, « il fait tous les jours tout ce qu'il peut pour faire cesser les bruits où on lui attribue le projet de Denain, comme font tous les officiers de l'armée [3]. »

Tels sont les mobiles auxquels Lefebvre d'Orval a obéi pour ne laisser rien transpirer au dehors de ses relations d'une si haute importance avec Villars et Voysin à la veille de la victoire du 24 juillet 1712. Si surprenante qu'apparaisse, à un premier examen, sa ligne de conduite durant les derniers mois de cette année, elle s'explique sans peine par la connaissance des puissantes considérations qui l'ont imposée, et, loin d'en tirer préjudice

---

1. Voir page 120.
2. Il devait perdre sa mère le 21 septembre 1712. — ARCHIVES DE LA BASSÉE.
3. Mémoire de Lefebvre d'Orval du 5 novembre 1712. D. G. 2.387.

pour sa mémoire, un observateur attentif y verra une preuve nouvelle de la réalité et de la grandeur du rôle que cette publication a cru devoir attribuer à l'auteur génial du projet de Denain.

Si Lefebvre d'Orval, grâce à son attitude pleine de prudence et de réserve, échappait au ressentiment et aux effets de la jalousie qu'il s'attendait à voir paraître chez nos généraux, il n'en était point de même du maréchal de Montesquiou, désormais en butte de la part de Villars aux froissements les plus pénibles. Dans un premier moment d'effusion et de reconnaissance, le combat à peine terminé, le général en chef avait voulu que Montesquiou se chargeât du siège de Marchiennes, que la gloire lui revînt de récolter les premiers fruits d'une victoire due à sa mâle obstination, et de réduire à l'obéissance du roi la place où l'ennemi avait concentré tous ses approvisionnements. Mais les susceptibilités de l'amour-propre, un instant endormies, n'avaient point tardé à se réveiller dans le cœur du maréchal de Villars. Ayant eu sous les yeux les lettres que le roi et le ministre adressaient le 27 juillet à son collègue pour le féliciter de toute la part qu'il avait prise à l'action de Denain, « et dans le projet et dans l'exécution », il n'avait pu réprimer un vif mouvement de dépit. Non content de le traduire amèrement dans sa lettre à Voysin du 29 juillet 1712, et avant même que le siège de Marchiennes fût terminé, il laissait éclater contre Montesquiou sa jalousie impatiemment contenue : « Jugez-en par une bagatelle, écrit ce dernier à Voysin le 12 août. M. le maréchal de Villars vient voir ce qui se passe à la tranchée de Marchiennes. Dans ce temps-là, il trouve qu'on demande à capituler. Il est ravi, il presse la capitulation et ensuite la signe sans m'en faire la moindre honnêteté, qui est contre le savoir-vivre et contre ce qu'on doit à son confrère qui en a fait le siège. Je vous assure que la dignité et l'amour-propre souffrent avec lui, surtout dans la prospérité. »

Obéissant à la voix de l'envie, Villars se donne dès lors à tâche de tenir son collègue à l'écart, de ne lui confier aucune mission importante, et de ne l'appeler à diriger, seul ou en partage, aucun des sièges de Douai, du Quesnoy et de Bouchain, par lesquels s'achève la campagne. Il le laisse à dessein dans l'inaction et dans l'ombre, ne lui pardonnant point l'éclat de son rôle à Denain. Montesquiou ne se méprend pas sur la cause de l'éloignement que lui témoigne Villars. « Ce dernier et grand événement m'a fait trop d'honneur à l'armée et on en a parlé trop ouvertement pour qu'on soit bien aise que je me mêle de quelque chose », écrit-il au ministre le 27 août. L'injuste et singulière attitude du général en chef à son égard le fait profondément souffrir. Dans ses lettres des derniers mois de la campagne, il s'ouvre à Voysin et au duc du Maine, son protecteur, de la situation pénible que Villars s'ingénie à lui créer. Il dit combien ces blessures portées à son amour-propre lui semblent imméritées après les obligations que son collègue « lui a, depuis le commencement jusqu'à la fin de la campagne » [1]. Et conscient de la valeur du service qu'il a rendu non seulement à Villars mais à la France le 24 juillet 1712, il est en droit de dire à son tour au duc du Maine : « Je me donne l'honneur de demander à Votre A. S. avec liberté s'il est vrai, comme on me le mande, que sûrement Sa Majesté n'est pas informée de toute la part que j'ai à l'affaire de Denain et au grand événement qui en résulte. Il serait bien triste pour moi, Monseigneur, qu'ayant été assez heureux pour rendre un service si important qui rétablit la nation en gloire, redonne une frontière perdue et remet la supériorité dans l'armée de Sa Majesté, que tout cela fût ignoré

---

1. Montesquiou à Voysin, à Valenciennes, ce 23 octobre 1712. D. G. 2.386.

de lui et qu'on en donnât la gloire à qui n'y a d'autre part que d'avoir consenti à me laisser faire »[1].

Nous retrouverons dans nombre de lettres du maréchal les mêmes revendications. Elles sont trop nettement formulées, elles revêtent un caractère trop sincère pour ne point y chercher l'expression de la vérité, si nous ne savions déjà, par des témoignages éloquents (auxquels la conduite injuste et malveillante de Villars donne un surcroît de force), que la volonté tenace et agissante du maréchal de Montesquiou a seule décidé de la victoire à Denain.

---

1. Montesquiou au duc du Maine, du camp près le Quesnoy, le 14 octobre 1712. D. G. carton supplémentaire n° VIII.

PIÈCES JUSTIFICATIVES

Lefebvre d'Orval à Voysin.

... Si j'osais, Monseigneur, je vous prierais très humblement de vouloir bien cacher mon nom dans les projets que vous avez la bonté de recevoir de moi, de crainte que les généraux ne m'en veuillent du mal. J'ai été mortifié d'apprendre que M. de Jeoffreville ait dit qu'on avait tenu un conseil de guerre sur le projet que j'ai pris la liberté de vous envoyer pour attaquer les lignes de Denain et nettoyer la Scarpe ; que, dans la situation des choses, on ne pouvait pas l'exécuter, mais que le projet était devenu facile par le tour et les démarches qu'avait très judicieusement faites M. le Maréchal, et, comme tout le monde m'en parle, je crains, quoique je m'en défende fort, que M. le Maréchal ne trouve cela mauvais et qu'il ne me sache mauvais gré d'une chose qui se dit malgré moi. Au reste, pourvu que vous connaissiez ma conduite et que vous soyez informé que je ne vise qu'à la gloire du Roi, à la vôtre et à celle de l'Etat, il me suffit, souhaitant n'avoir d'autre témoin de ma bonne volonté que vous et que vous souffriez que je puisse toujours dire que je suis avec tout le zèle du monde et un profond respect, etc.[1]

A Cambrai, le 31 juillet 1712.   LEFEBVRE.

Lefebvre d'Orval à Voysin.

... On dit ce soir que l'armée a fait un mouvement pour investir cette place [2], où le peuple a donné de si grandes marques de joie

---

1. D. G. 2.380.
2. Douai. Cette ville fut en effet investiele 1ᵉʳ août.

pour l'affaire de Denain que ceux qui y commandent ont fait emprisonner quelques particuliers pour avoir trop éclaté et bu à la santé du Roi. La même joie s'est manifestée à Lille, à Tournai et dans toutes les places occupées par l'ennemi [1] et principalement à Bruxelles...[2]

A Cambrai, le 1er août 1712.

Montesquiou au duc du Maine.

Au camp devant Marchiennes, le 1er août.

... Je suis charmé que votre A. S. soit contente de mon zèle pour le service de sa Majesté. Je n'ose lui en dire davantage, car le reste doit être une conversation tête à tête. L'on peut faire de belles choses, mais on ne m'écoute que dans l'adversité, et, de peur de déplaire à sa Majesté, je ne m'opiniâtre à rien...[3]

Lefebvre d'Orval à Voysin.

Monseigneur,

Je me donne l'honneur de joindre ici un mémoire de l'état des affaires présentes, et je voudrais de tout mon cœur pouvoir être trouvé bon à quelque chose. Peut-être que personne ne s'y donnerait comme je ferais. On peut s'attendre que le prince Eugène fera rage si les Etats Généraux le lui permettent et qu'il viendra comme un torrent, mais si on prend bien ses mesures il ne le fera que pour achever de ternir sa gloire.

M. le maréchal de Villars vient de m'écrire de la manière du

---

1. Les places de Flandre, conquises par l'ennemi, attendaient avec impatience leur retour à la France. Albemarle écrivait à Heinsius le 4 novembre 1711, de Tournai : « Dans les villes de France de cette frontière, ils disent hautement que leur paix est faite avec les Anglais, et les peuples de nos villes ici sont devenus si insolents depuis huit jours que c'est une chose incroyable, et ils ne se cachent pas de dire qu'ils retourneront à leur ancien maître, et dont ils montrent de la joie, » et le 24 novembre : « On a bien de la peine de soutenir avec flegme les insolents discours des habitants de ces lieux, qui disent sans scrupule qu'ils sont sûrs de retourner sous la domination de la France. On devient surtout fort insolent à Lille. » ARCHIVES D'HEINSIUS, portef. 51 B.
2. D. G. 2.381.
3. D. G. Carton supplémentaire n° VIII.

monde la plus gracieuse et de me faire la grâce de me dire qu'il trouve tant de bon sens en ce que je lui écris que je ne saurais lui faire plus de plaisir qu'en lui écrivant souvent [1]. J'espère, Monseigneur, que vous me pardonnerez de rapporter moi-même une chose qui m'est si avantageuse si vous avez la bonté de considérer que je ne le fais que pour vous informer de tout. Je prendrai pourtant la liberté de vous dire que je n'ose lui écrire bien des choses que je pense et que je connais, de crainte qu'il ne le trouve pas bon, venant d'un homme de robe...[2]

A Cambrai, le 2 août 1712.

A Cambrai, le 2 août 1712, à sept heures du soir.

Suivant tous mes avis, les ennemis firent marcher hier tous les gros équipages qu'ils avaient fait charger avant-hier, ainsi que j'eus l'honneur de vous en informer, et, après avoir fait rompre le pont d'Ors sur la Sambre, ils sont marchés ce matin sur trois colonnes vers Bavay, d'où ils doivent aller à Mons et dans les environs et s'y préparer à marcher vers Tournai [3]. Ceux qui m'ont rapporté ces avis m'ont assuré d'avoir vu le feu dans leur camp, et comme par là Landrecies est délivrée, je suis persuadé que vous en serez averti avant ma lettre. J'avais envoyé ce matin à Ors et Catillon pour savoir au juste ce qui se passait devant Landrecies, mais je n'en serai informé que demain. Quoi qu'il en soit, voilà la France délivrée des menaces du prince Eugène qui s'est toujours flatté d'attirer l'armée du Roi au secours de Landrecies, mais il s'est trompé et détrompé quand il a su que le dessein de M. le maréchal de Villars était de faire le siège de Douai, et c'est ce qui l'a obligé de décamper...[4]

Voysin à Lefebvre d'Orval.

A Fontainebleau, le 3 août 1712.

J'ai reçu, Monsieur, les deux lettres que vous m'avez écrites le 31e

---

1. La lettre de Villars est une preuve que le maréchal savait reconnaître les éminents services de Lefebvre d'Orval. Elle venait à point pour dissiper les inquiétudes dont le conseiller au Parlement s'était ouvert à Voysin le 31 juillet.

2. D. G. 2.381.

3. Tous ces renseignements étaient d'une rigoureuse exactitude.

4. D. G. 2.381. La lettre se termine par une belle description des environs de Douai et des positions à prendre pour empêcher le secours de cette place.

du mois passé et 1ᵉʳ du courant. Les avis que vous avez eus de la nécessité où étaient les ennemis de lever le siège de Landrecies se sont trouvés véritables, et nous en avons appris la nouvelle ce matin par différents courriers qui sont arrivés de la place et de la frontière [1].

* Montesquiou à Voysin.

5 août 1712.

J'ai reçu, Monsieur, celles que vous me faites l'honneur de m'écrire, par laquelle j'apprends que Sa Majesté a disposé des régiments. Je n'en suis pas étonné, car je ne suis pas heureux ; et, quoique je serve avec l'application d'un sujet zélé, et même quelquefois heureusement, tout cela ne me facilite pas les moyens d'avoir ce que je souhaite. Au contraire, cela me représente tous les chagrins passés. Permettez-moi, Monsieur, de vous les dire : j'ai un frère abbé et très digne sujet dans l'Église, connu du père Le Tellier et de M. le curé de Sᵗ-Sulpice, qui a pour 4 ou 5.000 livres de bénéfice, et il y a trente ans que je prie le Roi de lui donner une abbaye ou un évêché. Je ne l'ai jamais pu obtenir, tandis que j'en vois donner à chacun. Je demande des régiments pour nos neveux, qui ont tous deux de nouveaux régiments, et en dernier lieu un qui vaque dans l'action que j'ai dirigée, où je suis et où il est. Je le vois donner à gens qui, dans leur vie, ne tireront pas tant de coups de fusil qu'il en a essuyés ; outre cela, je vois dans l'armée deux cordons bleus, tandis que je ne l'ai point [2].

Je suis, etc...

Montesquiou à Voysin.

Du camp d'Hénin-Liétard, le 12 août 1712.

Suivant votre avis, Monsieur, j'ai l'honneur de vous adresser une lettre pour sa Majesté. Si vous croyez qu'elle soit convenable à donner, vous aurez la bonté de le faire. Je vous avoue que je suis très sensible à mon état qui est de voir mon frère et mes neveux privés de tous bienfaits, étant refusé sur tout, et le pis de tout est de laisser mon fils, si je viens à être tué comme cela peut facilement arriver quand on se livre comme je fais de bonne foi dans les actions, qui n'aurait

---

1. D. G. 2.361.
2. D. G. 2.381.

pas de moi 1000 livres de rente. Je [vous assure] [1], Monsieur, que tout cela est fort triste.

Vous voulez que je vous dise mon sentiment sur le siège de Douai. Il est certain que si l'on eût fait ce siège en sortant de Marchiennes sans perdre temps, comme je l'avais proposé, cela aurait expédié vite, mais à présent qu'il y est entré 3 ou 4 bataillons, cela est plus sérieux...

M. le maréchal de Villars ne m'a pas dit encore comment il fera faire le siège, et, de vous à moi, il est si jaloux de l'honneur que l'armée me donne dans cet heureux évènement [2] qu'il craint que, si je faisais le siège, on ne lui ôtât l'honneur qu'il en prétend tirer. Je n'en suis point jaloux, car pourvu que le Roi soit servi, je serai très content et il ne trouvera nul obstacle à moi. La grande pratique que j'ai, pour avoir appris à faire des sièges sous sa Majesté, me doit donner plus de lumière là-dessus qu'à un autre, mais je vous assure que je ne lui en dirai mot...

Il faut être aussi soumis que je le suis aux volontés de sa Majesté pour servir comme je fais. Personne à ma place n'y tiendrait. Jugez-en par une bagatelle. M. le maréchal de Villars vient voir ce qui se passe à la tranchée de Marchiennes. Dans ce temps-là, il trouve qu'on demande à capituler. Il est ravi, il presse la capitulation et ensuite la signe sans m'en faire la moindre honnêteté, qui est contre le savoir-vivre et contre ce qu'on doit à son confrère qui en a fait le siège [3]. Je vous assure que la dignité et l'amour-propre souffrent avec lui, surtout dans la prospérité. Si jamais j'ai l'honneur de vous voir, je vous en dirai davantage » [4].

Montesquiou à Voysin.

Au camp de Douai, ce 27 août 1712.

... M. le comte de Tilly est marché avec 30 escadrons vers Mons. Je crois que c'est pour favoriser la retraite de l'artillerie qu'ils ont

---

1. Ces mots manquent dans le texte.
2. Il s'agit évidemment de la victoire de Denain.
3. Le maréchal de Montesquiou en avait usé différemment avec le comte de Broglie, qui avait été chargé d'investir Marchiennes dès le soir même du 24 juillet. Il lui avait laissé la direction du siège. « M. le maréchal de Montesquiou y est venu deux jours après, écrivait M. de Broglie à Voysin le 1er août, mais il a eu la bonté de ne se mêler de rien. » D. G. 2.381.
4. D. G. 2.381.

laissée au Quesnoy [1]. M. de Coigny s'est avancé sur Valenciennes avec ses dragons, mais je crois que cela ne suffit pas. Il y a plus de dix jours que j'ai proposé d'envoyer 1000 chevaux à Condé et autant à Valenciennes pour traverser ses transports, mais de vous à moi ce dernier et grand évènement m'a fait trop d'honneur à l'armée et on en a parlé trop ouvertement pour qu'on soit bien aise que je me mêle de quelque chose. Cela soit dit entre nous, et n'en parlez pas, s'il vous plaît. Je suis, etc. [2]...

Montesquiou au duc du Maine.

Au camp devant Douai, le 27 août 1712.

... M. le comte de Tilly est marché avec 30 escadrons vers Mons. C'est apparemment pour favoriser la retraite de leur artillerie du Quesnoy, dont je sais qu'il sont fort en peine. Il y a plus de dix jours que j'eusse voulu qu'on ait envoyé 1000 chevaux à Valenciennes et autant à Condé pour empêcher ce transport, mais je n'ai pas été écouté non plus que sur autres choses. La dernière affaire m'a fait trop d'honneur dans l'armée pour qu'on soit bien aise que je me mêle de quelque chose. Ceci est de vous à moi.

J'ai l'honneur d'être, avec respect, de votre A. S. le très humble et très obéissant serviteur [3].

Le maréchal DE MONTESQUIOU.

Montesquiou à Voysin.

Au camp devant Douai, le 5 septembre 1712.

Pour moi, je suis ici une pierre hors d'œuvre. Je ne vous en dis pas davantage. Il y aurait de la besogne pour deux, mais on n'est pas dans ce goût-là [4]...

---

1. Avant de commencer son mouvement de retraite, le prince Eugène avait jeté dans le Quesnoy l'artillerie qu'il avait amenée sous les murs de Landrecies et qu'il destinait au siège de cette dernière place.
2. D. G. 2.382.
3. D. G. Carton supplémentaire n° VIII.
4. D. G. 2.383.

Montesquiou au duc du Maine.

Du camp près le Quesnoy, le 14 octobre 1712.

Votre A. S. m'a permis de me flatter de ses bontés. C'est sur ce fondement que je me donne l'honneur de lui demander avec liberté s'il est vrai, comme on me le mande, que sûrement Sa Majesté n'est pas informée de toute la part que j'ai à l'affaire de Denain et au grand évènement qui en résulte. Il serait bien triste pour moi, Monseigneur, qu'ayant été assez heureux pour rendre un service si important qui rétablit la nation en gloire, redonne une frontière perdue et remet la supériorité dans l'armée de Sa Majesté, que tout cela fût ignoré de lui et qu'on en donnât la gloire à qui n'y a d'autre part que d'avoir consenti à me laisser faire. Artagnan [1] m'assura à son retour qu'il avait instruit votre A. S. de toutes les particularités qu'elle ignorait de cette affaire, et que vous eûtes la bonté de lui dire que Sa Majesté serait informée de tout dans peu. Cela m'est, Monseigneur, d'une très grande importance pour mes affaires que je vous demande pardon si je parais inquiet là dessus et si j'ose supplier votre Altesse de m'en dire ce qu'elle en sait.

Notre canon a commencé à tirer ce matin à Bouchain, et je ne doute pas que Sa Majesté ne soit le maître de cette place au plus tard le 22 [2]. La cavalerie a grand besoin que cela finisse car elle est en fort mauvais état, et la subsistance devient tous les jours plus difficile, et rien n'est plus capital de songer sérieusement à rétablir l'armée qui a fort travaillé depuis le 19 de juillet et songer promptement à regarnir les places qui sont, par les sièges qu'on a faits, dénuées de toute munition de guerre. J'espère que Sa Majesté m'accordera un congé de 15 jours ou 3 semaines cet hiver, où je compte fort d'avoir l'honneur de vous faire ma cour et vous entretenir sur toute la campagne.

J'ai l'honneur d'être, d'un très profond respect, de votre A. S. Monseigneur, le très humble et très obéissant serviteur [3].

Le maréchal DE MONTESQUIOU.

---

1. Neveu du maréchal de Montesquiou qui avait porté à Fontainebleau, le 1er août, la nouvelle de la prise de Marchiennes.

2. Investie le 1er octobre, Bouchain tomba en notre pouvoir le 19 octobre.

3. D. G. Carton supplémentaire n° VIII.

Montesquiou à Voysin.

A Valenciennes, ce 23 octobre 1712.

.... J'ai passé par dessus tous les dégoûts que j'ai eus pendant la campagne, uniquement pour marquer à Sa Majesté combien j'ai d'attention et de respect pour ses ordres, mais je vous avoue que ce dernier a comblé la mesure, et la dignité de maréchal de France est en souffrance quand on sert avec lui [1]. Je vous avoue qu'il n'est pas possible d'y tenir. Je ne devais pas m'y attendre après les obligations qu'il m'a, depuis le commencement de la campagne jusqu'à la fin. Il n'y a qu'à consulter l'armée. J'en ai la récompense que le Roi a été bien servi, et c'est tout ce que je souhaite, car pour lui il en est bien récompensé.... [2]

Lefebvre d'Orval à Voysin.

Monseigneur,

Le pied sur lequel tout le monde veut qu'on fait la paix me fait trembler pour les raisons que je prends la liberté de renfermer dans le mémoire que j'ai l'honneur de joindre ici. Je souhaite de me tromper et que mon raisonnement soit faux. En ce cas, je vous prie, Monseigneur, de le pardonner à mon zèle et de vouloir bien croire qu'on ne saurait être avec un respect plus profond que je suis, etc...

Monseigneur,

A Versailles [3], le 5 novembre 1712.

MÉMOIRE

Les conditions de la paix qui font tant de bruit m'obligent à observer que les Hollandais, dans la situation où ils se trouvent, ont grand intérêt de finir la guerre et de se dérober aux armes victorieuses du Roi par une paix qui les rendra maîtres de Nieuport, Furnes,

---

1. Villars.
2. D. G. 2.386. — « Le Roi a fait aujourd'hui beaucoup de grâces et bien considérables. Il a donné le gouvernement de Provence au maréchal de Villars. » *Journal de Dangeau* à la date du 21 octobre 1712.
3. Le Parlement de Flandre, qui savait le crédit de Lefebvre d'Orval auprès du Roi et des ministres, l'avait sans doute chargé d'une mission à la cour.

Ypres, Charleroi, Namur et Luxembourg, où on leur permettra de mettre des garnisons payées aux dépens du pays, outre Tournai qui est la place la plus importante du royaume et Menin qu'on dit qu'on leur cède encore, si bien que, pour se tirer du mauvais pas où ils sont, ils n'ont qu'à signer la paix, et on les rend maîtres de plus de places qu'ils ne sauraient prendre en 3 campagnes les plus avantageuses, sans autre garantie qu'ils ne recommenceront pas la guerre (aussitôt qu'ils en seront en possession) que leur bonne foi, dont ils font si peu de cas que j'ai entendu leurs députés déclarer hautement qu'ils n'en ont point quand il y va de l'intérêt de l'Etat.

Et comme ils sont très intéressés d'avoir dans le commerce la part qu'on a accordée aux Anglais, quelle caution donneront-ils, quand ils seront les maîtres de ces places et que l'Angleterre sera désarmée, qu'ils n'y enverront pas le duc d'Hanovre, avec des forces comme un autre prince d'Orange, pour rétablir les Whigs ses bons amis et les leurs, détrôner la Reine et ensuite recommencer la guerre contre la France de concert avec l'Empereur, qui leur donnera toujours les mains pourvu qu'ils lui promettent l'Espagne.

D'où l'on voit qu'il faudrait que les Hollandais soient de mauvais politiques s'ils ne s'empressaient pas de donner les mains à une paix qui les mettra en état dans quatre mois de maîtriser la France, de détrôner la reine d'Angleterre et peut-être le roi d'Espagne, et de se donner dans le commerce telles conditions qu'ils trouveront convenir [1].

C'est pourtant après une telle paix que l'on soupire, comme si l'on était impatient de se voir dépouiller de ce qu'on a de plus précieux pour en revêtir des ennemis implacables qui ne paraissent plier que pour se mettre en état de pouvoir opprimer la France.

Si au moins on confiait ces places à l'honneur et à la bonne foi du duc de Bavière [2] on serait en sûreté, mais si on les remet aux Hollandais, la France, toute victorieuse qu'elle est, est perdue, et une telle paix ne sera pas faite d'un mois qu'on ouvrira les yeux pour blâmer tous ceux qui sont en place, que l'on accusera d'avoir donné les mains à une telle paix.

---

1. Lefebvre d'Orval compte ici sans l'épuisement des belligérants. Si la France avait hâte de voir finir la guerre, la correspondance d'Heinsius ne cache point que la Hollande avait un égal besoin de la paix.

2. Maximilien-Emmanuel, duc de Bavière et Electeur, à qui Charles II avait confié en 1692 le gouvernement des Pays-Bas. Il y avait conquis de vives sympathies. Allié de Louis XIV pendant la guerre de la Succession d'Espagne, vaincu à Hochstett en 1704 avec Tallard et Marsin, il ne pu rentrer dans ses Etats qu'au traité de Bade en 1714.

Faites, Monseigneur, que la France ne doive pas seulement à votre fermeté l'affaire de Denain [1], mais qu'elle vous doive encore son salut, et opposez-vous à une paix qui perdrait tout.

Car enfin si, sous Louis XIV, le plus sage et le plus grand prince du monde, on cède tant de places importantes aux Hollandais vaincus et qu'on peut mettre aux abois dans une campagne, que n'aurait-on pas à craindre de ces républicains sous un règne faible ou divisé, lorsqu'ils seront en état de mettre sur pied des armées formidables et qu'ils auront toutes les clefs du royaume.

Au lieu qu'en exécutant le projet de campagne que j'ai eu l'honneur de vous présenter pour 1713 [2], les Hollandais ne sauraient assembler 60 bataillons pour s'opposer aux armées du Roi.

Pour le prouver, il ne faut que se ressouvenir que, la campagne passée, l'armée des Alliés n'était composée pour l'infanterie que de 170 bataillons, desquels les Anglais en ont emmené 19 ; 44 pris ou tués à Denain, Marchiennes, Douai, le Quesnoy et Bouchain, 10 que les ennemis viennent d'envoyer dans les places qu'ils occupent en Artois, 11 à Lille, 10 à Tournai, 4 à Menin et autant à Courtrai, 2 à Warneton, sans ce qu'ils avaient déjà jeté dans ces places, ainsi voilà au moins 112 bataillons. De 170 resteraient au plus 58, en exécutant le projet ci-dessus : encore seraient-ils obligés d'en mettre quelques-uns à Ath, Audenarde et Mons, d'où l'on peut voir quels avantages on peut se promettre en faisant encore une campagne, au lieu qu'on perd tout par la paix si on cède Tournai et si on souffre des garnisons hollandaises dans les places ci-dessus.

Il paraît qu'on ait pris à tâche ici de me faire assassiner par les ennemis et de faire chasser mes parents de leur domination [3], en m'attribuant le projet de Denain comme font tous les officiers de l'armée [4]. Je fais tous les jours tout ce que je peux pour faire cesser ces bruits. J'assure ceux qui m'en parlent que c'est à vous, Monseigneur, qu'on doit cet évènement, et point à sept ou huit autres comme quelques créatures veulent

---

1. D'un mot vrai, Lefebvre d'Orval caractérise l'heureuse intervention du ministre dans les glorieux évènements du mois de juillet 1712.

2. Ce projet est écrit de Versailles le 6 octobre 1712. Lefebvre d'Orval y indique pour les opérations de la campagne, campagne offensive, les sièges de Courtrai, de Tournai et d'Ath. La conquête de ces villes devait nous ouvrir l'entrée des Pays-Bas.

3. A la fin de l'année 1712, la Bassée demeurait encore au pouvoir de l'ennemi.

4. Les meilleurs juges en la circonstance.

l'inspirer faiblement, et qu'il n'y avait que mes ennemis et ceux de ma famille qui répandaient que c'était moi pour nous perdre. En vérité il faut être bien malheureux pour essuyer de tels contretemps qui m'ôtent la liberté d'aller chez moi, où j'ai grand besoin, pour empêcher la division de mes biens pour les dettes que j'ai faites au delà de ce que vous m'avez fait donner [1]. Suivant les lettres que j'ai, ce fut M. de Jeoffreville [2] et feu M. le comte de Villars [3], suivant ce qu'on m'a dit, qui ont répandu cette nouvelle dans le public.

Dans ce labyrinthe de misères pour moi, je mets ma confiance en vous, Monseigneur, et si je manque c'est votre faute en ce que vous ne me donnez point de règles, puisque je ne tiens qu'à une chose, qui est de n'avoir d'autre volonté que la vôtre et de dépenser beaucoup pour ne rien ignorer de ce qui regarde le service et le bien de l'Etat [4].

CONCLUSION

Les récits des témoins eux-mêmes ont fait revivre à nos yeux cette grande journée de Denain avec ses impressions, toutes de joie et d'espérance. Ils nous dispensent d'un nouveau commentaire et nous permettent de rappeler et de résumer en quelques lignes les traits principaux que cette publication a essayé de préciser.

Dans les trois phases de l'action de Denain qui correspondent en quelque sorte à celles d'une tragédie du

---

1. Pour organiser et maintenir son remarquable service de renseignements, Lefebvre d'Orval n'avait pas hésité à sacrifier une partie de sa fortune personnelle.

2. Se reporter à la lettre de Lefebvre d'Orval à Voysin, du 31 juillet 1712.

3. Le frère du maréchal de Villars, mort de maladie pendant le siège de Douai.

4. D. G. 2.387. Voir aussi à l'appendice I la lettre du 20 mai 1744 où Lefebvre du Moulinel, le frère de Lefebvre d'Orval, a consigné ses souvenirs sur Denain.

XVIIe siècle, exposition, nœud, dénouement, Lefebvre d'Orval, Villars, Montesquiou ont tour à tour joué le premier rôle. La conception première du projet de Denain avec la prédiction de ses heureuses suites au conseiller au Parlement de Flandre ; les événements du 23 juillet, la partie stratégique du mouvement si savamment conduite, au maréchal de Villars ; les événements du 24 juillet, la partie tactique et décisive de la manœuvre, son glorieux épilogue (« l'honneur de cette affaire » suivant l'expression même de M. de Goësbriand) au maréchal de Montesquiou, telle apparaît la conclusion la plus véridique et la plus impartiale que l'étude des importants documents du Dépôt de la Guerre permet de formuler.

APPENDICE I.

Dernières années de Lefebvre d'Orval et de ses Frères

Suppression, au mois de juin 1721, du Conseil provincial du Hainaut, dont Louis XIV et Voysin avaient accordé la présidence, en 1714, à Lefebvre d'Orval. — Vains efforts de ce dernier pour le rétablissement de cette juridiction. — Il rentre au Parlement de Flandre, le 4 septembre 1728, en qualité de président à mortier honoraire. — Sa mort.
Services rendus à leur ville natale par ses deux frères, Thomas Lefebvre et Pierre-Jean-Joseph Lefebvre du Moulinel. — Ce dernier y exerce les fonctions de grand bailli, entre au Parlement de Flandre en qualité de conseiller honoraire au mois de juin 1741, et, à l'ouverture de la campagne de 1744, s'offre au comte d'Argenson, ministre de la guerre, de lui communiquer ses vues sur les opérations. — Sa proposition agréée, il envoie au ministre deux projets de campagne dans les Pays-Bas autrichiens, remarquables par leur esprit offensif. — Il y rappelle les glorieux souvenirs de Denain. — Sage interprétation du rôle qu'il assigne à notre armée de Flandre, en juillet 1744. — Sa mort à la Bassée, le 12 octobre de la même année. — Génie surprenant de Lefebvre d'Orval et de son frère à concevoir les principes fondamentaux de la guerre.

Non content de coopérer à la brillante victoire qui rendait au Parlement de Flandre les meilleures villes de son ressort et qui lui assurait une longue période de paix et de prospérité, Lefebvre d'Orval s'était fait à maintes reprises l'interprète à la Cour des revendications, des demandes de ses collègues, et, par son crédit et son habileté, il leur avait souvent rendu de réels services et obtenu d'importantes faveurs. Il était en droit d'attendre du Parlement une reconnaissance durable, lorsqu'il écrivait à Voysin au mois de février 1712 :

> Notre premier Président reçut hier une lettre de M. Desmaretz, qui lui mande que le Roi est intentionné d'accorder à notre compagnie la confirmation de noblesse au premier degré [1] que nous demandons à l'instar du Parlement de Malines, même sans finances, pourvu que nous fassions voir le titre de concession comme ont fait ceux de Dijon. Comme cette pièce est avec celles que M. de Bernières vous a renvoyées avec son avis favorable, la compagnie m'a chargé d'envoyer les doubles de ces pièces à M. Desmaretz et de minuter une lettre ; mais comme cette affaire a passé par vos mains, Monseigneur, jusqu'à l'avis de M. de Bernières inclusivement, j'ai trouvé une excuse pour différer de quelques jours à donner ces pièces afin de vous informer de ceci, pour que vous en fassiez comme vous trouverez bon. Je souhaiterais fort que la compagnie vous eût cette obligation et qu'elle reçût de vous, Monseigneur, cette déclaration, ce qui me semble le plus naturel puisque vous en avez les pièces, l'avis de M. de Bernières, donné en suite de votre ordre, et une minute de déclaration que j'ai pris la liberté de vous donner à Marly.
>
> J'ai procuré à la compagnie la décharge du dixième, un fond pour ses gages [2], et j'ai mis les autres affaires en si bon train qu'elle

---

1. L'anoblissement des familles parlementaires était de deux sortes : graduel, dans les ressorts anciens comme à Paris, et ne passant à la postérité du magistrat qu'après que sa charge avait été remplie successivement par deux générations ; du premier degré, dans les villes annexées au territoire du royaume (telles que Besançon), se transmettant héréditairement du magistrat à toute sa race. Les échevins de Lille n'avaient jusqu'alors voulu reconnaitre au Parlement de Tournai que la noblesse graduelle. Les représentations de la compagnie, les actives démarches de Lefebvre d'Orval donnèrent enfin aux membres du Parlement de Flandre la confirmation de cette noblesse au premier degré qu'ils ambitionnaient vivement. L'édit de translation du Parlement à Douai, du mois de décembre 1713, ordonna « que les officiers du Parlement de Flandre continueraient à jouir, comme par le passé, des droits et possession de la noblesse au premier degré, et que les enfants de ceux qui décéderaient revêtus de leurs offices ou qui auraient servi 20 ans, seraient reputés nobles et jouiraient des privilèges de la noblesse. » D'après l'*Histoire du Parlement de Flandres*, de Pillot.

2. Dont elle avait le plus grand besoin, car elle faisait savoir en toute sincérité à M. de Bernières le 5 novembre 1711 que ses officiers seraient « réduits à quitter leurs charges et à mourir de faim » si on ne les payait pas. *Histoire du Parlement de Flandres*, par Pillot, II, p. 158. — Le Parlement, dit encore Pillot, II, p. 157, ruiné par les exigences

m'en a remercié fort gracieusement. Avec cela, M. le premier Président, M. le président Bruneau et trois à quatre autres, jaloux des bontés que vous avez pour moi, Monseigneur, et de la confiance que le reste de la compagnie a en ce que je fais, ont pris à tâche de m'empêcher de devenir président à mortier, sous prétexte que, vous étant tout dévoué et à la cour, je serais trop à craindre pour les intérêts du corps. Le sieur Boulonnois, qui m'a dit vous avoir informé de cette cabale, en a informé aussi M. le chancelier [1] qui m'en a parlé et m'a fait la grâce de me dire que je pouvais compter sur tout ce qui dépendrait de lui, et M. l'abbé Bignon m'a assuré que M. le chancelier me fera avoir la préférence pour l'une des trois charges de président qui vaquent, dont celle de feu M. Couvreur [2] est la dernière ; mais comme vous avez la bonté, Monseigneur, d'être mon protecteur en toutes choses, je ne veux rien faire sans savoir vos intentions. Vous avez eu la bonté de m'accorder votre agrément, il y a un an, pour la charge de président à mortier de notre premier Président, mais comme il a trouvé mille défaites pour ne pas traiter avec moi pour les raisons ci-dessus, j'espère que vous voudrez bien, Monseigneur, me procurer aussi cette préférence pour l'une des 3 charges, au cas que je ne puisse traiter avec l'un ou l'autre des héritiers [3]. »

Mais le Parlement de Flandre n'avait pu voir sans jalousie les justes faveurs dont Voysin et Louis XIV avaient récompensé les éminents services de l'un des siens, élevé tout à coup de simple conseiller à la charge de premier président du Conseil provincial du Hainaut. Les obligations contractées vis-à-vis de Lefebvre d'Orval furent promptement oubliées et méconnues du jour où ses anciens collègues ne virent plus en lui que le chef d'une juridiction rivale, cause d'un préjudice et d'un amoindrissement notables pour le Parlement de Douai.

---

insatiables du fisc combinées avec les calamités de la guerre, se trouvait véritablement en 1711 dans une situation nécessiteuse telle que son traitement était toute sa fortune.

1. M. de Pontchartrain.

2. François Couvreur, originaire de la châtellenie d'Ath, avait été reçu conseiller au Parlement de Flandre le 31 octobre 1689, et président à mortier le 19 mars 1705.

3. D. G. 2.371. Lefebvre d'Orval à Voysin. Cambrai, le 4 février 1712.

Leurs vœux et leurs efforts incessants ne tendirent plus qu'à une seule fin, à la suppression du Conseil provincial de Valenciennes, que Voysin et Louis XIV n'étaient plus là pour défendre, et dont le Parlement accueillit avec joie la dissolution au mois de juin 1721.

Lefebvre d'Orval employa les dernières années de sa vie à poursuivre le rétablissement de ce Conseil provincial dont il avait été le chef et l'âme, et ce ne fut pas sans une vive opposition de ses anciens collègues, sûrs de trouver en lui un adversaire redoutable, qu'il rentra au Parlement au mois de septembre 1728 en qualité de président à mortier honoraire. Une lettre d'un de ses ennemis, le subdélégué de l'Intendance du Hainaut à Maubeuge, nous le dépeint revenant sans cesse à la charge pour obtenir la restauration du Conseil provincial du Hainaut, et déployant dans cette lutte les mêmes qualités de décision, de combat et d'offensive, qu'il avait montrées au cours de la guerre de la succession d'Espagne.

A Maubeuge, ce 4 février 1732.

Monseigneur [1],

Je crois devoir vous donner avis que M. Lefebvre, ci-devant président du Conseil provincial de Valenciennes, après que ses Mémoires tendant au rétablissement de ce conseil supprimé ont été rejetés tant de fois, a encore remis les fers au feu depuis peu, et a donné un grand mémoire au Conseil tendant à faire établir 2 Conseils souverains, savoir un dans la Flandre et l'autre dans le Hainaut, à la place du Parlement [2]. Je doute si cela est vrai, quoique

---

1. Cette lettre est adressée à l'intendant du Hainaut, Moreau de Séchelles.

2. Ce mémoire, ou un mémoire analogue inspiré par Lefebvre d'Orval, existe manuscrit au carton 22 de l'Intendance du Hainaut (ARCHIVES DÉPARTEMENTALES). Il a pour titre : « Mémoire qui fait connaître la nécessité qu'il y a d'avoir dans la province du Hainaut français un conseil composé de personnes naturelles du pays ou du moins connaissant les loix et mœurs des peuples. »

Il débute en ces termes : « Si l'on se donne la peine de consulter ce qu'il y a de plus savant au fait des loix et privilèges de la province du Hainaut, il ne s'en trouverait pas un qui ne dirait qu'il est d'une nécessité

M. Lelon, procureur syndic de Valenciennes, me l'ait fort assuré et même qu'il m'ait promis de m'envoyer un exemplaire de ce nouveau mémoire qui est imprimé. Quoiqu'il ne l'ait pas encore fait, je le presse pour l'avoir, et, sitôt que je l'aurai, vous voulez bien me permettre de vous en envoyer un précis.

Ce dessein, s'il est vrai, est une entreprise bien grande, pour ne pas dire pis : mais sans doute qu'on vous a parlé du caractère de M. Lefebvre qui est très hardi, très entreprenant, qui a beaucoup d'intrigues et qui ne se rebute de rien. Je crois que le Parlement sait cela. En tout événement, j'en ai donné avis à M. le premier Président. S'il y a quelque apparence de cela, je ne doute pas que M. le chancelier ne vous en parle, mais, comme il a vu tous les désordres que le Conseil provincial avait causés, je crois qu'il ne fera pas d'attention à cette nouvelle proposition. C'est à la sollicitation de M. d'Argenson [1] que l'édit de la suppression de ce conseil a été rendu, et à celle de M de Vassan que cette suppression a été confirmée par un arrêt du Conseil. Tout est calme à présent, et ce dernier arrêt a réglé toutes les juridictions et terminé toutes les difficultés que M. Lefebvre avait formées ou plutôt inventées pour surprendre la Cour.

Les Mémoires du Parlement, et je puis dire les miens, ont fait connaître la fausseté des siens. Ce nouveau système renverserait l'ordre de toutes les juridictions qui sont parfaitement établies, et tout est tranquille dans ces 2 provinces, et la justice y est parfaite-

---

indispensable de donner aux habitants de ce pays des juges naturels ou du moins qui aient longtemps pratiqué et étudié leurs loix... »

La conclusion est ainsi conçue : « L'on espère même que M. le chancelier, convaincu de l'impossibilité qu'il y a aux étrangers de connaitre ces loix, le sera en même temps de la nécessité qu'il y a de rétablir l'ancien ordre de juridictions dans la province et qu'il portera sa Majesté à faire pour le peuple de Hainaut ce que Louis XIV a fait pour l'Alsace en 1679.

Et pour que le tout soit conforme aux loix, chartres et usages du pays, supprime les bailliages d'Avesnes et du Quesnoy en replaçant les officiers de ces sièges dans le Conseil provincial.

Quant au Parlement de Flandre, s'il est converti en Conseil provincial avec les attributions des conseils de Gand et d'Artois, ainsi qu'on l'a dit dans le mémoire envoyé à Mgr le chancelier par M. de Franqué (ancien conseiller au Conseil provincial du Hainaut), il aura plus d'occupation que les 3 chambres n'en pourront faire, spécialement si on travaille aux règlements pour diminuer les frais qui sont immenses au Parlement. »

1. Réné-Louis de Voyer de Paulmy, chevalier, marquis d'Argenson, était en 1721, intendant de justice, police et finances de la province du Hainaut. Il devint dans la suite ministre des affaires étrangères.

ment bien administrée. On dit qu'il prend pour prétexte dans ce nouveau mémoire que, la coutume du Hainaut étant difficile à comprendre, le Parlement ne l'entend pas, non plus que les juges particuliers, et que le Conseil souverain qu'on y établirait s'attacherait uniquement à bien l'entendre. Cette pensée est des plus ridicules. Voilà près de 70 ans que le Parlement, qui d'abord a été créé en Conseil souverain, suit cette coutume dans les jugements, et les juges du pays y sont nés et la savent pour ainsi dire par cœur. Je ne saurais m'étendre davantage là dessus. La chose paraît trop ridicule, et, je puis dire, incroyable [1].

Je suis, etc. Hennet.

La mort vint surprendre Lefebvre d'Orval sans lui avoir permis d'atteindre son but. Elle le frappa avant ses deux frères [2]. Thomas, après avoir rendu de grands services à

---

1. Carton 418. Intendance du Hainaut. Archives départementales.

2. Malgré de nombreuses recherches au Cabinet des Titres, aux archives de Lille, de Douai, de la Bassée, de Valenciennes et d'Arras, je n'ai pu rien découvrir des dernières années de Lefebvre d'Orval. En retrouvant la trace des descendants de Thomas Lefebvre, j'avais espéré un moment pouvoir compléter cette biographie. Le dernier descendant de Thomas Lefebvre, M. Lefebvre de Trois-Marquets, conseiller à la cour de Douai, est mort sans enfants à Paris le 29 janvier 1843. Sa veuve, née Louise-Adeline de Colbert Castel-Hill, lui a longtemps survécu. Malgré toute leur obligeance, ses héritiers n'ont pu me donner aucun détail nouveau.

Robert LEFEBVRE † 1703.

Jean-Robert Lefebvre d'Orval (1671-1740 ?)	Thomas Lefebvre (1673-1747)	Pierre-Jean-Joseph Lefebvre du Moulinel (1681-1744)
	Robert-Thomas Lefebvre de la Mairie anobli par Louis XV en 1771	Ferdinand-Louis-Joseph écuyer, seig' de Lassus / Philippe-François-Joseph seig' de Lombart

Jean-Robert-Thomas-Benoit-Joseph Lefebvre de Trois-Marquets, ancien conseiller au Conseil d'Artois, président au Tribunal civil d'Arras † 1819.

Thomas-François-Joseph Lefebvre de Trois-Marquets, Conseiller à la Cour de Douai † 1843.

Il est certain que Lefebvre d'Orval est mort sans postérité et n'a pas résidé à la Bassée durant les dernières années de son existence. Une lettre de son frère Joseph nous dira qu'il avait déjà cessé de vivre en 1744, mais qu'il avait pu connaître et apprécier le mérite du maréchal de Saxe, avec qui il avait eu plusieurs entretiens. Il paraît vraisemblable que Joseph Lefebvre, admis le 23 juin 1741 au Parlement de Flandre en qualité de conseiller honoraire, n'y a été appelé que pour succéder à son frère et qu'il faut assigner la date de 1740 ou une date approchée à la mort de l'ancien président du Conseil provincial du Hainaut.

ses concitoyens durant les dernières années de la guerre de la Succession, en leur servant d'intermédiaire accrédité auprès de Villars et du prince Eugène et en leur épargnant les exactions des deux partis [1], s'éteignit le 9 avril 1747 à la Bassée, dans sa soixante-quatorzième année [2]. Quant à l'ancien conseiller, puis procureur général du Conseil provincial du Hainaut [3], Pierre-Jean-Joseph Lefebvre, il était revenu dans sa ville natale à laquelle ses actives démarches avaient obtenu l'exemption des tailles et vingtièmes pendant trois années consécutives, de 1714 à 1716 [4]. La Bassée put ainsi réparer rapidement les ravages et les ruines dont la guerre l'avait accablée. Pierre-Jean-Joseph Lefebvre, qui avait pris le nom de Lefebvre du Moulinel [5], y continua l'exercice de sa charge de grand bailli au milieu de la considération générale, et se vit appelé, le 23 juin 1741, à prendre place au Parlement de Flandre en qualité de conseiller honoraire [6].

Le jour était proche où la guerre de la Succession d'Autriche devait rallumer les hostilités sur la frontière des Pays-Bas. Fidèle aux traditions de sa famille, se rappelant ce rôle de correspondant dont son frère s'était

---

1. Comme en fait foi, pour les années 1712 et 1713, « l'État des prétentions, livrances et débours faits par Thomas Lefebvre à la charge de la communauté de la ville de la Bassée, le tout conformément aux députations de ses confrères à lui enjointes et autres ordres verbaux, comme s'en suit. » ARCHIVES DE LA BASSÉE, EE. 15.

2. Registre aux décès de l'année 1747. ARCHIVES DE LA BASSÉE.

3. Ses provisions de procureur général au Conseil provincial de Valenciennes datent du 30 janvier 1715. — Registre aux provisions étrangères (1705-1718). ARCHIVES DU PARLEMENT DE FLANDRE au Greffe de la Cour d'appel de Douai.

4. La liasse CC. 76 des Archives de la Bassée contient le curieux Mémoire et État des frais et vacations que le sieur Lefebvre, procureur général du Roi du Conseil de Hainaut, a employés pour obtenir l'exemption des tailles et vingtièmes dont jouissent les habitants de la ville de la Bassée pendant les années 1714, 1715 et 1716.

5. Sans doute du faubourg de la Bassée, le Moulinel, où étaient situés les principaux biens de sa famille.

6. *Notes historiques relatives aux offices et aux officiers de la Cour de Parlement de Flandre*, par Plouvain, Douai.

si utilement et si glorieusement acquitté auprès de Voysin, Lefebvre du Moulinel ne tarda point à solliciter du comte d'Argenson [1], ministre de la guerre, l'autorisation de lui communiquer ses vues et ses projets sur les opérations. Comme le dit le savant auteur [2] des *Campagnes du maréchal de Saxe*, « au ministère de la guerre, on avait conservé très vivace le souvenir du magistrat génial qui avait sauvé la France [3], » et le comte d'Argenson accepta avec empressement l'offre du conseiller honoraire au Parlement de Flandre. Il lui écrivait de Versailles, le 26 avril 1744 : « J'ai reçu, Monsieur, la lettre [4] que vous avez pris la peine de m'écrire le 22 du mois. Je sais les services que votre famille a rendus à l'État, et je recevrai avec plaisir les mémoires ou projets que vous aurez à me donner pour en faire un usage convenable [5]. »

Quelques jours plus tard, Lefebvre du Moulinel adressait au ministre de la guerre un *Projet de campagne en Flandre pour 1744* plein de vues hardies, inspiré par le même esprit offensif qui animait les mémoires de son frère. Il y fait preuve d'une grande expérience et d'un réel instinct militaire. Suivant lui, c'est par Mons qu'il faut pénétrer au milieu des Pays-Bas autrichiens ; cette place prise, Saint-Ghislain, Ath, Bruxelles, ne tiendront pas devant notre armée qui peut ensuite marcher droit sur Anvers. « Par ces conquêtes, l'on sépare les Pays-Bas en deux ; l'on oblige l'ennemi à beaucoup de garnisons, et

---

1. Le frère du marquis d'Argenson, du promoteur de la suppression du Conseil provincial du Hainaut.

2. Dont les conseils, dictés par la plus grande bienveillance, m'ont été si précieux.

3. *Les Campagnes du maréchal de Saxe*. Revue d'histoire rédigée à l'État-Major de l'Armée, février 1902, p. 292.

4. Je n'ai point retrouvé cette première lettre de Lefebvre du Moulinel.

5. D. G. 3.020. La lettre porte l'adresse suivante : M. Lefèvre du Moulinel, conseiller au Parlement de Flandres, chez Laberland, M[e] perruquier baigneur, rue de la Harpe, vis-à-vis le collège d'Harcourt à Paris.

on le met hors d'état d'assembler l'armée par l'embarras que cette diversion lui donnera [1]. »

Le vaste projet de Lefebvre du Moulinel, qu'il est intéressant de rapprocher du plan de campagne de Dumouriez en 1792, laissait loin derrière lui les vues pusillanimes des conseillers de Louis XV, qui se bornaient au siège de Menin. « J'ai reçu, lui répondait d'Argenson de Valenciennes le 7 mai 1744, la lettre que vous avez pris la peine de m'écrire le 2 de ce mois et le mémoire qui y était joint. On trouve dans le projet qu'il renferme des marques de votre bon jugement et de la parfaite connaissance que vous avez du pays, mais il me paraît que vous avez réglé votre plan d'opérations pour la campagne moins sur la possibilité des choses que sur l'étendue de votre zèle pour le service du Roi, que l'on ne peut assez louer [2]. »

Convaincu de la justesse de ses vues, Lefebvre du Moulinel exposa au comte d'Argenson dans un nouveau mémoire les immenses avantages d'une campagne offensive au cœur des Pays-Bas, par Mons et Bruxelles.

A Paris, ce 20 mai 1744.

Monseigneur,

Je n'ai reçu que le 16 de ce mois la lettre que votre Grandeur m'a fait l'honneur de m'écrire le 7. Dans le projet que j'ai eu celui de vous envoyer, je n'ai osé attaquer aucune place que les Hollandais occupent à titre de barrière, ne sachant pas à quoi nous sommes avec eux, ce qui aurait pu changer mon plan, surtout ne croyant pas Dunkerque en état de résister. Alors j'aurais pu être pour l'attaque de Menin et ensuite d'Audenarde pour s'emparer de Gand et Bruges et venir prendre Furnes après et Ypres. Revenant à notre premier projet, M. Voysin en 1712 nous fit à peu près la même réponse au sujet du projet de l'affaire de Denain qui contenait de suite l'expédition de Marchiennes, de Douai, du Quesnoy, de Bouchain et de Béthune. M. Voysin loua notre zèle mais trouva l'exécution difficile : Louis XIV voulut que ce projet fût envoyé à M. de Villars, qui le trouva impossible. Nous aplanîmes toutes les difficultés qu'on y

---

1. *Les Campagnes du maréchal de Saxe.* Revue d'histoire rédigée à l'État-Major de l'Armée, février 1902, p. 294.
2. D. G. 3.020.

opposa : le Roi le goûta de façon qu'il en ordonna l'exécution [1] qui fut suivie sans la moindre difficulté. Le camp de Denain fut forcé aussitôt qu'attaqué, tous les ennemis, qui y étaient, tués, pris ou noyés, sans qu'il s'en sauvât un seul ; toutes les places ci-dessus nommées furent prises avec des magasins et une artillerie considérables ; on fit prisonniers de guerre environ 60 bataillons. Il n'y eut que Béthune qui ne fut pas siégée parce qu'à la fin de la saison elle devint si fâcheuse que les chemins furent impraticables. L'affaire de Denain arriva vers la fin de juillet. J'étais alors procureur général au Conseil de Valenciennes [2]. Qui aurait pu espérer qu'on aurait battu l'ennemi et pris tant de places vers la fin d'une campagne où l'on n'avait rien de préparé pour un seul siège, que les finances par la durée de cette grande guerre étaient épuisées, les troupes presque rebutées par les mauvais succès et ayant affaire à un ennemi supérieur et victorieux. Cette affaire a tout changé de face, l'ennemi en fut déconcerté.

La ressource des Français est dans leur valeur. Qu'a-t-on à craindre lorsque le Roi est à leur tête. Sa présence seule suffit pour étourdir les ennemis, chez qui il a la réputation d'être habile et intrépide dans ses entreprises. Par dessus ce, il a des grands généraux. Personne ne dispute à M. de Noailles [3] la supériorité du génie. Je n'ai pas l'honneur de connaître M. le comte de Saxe, mais mon frère qui le connaissait particulièrement ayant eu plusieurs conférences avec lui m'en a fait le portrait du plus grand général qu'il ait connu [4]. M. de Ceberet [5] est brave et excellent. J'ai vu expédier à M. de Vallières [6] toutes les places de la fin de la campagne

---

1. Si ces souvenirs de Lefebvre du Moulinel sont exacts, le rôle de Louis XIV dans les glorieux événements de juillet 1712 serait encore plus important que ne l'indiquent ses lettres à Villars, notamment sa lettre du 17 juillet.

2. Il n'était encore en réalité que conseiller au Conseil provincial du Hainaut. Son titre de procureur général date de janvier 1715.

3. Noailles (Adrien-Maurice, duc de), né en 1678, maréchal de France en 1733, mort en 1736.

4. Lefebvre d'Orval, qui se connaissait en hommes, avait déjà porté sur le futur vainqueur de Fontenoy le jugement que l'histoire a consacré.

5. De Ceberet (Claude, marquis), né en 1672, mousquetaire en 1690, maréchal de camp le 8 mars 1718, lieutenant général le 22 décembre 1737. M. de Ceberet commandait depuis plusieurs années sur la frontière de Flandre. Il était gouverneur d'Aire où il mourut le 25 avril 1756.

6. De Vallières (Jean-Florent), lieutenant de mineurs en 1690, capitaine général des mineurs en 1705, fut fait maréchal de camp le 7 décembre 1710 pour sa belle conduite à la défense d'Aire. La campagne de 1712 le plaça au premier rang des artilleurs de cette époque.

de 1712 Rien n'est plus étonnant que la façon assurée avec laquelle il s'y prend. Il nous disait à chaque siège l'heure et le moment qu'on battrait la chamade. C'est le plus habile homme d'artillerie qu'il y ait jamais eu et le meilleur ingénieur, homme très profond et sans bruit. Avec de pareils chefs et la belle armée que nous avons, il faut conquérir cette campagne une bonne partie de la Flandre. J'avais dressé mon premier plan pour y parvenir par le plus court chemin : c'était celui que voulait suivre M. de Catinat, quand il assiégea Ath en 1696 [1], d'aller de suite à Bruxelles et à Anvers. Le duc de Bavière sortit de Mons avec l'artillerie de la ville en 1708, et assiégea Bruxelles [2]. Le prince Eugène, qui assiégeait Lille alors, exposa tout pour en faire lever le siège [3]. Ce n'est plus le temps passé. Presque tous les peuples de ces pays nous désirent parce qu'ils sentent leur ruine assurée s'ils restent entre les mains de la reine de Hongrie et des Hollandais. Quand vous avez Mons et Ath, rien ne peut vous arrêter jusqu'à Bruxelles ni de là jusqu'à Anvers....

Je vais me rendre dans peu en Flandre et remettre mes affaires d'ici à un autre temps. Il peut se présenter des moments importants dont il faut profiter. Je me tiendrai à Lille et toujours à portée de votre Grandeur. Il ne se passera guère de choses sans que l'on nous en avertisse. En attendant cet honneur, j'ai celui d'être avec un très profond respect, etc.[4]   J. Lefebvre du Moulinel.

---

1. Vauban y dirigea les travaux d'attaque. La ville fut prise le 5 juin 1696 après 13 jours de tranchée ouverte, sans que l'Electeur de Bavière et Guillaume d'Orange parvinssent à en faire lever le siège.

2. Le même électeur de Bavière, devenu notre allié dans la guerre de la Succession d'Espagne, avait projeté d'enlever Bruxelles au mois de novembre 1708. Le prince Eugène était alors occupé au siège de la citadelle de Lille et Marlborough se trouvait avec son armée d'observation aux environs de Rousselaër. Notre armée, sous le duc de Bourgogne, fermait tous les passages de l'Escaut, de Gand à Tournai. — Parti de Mons le 21 novembre avec 14 bataillons et 18 escadrons, l'Electeur n'arriva que le 23 en vue de Bruxelles. Après une sommation inutile, ne disposant que d'une artillerie insuffisante et mal attelée, il ne put ouvrir la tranchée devant la place que le 26 novembre au matin. Dans la soirée du 27, il apprit que Marlborough et Eugène, marchant au secours de Bruxelles, avaient forcé e passage de l'Escaut. Aussitôt il leva le siège et battit précipitamment en retraite sur Mons, en abandonnant toute son artillerie.

3. Pour se joindre à Marlborough, Eugène n'avait laissé devant la citadelle de Lille que les forces indispensables à la garde de ses tranchées.

4. A ce mémoire était joint un curieux projet, portant ce titre : *Projet pour procurer au Roi plus de 1.190 millions, enrichir le royaume, établir le crédit et la confiance perpétuelle et universelle.* Lefebvre du Moulinel propose d'intéresser la nation entière, à commencer par le Roi et par les

Une dernière lettre de Lefebvre du Moulinel, du 21 juillet 1744, fera ressortir sa lumineuse intelligence des opérations militaires dans une circonstance délicate et la supériorité de son jugement en regard de celui de ses contemporains. Le prince Charles de Lorraine ayant pénétré en Alsace au mois de juillet 1744 et forcé le maréchal de Coigny à abandonner les lignes de la Lauter, l'unique préoccupation du ministre et des conseillers de Louis XV fut d'affaiblir notre armée de Flandre pour diriger d'importants renforts sur le Rhin. Jusque-là, cette armée, supérieure à celle des ennemis, s'était emparée, sans coup férir, de Menin, d'Ypres et de Furnes. Loin de céder à l'entraînement général, Lefebvre du Moulinel s'éleva avec force contre ce projet. Il montra au ministre les immenses avantages qu'on obtiendrait en poussant avec vigueur la guerre en Flandre. La continuation de nos succès, qui y paraissait assurée, eût sans conteste obligé l'archiduc à abandonner l'Alsace pour marcher en toute hâte au secours des Pays-Bas, sans qu'il fût besoin de lui opposer de nouvelles forces sur le Rhin et d'arrêter le cours de nos conquêtes sur l'Escaut.

A la Bassée, ce 21 juillet 1744.

Monseigneur,

Je me suis rendu hier à Béthune pour vous y faire la révérence et vous dire ma pensée sur la marche du Roi et des troupes en Alsace.

---

principaux dignitaires du royaume, au développement de la Compagnie des Indes. Tous les possesseurs de bénéfices, de charges, d'offices, etc., auraient été tenus de prendre un nombre d'actions de cette compagnie établi d'après l'importance de leurs revenus. Au projet et à la lettre de Lefebvre du Moulinel qui l'accompagnait, le comte d'Argenson faisait la réponse suivante :

Au camp de Menin, le 27 mai 1744.

J'ai reçu, Monsieur, la lettre que vous avez pris la peine de m'écrire le 20 de ce mois, et j'ai lu le projet que vous y avez joint. Les idées m'en paraissent très vastes. Comme elles sont principalement du ressort de M. le Contrôleur général, je ne doute pas que vous ne les lui ayez communiquées, et je ne puis que vous renvoyer à son jugement sur l'usage que l'on en peut faire. A l'égard de vos réflexions sur la conduite de la guerre dans les Pays Bas, vous me ferez plaisir de continuer à me les communiquer. — D. G. 3.025.

J'ai eu l'honneur de voir votre Grandeur chez le Roi, ensuite dans le jardin de la maison vis-à-vis, où vous eûtes une assez longue conférence avec M. de Noailles. Je vous suivis ensuite jusqu'à votre logement, et je suis revenu ici sans avoir pu vous approcher.

Le prince Charles ne peut avoir d'autre but en passant le Rhin que l'espérance d'interrompre le cours rapide des conquêtes du Roi en l'obligeant de marcher en Alsace. Dans la situation présente, il me paraît que c'est au Roi à lui faire la loi ; tout le mal qu'il peut faire sera fait avant l'arrivée du Roi. Il n'est pas en état d'entreprendre le moindre siège. On les a vus à Braunau, Egra, Ingolstadt, Straubing. S'ils le faisaient, ils ne sauraient en sortir. Il faut de l'argent dans un siège, et c'est ce qu'ils n'ont pas. Le prince Charles a réussi dans son point de vue s'il fait quitter prise au Roi en Flandre. Nos troupes, pendant la canicule, vont plus souffrir dans cette marche qu'elles souffriraient dans une bataille ou dans 3 sièges tels que ceux de Mons, d'Ath et Audenarde.

Plusieurs de la Maison du Roi, passant ici, disaient que ce n'était qu'une feinte, qu'on allait leur faire faire le crochet et qu'on tomberait sur Mons. Ce serait bien mieux, suivant moi, d'investir cette place et d'obliger le prince Charles d'accourir au secours de son archiduchesse qui ne serait pas en grande sûreté à Bruxelles pendant ce siège, que d'aller après lui. Pendant ces marches, le temps de la campagne coule toujours et la saison se passe, au lieu que nous sommes ici en état de tout entreprendre et de tout faire. Qui peut résister au Roi et à l'ardeur de ses troupes ? Je souhaite très fort qu'on n'ait pas de regret à la marche et à la grande fatigue que l'on va faire faire à nos meilleures troupes, mais je crains bien que l'on s'en repente : j'ai vu encore de ces grandes marches. Dieu sait en quel état les troupes arrivent !

J'aimerais bien obliger l'ennemi à faire ces sortes de fatigues, mais je me garderais bien d'en faire de même quand je pourrais faire mieux, et il me paraît que nous le pouvons faire ici en avançant vers Mons, et par là nous alarmons tout le Pays-Bas. Que le prince Charles y accoure, à la bonne heure : il fatiguera et ruinera ses troupes et ne fera rien pendant qu'il marchera, et Mons sera prise avant son arrivée et peut-être Ath. Après quoi, où pourra camper l'armée ennemie ? Ce sera pour eux un très grand embarras de savoir où se mettre.

Pour investir Mons, nous pouvons passer la Trouille, qui est au-dessus de Mons. C'est un très petit ruisseau. Les ennemis ne nous attendront nulle part ; la discorde est parmi eux. S'ils le faisaient, tant pis pour eux. Ce serait plus de gloire pour le Roi et pour nos troupes qui leur passeraient sûrement sur le ventre.

Votre Grandeur a eu la bonté de me marquer de lui faire part de toutes mes idées pendant cette campagne. Je ne puis penser autrement que l'on va perdre un temps précieux et ruiner les troupes par une marche très pénible, et qu'il vaudrait mieux obliger l'ennemi à la faire pour secourir le Pays-Bas et l'archiduchesse qu'à nous de faire cette fatigue. Sûrement que le prince Charles n'a passé le Rhin qu'en vue de venir secourir le Pays-Bas. Il le secourt réellement sans y marcher ni fatiguer ses troupes, s'il nous oblige à interrompre nos conquêtes pour courir en Alsace, et rejette sur nous la fatigue du voyage qu'il s'évite.

Monseigneur, il est encore temps et nos troupes ne sont pas plus avancées qu'il ne faut pour faire le crochet sur Mons, ce qui les réjouirait bien, car tous ceux à qui j'ai parlé quittent la Flandre à regret [1]....

Ainsi Lefebvre du Moulinel se montrait, dès le début des hostilités, le digne continuateur de l'œuvre de son frère aîné; le ministre et les généraux de Louis XV trouvaient déjà en lui un auxiliaire précieux, quand la maladie le força d'interrompre sa correspondance avec le comte d'Argenson. Sa mort survenait quelques mois plus tard à la Bassée, le 12 octobre 1744 [2].

Bien que les lettres de Lefebvre du Moulinel soient parvenues en petit nombre au Dépôt de la Guerre, on ne peut s'empêcher d'être frappé du génie militaire qu'elles révèlent chez leur auteur. Lui et son frère aîné font preuve dans leurs projets de campagne d'un sens stratégique toujours sûr. Peu d'hommes ont conçu et traduit aussi nettement les principes fondamentaux de la guerre. Entre Turenne et Napoléon, Lefebvre d'Orval et son frère Lefebvre du Moulinel comptent parmi les rares Français qui ont senti les avantages d'une offensive vigoureuse sur le centre d'un ennemi trop étendu et vers sa capitale, d'une poursuite ininterrompue du succès vers l'objet principal sans souci de parer aux échecs

---

1. D. G. 3.036. Lettre obligeamment communiquée par l'auteur des *Campagnes du maréchal de Saxe*.
2. Registre aux décès de l'année 1744. ARCHIVES DE LA BASSÉE.

sur les points secondaires. En fait de guerre, c'est la marque des génies de premier ordre.

Aujourd'hui l'oubli s'est fait presque complet, même dans leur ville natale, sur le nom et les services de Lefebvre d'Orval, de Lefebvre du Moulinel et de leur frère Thomas. Nous osons espérer qu'un jour viendra où, fière à bon droit d'avoir été le berceau du promoteur de l'entreprise de Denain, soucieuse de réparer à son égard l'injustice de la postérité, la Bassée fera revivre sa mémoire par un monument durable. Elle se souviendra en même temps de la dette de reconnaissance qu'elle a contractée envers ses deux frères pour les associer au même hommage, eux qui, à son exemple, ont donné tant de preuves d'un entier dévouement au Roi, à l'État et à leurs concitoyens.

APPENDICE II.

Principaux documents hollandais sur Denain.

Le prince Eugène n'a consacré au combat de Denain que quelques lignes, un post-scriptum rédigé dans la nuit qui suivit l'action et ajouté aux lettres qu'il avait écrites, le matin du 24 juillet, à l'empereur Charles VI et au comte de Sinzendorff. A ce dernier, il disait :

P. S. Le journal vous montre les différents mouvements exécutés durant ces jours-ci par l'ennemi avec son armée. Je dois maintenant vous dire qu'hier, dans la nuit, il s'est brusquement retourné, a jeté des ponts sur l'Escaut entre Bouchain et Denain, les a passés aujourd'hui de bonne heure, puis, vers midi, avec presque toutes ses forces, il a attaqué et entièrement culbuté le corps d'Albemarle. Par bonheur, je m'étais moi-même rendu sur les lieux et j'ai sauvé toute la cavalerie qui s'y trouvait ainsi que la plus grande partie du bagage. Le temps me manque pour écrire à V. E. avec plus de détails, mais je dois vous dire qu'après que le pont sur l'Escaut fut rompu, on a perdu beaucoup de monde et, autant qu'on peut le savoir, plusieurs généraux et un certain nombre d'officiers. Milord Albemarle est prisonnier.

Vous voyez par là que, dans l'état présent des choses, notre communication est quelque peu interrompue. Demain, à la nuit, ou après-demain, de bonne heure, j'espère par un autre exprès vous écrire plus longuement et vous faire connaître la résolution que l'on aura prise....

Bermerain, 11 heures du soir [1].

---

1. *Die Feldzüge des Prinzen Eugen*, XIV, supp. n° 138.

A l'encontre des Archives de Vienne, celles de la Haye sont riches en documents qui permettent de reconstituer le combat de Denain tel qu'il s'est déroulé dans le camp des Alliés. Les plus importants de ces documents sont mis ici sous les yeux du lecteur et comprennent :

1° La lettre des députés de l'armée aux Etats Généraux, écrite le soir même du combat. L'original se trouve aux Archives de la Haye, dans les lettres de la campagne de 1712. Elle a été publiée en français et en hollandais à l'époque. Nous adopterons la traduction donnée par le *Mercure historique et politique* d'août 1712.

2° Le rapport du brigadier Cronstrom à Heinsius. Ce rapport est tiré des archives du grand pensionnaire, portef. 53 C. Son auteur était chargé du service des renseignements à l'armée du prince Eugène.

3° Une lettre du 8 septembre 1712, du député Vegelin de Claerbergen à un de ses amis. M. le docteur G. M. Slothouwer, qui me laisse espérer sa précieuse collaboration dans une prochaine étude des archives d'Heinsius, a bien voulu me communiquer cette lettre, retrouvée par lui, du député hollandais Vegelin de Claerbergen. Elle constitue l'un des documents les plus intéressants sur Denain. J'ai vainement recherché, comme M. Slothouwer, la correspondance de Vegelin avec Heinsius pendant la campagne de 1712. Cette correspondance existe pour les années antérieures. On ne saurait trop regretter cette lacune, car les lettres de Vegelin au grand pensionnaire gardent une valeur historique de premier ordre. Estimé du prince Eugène, Vegelin était peut-être le plus remarquable des députés hollandais de l'armée. Il se trouvait, le 24 juillet, sous les murs de Landrecies avec le corps du prince d'Anhalt-Dessau.

4° La lettre d'Albemarle aux États Généraux, du 18 septembre 1712, qui donne sans contredit la meilleure et la plus complète des relations du combat de Denain, du côté des Alliés. Cette lettre n'a encore été publiée qu'en hollandais dans le *Recueil van de Brieven*, etc., paru à la Haye en 1712. Les rédacteurs du *Mercure historique et politique* y ont fait de notables emprunts dans la bonne relation qu'ils ont donnée de l'affaire de Denain au mois d'octobre 1712, p. 453 et suiv. De même les auteurs du *Recueil de Lettres et Mémoires*, etc.., publié à la Haye en 1713 sous l'inspiration d'Albemarle, ont suivi de très près la version donnée par ce général du combat du 24 juillet. Nous avons traduit son récit sur l'original même qui existe aux Archives de la Haye dans les lettres de la campagne de 1712.

* * *

1° * Lettre des députés hollandais aux États Généraux.

Hauts et Puissants Seigneurs,

Le maréchal de Villars décampa hier au soir, au coucher du soleil, de Cateau-Cambrésis, et marcha avec tant de diligence qu'aujourd'hui, de grand matin, il a passé l'Escaut en 8 colonnes à Lourches et à Neuville. D'abord que le prince Eugène de Savoie eut reçu avis de la marche des ennemis, il se rendit à Denain, y fit passer 6 bataillons pour renforcer le corps du comte d'Albemarle, visita en personne son retranchement et l'infanterie qui y était postée, fit venir la cavalerie et les bagages en deça de l'Escaut afin qu'ils ne causâssent aucun embarras, et revint sur les dix heures en deça du pont pour faire les dispositions nécessaires pour soutenir ce corps-là avec toute l'infanterie de l'armée qui était déjà en marche. Cependant les ennemis, s'étant avancés jusqu'auprès du retranchement en une colonne fort resserrée de leur aile gauche et de leur corps de bataille, ont défilé pour l'attaquer en front. Ils ont ensuite fait mine diverses fois de se retirer, à cause du grand feu que nos gens faisaient sur eux de leur canon, mais ils se sont enfin rués avec tant de furie sur les régiments qui étaient là postés qu'après une décharge ils ont abandonné le retranchement. Les ennemis, ayant ensuite pénétré dans ce retranchement, ont chargé nos gens à droite et à gauche, les ont culbutés et les ont obligés, après une vigoureuse mais inutile résistance, de se retirer vers le pont sur l'Escaut, mais il avait été malheureusement rompu par le poids des bagages qui venaient de le passer, de sorte que la plus grande partie de ceux qui voulaient le passer ont été noyés. Une autre partie est venue en deçà de l'Escaut, et le reste des 17 bataillons qui étaient dans le retranchement ont été tués ou faits prisonniers. Le général comte d'Albemarle, et le major général Sobel sont parmi les derniers. Le comte de Dohna, lieutenant général, et le prince de Holstein major général, au service de l'Empereur, ont été noyés. On n'a encore aucunes nouvelles certaines du comte de Nassau-Woudenbourg.

Parmi les 17 bataillons dont on vient de parler, il y en avait 8 Impériaux ou Palatins, et 3 de l'Etat, savoir ceux d'Albemarle, de Welderen et de Douglas, le reste étant de Troupes Auxiliaires. Nous sommes obligés de remettre à une autre occasion à envoyer à Vos Hautes Puissances un plus exact détail de la perte que nous avons faite. Elle est petite, eu égard au grand feu ; et, sans l'accident survenu au pont, elle aurait été encore moindre, car l'ennemi n'a pas osé pénétrer jusqu'à l'Escaut pour éviter le feu de notre infanterie qui était postée en deçà de cette rivière. Le brigadier Berkhofer est à Marchiennes avec 6 bataillons, et, comme cette place est située sur la Scarpe dans un endroit presque inaccessible, nous espérons qu'il se retirera ailleurs en cas que les ennemis viennent à passer cette rivière. Comme toute communication nous est coupée avec Marchiennes, on a d'abord donné ordre de cuire du pain pour l'armée ici et à Mons, et l'on a fait revenir l'infanterie à l'armée qui est dans la précédente situation.

On concertera demain, avec M. le prince Eugène de Savoie et le comte de Tilly, ce que nous ferons, et nous en informerons d'abord Vos Hautes Puissances. Nous espérons qu'on préviendra entièrement par là les mauvaises suites de cette perte. Nous sommes, Hauts et Puissants Seigneurs, etc.. [1]

J. Welderen.
J. Hop.
W. Hooft.
W. de Haersolte.
P. F. Vegelin de Claerbergen.

Au Quesnoy, le 24 juillet 1712.

*
* *

2° Rapport du brigadier Cronstrom à Heinsius.

Monsieur,

Il me fait peine d'envoyer cette fois les avis ci-joints à Votre Excellence, mais il n'est pas possible d'être toujours d'un bonheur

---

1. *Mercure historique et politique* d'août 1712, p. 223 et suiv.

égal. L'on peut dire, à l'honneur des généraux qui se sont trouvés dans ce poste, que personne n'en est revenu. Ils sont tous ou péris ou pris. J'ai l'honneur d'être avec respect, etc..

CRONSTROM.

Au camp de Bermerain et Ruesnes, ce 25 juillet 1712.

Extrait des avis venus des ennemis depuis l'ordinaire dernier.

Le maréchal de Villars n'a point cessé de faire des mouvements et des feintes jusqu'à ce qu'il soit parvenu à remporter un avantage. Il fit marcher son armée de son camp de Cateau-Cambrésis, ou pour mieux dire de la Selle. Le 22, entre deux et trois heures après midi, elle passa la Selle entièrement et vint appuyer sa droite à la Sambre au dessus de Catillon, près du pont de fer et l'abbaye de Fesmy. On y construisit plusieurs ponts sur la dite rivière de Sambre entre le pont de fer et l'abbaye. L'armée était campée en 4 lignes, afin de faire craindre qu'elle passerait la rivière avec une grande promptitude.

La droite s'est mise effectivement en branle, faisant toute la mine de passer les dits ponts comme il y passa effectivement une partie de la cavalerie de la droite pendant que l'armée détendait les tentes à minuit environ, toujours dans la croyance de devoir marcher par sa dite droite, lorsque, à deux heures après minuit, il y eut ordre de marcher par la gauche, ce qui se fit avec un très grand empressement. Ils occupèrent en même temps tous les ponts et passages de la Selle pour nous empêcher d'avoir langue de cette marche [1] jusqu'au jour lorsqu'on les vit paraître sur la hauteur entre Avesnes-lès-Aubert et Villers-en-Cauchies, dirigeant leur marche droit sur Avesnes-le-Sec vers l'Escaut, où ils raccommodèrent au plus vite les ponts près de Neuville et de Lourches, s'avançant à nous sur la hauteur d'Abscon, faisant encore mine de vouloir marcher droit à Marchiennes, mais se jetèrent tout à coup avec tant de promptitude à droite sur le retranchement de Denain qu'ils s'en rendirent les maîtres et renver-

---

1. On lit au *Recueil de Lettres et Mémoires* publié à la Haye en 1713, page 62 : « ... Les ennemis laissèrent venir de leur droite, pendant que M. de Coigny faisait sa grimace, tous ceux qui avaient envie d'aller vers nos quartiers, mais de la gauche et du centre nul homme n'a pu venir, tant on avait pris des précautions justes et scrupuleuses. La Selle était bordée à tous les passages si exactement que 5 ou 6 de mes gens, habitants du pays même, ont été arrêtés dans les postes, et quelques-uns fort maltraités. » *Extrait d'une lettre de M. de Cronstrom, écrite à un général de l'armée des Alliés, le 21 octobre* 1712.

sèrent les bataillons qui y étaient, avant que le reste de l'infanterie fût assez proche pour les soutenir.

Enflés par le succès, ils répandent le bruit d'en vouloir venir à une seconde action ou d'entreprendre un siège. Ils campent présentement avec leur gauche près de Trith sur l'Escaut au dessus de Valenciennes. Leur droite s'étend le long de la rivière jusqu'à Lourches, remonte de là vers Mastaing, faisant presque le tour, de ce côté là, de la haute ville de Bouchain.

* * *

3° Lettre du député Vegelin à un de ses amis.

Vegelin à....

Je remercie mon ami de tout mon cœur sur l'éclaircissement des ponts. Je suis persuadé de l'intérêt qu'il y a pris, mais permettez que, par vous, je l'informe des circonstances. Le siège de Landrecies étant arrêté, il y fallait 3o pontons à cause d'une inondation. Nous n'avions que 20 de reste, par conséquent il fallait ôter 10 de Denain. J'aurais fort bien pu donner cet ordre et je crois dans les formes, mais heureusement ne l'ai-je pas fait, ni ne m'en suis mêlé. Dopff [1] a fait toutes les dispositions [2], et le Prince [3] les a approuvées. Bien loin de là, j'ai fait d'abord travailler Vleertman [4] devant Landrecies à un pont de fascines de 400 pas pour passer 10 hommes de front (dessous la ville il y avait encore 3 autres), et il a été achevé la veille du malheur, ainsi que ce jour même les pontons auraient été renvoyés

---

1. Le général Dopff remplissait depuis plusieurs années, à l'entière satisfaction du prince Eugène, les importantes fonctions de quartier maitre général à l'armée de Flandre.

2. Copie de la lettre du général Dopff à mylord Albemarle, écrite le 13 juillet 1712, au camp d'Haspres :

Mylord,

A ce moment, je viens de recevoir celle que vous m'avez fait l'honneur de m'écrire, et vous dirai qu'il n'y a que 40 pontons en tout, desquels on se doit servir pour le moins de 30 pontons, tant pour faire les ponts sur la Sambre que sur l'inondation ; deux resteront à Bouchain, et les 8 autres auprès de vous ; mais, après que tout sera un peu réglé, on vous pourra renvoyer quelques-uns. Je suis très parfaitement, etc.

A la réception de cette lettre, « le 14, on défit un des ponts de pontons à Denain, qui fut envoyé à la grande armée, pour s'en servir le 17 pour faire la communication sur la Sambre et sur l'inondation au dessus et au dessous de Landrecies. » Voir le *Recueil de Lettres et Mémoires*, paru à la Haye en 1713, p. 3 et 64.

3. Le prince Eugène.

4. Ingénieur hollandais, qui avait le titre de commissaire des approches.

à l'artillerie et à Denain même si on avait voulu. Or je crois que, dans ces 8 jours, milord Albemarle avait eu assez de temps pour faire faire des ponts sur l'Escaut de gros arbres comme on les fabrique dans des occasions moins importantes, et, s'il eût fallu quelque déboursement pour cela, il pouvait compter d'en être payé sur le champ. Bothmar [1], de lui-même, avait déjà commencé à y travailler. Milord Albemarle prétend qu'il en a écrit plusieurs fois à M. Dopff, mais est-ce assez pour un général qui commande un poste de cette importance ? Celui-là a trouvé bon d'en rejeter la faute sur moi. Cependant, depuis que je lui ai dit la vérité, il s'est ravisé, et nous sommes bons amis, ce que le service demande plus que jamais. En un mot, je n'accuse que Milord à l'égard des ponts, mais, s'il y en avait eu davantage, il y aurait eu quelques fuyards à sauver de plus, mais le malheur n'avait été ni plus ni moins arrivé. J'ai entendu dire au général Fagel [2] qui, à coup sûr, ne le dit pas par complaisance [3] pour Milord, et je l'ai vu de mes propres yeux, venant de mon quartier devant Landrecies, que l'infanterie n'a eu ordre de prendre les armes qu'à onze heures et demie et que la tête en était encore une demi-heure de Denain quand le malheur venait d'arriver [4] et que nous en retournâmes avec le prince de Savoie que j'avais joint un moment auparavant.

On débite encore qu'il n'y avait point de chevaux prêts pour l'artillerie de campagne, au moment de l'affaire. Il est vrai, je les avais envoyés au Quesnoy pour mener la grosse artillerie devant Landrecies, mais comment? Après avoir attendu plusieurs jours pour le faire à cause des mouvements antérieurs de l'armée ennemie. Je demandai par lettre au Prince s'il crût que cela se pouvait exécuter à présent, et il me répondit qu'oui. C'est à vous, mon cher ami, que je dois cette précaution. *Littera scripta manet.*

Quant au transport des farines au Quesnoy, je vous ai déjà marqué que nous ne l'avons pu faire, faute de chariots de pain depuis le départ des Anglais. Encore la meilleure partie des farines n'est arrivée près de Marchiennes que la veille de l'affaire,

---

1. Général-major qui faisait partie du corps aux ordres d'Albemarle.

2. Le lieutenant général hollandais, baron de Fagel, venait de diriger avec succès les travaux du siège du Quesnoy.

3. Vegelin fait sans doute allusion au peu d'entente qui régnait entre les deux généraux. Dans une lettre à Heinsius (portef. 48 C) du 31 août 1710, Albemarle dit que « Fagel n'a jamais su commander. »

4. Ces lignes ont une grande importance, car elles montrent que la surprise a été complète, le 24 juillet 1712, aussi bien dans l'armée du prince Eugène que dans le camp d'Albemarle.

comme aussi les munitions de guerre, et ce jour-là même les 5oo chariots destinés pour leur transport ne faisaient que d'arriver. 100 en sont passés heureusement....

8 septembre 1712.

* * *

4° Lettre d'Albemarle aux Etats Généraux.

Fait prisonnier à Denain, Albemarle fut traité en France avec la plus grande courtoisie. Le prince de Rohan le reçut magnifiquement à son hôtel lorsqu'il passa par Paris, et, sur sa simple parole, Louis XIV lui permit bientôt de se retirer en Hollande et de s'arrêter quelques jours dans son gouvernement de Tournai, « le Roi, écrivait Basnage à Heinsius, étant content de la manière dont ce général avait traité les prisonniers français [1]. »

Par la liberté de son langage, Albemarle s'était fait plus d'un ennemi au sein du Conseil d'État. Ses lettres à Heinsius montrent également qu'il n'épargnait guère les généraux ses collègues. Au milieu de l'émotion causée par l'échec de Denain, l'opinion publique en Hollande se laissa facilement gagner par les adversaires d'Albemarle et ne tarda pas à rejeter sur le vaincu toute la responsabilité du désastre. Arrivé le 13 août à Tournai, Albemarle écrivait à Heinsius le lendemain : « Je suis de retour de Paris avec un congé de six mois. Je compte de partir dans 7 ou 8 jours pour aller à Voorst. Vous pouvez juger, Monsieur, à quel point j'ai été étonné à mon retour hier qu'on m'a dit que l'on est mal content de moi jusques à prendre des résolutions sévères pour examiner ma conduite, laquelle, à ce

---

1. Lettre sans date A. H. — Dangeau dit aussi dans son *Journal*, à la date du mardi 16 août 1712 : « Milord d'Albemarle a écrit ici des lettres bien pleines de reconnaissance de la grâce que le Roi lui accorde, et veut qu'on lui marque le chemin qu'il doit prendre pour ne rien faire qui déplaise. Il marque seulement dans sa lettre qu'il aurait bien désiré qu'on lui permît de passer par Tournay, qui est son gouvernement, et le Roi le lui a permis. »

que je crois, a été telle comme il convient de l'avoir à un homme d'honneur, et je ne demande rien avec plus d'empressement que cet examen, puisque je ne crois pas avoir manqué en rien [1]. »

Albemarle n'aurait peut-être pas échappé à une profonde disgrâce si le prince Eugène n'avait rendu entière justice à sa belle quoique malheureuse conduite à Denain. L'attitude généreuse du prince à l'égard de son lieutenant ne se démentit pas un seul instant. Le 18 août 1712, il écrivait à l'envoyé du roi de Pologne, de las Sarraz : « …. Je n'ignore pas d'ailleurs les discours qui roulent sur l'affaire de Denain. Vous pouvez être assuré, Monsieur, que je ne manquerai jamais à l'amitié que j'ai contractée avec mylord Albemarle et que je donnerai, quand il en sera temps, les informations nécessaires pour sa décharge… » Le prince tint parole, et, le 1er septembre, il adressait à Heinsius cette lettre qui fait le plus grand honneur à son caractère, et que le grand pensionnaire, protecteur [2] d'Albemarle, ne tardait pas à rendre publique :

Seclin, ce 1er septembre 1712.

Monsieur,

J'apprends avec surprise et chagrin l'injustice qu'on fait à milord Albemarle et tous les impertinents discours qu'on tient sur sa conduite à l'égard de l'affaire de Denain. Je sais depuis longtemps que le public mal informé juge par les événements et que les malheureux sont toujours par lui accusés, mais ce qui me surprend est que ces calomnies trouvent entrée parmi des gens d'un autre caractère, ce qui ne peut provenir que de ses ennemis. Je croirais manquer au caractère d'homme d'honneur si je ne faisais connaître la vérité dont j'ai été témoin. Il a fait dans cette occasion tout ce qu'un général prudent, brave et vigilant, peut faire, et si les troupes avaient toutes fait leurs devoirs, la chose ne se serait pas passée ainsi. Mais quand elles s'en vont après la première décharge sans les pouvoir retenir, il

---

1. A. H. portef. 53 B.
2. « Albemarle a été l'enfant gâté d'Heinsius », me disait M. Bijvanck, l'aimable bibliothécaire de la Haye, qui connaît si bien l'époque d'Heinsius et de Guillaume III.

n'y a pas un général au monde qui y puisse remédier. Ainsi, Monsieur, je ne doute point que vous contribuerez dans cette conjoncture à désabuser ceux du gouvernement qui pourraient être mal informés et que vous serez persuadé qu'on ne peut être avec plus de vénération, Monsieur,

Votre très humble et très obéissant serviteur [1], .

EUGÈNE DE SAVOYE.

De son côté, obligé de différer son retour à la Haye en raison de son mauvais état de santé, Albemarle adressa le 18 septembre, de Tournai, aux États Généraux une relation complète du combat de Denain, et, par l'exposé sincère des événements du 24 juillet, il n'eut point de peine à se disculper des accusations dont il était l'objet. Toutefois le ressentiment populaire contre sa personne était encore si vif au début d'octobre 1712, les bruits les plus absurdes sur sa conduite à Denain continuaient à circuler avec tant de persistance, qu'il dut fournir de nouveaux éclaircissements [2] par une relation, d'abord verbale, puis écrite, que recueillirent les députés du Conseil d'État et les députés des États Généraux, commis à cet effet. Enfin une résolution de leurs H. P., du 29 octobre 1712, fit connaître qu'après examen, « les sieurs députés, ensemble avec les dits sieurs députés du Conseil d'État, étaient d'avis que la Relation du comte d'Albemarle devait être reçue et regardée comme entièrement satisfactoire [3]. »

Hauts et Puissants Seigneurs,

Je n'aurais pas manqué, immédiatement après l'action qui s'est passée à Denain le 24 juillet dernier, d'informer exactement V. H. P. des circonstances de cette action, si je n'avais eu le malheur d'être fait prisonnier par les ennemis et conduit à Valenciennes où il ne m'a pas été permis d'écrire à V. H. P. Quelques jours après, étant

---

1. Copie sur l'original qui se trouve dans les archives d'Heinsius, portef. 53 A.

2. Ces éclaircissements portent sur des points de détail, sans ajouter rien de saillant au récit qui va suivre.

3. *Recueil de Lettres et Mémoires, etc., de 1713*, p. 70.

revenu sur ma parole à Tournai pour mettre ordre à mes affaires particulières, je fus averti que V. H. P. étaient déjà informées de cette affaire par les seigneurs députés de V. H. P. à l'armée, qui, tenus au courant de tous les incidents par le prince de Savoie (présent à la dite action, du commencement jusqu'à la fin), ont pu en rendre à V. H. P. un compte exact. C'est là dessus que je me suis entièrement reposé et tranquillisé, d'autant plus que j'avais aussi, le 5 août, à Tournai, fait aux seigneurs députés de V. H. P. une relation verbale de ce qui s'était passé. Or, après mon retour de France à Tournai, avec un congé du Roi pour six mois, j'ai appris avec étonnement que les bruits les plus divers circulaient encore en ce qui regarde l'action précitée. Aussi n'ai-je pu me dispenser d'informer exactement V. H. P. par cette lettre de tout ce qui s'est passé à l'attaque et à l'enlèvement de la ligne de Denain, d'autant plus qu'il me semble que toutes les circonstances n'en ont pas encore été bien connues jusqu'ici.

Après que l'armée ennemie eut franchi l'Escaut le 19 juillet, au dessus et au dessous de la ville de Cambrai, et continué son mouvement le lendemain du côté de Cateau-Cambrésis sous le masque de faire lever le siège de Landrecies ; que, pareillement, l'armée du prince de Savoie eût marché le 20 de ce côté et que le corps de troupes, celui que j'avais l'honneur de commander à Denain, se fût tenu le même jour prêt à marcher pour servir de renfort là où le besoin l'exigerait, les ennemis s'occupèrent les trois jours suivants à jeter des ponts sur la Sambre, à faire des ouvertures dans le bois de Fesmy et à exécuter divers mouvements pour nous persuader qu'ils voulaient attaquer le corps du prince d'Anhalt : mais, le 23 au soir, après le coucher du soleil et après que la retraite eût été battue, ils ont levé très précipitamment leur camp du Cateau-Cambrésis, après qu'ils eussent pris auparavant toutes les mesures nécessaires, et par l'envoi au dehors de leurs hussards et par une quantité de partis à pied et à cheval, pour empêcher que nous pussions recevoir aucune nouvelle de leur marche. Comme j'en ai été informé dans la suite, les ennemis avaient détaché le soir le marquis de Vieuxpont avec 30 bataillons, les pontons et une brigade de cavalerie, ainsi que 20 bataillons et 40 escadrons en soutien sous le lieutenant-général Albergotty, après quoi toute l'armée suivait, dont on avait envoyé les gros bagages à Saint-Quentin et à Ham. La marche de l'infanterie était couverte par la cavalerie du corps de réserve du comte de Broglie, composée de 49 escadrons qui s'attachèrent surtout à ce que personne ne pût passer la Selle pour nous donner des nouvelles. Dans cet ordre, l'ennemi marcha toute la nuit par les plaines entre l'Escaut et la Selle jusqu'à l'Escaut au dessous de Bouchain, où, la tête étant parvenue avec le jour, les ponts furent aussitôt jetés pour passer au delà de la rivière.

Bien que j'eusse continuellement différents espions en campagne pour observer les mouvements entre les dites rivières, je ne reçus pas la moindre nouvelle de la marche des ennemis, apparemment que ces espions furent arrêtés et faits prisonniers ou qu'ils ne purent franchir les rivières en raison du grand nombre des partis ennemis. Je ne reçus également le moindre avis de Bouchain, bien que les ponts fussent jetés non loin de là, à Neuville, et que j'eusse établi et entretenu jusqu'alors une correspondance régulière avec cette ville dont je recevais aussi journellement des nouvelles, ayant en outre fait expressément enjoindre aux habitants de la dépendance de Bouchain de donner connaissance au commandant de cette place du moindre mouvement de l'ennemi dans leur voisinage. Et, comme le prince de Savoie reçut le 24, à sept heures du matin, la première nouvelle de la marche de l'ennemi, je ne pus aussi en être informé par la grande armée. Ce ne fut qu'entre sept heures et huit heures du matin que je fus averti par le général-major Bothmar, qui était de jour et visitait le camp, que l'ennemi se montrait sur la hauteur d'Avesnes-le-Sec. J'en donnai aussitôt connaissance au prince de Savoie qui me fit dire qu'il me rejoindrait de sa personne sur le champ, comme il l'exécuta aussi dans la suite, et je fis au même instant le signal concerté de six coups de canon, tant pour avertir la grande armée, les postes de Marchiennes, de Bouchain et de Saint-Amand, que pour rappeler les chevaux de la cavalerie qui étaient à la pâture (aussi bien que ceux de la grande armée).

Ces chevaux revinrent en peu de temps, et je fis aussitôt monter à cheval la cavalerie. Je postai le général-major comte de Croix, avec les 7 escadrons impériaux, devant l'aile droite du retranchement sur le grand chemin de Valenciennes : la garnison de cette ville était également sortie et commençait à se montrer sur la hauteur d'Heurtebise. Je marchai avec les 16 autres escadrons dans la plaine, à gauche du retranchement, avec l'intention de disputer aux ennemis le passage du fleuve à Neuville, ne sachant pas qu'ils avaient jeté leurs ponts et que leurs troupes les passaient déjà : ils étaient dans un fond, et nous ne pouvions les apercevoir à cause d'une grande hauteur qui nous en séparait. Je fis sur ces entrefaites poster l'infanterie le long du retranchement par le lieutenant-général comte de Dohna et par les autres généraux ; mais, aussitôt que je me fus avancé jusque sur la hauteur avec la tête de la cavalerie, je remarquai qu'une grande partie de l'armée ennemie, infanterie et cavalerie entremêlées, était déjà au delà de l'Escaut, qu'ils s'étendaient dans la plaine le long d'Escaudain, et qu'ainsi il n'était plus possible de les tâter. Je fis ranger les dits escadrons devant le retranchement, l'aile droite appuyée à la ligne de communication que l'on avait faite entre Denain et Marchiennes pour assurer le passage des convois journaliers contre les partis ennemis, et l'aile gauche aux prairies le long de l'Escaut, afin que l'on pût ultérieurement observer les mouvements des ennemis. Mais comme ils commençaient à faire leurs dispositions pour attaquer nos escadrons avec leur cavalerie qui était très nombreuse, je les fis rentrer dans le retranchement, sans quoi l'ennemi, grâce à sa supériorité, aurait été en mesure de les culbuter en quelques instants.

Voyant ensuite que les ennemis poursuivaient leur marche pour franchir la ligne de communication déjà désignée et se joindre à la garnison de Valenciennes, je fis avancer quelques escadrons hors du retranchement entre les 2 lignes susdites : celles-ci étaient gardées de distance en distance par quelques redoutes et gardes et ne pouvaient être occupées et assurées d'une autre manière parce qu'elles avaient deux lieues et demie d'étendue. Ce que voyant, les ennemis, qui en étaient beaucoup plus près, les occupèrent avec leur infanterie afin d'en faciliter le passage à leur cavalerie, de telle sorte qu'il ne fut plus possible de les leur disputer, par suite de leur supériorité.

Au même moment, vers dix heures, survint le prince de Savoie, accompagné de plusieurs officiers généraux. Il reconnut la marche et les mouvements de l'ennemi, inspecta le retranchement et la disposition de l'infanterie, puis ordonna à la cavalerie de repasser l'Escaut, attendu qu'elle ne pouvait plus être d'aucune utilité, l'ennemi ayant passé le fleuve avec toute son armée et investi notre retranchement de tous côtés de très près. Et comme nos 10 bataillons, rangés sur 3 hommes de hauteur, ne garnissaient qu'un tiers du retranchement vers l'aile gauche et le centre et que l'aile droite demeurait entièrement dégarnie et sans infanterie, le prince de Savoie la fit occuper par les 6 bataillons impériaux et palatins qui campaient de l'autre côté de l'Escaut dans la ligne de communication nouvellement faite entre Thiant et Denain, et qui étaient le plus à portée. Pendant ce temps, l'armée ennemie se rangeait en bataille et faisait avec toute la précipitation possible ses dispositions pour attaquer le retranchement avant que nous fussions à même de recevoir un renfort de la grande armée, dispositions qui comprenaient 30 bataillons, 80 compagnies de grenadiers et un piquet de chaque régiment de l'armée, comme aussi tous leurs dragons qu'ils firent descendre de cheval, et 3o autres bataillons en soutien que suivait le reste de leur infanterie et de leur cavalerie. Les dragons formaient à leur droite une première colonne et marchaient par les prairies le long de la rivière sur l'aile gauche du retranchement. Les 3o bataillons, les grenadiers et les piquets constituaient 2 autres colonnes entre les dragons et la ligne de communication. Dans cet ordre, les ennemis s'avancèrent vers notre retranchement.

Nous les canonnâmes aussi vigoureusement qu'il était possible avec nos six pièces de canon, et ils en usèrent de même à notre égard, un peu avant l'attaque, avec quelques pièces qu'ils avaient placées sur la hauteur devant leur aile droite. J'avais donné de temps en temps avis des manœuvres de l'ennemi au prince de Savoie afin de recevoir ses ordres, le prince s'étant tenu jusqu'à la fin de l'autre côté de l'Escaut dans le retranchement qui couvrait le pont, d'où il pouvait tout voir, et comme, à chaque fois, il m'envoyait l'ordre de garder le poste et de soutenir le retranchement de mon mieux, je fis faire tous les préparatifs imaginables pour bien recevoir les ennemis. M'apercevant que la majeure partie de leurs forces voulait pénétrer par le milieu du retranchement, j'adressai l'ordre au comte de Dohna, au cas où l'ennemi viendrait à forcer le retranchement, de se jeter vers le centre avec son infanterie afin de les attaquer en flanc, et, par cette manœuvre, de les repousser. C'est ce que fit aussi dans la suite le comte de Dohna, mais sans que pareil effet pût se produire, car les ennemis, qui s'étaient approchés avec beaucoup de précipitation et en bon ordre jusque sous la mousqueterie du retranchement, en commencèrent l'attaque vigoureusement à une heure de l'après midi. Ils furent en vérité accueillis par un feu nourri de nos gens qui tiraient par pelotons, mais les derniers de leurs colonnes ayant poussé les premiers jusque sur le parapet du retranchement qui de ce côté n'était que de pierre et de gravois, le terrain étant tout à fait pierreux, ce parapet s'écroula de lui-même dans le moment et emplit le fossé. L'ennemi pénétra jusque dans le retranchement et chassa notre infanterie, la baïonnette au bout du fusil. Sur quoi, nos gens abandonnèrent à l'instant le retranchement et prirent la fuite vers le pont. Je fis, ainsi que les autres généraux, les derniers efforts pour rallier ceux du centre, l'aile gauche où se trouvaient le comte de Dohna et le général-major comte de Nassau-Woudenbourg (qui, dans la suite, furent noyés tous les deux) ayant été coupée par les ennemis et séparée de nous, mais tout fut inutile.

Ce que voyant, j'avais essayé de faire avancer quelques régiments de l'aile droite vers le village de Denain pour les poster entre les maisons et l'abbaye et arrêter l'ennemi, mais, alors que je me croyais suivi, je me trouvai à peu près seul au milieu des ennemis. Comme j'étais occupé à faire une dernière tentative pour rallier devant le pont l'infanterie éparse, je fus fait prisonnier par les ennemis aussi bien que le lieutenant-général baron de Secquin et les généraux majors prince de Holstein, Dalberg et Zobel. Le prince de Savoie avait cependant fait avancer 14 bataillons de ses troupes jusque sur le bord de l'Escaut, où ils demeurèrent rangés sans pouvoir passer de l'autre côté du fleuve, car le seul pont de pontons qui nous restait (l'autre avait été envoyé à la grande armée sur un ordre exprès, quelques jours auparavant) était embarrassé par la cavalerie et les bagages et avait fini par se rompre, et le pont de bois, auquel on avait déjà travaillé pendant trois jours, n'avait pu être achevé en raison de la largeur de la rivière qui n'exigeait pas moins de 8 pontons.

Je ne retarderai pas Vos H. P. par le détail des prisonniers et d'autres choses qui sont déjà connus de Vos H. P. Et bien que le prince de Savoie et les autres généraux qui ont été témoins oculaires de l'action entière me font la justice de dire que j'ai fait tout ce qui était en mon pouvoir et que je me suis entièrement acquitté de mon devoir, je n'en suis pas moins profondément affligé de voir que tous mes efforts n'aient pas eu un meilleur succès et qu'un tel malheur soit survenu aux armes de Vos H. P. Je m'en rapporte au jugement hautement sûr de Vos H. P. pour savoir si, en ce qui regarde ma personne, dans cette occurrence où l'on était attaqué par toute l'armée ennemie qui consistait en 133 bataillons et 250 escadrons, je pouvais faire autre chose, relativement à la défense du dit retranchement, que ce que Vos H. P. auront la bonté de voir par la relation exacte qui précède.

Je me serais rendu déjà depuis quelques jours, et aussitôt après ma sortie de France, de cette ville à la Haye afin d'informer personnellement de toutes choses Vos H. P., mais ma santé ne l'a point permis et j'ai été contraint de remettre mon voyage de jour en jour. Cependant je n'ai pas différé plus longtemps de vous faire parvenir d'abord cette relation, espérant bientôt avoir l'honneur de témoigner personnellement à Vos H. P. avec combien de zèle et de respect j'ai l'honneur d'être, Hauts et Puissants Seigneurs,

de Vos H. P. le très humble et très obéissant serviteur,

ALBEMARLE.

Tournay, le 18 septembre 1712.

APPENDICE III

Notices sur les correspondants du duc du Maine [1]

DAUGER (Jacques, comte).

Son père, lieutenant-général fort estimé, fut tué au combat de Leuze en 1691. M. Dauger marcha dignement sur ses traces. Entré en 1680 dans la compagnie Mestre-de-camp du régiment de son père comme simple cavalier [2], cornette dans le régiment de la Roche-sur-Yon le 10 mars 1684, il servit à l'armée de Flandre qui couvrit le siège de Luxembourg. Après la réforme des cornettes, M. Dauger fut placé comme lieutenant réformé à la suite de la compagnie Mestre-de-camp du régiment de Bourgogne et obtint le 11 décembre 1685 une commission de capitaine réformé. Au début de la guerre de la Ligue d'Augsbourg, il leva le 20 août 1688 une compagnie, incorporée par ordre du 19 décembre suivant dans le régiment de Roussillon. Il commanda cette compagnie à l'armée d'Allemagne en 1689 et 1690, puis passa avec elle dans le régiment du Maine le 31 octobre de cette dernière année.

Sa belle conduite au siège de Mons et au combat de Leuze attira sur lui l'attention du Roi. Louis XIV, en considération des services de son père, lui accorda une pension de 2.000 francs et le fit entrer dans les gardes du corps au titre d'exempt de la compagnie de Lorges, avec laquelle il prit part aux batailles de Steinkerque et de Nerwinde.

Il obtint, le 15 février 1702, une commission pour tenir rang de mestre-de-camp de cavalerie. Pendant la guerre de la Succession

---

1. En dehors des maréchaux de Villars et de Montesquiou.

2. Il existe dans le volume 2.380 du Dépôt de la Guerre un état des services de M. Dauger, arrêté par lui à la date du 28 juillet 1712.

d'Espagne, il combattit avec valeur à Eckeren, à Ramillies, à Oudenarde. Sa bravoure, dans cette dernière journée, lui valut d'être signalé au Roi par le duc de Bourgogne, et Louis XIV fit choix de M. Dauger pour occuper l'emploi de major de la gendarmerie [1] en remplacement de M. du Plessis de la Coré, qui venait de perdre la vie à Oudenarde.

Brigadier du 29 janvier 1709, M. Dauger se distingua entre tous à Malplaquet. Il chargea plusieurs fois les ennemis à la tête de la gendarmerie, aux côtés du maréchal de Boufflers, qui faisait de lui au Roi ce magnifique éloge : « Je me crois obligé, Sire, de dire à votre Majesté que toute sa gendarmerie s'est comportée dans la bataille du 11e avec tant de valeur, de zèle, de fermeté, et de distinction dont j'ai été témoin qu'elle mérite que votre Majesté ne cherche point d'autres sujets que ceux du corps de la gendarmerie pour remplacer les dites charges vacantes, hors les guidons pour lesquels le dit sieur Dauger propose aussi à votre Majesté quantité de sujets parfaitement bons, ainsi qu'Elle le verra par le dit mémoire....

Je ne puis non plus dire assez de bien de M. Dauger, major de la gendarmerie, lequel s'est comporté dans cette action avec toute la valeur et la capacité possibles, m'ayant même donné de bons avis dont j'ai profité. Il a eu trois chevaux tués sous lui dans les différentes charges, et il mérite tout à fait les grâces et les récompenses de votre Majesté [2] »

Le comte Dauger continua de servir en Flandre avec la gendarmerie jusqu'à la paix. Pendant la campagne de 1712, la mort de M. de Castelmoron [3], capitaine-lieutenant des gendarmes de Bretagne, laissait vacant l'un des postes les plus enviés. Aucun des sous-lieutenants de la gendarmerie ne pouvait invoquer des services aussi anciens que ceux de M. Dauger. Alors qu'il était en droit de revendiquer pour lui-même la succession de M. de Castelmoron, il écrivait à Voysin, le 28 juillet 1712, cette lettre qui peint son beau caractère : « Je ne feindrai pas de proposer à sa Majesté pour l'emploi en question

---

1. Cette charge n'était donnée qu'à des officiers d'un mérite éprouvé, car le major de la gendarmerie avait dans ses attributions non seulement les détails de service, de discipline et d'administration du corps, mais aussi le privilège envié de correspondre directement avec le Roi pour toutes les questions qui intéressaient la gendarmerie.

2. Lettre du maréchal de Boufflers au Roi. Au camp de Ruesnes, le 26e septembre 1709. D. G. 2.152.

3. Le marquis de Goësbriand a rendu compte de la mort de M. Castelmoron dans sa lettre au duc du Maine du 28 juillet 1712, citée plus haut.

M. de Trudaines [1] par préférence aux autres, déterminé à cela par le nombre d'années de services qu'il a au dessus d'eux, par l'application distinguée avec laquelle il a toujours rempli les fonctions de sa charge également comme en considération du zèle qu'il fait voir en continuant à servir, nonobstant la perte d'une jambe que le canon emporta à Malplaquet, enfin parce que sa brigade est toujours bien tenue et qu'il me paraît de conséquence de mettre dans les premiers emplois du corps gens qui sachent le métier et aient sa confiance.

Voilà, Monseigneur, ce que mon zèle pour le service du Roi veut que je lui représente.

Et voici ce qu'exige de moi mon intérêt particulier auquel j'ose espérer que sa Majesté ne trouvera pas mauvais que je fasse attention quand ces deux choses se pourront concilier.

C'est de lui demander pour moi la sous-lieutenance de celui à qui Elle accordera la compagnie à vendre

Je pourrais alléguer à sa Majesté, pour justifier ma très humble prière, les longs services de mon père couronnés à Leuze par sa mort et lui représenter que j'ai 32 ans de service sur mon compte particulier, dont 27 de commission de capitaine, et que dans mes différents emplois je n'ai jamais été détourné de mon devoir ni par la crainte ni par l'espérance, témoignage que j'ose croire que mes ennemis mêmes ne me refuseront pas.

Mais comme dans le fond mon père a été trop récompensé de ses services par la gloire de les avoir rendus et que moi je n'ai fait que ce qu'exigeait de moi la confiance et les bontés dont le Roi m'a honorés, je me retranche uniquement, en lui demandant la grâce dont il s'agit, sur ces mêmes bontés.

Faites-lui remarquer, je vous supplie, Monseigneur, que si Elle veut bien me l'accorder, Elle me mettra tout d'un coup en état de la servir par les suites avec plus de tranquillité d'esprit que l'accablement de mes dettes, le nombre de mes enfants et l'impossibilité où je suis de trouver de quoi fournir à mes besoins, ne m'en ont laissé jusqu'à présent, d'autant plus que ce me sera une preuve qu'Elle connaît mon zèle et que ma manière de servir lui est agréable... [2]

Après la mort de Louis XIV, le comte Dauger manifesta à

---

1. Il comptait, en 1712, 23 ans de service, d'après le rang d'ancienneté des 5 premiers sous-lieutenants de la gendarmerie arrêté par M. Dauger lui-même. Mestre de camp en 1705, sous-lieutenant aux gendarmes de Flandre en 1706, brigadier en 1710, M. de Trudaines eut l'honneur d'être choisi comme capitaine-lieutenant des gendarmes de Bretagne.

2. D. G. 2.380.

plusieurs reprises l'intention de se démettre de ses fonctions de major de la gendarmerie. Il mit son projet à exécution au mois de novembre 1716, car il se sentait lui-même fatigué. « Dauger, major de la gendarmerie, quitte son emploi. C'est un garçon de mérite, en qui le feu Roi avait beaucoup de confiance. M. le duc d'Orléans l'a toujours fort bien traité [1]. »

Placé comme mestre-de-camp réformé à la suite du régiment de cavalerie de Chartres l'année suivante, il fut créé maréchal-de-camp par brevet du 1er février 1719, et mourut en 1724.

Le comte Dauger a été l'un des correspondants les plus assidus du duc du Maine. Ses lettres parlent en sa faveur. Modestes en ce qui le touche personnellement, elles dénotent un observateur attentif, un soldat épris de son métier, un caractère d'une grande franchise.

GUICHE (Antoine de Gramont, duc de).

Il fut d'abord connu sous le nom de comte de Guiche. Mousquetaire en 1685, il accompagna le Dauphin dans sa première campagne, au siège de Philipsbourg. Il se fit remarquer à l'attaque de l'ouvrage couronné qui précipita la reddition de la place. « MM. les comtes d'Estrées, de Guiche, M. de la Frézelière le fils, s'y sont distingués, » écrivait Chamlay a Louvois, le 21 octobre 1688 [2]. Comme colonel d'un régiment d'infanterie, il combattit vaillamment à Valcourt, à Fleurus, à Leuze, et au siège de Namur. Brigadier par brevet du 24 juin 1694, il prit l'année suivante le titre de duc de Guiche, sur la démission de son père. Mis en possession en 1696 de la charge enviée de mestre-de-camp-général des dragons, maréchal-de-camp en 1702, il est cité par le maréchal de Boufflers au nombre des officiers qui se sont le mieux comportés à Nimègue. Colonel général des dragons en 1703, il échange cette charge, en 1704, pour le commandement du régiment des gardes françaises, que possédait son beau-frère, le maréchal de Boufflers. Lieutenant-général le 26 octobre de la même année, il se couvre de gloire à la tête des gardes à Ramillies. « Il se défendit quatre heures durant dans le village, et y fit des prodiges [3]. » Il ne l'abandonna qu'après avoir vu tomber à ses côtés un grand nombre de ses officiers. Parmi ces derniers se trouvait le

---

1. *Journal de Dangeau*, à la date du 9 novembre 1715. En réalité, M. Dauger ne donna sa démission que l'année suivante.
2. D. G. 1.688.
3. Saint-Simon. Edition de Boislisle, XIII.

major de Bernières. Le duc fit choix, pour le remplacer, d'un capitaine qu'il n'avait pas tardé à distinguer entre tous, M. de Contades. Il le proposa au Roi et contribua ainsi à la fortune de cet officier d'un si rare mérite, qui devait devenir bientôt l'un des meilleurs lieutenants de Villars.

Le duc de Guiche prit part à la bataille d'Oudenarde, le 11 juillet 1708. Au moins de juin de l'année suivante, quand le régiment des gardes quitta Versailles pour rejoindre l'armée de Flandre, Louis XIV « dit au duc de Guiche qu'il pouvait partir présentement et qu'il fallait que tous les officiers principaux redoublassent leur zèle et leur ardeur pour le service, et qu'il était bien persuadé qu'il en donnerait l'exemple [1] ». Le duc ne démentit point cette attente. A la bataille de Malplaquet, il fut grièvement blessé à la jambe « en ramenant à la charge les brigades de Picardie et d'Alsace [2] », et « en s'exposant beaucoup à son ordinaire [3] ». Le soir même, le maréchal de Boufflers écrivait au Roi : « M. le duc de Guiche, qui était à la droite, plus en avant que M. d'Artagnan, s'y est comporté pareillement avec toute la valeur et la capacité possibles, et y a reçu un coup de mousquet à la jambe [4] ». Remis de sa blessure au printemps de 1710, il continua de servir en Flandre durant les campagnes suivantes. Il se distingua à la prise de Douai en 1712 et, en dernier lieu, au siège de Landau. Sous la Régence, il fut appelé à faire partie du conseil de la guerre et du conseil de Régence. Duc de Gramont à la mort de son père, le 25 octobre 1720, il obtint le bâton de maréchal le 2 février 1724 et mourut le 16 septembre 1725. Il avait épousé, le 13 mars 1697, une fille du maréchal de Noailles.

Les lettres du duc de Guiche figurent en grand nombre, comme celles de M. Dauger, dans la correspondance des quatre années de 1709 à 1712. Très attaché au duc du Maine, il doit peut-être à sa liaison intime avec ce prince et à sa parenté avec les Noailles d'avoir été malmené par Saint-Simon, qui l'appelle « valet des bâtards [5] ». La haute situation du duc de Guiche à la cour et à l'armée le mettait

---

1. *Journal de Dangeau*, à la date du 3 juin 1709.

2. Lettre de M. de Contades, du camp de Ruesnes, 13 septembre 1709. — *Mémoires militaires relatifs à la guerre de la Succession d'Espagne*, de Vault, IX, p. 372.

3. *Relation de la bataille de Taynières*, par le marquis de la Frézelière, insérée dans les *Les Frézeau de la Frézelière*.

4. Lettre de M. le maréchal de Boufflers au Roi, du camp du Quesnoy ou de Ruesnes, 11 septembre 1709. — *Mémoires militaires*, de Vault, IX, p. 347.

5. Addition de Saint-Simon au *Journal de Dangeau*, XV, p. 185.

en mesure d'être bien renseigné. Ses informations se recommandent, d'ailleurs, par leur exactitude [1].

GOËSBRIAND (Louis-Vincent, marquis de)

Page de la chambre du Roi, le 1er janvier 1676, il suivit Louis XIV aux sièges de Condé, de Valenciennes et de Cambrai, en 1677.

Sous-lieutenant au régiment du Roi le 6 mars 1678, il était blessé à Saint-Denis et obtenait, deux ans plus tard, une compagnie dans le même régiment.

Colonel du régiment d'infanterie de Berry à sa formation, en 1684, il prit part au siège et à la prise de Philipsbourg en 1688.

Brigadier le 28 avril 1694, il épousa, l'année suivante, Mademoiselle Desmaretz, fille de l'intendant des finances qui fut plus tard contrôleur-général. Maréchal-de-camp le 23 décembre 1702, le marquis de Goësbriand se distingua en Italie, dans la guerre de la Succession d'Espagne, particulièrement au combat sur la rivière de l'Orba, en 1704, où il reçut plusieurs blessures, et au siège de Turin, en 1706, où il fut également blessé. Lieutenant-général le 26 octobre 1706, il devait, l'année suivante, contribuer puissamment à repousser les Impériaux de Toulon.

Forçant la marche des troupes avec lesquelles il accourait au secours de cette place, M. de Goësbriand gagnait de vitesse le prince Eugène et le duc de Savoie. Il prenait, à la fin de juillet 1707, le commandement des forces rassemblées à la hâte sous les murs de Toulon. Aussitôt il imprimait aux travaux de la défense une impul-

---

1. Citons encore une lettre qui honore le duc de Guiche. Il y élève la voix en faveur du malheureux gouverneur du Quesnoy, La Badie, et, en cette action généreuse, il se rencontre avec le maréchal de Montesquiou qui, lui aussi, a justifié le défenseur du Quesnoy en 1712 des accusations dont il était l'objet. Cette lettre est adressée à Voysin :

Au camp de Denain, le 26e juillet 1712.

Je ne puis refuser à l'ancienne amitié que vous savez bien que j'ai pour La Badie de vous demander votre protection pour lui et de vouloir bien lui procurer les moyens de se justifier auprès du Roi, ainsi qu'il prétend qu'il le peut faire, qui est la seule grâce qu'il puisse désirer dans l'état où il est. Je vous serai sensiblement obligé de ce que vous voudrez bien faire sur cela, car s'il est vrai qu'il n'ait pu faire mieux, chose que je ne sais point mais qu'il prétend justifier, il est bien douloureux d'être déshonoré dans l'esprit de son maître après l'avoir servi avec distinction et bien des blessures pendant près de 50 ans. Je me sers de cette occasion pour vous faire mon compliment sur l'heureuse aventure (Denain) qui se passa avant-hier qui aura, j'espère, des suites plus considérables dans le reste de la campagne.

Je suis avec beaucoup d'attachement, Monsieur, votre très humble et très obéissant serviteur

D. G. 2.380.   Le duc DE GUICHE.

sion énergique. « Il ne s'endormait pas, dit un témoin oculaire [1]. Il faut lui rendre justice : il rendit, par son activité et par sa grande valeur, de grands services au Roi ; il était toujours à cheval et il ne fatiguait les troupes que fort à propos. » Dans l'importante sortie ordonnée par le maréchal de Tessé contre les travaux de l'assiègeant dans la nuit du 14 au 15 août, M. de Goësbriand marcha à la tête d'une des colonnes d'attaque. « Il s'exposa beaucoup [2] » au cours de cette action, dont le succès fut décisif pour la levée du siège.

Appelé à servir à l'armée de Flandre en 1708, il combattit à Oudenarde. A la bataille de Malplaquet, il reçut l'attaque du prince Eugène à la tête de la première ligne de l'infanterie de notre gauche, et n'abandonna la lisière du bois du Sart qu'après l'avoir longtemps disputée aux ennemis. « MM. de Villars, Goësbriand, Puységur, Nangis... ont fait des choses surprenantes et ont toujours ramené eux-mêmes les bataillons à la charge à mesure qu'ils les ralliaient [3]. » M. de Goësbriand fut blessé à l'épaule au cours de cette journée, dont il rendit compte au duc du Maine par une lettre écrite du camp de Ruesnes, le 17 septembre 1709 : « Au reste, y disait-il, si nous avons perdu à cette action, il est certain que les ennemis y ont sans comparaison perdu davantage et que la valeur et la résistance des troupes, qui a surpris les ennemis, leur a beaucoup imposé, ce qui pourrait bien leur faire faire réflexion pour le siège de Mons et pour l'avenir, s'il y arrivait une deuxième action.

» Quoi qu'il en soit, il est certain que cette affaire a rehaussé le courage des soldats et ranimé pour ainsi dire l'armée qui en avait besoin, tant il est vrai qu'il faut de temps en temps aux armées des actions vigoureuses et disputées qui aguerrissent les soldats, leur fassent connaître leurs ennemis et leur propre force [4]. »

Sur cette même lettre du marquis de Goësbriand, on lit encore aujourd'hui la délicate réponse que le duc du Maine a adressée à l'intrépide lieutenant-général : « J'ai été bien inquiet de votre blessure, ainsi que je vous l'ai témoigné. Vous la traitez bien cavalièrement, mais je suis accoutumé à vous voir laisser aux autres le soin de parler de tout ce que vous faites de beau et de bon. Je suis ravi de voir par votre lettre que vous ne soyez pas hors d'état

---

1. Le chevalier de Quincy, dans ses *Mémoires* publiés par M. Lecestre, II, p. 262.

2. Idem, p. 272.

3. Lettre de M. de Contades, du camp de Ruesnes, 13 septembre 1709. D. G. 2.152 et *Mémoires militaires*, de Vault, IX, p. 372.

4. D. G. Carton supplémentaire n° VII.

d'agir, et c'est avec bien de la joie que je vois confirmer par vous, qui êtes bon connaisseur, la valeur avec laquelle les troupes du Roi se sont comportées. »

La campagne de 1710 donna à M. de Goësbriand l'occasion de rendre un service signalé au Roi et à l'Etat. Louis XIV l'avait choisi pour commander dans Aire, qui était une des places les plus exposées de notre frontière du nord. La garnison comptait 15 bataillons et 7 escadrons de dragons. Le 7 septembre, Villars écrivait à Voysin : « Je vous assure que, si M. de Goësbriand a autant d'ordre et d'économie que je lui connais de courage, Aire est une place à faire périr l'armée ennemie [1]. » Le lendemain, dans sa lettre au marquis de Goësbriand, Louis XIV disait : « ... Je ne suis point en peine de tout ce qui dépendra de vous, connaissant comme je fais votre capacité et toute la valeur et la bonne volonté que vous avez marquées en tant d'occasions différentes.... Vous pousserez encore votre défense plus loin que n'a été portée celle des autres places.... Vous ne pouvez rien faire de plus important pour mon service dans la conjoncture présente, ni qui soutienne mieux la réputation que vous vous êtes acquise jusqu'à présent. [2] »

Le marquis de Goësbriand justifia pleinement la confiance de Louis XIV. Habile emploi des inondations, des mines, des sorties, il ne négligea rien pour prolonger d'un jour, d'une heure, sa résistance [3]. Les ennemis avaient ouvert, le 12 septembre, la tranchée devant la place. Au 31 octobre, ils n'étaient point encore maîtres du chemin couvert, et ne s'étaient emparés d'aucun ouvrage qui n'eût été pris et repris jusqu'à trois fois. Aussi Louis XIV faisait écrire au défenseur d'Aire par Voysin, le 20 octobre : « Monsieur, je n'ai reçu de lettre de vous, depuis le commencement du siège, que celle datée du présent mois. Cela n'empêche pas que nous ne soyons informés, par ce qui revient de l'armée des ennemis, de tout ce que vous faites pour la défense de la place. Je dois vous dire que Sa Majesté en est parfaitement contente.... Elle m'ordonne de vous faire savoir qu'Elle approuve que vous demandiez à capituler lorsque les ennemis seront maîtres de la demi-lune et que le fossé sera prêt à être comblé, supposé que dans ce temps il y ait une brèche assez

---

1. *Mémoires de Villars* publiés par M. le marquis de Vogüé, III, p. 102.

2. D. G. 2.217 et *Mémoires militaires*, de Vault, x, p. 307.

3. « Le crédit et les fonds ayant manqué, je n'ai pas balancé à faire fondre ma vaisselle. » M. de Goësbriand à Voysin, ce 31 octobre 1710. D. G. 2.217.

considérable au corps de la place pour qu'ils y puissent monter à l'assaut [1].

Sans ces ordres du Roi, l'énergique breton, qui avait déjà fait élever un retranchement derrière les remparts en brèche, aurait soutenu l'assaut au corps de la place. Du moins se prépara-t-il à vendre chèrement sa capitulation aux ennemis. Dans la nuit du 31 octobre au 1er novembre, l'assiégeant, renforcé par 2.000 grenadiers de son armée d'observation, livre au chemin couvert un assaut furieux, qui échoue complètement. Enfin, le 8 novembre, après 58 jours de tranchée ouverte, 2 ponts sont achevés sur le fossé, la brèche praticable au corps de la place, les munitions presque épuisées, la garnison réduite de plus de moitié. Alors seulement, M. de Goësbriand se décide à capituler. Il sort de sa place en ruines avec les honneurs de la guerre, avec les éloges des ennemis eux-mêmes, du prince Eugène en particulier. Ce dernier eut la délicate attention d'y joindre les appréciations les plus flatteuses sur la belle conduite de M. de Goësbriand lors du siège de Toulon en 1707, que lui, prince Eugène, avait été forcé de lever [2]. Voysin sut aussi louer la glorieuse défense de M. Goësbriand dans les termes les plus nobles et les plus élevés. Il lui écrivait, le 12 novembre, de Marly : « Vous sortez avec beaucoup d'honneur du siège d'Aire, et la défense que vous y avez faite est très glorieuse pour vous et pour tous les officiers qui y ont eu part sous vos ordres. Tout le regret qu'on peut avoir est de ne s'être pas mis en état de vous secourir. Le Roi sera bien aise que vous veniez lui rendre compte plus en détail de tout ce qui s'est fait pendant la durée du siège, et Sa Majesté vous témoignera par Elle-même combien Elle est satisfaite des services que vous lui avez rendus dans la défense de cette place. Je me réjouis de ce que vous revenez en aussi bonne santé [3]. »

Quand le défenseur d'Aire se présenta à Versailles, le 23 novembre 1710, Louis XIV lui dit : « Vous m'avez très dignement servi. J'en

---

1. D. G. 2.217 et *Mémoires militaires*, de Vault, x, p. 332.

2. M. de Goësbriand au Roi, à Saint-Omer, ce 13 novembre 1710 : « Si j'étais, Sire, assez heureux pour que Votre Majesté fût contente de la défense d'Aire, je la supplie très humblement d'avoir la bonté de rappeler en cette occasion les blessures que j'ai reçues, ce qui s'est passé à Toulon, il y a trois ans, quand les ennemis en voulurent faire le siège, qu'on sait assez avoir roulé sur moi et dont M. le prince Eugène me fit l'honneur de me parler hier 12e, et la bataille de Malplaquet où je fus seul attaqué pendant deux heures avec 26 bataillons dans un bois, à la tête de l'armée. » D. G. 2.217.

3. D. G. 2.217.

suis content au dernier point, et je vous en donnerai bientôt des marques [1] ». Le lendemain, Voysin apprenait à M. de Goësbriand que le roi le créait chevalier de ses ordres et lui accordait une pension de 12.000 livres. Aux remerciements de M. Goësbriand, Louis XIV répondit : « Monsieur, ce n'est qu'en attendant le premier gouvernement vacant, et je souhaite qu'il soit bon [2]. » Le défenseur d'Aire se voyait bientôt investi du gouvernement de Verdun, à la mort de Feuquières, au mois de janvier 1711, et Louis XIV, loin de lui retirer sa pension de 12.000 livres, la lui confirmait au mois de mars de l'année suivante.

M. de Goësbriand prit encore part aux campagnes de Flandre, de 1711 à 1712, et à la campagne d'Allemagne de 1713. Il mourut le 2 mai 1744.

Ses lettres au duc du Maine existent en grand nombre dans les recueils de 1709 à 1712. D'un tour bref, elles n'en sont pas moins un modèle de précision pour tout ce qui touche aux formations et aux mouvements de l'armée. On y sent l'homme d'action et d'énergie, « le connaisseur », selon l'expression même du duc du Maine.

BRUZAC (Henri d'Hautefort, comte de).

Il entre au service comme mousquetaire en 1677, et, la même année, il se distingue à la prise de Valenciennes. Capitaine au régiment de Bissy, il se signale par sa valeur au combat de Leuze, au siège de Namur, aux batailles de Steinkerque et de Nerwinde, et mérite d'être appelé, comme major de brigade, au régiment Royal des Carabiniers, à la formation même de ce corps d'élite.

En Espagne, où il sert avec un détachement de carabiniers, il prend part au passage du Ter, aux sièges de Palamos et de Girone en 1694, à la défaite du corps de cavalerie que commandait le prince de Darmstadt, enfin au fameux siège de Barcelone en 1697. Vendôme, qui l'a jugé à l'œuvre, le choisit pour remplir les fonctions de maréchal-général-des-logis de la cavalerie dans son armée.

Au mois de mars 1702, le comte de Bruzac est mis en possession par Louis XIV de la charge d'aide-major-général des Gardes du corps. Il combat, en cette qualité, à Nimègue et à Eckeren, reçoit, en février 1704, le grade de brigadier, et, au début de l'année suivante, « le gouvernement d'Obernheim, Roseim et Kaiserberg

---

1. *Journal de Dangeau*, à la date du 23 novembre 1710.
2. Même journal, à la date du 24 novembre 1710.

en Alsace, à six lieues au dessus de Strasbourg, avec un petit bailliage qu'on y a joint, dit Dangeau [1], et tous les deux ensemble valent environ 3.500 francs. Le roi a eu la bonté de dire à Bruzac que ce n'était qu'en attendant qu'il eût quelque chose de meilleur à lui donner. »

Sa belle conduite à Ramillies lui vaut, deux ans plus tard, au mois de mai 1708, une commission de lieutenant dans les gardes du corps. Après s'être vaillamment comporté à Oudenarde, il est fait maréchal-de-camp en 1709.

Le Régent, qui estimait M. de Bruzac, l'investit, en juillet 1716, de la charge de major des gardes du corps, où il remplace « dignement [2] » son prédécesseur, M. d'Avignon. Créé lieutenant-général en 1718, grand'croix de l'ordre de Saint-Louis en 1725 (il en avait l'expectative dès 1720), M. de Bruzac ne meurt qu'en 1751, dans un âge avancé.

Le comte de Bruzac, comme un grand nombre d'officiers de son temps, souhaitait ardemment de sortir de l'attitude défensive imposée à notre armée de Flandre durant les dernières années de la guerre de la Succession d'Espagne. Ses lettres au duc du Maine, de 1710 et de 1712, ainsi que ses lettres de la campagne de 1708, insérées au volume 2.108 du Dépôt de la Guerre et sans doute adressées au même prince, le dépeignent comme un soldat désireux de la bataille et plein d'amour pour son métier. Au moment où le prince Eugène s'apprêtait à assiéger Lille malgré la position de l'armée française derrière le canal de Gand à Bruges et la présence du corps du maréchal de Berwick aux environs de Douai, il écrivait le 10 août, du camp de Lovendeghem : « ... Ce qu'il y a de vrai, c'est que les ennemis font là une entreprise qui marque assez ce qu'ils pensent des généraux et même de la nation, car il n'y a ni rime ni raison d'oser faire une telle entreprise devant une armée comme nous l'avons. Nous pouvons partir d'ici avec 101 bataillons et 160 escadrons, sans compter les garnisons qu'on laissera à Gand et à Bruges. Le maréchal de Berwick peut nous joindre avec 46 bataillons et escadrons. Voilà, Monseigneur, devant qui les ennemis font le siège de Lille. Tout le monde dit qu'il y a ordre du Roi de le secourir à quel prix que ce soit. C'est certainement bien l'avis de toute l'armée aussi, car il semble que tout le monde soit piqué du mépris que les ennemis paraissent avoir pour nous... [3] »

---

1. *Journal de Dangeau*, à la date du mercredi 11 février 1705.
2. Même journal, à la date du 12 juillet 1716.
3. D. G. 2.108.

TABLE

INTRODUCTION

Coup d'œil sur la campagne de 1712. — Importance des documents inédits qui ont donné lieu à cette publication. — Son but : définir les rôles du conseiller au Parlement de Flandre, Lefebvre d'Orval, des maréchaux de Villars et de Montesquiou dans le projet, la manœuvre et le combat de Denain. — Principaux écrivains qui se sont déjà préoccupés des mêmes questions 1

BIOGRAPHIE DE LEFEBVRE D'ORVAL

CHAPITRE I

Lefebvre d'Orval et Chamillart (1706-1709)

Naissance de Jean-Robert Lefebvre à la Bassée. — Sa famille. — Ses débuts comme avocat au Parlement de Flandre le 15 mars 1697. — Il fait l'acquisition d'une charge de conseiller et est reçu en cette qualité au même Parlement, le 19 mars 1705. — Ses premiers rapports avec Chamillart au lendemain de Ramillies, dans les premiers jours de juin 1706. — Caractère de sa correspondance avec le ministre. — Grandes qualités qu'elle révèle chez Lefebvre d'Orval. — Esprit d'offensive qui anime tous ses projets. — Son courage à dénoncer et à combattre les abus dont souffrent le service du Roi et notre armée. — Ses idées pour le secours de Lille en 1708. — Pillage et mauvais traitements que les Alliés infligent à son frère Thomas, chef du Magistrat de la Bassée. — En décembre 1708, le conseiller au Parlement, recherché par eux, manque de tomber entre leurs mains. — Bel éloge que lui adresse Chamillart à ce sujet. — Au moment de prendre sa retraite, le ministre enjoint à Lefebvre d'Orval de communiquer ses nouvelles au général de notre armée de Flandre, au maréchal de Villars 27

CHAPITRE II

Lefebvre d'Orval, Voysin, Villars et Montesquiou (1709-1712)

Voysin garde au conseiller au Parlement la confiance que lui a témoignée Chamillart. — Lefebvre d'Orval seconde puissamment le marquis de Surville dans la défense de Tournai (juin-juillet 1709). Il pourvoit lui-même aux besoins de la garnison et crée mille ressources là où tout faisait défaut. — M. de Surville le charge de rendre compte au Roi de la défense de la ville, et loue en termes magnifiques le dévouement du conseiller au Parlement pendant le siège. — Ce dernier reçoit un accueil flatteur à Marly. — Le Roi lui accorde 20.000 livres de gratification et une pension sur l'hôtel de ville de Paris. — Curieux mémoires adressés par Lefebvre d'Orval à Voysin pendant son séjour à Versailles, en août 1709. — Les Alliés lui interdisent l'accès de Tournai. — Il prend hautement la défense du malheureux gouverneur de cette ville, le marquis de Surville, et dénonce ouvertement les malversations dont il a été et demeure tous les jours le témoin. — Triste situation du Parlement et du conseiller au début de l'année 1710. — Goût de Lefebvre d'Orval pour la fortification ; ses idées nouvelles dans cet art. — Son projet pour secourir Douai pendant la campagne de 1710. — Voysin l'engage à faire parvenir directement toutes ses nouvelles au maréchal de Villars. — Rapports de Villars et du conseiller pendant le siège de Bouchain en 1711. — Importance des services que rend Lefebvre d'Orval au maréchal de Montesquiou, chargé du commandement de notre frontière de Flandre, au début de l'année 1712 49

LE PROJET DE DENAIN

Ouverture de la campagne de 1712, le 26 mai — Lefebvre d'Orval entrevoit aussitôt la portée décisive d'une entreprise sur les communications et les derrières de l'armée alliée. — Il s'en ouvre le 27 mai à Voysin, et, avant le 9 juin, au maréchal de Villars. — Ce dernier lui écrit pour le complimenter sur la justesse de ses vues. — Non content d'avoir donné l'idée première de la manœuvre de Denain, Lefebvre d'Orval ne cesse, pendant les mois de juin et de juillet, d'en réclamer avec insistance l'exécution auprès de Voysin et de Villars. Il en prédit toutes les suites glorieuses et adapte sagement ses moyens d'action aux mouvements et à la position des deux partis. — C'est à juste titre que tous les officiers de l'armée lui attribuent le projet de Denain.. 85

PIÈCES JUSTIFICATIVES

Lefebvre d'Orval à Voysin, 24 mars 1712	100
Lefebvre d'Orval à Voysin, 28 mars	101
Lefebvre d'Orval à Voysin, 30 mars	101
Projet de campagne pour l'année 1712	102
Voysin à Lefebvre d'Orval, 21 avril	109
Lefebvre d'Orval à Voysin, 22 mai	110
Lefebvre d'Orval à Voysin, 25 mai	110
Lefebvre d'Orval à Voysin, 26 mai	110
Lefebvre d'Orval à Voysin, 27 mai	112
Voysin à Lefebvre d'Orval, 28 mai	114
Lefebvre d'Orval à Voysin, 31 mai	114
Voysin au prince de Tingry, 2 juin	114
Voysin à Lefebvre d'Orval, 3 juin	115
Lefebvre d'Orval à Voysin, 6 juin	115
Lefebvre d'Orval à Voysin, 7 juin	116
Le comte de Broglie à Voysin, 9 juin	118
Montesquiou au duc du Maine, 10 juin	119
Lefebvre d'Orval à Voysin, 12 juin	119
✻ Voysin à Villars, 13 juin	122
Villars à Voysin, 14 juin	123
Villars à Voysin, 15 juin	124
Villars à Voysin, 16 juin	124
Lefebvre d'Orval à Voysin, 16 juin	124
Villars à Voysin, 18 juin	125
Voysin à Villars, 18 juin	126
Le comte de Broglie à Voysin, 19 juin	126
✻ Voysin à Villars, 1ᵉʳ juillet	127
✻ Villars à Voysin, 3 juillet	128
Lefebvre d'Orval à Voysin, 3 juillet	130
Le comte de Broglie à Voysin, 4 juillet	131
Le prince de Tingry à Voysin, 5 juillet	131
Villars à Voysin, 5 juillet	132
✻ Voysin à Villars, 6 juillet	132
Villars à Louis XIV, 8 juillet	133
Lefebvre d'Orval à Voysin, 10 juillet	134
Lefebvre d'Orval à Voysin. 16 juillet	134
✻ Voysin au comte de Broglie, 17 juillet	136
✻ Louis XIV à Villars, 17 juillet	136
Lefebvre d'Orval à Voysin, 17 juillet	137
Lefebvre d'Orval à Voysin, 18 juillet	139
✻ Villars à Voysin, 18 juillet	140
✻ Villars à Louis XIV, 20 juillet	141
✻ Villars à Voysin, 21 juillet	141
Lefebvre d'Orval à Voysin, 21 juillet	142
✻ Le comte de Broglie à Voysin, 21 juillet	142

Le prince de Tingry à Voysin, 22 juillet........................ 144
Copie des nouvelles que M. le prince de Tingry a reçues le 22 juillet 144
✱ Le comte de Broglie à Voysin, 22 juillet........................ 146
✱ Villars à Voysin, 22 juillet..................................... 147
✱ Voysin à Villars, 23 juillet.................................... 148
Le chevalier de Folard à Voysin, 25 juillet.................... 149

LA MANŒUVRE ET LE COMBAT DE DENAIN

Le 22 juillet 1712, Villars a atteint les bords de la Sambre et s'apprête à passer cette rivière pour secourir Landrecies. — Il reconnaît lui-même les lignes de circonvallation de l'ennemi au sud de la place assiégée. — Le lendemain, à la suite de cette reconnaissance, il se décide à reprendre le projet de Denain et à l'exécuter avec toute son armée. — Il concerte la manœuvre du 23 juillet 1712 avec le maréchal de Montesquiou. — C'est surtout à Villars que semblent dues les mesures habilement prises pour les démonstrations sur la Sambre et pour la marche de l'armée vers l'Escaut. — Succès de la manœuvre : Albemarle et le prince Eugène complètement surpris, l'Escaut franchi sans opposition. — Montesquiou dispose pour l'attaque des retranchements de Denain les premiers bataillons qui ont passé le fleuve. — Craintes et hésitations de Villars au moment décisif. — Il donne à son collègue l'ordre formel de se replier sur les ponts. — Par son intervention pleine de sang-froid et de fermeté, Montesquiou obtient que cet ordre ne soit pas suivi d'effet. — Il achève seul les dispositions d'attaque et prend en main la direction du combat. — La victoire de Denain est son œuvre. — Puissance de l'offensive manifestée par la manœuvre du 23 et le combat du 24 juillet 1712. — Détermination, grâce aux lettres inédites du Dépôt de la Guerre, du rôle des maréchaux de Villars et de Montesquiou tel qu'il est ici mentionné........................ 151

PIÈCES JUSTIFICATIVES

✱ Villars au marquis de Saint-Fremond, 23 juillet 1712........... 167
✱ Le comte de Broglie à Voysin, 23 juillet...................... 168
Le duc de Guiche au duc du Maine, 23 juillet................. 169
Le marquis de Goësbriand au duc du Maine, 23 juillet......... 169
Lefebvre d'Orval à Voysin, 23 juillet......................... 170
Lefebvre d'Orval à Voysin, 24 juillet......................... 171
✱ Villars à Louis XIV, 24 juillet................................ 172
✱ Villars à Voysin, 24 juillet................................... 174
✱ Montesquiou à Louis XIV, 24 juillet........................... 175

Montesquiou à Voysin, 24 juillet........................	175
Le marquis de Goësbriand au duc du Maine, 24 juillet.........	176
* Villars à Louis XIV, 25 juillet........................	177
Lefebvre d'Orval à Voysin, 25 juillet.....................	178
Le marquis de Bernières à Voysin, 25 juillet................	180
* Le marquis de Contades à Voysin, 25 juillet................	181
Etat des brigades qui ont combattu à Denain................	182
Le prince de Tingry à Voysin, 25 juillet...................	183
Le duc de Guiche au duc du Maine, 25 juillet................	184
Le comte Dauger au duc du Maine, 26 juillet................	186
Voysin à Lefebvre d'Orval, 26 juillet......................	193
Lefebvre d'Orval à Voysin, 26 juillet.....................	193
Montesquiou au duc du Maine, 27 juillet...................	194
* Louis XIV à Villars, 27 juillet.........................	196
* Louis XIV à Montesquiou, 27 juillet.....................	197
* Voysin à Villars, 27 juillet...........................	198
* Voysin à Montesquiou, 27 juillet.......................	198
Voysin à Lefebvre d'Orval, 27 juillet.....................	199
Le marquis de Goësbriand au duc du Maine, 28 juillet.........	199
Extrait des prisonniers qui ont été faits au camp retranché de M. d'Albemarle à Denain...........................	204
* Montesquiou à Voysin, 29 juillet.......................	205
* Villars à Louis XIV, 29 juillet.........................	205
* Villars à Voysin, 29 juillet...........................	208
Lefebvre d'Orval à Voysin, 29 juillet.....................	210
Lefebvre d'Orval à Voysin, 30 juillet.....................	211
Villars au duc du Maine, 30 juillet......................	211
Le comte de Bruzac d'Hautefort au duc du Maine, 30 juillet...	213
Lefebvre d'Orval à Voysin, 5 août.......................	215
Lefebvre d'Orval à Voysin, 6 août.......................	216
Relation de la journée de Denain par le maréchal de Villars...	217
Extrait du *Mémoire des services de M. le maréchal de Montesquiou d'Artagnan*, donné par lui-même lorsqu'il fut nommé chevalier de l'Ordre du Saint-Esprit en 1724................	229

LEFEBVRE D'ORVAL, VILLARS ET MONTESQUIOU
après la victoire.

Soin de Lefebvre d'Orval à cacher sa participation au projet de Denain. — Il redoute pour lui-même les effets de la jalousie des généraux, de Villars en particulier, et, pour sa famille, qui réside en territoire ennemi, les représailles des Alliés. — Grâce à son attitude prudente, il évite ce double danger.

Jusqu'à la fin de la campagne, Montesquiou est en butte à la malveillance de son collègue qui ne lui pardonne pas l'éclat de son rôle à Denain. — Nombreux froissements que lui fait subir Villars, animé par l'envie. — Montesquiou s'en ouvre dans ses lettres à Voysin et au duc du Maine. — Il y revendique hautement comme son œuvre la victoire de Denain.................. 233

PIÈCES JUSTIFICATIVES

Lefebvre d'Orval à Voysin, 31 juillet 1712..................... 239
Lefebvre d'Orval à Voysin, 1er août........................... 240
Montesquiou au duc du Maine, 1er août........................ 240
Lefebvre d'Orval à Voysin, 2 août............................. 240
Voysin à Lefebvre d'Orval, 3 août............................. 241
✱ Montesquiou à Voysin, 5 août................................ 242
Montesquiou à Voysin, 12 août................................. 242
Montesquiou à Voysin, 27 août................................. 243
Montesquiou au duc du Maine, 27 août.......................... 244
Montesquiou à Voysin, 5 septembre............................. 244
Montesquiou au duc du Maine, 14 octobre....................... 245
Montesquiou à Voysin, 23 octobre.............................. 246
Lefebvre d'Orval à Voysin, 5 novembre......................... 246

CONCLUSION 249

APPENDICE I.

Dernières années de Lefebvre d'Orval et de ses Frères

Suppression, au mois de juin 1721, du Conseil provincial du Hainaut, dont Louis XIV et Voysin avaient accordé la présidence, en 1714, à Lefebvre d Orval. — Vains efforts de ce dernier pour le rétablissement de cette juridiction. — Il rentre au Parlement de Flandre, le 4 septembre 1728, en qualité de président à mortier honoraire. — Sa mort.
Services rendus à leur ville natale par ses deux frères, Thomas Lefebvre et Pierre-Jean-Joseph Lefebvre du Moulinel. — Ce dernier y exerce les fonctions de grand bailli, entre au Parlement de Flandre en qualité de conseiller honoraire au mois de juin 1741, et, à l'ouverture de la campagne de 1744, s'offre au comte d'Argenson, ministre de la guerre, de lui communiquer ses vues sur les opérations. — Sa proposition agréée, il envoie au ministre deux projets de campagne dans les Pays-Bas autrichiens, remarquables par leur esprit offensif. — Il y rappelle les glorieux souvenirs de Denain. — Sage interprétation du rôle qu'il assigne à notre armée de Flandre, en juillet 1744. — Sa

mort à la Bassée, le 12 octobre de la même année. — Génie surprenant de Lefebvre d'Orval et de son frère à concevoir les principes fondamentaux de la guerre........................... 251

APPENDICE II.

Principaux documents hollandais sur Denain — 266

1° ✱ Lettre des députés hollandais aux États Généraux, 24 juillet 1712. 268
2° Rapport du brigadier Cronstrom à Heinsius, du 25 juillet 1712 269
3° Lettre du député Vegelin à un de ses amis, 8 septembre 1712... 271
4° Lettre d'Albemarle aux États Généraux, 18 septembre 1712.... 273

APPENDICE III.

Notices sur les correspondants du duc du Maine

Dauger (Jacques, comte)... 281
Guiche (Antoine de Gramont, duc de).............................. 284
Goësbriand (Louis-Vincent, marquis de).......................... 286
Bruzac (Henri d'Hautefort, comte de)............................. 290

PLANCHES

Portrait du maréchal de Montesquiou.................... *Frontispice*
Médaille frappée pour célébrer la prise des retranchements de Denain et la levée du siège de Landrecies...................... page... 164
La campagne de 1712 en image du temps.................. » 232
Théâtre de la guerre en Flandre (1708-1712)......... *à la fin du volume*
Plan français du combat de Denain............................ »
Plan hollandais du même combat.............................

LILLE — IMPRIMERIE LEFEBVRE-DUCROCQ

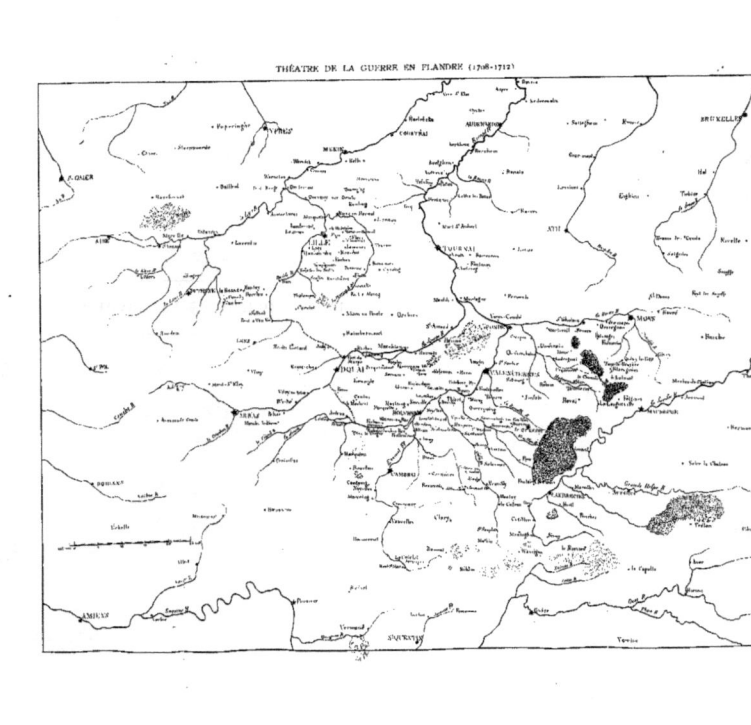

Ce plan figure au tome II de *la Vie du maréchal duc de Villars*, par Anquetil. L'original se trouve au Dépôt de la Guerre. Il ne porte pas de signature, mais on peut avec vraisemblance l'attribuer à Naudin, ingénieur ordinaire du Roi en cour, capitaine réformé au régiment de Piémont, qui était attaché à notre armée de Flandre pendant la guerre de la Succession d'Espagne. Le Dépôt conserve de lui plusieurs mémoires et nombre de plans dont l'exécution présente des traits de ressemblance avec le dessin reproduit par Anquetil.

Voysin mandait au dessinateur de l'armée de Flandre, le 1er août 1712 : « J'ai reçu la lettre que vous m'avez écrite le 29e du mois passé et le plan qui y était joint du combat de Denain. Vous m'avez fait plaisir de me l'adresser, et je vous recommande de continuer à m'en envoyer de pareils dans la suite, lorsque l'occasion pourra s'en présenter. » D. G. 2.361.

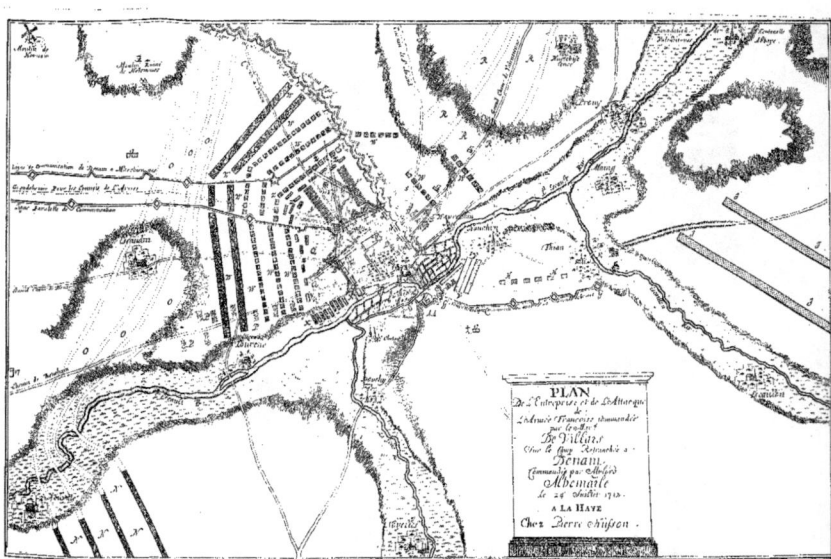

www.ingramcontent.com/pod-product-compliance
Lightning Source LLC
Chambersburg PA
CBHW071334150426
43191CB00007B/725